만문노당 역주
滿文老檔 譯註

3

역자

고려대학교 민족문화연구원 만문노당역주회

고려대학교 민족문화연구원 만문노당역주회는 2012년 10월에 이훈, 김선민, 이선애가 조직했다. 역주회는 조직된 시점부터 2017년 3월까지 4년 5개월간 『만문노당』(태종조)을 읽어나가며 역주 작업을 했다. 역주회에 참여한 연구자는 김한밝, 남민구, 박일현, 박찬근, 송인주, 이서현, 이승수(연세대), 이승수(명지대), 임혜균, 장정수, 전희, 정신남, 채홍병, 허성희이다. 앞으로 『滿文老檔(tongki fuka sindaha hergen i dangse)』(태조조)과 『親征平定朔漠方略(wargi amargi babe necihiyeme toktobuha bodogon i bithe)』 등의 주요 만문 문헌에 대한 역주와 연구를 진행할 예정이다.

문화동역학라이브러리 27

만문노당 역주 3

초판인쇄 2017년 9월 20일 **초판발행** 2017년 9월 30일
옮긴이 고려대학교 민족문화연구원 만문노당역주회
펴낸이 박성모 **펴낸곳** 소명출판 **출판등록** 제13-522호
주소 서울시 서초구 서초동 1621-18 란빌딩 1층
전화 02-585-7840 **팩스** 02-585-7848 **전자우편** somyong@daum.net **홈페이지** www.somyong.co.kr

값 41,000원

ISBN 979-11-5905-221-7 94910
ISBN 978-89-5626-851-4 (세트)

이 책은 2007년 정부(교육과학기술부)의 재원으로 한국연구재단의 지원을 받아 수행된 연구임(NRF-2007-361-AL0013).

고려대학교 민족문화연구원
문화동역학 라이브러리 27

만문노당 역주

滿文老檔 譯註

太宗 3

Tongki fuka sindaha hergen i dangse: An annotated translation

고려대학교 민족문화연구원
만문노당역주회

문화동역학 라이브러리 문화는 복합적이고 역동적인 구성물이다. 한국 문화는 안팎의 다양한 갈래와 요소가 상호작용하는 과정을 통해 끊임없이 변화해왔고, 변화해 갈 것이다. 고려대학교 민족문화연구원이 주관하는 이 총서는 한국과 그 주변 문화의 복합적이고 역동적인 양상을 추적하고, 이를 통해 한국 문화는 물론 인류 문화에 대한 새로운 통찰과 그 다양성의 증진에 기여하고자 한다. 문화동역학(Cultural Dynamics)이란 이러한 도정을 이끌어 가는 우리의 방법론적인 표어이다.

소명출판

일러두기

1. 본서의 저본은 『內閣藏本滿文老檔』(全20冊, 中國第一歷史檔案館 整理, 瀋陽: 遼寧民族出版社, 2009) 가운데 태종조 기사를 수록한 8책부터 16책까지이다.
2. 본서의 내용은 만주문의 로마자 전사, 한글 번역, 각주, 색인으로 구성된다.
3. 만주문의 로마자 전사는 묄렌도르프의 표기 방식을 따랐다. P.G. von Möllendorff, A Manchu Grammar, with Analyzed Texts, The American Presbyterian Mission Press, 1892.
4. 저본에서 작은 글씨로 표기된 주석은 본 역주서의 전사문에서 괄호()로 묶어서 표시했다.
5. 한글 번역은 직역을 원칙으로 하되, 가독성을 높이기 위해 원문에 없는 정보를 추가했다. 추가한 정보는 주격조사와 필(疋), 척(隻), 개(個), 명(名), 장(張), 일(日), 포(包), 마리 등의 수량단위이다.
6. 본서의 각주는 저본의 簽註와 본서의 역주로 구성된다. 저본의 簽註는 '[簽註]'를 표시했다. 簽註의 내용에 대해 역자가 부연하여 설명하는 경우에 *를 표시했다. 역주는 특정한 표시를 하지 않았다.
7. 역주에는 본문의 내용에 대해 부연하여 설명했다.
8. 저본에서 han, abka 등의 존칭어는 1段이나 2段이 擡頭되어 있지만 본서에서는 이에 대해 별도의 표식을 하지 않았다.
9. 저본에서 기록의 일부가 유실된 경우에 표기한 '原檔殘缺'을 본서의 전사문과 번역문에서도 그대로 사용하여 '原檔殘缺'이라고 표기했다.
10. 번역문에서 만주인과 몽골인의 이름은 한글로 음사했고 한인과 조선인은 한문으로 썼다. 단 한인의 한문 이름이 명확하지 않은 경우에는 로마자 표기로 남겨두었다. 지명에도 같은 원칙을 적용했다.
11. 저본의 쪽수를 각 권을 단위로 하여 전사문의 중간에 아라비아 숫자로 명기했다. 예컨대 1쪽과 2쪽의 사이에 '1/2'라고 명기했다.

목차

총목차

만문노당 역주 1

만문노당 역주 2

만문노당 역주 3

만문노당 역주 4

— 11函 —

1권 숭덕 원년 정월
2권 숭덕 원년 2월
3권 숭덕 원년 2월
4권 숭덕 원년 3월
5권 숭덕 원년 3월
6권 숭덕 원년 3월

tongki fuka sindaha hergen i dangse

點·圈을 찍은 문자의 檔子

juwan emuci dobton

11函

taidzung hūwangdi i wesihun erdemungge i sucungga aniya aniya biyaci ilan biyade isinahabi

태종 황제 숭덕 원년 1월부터 3월까지

1권, 숭덕 원년 정월

tongki fuka sindaha hergen i dangse,,
點· 圈을 찍은 문자의 檔子

○ [原檔殘缺] be gaifi hengkilehe, juwan emuci de, ici ergi galai
〔原檔殘缺〕 을 이끌고 고두했다. 열한 째로, 우익의

dubei kubuhe lamun tui gūsai ejen [原檔殘缺] geren ambasa be
끝의 鑲藍 纛의 구사의 어전 〔原檔殘缺〕 여러 大臣들을

gaifi hengkilehe, juwan juweci de, hashū ergi galai dubei gulu lamun
이끌고 고두했다. 열두 째로, 좌익의 끝의 正藍

tui gūsai ejen, meiren i janggin darhan efu, geren ambasa be gaifi
纛의 구사의 어전· 머이런의 장긴 다르한 어푸가 여러 大臣들을 이끌고

hengkilehe, juwan ilaci de, ujen coohai gūsai 1/2 ejen ši ting ju,
고두했다. 열세 째로, 重軍의 구사의 어전 石廷柱가

jakūn gūsai geren nikan ambasa be gaifi hengkilehe, juwan duici de,
八旗의 여러 한인 大臣들을 이끌고 고두했다. 열네 째로,

monggo i jakūn gūsai ejete, geren monggo i ambasa be gaifi
몽고 팔기의 어전들이 여러 몽고의 大臣들을 이끌고

hengkilehe, tofohoci de, aru i kalka i dahambi seme bithe benjihe
고두했다. 열다섯 째로, 아루 칼카가 투항하겠다는 글을 보내온

elcin hengkilehe, juwan ningguci de, sahaliyan ula ci seke alban
사신이 고두했다. 열여섯 째로, 사할리얀 울라(黑龍江)로부터 貂皮 공물을

benjihe hūrha hengkilehe, goloi beise, gūsai ejete, geren ambasa be
보내온 후르하인이 고두했다. 지역의 버일러들· 구사의 어전들이 여러 大臣들을

gaifi, hengkilere de, sabigan, 2/3 kicungge, beise de hūlaha songkoi
이끌고 고두할 때, 사비간· 키충거가 버일러들에게 외친대로

hūlaha, hengkileme wajiha manggi, gung de bederehe, muduri erinde
외쳤다. 고두가 끝난 후, (한이) 궁으로 돌아갔다. 辰時에

yamun de tucifi, hacin hacin i efin efime amba sarin sarilafi, bonio
아문에 나가서, 각종 기예를 공연하면서 큰 잔치를 베풀고, 申時에

erinde han, gung de dosika,,
한이 궁에 들어갔다.

○ ice juwe de, honin erinde 3/4 han amba yamun de tucifi, hacin
초 2일에, 未時에 한이 大政殿에 나가서, 각종

hacin i efin efime amba sarin sarilafi, coko erinde han, gung de
기예를 공연하면서 큰 잔치를 베풀고, 酉時에 한이 궁에

dosika,,
들어갔다.

○ ice duin de, han i emhe ajige mama jimbi seme, han i fujin,
초 4일에, 한의 장모 아지거 마마가 온다고 하여, 한의 푸진이

beise i fujisa be gaifi, 4/5 mukden hecen ci sunja ba i dubede okdofi,
버일러들의 푸진들을 이끌고 盛京城으로부터 5里 앞에서 마중하고,

amba sarin sarilafi dosika,,
큰 잔치를 베풀고 (성으로) 들어갔다.

○ ice sunja de, lang si dzai nimeme akū ofi, jui lang ting fu be
초 5일에, 郎熙載가 병으로 죽어서, 아들 郎定輔가

ineku ilaci jergi jalan i janggin siraha, jai ilan jergi sirambi,, 5/6
같은 3등 잘란 장긴을 계승했다. 또 세 번 계승한다.

○ tere inenggi, amba mama be han i boode dosimbufi amba
그 날, 암바 마마를 한의 집에 들여서 큰

sarin sarilaha,,
잔치를 베풀었다.

○ ice ninggun de, han i emhe ajige mama, han de foloho
초 6일에, 한의 장모 아지거 마마가 한에게 조각한

enggemu tohohoi juwe morin, sula duin morin, duin temen, honin emu
안장을 맨 2마리 말· 맨등의 4마리 말· 4마리 낙타· 양 100마리·

tanggū, emu sekei 6/7 etuku, juwe sekei mahala, sekei jibehun sishe,
1벌의 貂皮 옷· 2개의 貂皮 겨울모자· 貂皮 이불·

silun i sukū ninggun, ajin nimaha gūsin, juwan guwejihe nimenggi
스라소니 가죽 6장· 철갑상어 30마리· 10胃의 기름을

jafafi, jai ninggun ihan, juwan honin i yali, duin kukuri arki be han

바치고, 또 6마리 소· 10마리 양의 고기· 4개의 편병의 소주를 한에게

de sarilaha, sarilame wajiha manggi, mama i jafaha jaka be han

잔치를 열었다. 잔치를 마친 후, 마마가 바친 물건을 한이

tuwafi gemu gaiha,, 7/8

보고 모두 받았다.

han, ice ninggun de, mahag'ala fucihi de baitalahangge, emu

한이 초 6일에, 마하칼라(大黑天) 佛像에 사용한 것은 1개의

menggun i <u>manda</u>,[1] sabingga futa, kurdun, šu ilha, sara, turun, tampin,

은 만다라· 瑞繩· 法輪· 蓮花· 傘· 纛· 술병·

šanyan buren, nimaha, kurdun boobai, keksebuku boobai, fujin boobai,

흰 法螺· 물고기· 輪 寶貝· 如意 寶貝· 부인 寶貝

aisilakū amban boobai, sufan boobai, morin boobai, jiyanggiyūn boobai,

宰相 寶貝· 코끼리 寶貝· 말 寶貝· 장군 寶貝·

gulu aisin i g'andi, silun i sukū, niohe i sukū, dobi i sukū, lefu i sukū,

순금 雲板· 스라소니 가죽· 늑대 가죽· 여우 가죽· 곰 가죽·

hailun i sukū, emu labari, 8/9 loho, gida, kara morin, sahaliyan

수달 가죽· 1개의 寶蓋· 腰刀· 창· 검은 말· 검은

---

1 [簽註] gingguleme baicaci, manda sere hergen ci ningguci jurgan i g'andi sere hergen de isibume, fe dangse de monggo hergen arahabi te manjurame ubaliyambuha,,
삼가 찾아보니 'manda'라는 문자로부터 여섯째 행의 'g'andi'라는 문자에 이르기까지 舊 檔子에서 몽고 문자로 썼는데 지금 만주어로 번역했다.

ihan, sahaliyan yendahūn, sahaliyan honin, ede sunja hacin i girdan
소· 검은 개· 검은 양이다. 이것에 다섯 가지의 幡을

hūwaitafi fucihi juleri jafafi, han, amba beile, jasaktu dureng be
묶어서 佛像 앞에 바치고, 한은 大 버일러와 자삭투 두렁을

gaifi, uyunggeri niyakūrafi, uyunggeri hengkilehe, mahag'ala fucihi be,
이끌고 아홉 번 무릎 꿇고 아홉 번 고두했다. 마하칼라 佛像과

dade mungku baci gajiha šarba kūtuktu i giran be, sunja tanggū yan
처음에 뭉쿠 지역에서 가져온 샤르바 쿠툭투의 시신을, 500兩

menggun i subargan arafi, 9/10 aisin ijufi, subargan i dolo sindafi,
은으로 탑을 만들고 금을 입혀서 (시신을) 탑의 안에 두고,

hashū ergi dalbai boode dorolome sindaha, wajiha manggi, fucihi be
왼쪽 곁방에 예를 갖추어 안치했다. 끝낸 후, 佛像을

juktere gunggerincen lama, duin morin, emu temen, juwe ihan i
받드는 궁거린천 라마가 4마리 말· 1마리 낙타· 2마리 소의

yali, jakūn honin i yali, amcut lama, juwe morin, emu temen jafaha
고기· 8마리 양의 고기를, 암추트 라마가 2마리 말· 1마리 낙타를 바쳤다.

bihe, han gaihakū,, 10/11
한이 받지 않았다.

○ kubuhe fulgiyan i g'o yung mao i ilaci jergi jalan i janggin be
鑲紅旗 柯永茂의 3등 잘란 장긴을

efulehe, efulehe turgun, kubuhe šanyan i dalingho i wang
파직했다. 파직한 이유. 鑲白旗 大凌河의 王

ts'anjiyang ni booi ukaka emu haha amasi jihe be, geren de alahakū
참장의 집에서 도망간 1명의 남자가 되돌아 온 것을 모두에게 알리지 않고

ini cisui dangse kūwaraha seme, tanggū yan i weile gaifi, irgen
그의 마음대로 檔子(기록)를 지웠다 해서, 100량의 贖을 취하고 백성을

kadalara be nakabuha bihe, ilaci jergi jalan i janggin be efulehe,
관할하는 것을 그만두게 했다. 3등 잘란 장긴을 파직하고

ejehe gaiha, amala ini kadalaha irgen i nikan, 11/12 mini da ejen sain
勅書를 취했다. 이후 그가 관할했던 백성의 한인이 "나의 원래 주인이 좋습니다"

seme habšaha manggi, aliha amban turgei, sele, lii yan geng,
라고 호소한 후, 承政 투르거이· 설러· 李延庚·

manjusiri, han de alafi, ini da irgen be kadalakini sehe,,
만주시리가 한에게 보고하자, 그의 원래 백성을 관할하라고 했다.

○ hada i kesine i ilaci jergi meiren i janggin be efulehe,
하다의 커시너의 3등 머이런 장긴을 파직했다.

efulehe turgun, ini mama, hada gege i weile de dabufi, ini beye be,
파직한 이유. 그의 조모 하다 공주의 죄에 연좌시켜, 그 신병을

eme be 12/13 dahame manjusiri efu de buhe, meiren i janggin be
모친을 따라서 만주시리 어푸에게 넘겼다. 머이런 장긴을

efulehe, ejehe gaiha,,
파직하고 勅書를 빼앗았다.

○ ice nadan de, han i emhe amba mama, ajige mama, manjusiri nakcu,
초 7일에, 한의 장모 암바 마마· 아지거 마마· 만주시리 낙추·

jasaktu dureng de, han juwe dukai siden de tucifi, hacin hacin i
자삭투 두렁에게 한이 두 문의 사이로 나가서 각종

efin 13/14 efibume, amba sarin sarilara de, juwe mama be besergen i
기예를 공연하고 큰 잔치를 베풀 때, 2명의 마마를 평상

ninggude tebufi, han na de niyakūrafi dorolome arki jafaha,,
위에 앉게 하고, 한은 땅에 무릎 꿇고 예를 갖추어 소주를 바쳤다.

○ juwan de, han i jacin sargan jui be bure inenggi, fonjire
10일에, 한의 둘째 딸을 주는 날, 문안하는

doroi, erke konggor amba sarin sarilara de, jafahangge foloho 14/15
禮로 어르커 콩고르가 큰 잔치를 베풀 때 바친 것. 조각한

enggemu hadala tohohoi emu morin, emu temen, emu hūba i erihe,
안장과 굴레를 맨 1마리 말· 1마리 낙타· 1개의 琥珀 염주·

suje i etuku juwe, gecuheri duin, juwangduwan emke, hacin hacin i
비단옷 2벌· 망단 4필· 粧緞 1필· 각종

suje juwan nadan jafaha bihe, han tuwafi, juwe mama de emte
비단 17필을 바쳤다. 한이 보고 두 마마에게는 1벌씩의

gecuheri etuku, juwete suje buhe, jasaktu dureng, manjusiri, darhan
망단 옷· 2필씩의 비단을 주었고, 자삭투 두렁· 만주시리· 다르한

hūng baturu de emte gecuheri, juwete suje buhe,, 15/16
훙 바투루에게는 1필씩의 망단· 2필씩의 비단을 주었다.

○ deng jeo ci ukame jihe nirui janggin lii cin gung, jihe fonde
登州로부터 도망 온 니루 장긴 lii cin gung은 왔을 때

g'ai jeo de teki seme baifi tehe bihe, han de hengkileme jihe doroi
蓋州에서 있고 싶다고 청하여 (蓋州에) 있었다. 한에게 고두하러 온 예로

juwe juru niyalma, juwe suje, juwan mocin šangnaha,, 16/17
2쌍의 사람· 2필의 비단· 10필의 毛靑布를 상주었다.

○ juwan juwe de, han, amba sarin dagilafi, tulergi goloi beise be
12일에, 한은 큰 잔치를 준비하여 外藩의 버일러들에게

sarilaha, tere sarin de, korcin i dumei beile i sargan, foloho
베풀었다. 그 잔치에서 코르친의 두머이 버일러의 처가 조각한

enggemu hadala tohohoi juwe morin, sula morin juwan jakūn, honin
안장과 굴레를 맨 2마리 말· 맨등말 18마리· 양

juwan ilan, emu sekei dahū jafaha,,
13마리· 1필의 貂皮 털가죽외투를 바쳤다.

han de aniya doroi hengkileme, mujang hūwang taiji, sebun 17/18
한에게 새해의 예로 고두하려고 무장 후왕 타이지· 서분

darhan baturu, irjam, šanggiyabu, cegen, barin i manjusiri, jasaktu
다르한 바투루· 이르잠· 샹기야부· 처건· 바린의 만주시리· 자삭투

dureng, mongkūwa, gumu taiji, mujai jihe bihe, han suje ulin šangnaha,,
두렁· 몽쿠와· 구무 타이지· 무자이가 왔다. 한은 비단과 재물을 상주었다.

○ juwan ilan de, goloi beile jasaktu dureng de han i buhengge,
13일에, 지역의 버일러(外藩王) 자삭투 두렁에게 한이 준 것.

gecuheri juwe, undurakū juwe, dardan emke, puse noho suje juwe,
망단 2필· 龍緞 2필· 粧緞 1필· 흉배가 있는 비단 2필·

amba suje sunja, pengduwan ilan, 18/19 cuse ilan, kamkū juwe, amba
큰 비단 5필· 彭緞 3필· 紬子 3필· 帽緞 2필· 큰

mocin samsu orin, ajige mocin samsu jakūnju, šempi juwe, šui jing ni
毛靑布 20필· 작은 毛靑布 80필· 綠斜皮 2장· 수정

tampin juwe, hūba i hūntahan, uksin juwe, sarin i soforo enggemu
술병 2개· 琥珀 잔· 갑옷 2벌· 가랑이가죽 깔개있는 안장에

de tohoma kamcihai, uyu sindaha enggemu de tohoma kamcihai,
말다래를 합한 것· 綠松石을 박은 안장에 말다래를 합한 것·

dambagu emu tanggū kiyan, kijimi juwan boose buhe, hošoi beise,
담배 100帖· 살담배 10包를 주었다. 호쇼이 버일러들과

taijisa hecen tucime fudehe,, 19/20
타이지들이 성을 나서서 배웅했다.

○ juwan duin de, han de weilere jurgan i aliha amban
14일에, 한에게 工部 承政

munggatu gisun wesimbume hendume, weilengge manggūltai, degelei
뭉가투가 상언하여 말하기를, "죄를 지은 망굴타이· 더걸러이

juwe beile i giran sindaha aisin menggun i tetun be gaifi, be
두 버일러의 시신을 넣은 금은의 器物을 취해서 우리가

asarahabi, tere be ainambi seme gisun wesimbure jakade, han ambula
보관해왔습니다. 그것들을 어찌합니까?"라고 상언한 까닭에, 한이 매우

gasame, hife, garin, lošo, jamba be, geren beise de takūrame 20/21
비통해 하며, 히퍼· 가린· 로쇼· 잠바를 여러 버일러들에게 보내서

hendume, suweni geren beise, neneme manggūltai, degelei juwe beile i
말하기를, "너희 여러 버일러들이 이전에 망굴타이· 더걸러이 두 버일러의

giran be sofi waliyaki sere jakade, bi ume sore, tese ehe weile araha
시신을 뿌려서 버리자고 했기 때문에, 나는 '뿌리지 말아라. 그들이 나쁜 죄를 지었기

turgunde gūsa be efulehe, juse be wasibuha, terei ehe waka be abka
때문에 구사를 삭탈했다. 자식들도 강등시켰다. 그 나쁜 잘못을 하늘이

safi cembe waha, bucehe niyalmai giran be soha seme ai tusa,
알고 그들을 죽였다. 죽은 사람의 시신을 뿌린다 해서 무슨 이익이 있겠는가?

giran be soha turgunde, tere bucehe bade joboro hafirabure aika
시신을 뿌렸다고 해서 그 죽은 것에 고통을 가하는 것이 무엇이

bio, giran de 21/22 damu waliyara tuwakiyara be naka sehe
있겠는가? 시신을 다만 조문하고 돌보는 것을 그만두라'고

bihe kai, te gisun be jurceme giran be sohangge, ainci mini
말했었다. 지금 (나의) 말을 어기고 시신을 뿌린 것은 아마 나를

jalin de jili banjime sohabi dere, mini jalin de tere bucehe
위해 화를 내며 뿌렸던 것이리라. 나를 위해 그 죽은

niyalmai giran be sore anggala, ereci amasi doroi jalin de
사람의 시신을 뿌리는 것보다, 이후로 政事를 위해

kiceme, dolo encu yabun encu akū banjici, minde inu urgun, suwende
힘쓰고 마음 따로 행동 따로 하지 않고 살면, 나에게도 기쁘고 너희에게도

inu sain kai seme hendure jakade, geren beise jabume, 22/23 han i ere
또한 좋은 것이다"라고 말하니, 여러 버일러들이 답하기를, "한의 이

gisun mujangga, be, han i gisun be jurceme giran be sohangge waka,
말씀은 옳습니다. 저희는 한의 말을 어기고 시신을 뿌린 일이 없습니다.

tere giran be niyalma tuwakiyabure be nakabuhabi, aisin menggun
그 시신을 사람에게 돌보게 하는 것을 그만두게 했습니다. 금은이

bici, niyalma hūlhame gaime giran be sobumbi seme, tuttu
있으면 사람이 훔쳐 취해서 시신을 뿌리게 된다고 하니, 그래서

aisin menggun i tetun be gaifi, giran be malu de tebufi, ineku bade
금은 기물을 취하고 시신을 병에 넣어 같은 곳에

icihiyame umbuha seme han de gisun wesimbure jakade, 23/24 han
처리해서 묻었습니다"라고 한에게 상언하자, 한이

hendume, bi bucehe giran be kimuleme soci, tere ehe niyalma be
말하기를, "내가 죽은 시신을 원수라 하여 뿌리면 그 나쁜 사람을

alhūdambio, tuttu oci, sain niyalmai jurgan waka kai seme henduhe,
본받는 것이다. 그렇게 하면 선한 사람의 도리는 아닌 것이다" 라고 말했다.

icihiyame sindaci wajiha sehe,,
"처리해서 묻었으면 됐다"라고 했다.

○ jasaktu dureng de sekei doko gecuheri ergume, emu gecuheri,
자삭투 두렁에게 貂皮로 내피를 만든 망단 朝服· 1필의 망단·

tofohon suje, tanggū mocin, foloho enggemu hadala juwe, emu gu i
15필의 비단· 100필의 毛靑布· 조각한 안장과 굴레 2개· 1개의 玉

tampin, emu hūba i hūntahan, juwe 24/25 uksin, dambagu tanggū
술병· 1개의 琥珀 잔· 2벌의 갑옷· 담배 100帖·

kiyan, kijimi gūsin boose šangnaha, sarin dagilafi hošoi beise hecen
살담배 30包를 상주었다. 잔치를 준비하고 호쇼이 버일러들이 성을

tucime fudehe,,
나서서 배웅했다.

○ juwan ninggun de, han i jacin sargan jui makata gege be,
16일에, 한의 둘째 딸 마카타 공주를

cahar han i jui erke konggor de bure de, han i booi hūwa de uyun
차하르 한의 아들 어르커 콩고르에게 줄 때, 한의 집의 뜰에서 9개의

cacari cafi, geren beise 25/26 ambasa be isabufi, erke konggor, uyunju
천막을 펼치고 여러 버일러들과 大臣들을 모아서 어르커 콩고르에게 90마리

ulha wafi dorolome amba sarin sarilame buhe, tere sarin de erke
가축을 잡아서 예를 갖추어 큰 잔치를 베풀어 주었다. 그 잔치에서 어르커

konggor foloho enggemu tohohoi juwe morin, sula ninggun morin,
콩고르가 조각한 안장을 맨 2마리 말· 맨등의 6마리 말·

emu aisin i cara, sekei mahala juwe, suwayan juwangduwan i
1개의 금 술잔· 貂皮 겨울모자 2개· 황색 粧緞으로

burgiyen, icehe sekei hayaha jibca emken, suwayan juwangduwan i
곁감을 대고 염색한 貂皮로 테두른 가죽옷 1벌· 황색 粧緞으로

burgiyen sekei hayaha jibca de gecuheri ojin jibsihai emu juru,
곁감을 대고 貂皮로 테두른 가죽옷에 망단 捏褶女朝褂를 겹친 것 1쌍·

emu sekei dahū, 26/27 emu aisin i umiyesun, juwe gecuheri, gecuheri
1벌의 貂皮 털가죽외투· 1개의 금 요대· 2필의 망단· 망단

nikan etuku juwe, hacin hacin i suje ninju duin jafaha bihe, han
한인 의복 2벌· 각종 비단 64필을 바쳤다. 한이

tuwafi gemu gaiha,,
보고 모두 취했다.

○ coohiyan gurun i wang ni karu bithe, aisin gurun i han de
「조선국의 왕의 답서를 金國의 한에게

jafaha, elcin dahūme jifi, tere ilire sain urgun be siran siran i
바칩니다.[2] 사신이 거듭 와서 起居함이 좋으시다는 것을 연이어

donjifi ambula 27/28 selaha, ambula selaha, jihe bithei gisun gūnin
들으니 크게 기뻤습니다. 크게 기뻤습니다. 온 글의 말과 뜻이

gemu inu, terei dorgi de da gūnin be wacihiyahakū adalingge bifi
모두 옳습니다. 그 가운데 本意를 다하지 못한 듯함이 있어서

muwašame gisurembi, wesihun gurun de, tanggūnggeri afaci
대략 말합니다. 귀국에게 백 번 싸워서

tanggūnggeri etere cooha bime, juwe gurun kemuni sain banjirengge
백 번 이기는 군대가 있는데도 두 나라가 여전히 잘 지내는 것과

be, fusihūn gurun i ejen amban, wesihun gurun i kesi be sarkū
下國[3]의 임금과 신하가 귀국의 은혜를 모를

doro bio, tere anggala, 28/29 wesihun gurun de te coohai hūsun
리 있습니까? 하물며 귀국에게 지금 兵勢가

nemehebi, foroho ici bakcin akū, monggo i enen be wacihiyame emke
커졌고, 향한 곳에 적수가 없고, 몽고의 후손을 모두 하나로

---

2 조선의 답서는 『조선인조실록』 31권 13년 12월 30일(병오) 기사와 『清太宗實錄』 27권 천총 10년 정월 壬戌조에 한문으로 기록되어 있다.

3 『조선인조실록』 31권 13년 12월 30일(병오) 기사와 『清太宗實錄』 27권 천총 10년 정월 壬戌조의 한문 원문에는 '弊邦'으로 기록되어 있다.

de uhe obuha, horon da moo ba i tulergi de isinaha, ere be gemu
통일 했습니다. 위세가 大漢 지역의 밖에 이르렀습니다. 이를 모두

fusihūn gurun sambi, gelhun akū wesihun gurun be emu majige
下國이 압니다. 감히 귀국을 조금이라도

ser seme weihuken tuwaci, dergi abka yargiyan i mimbe enggelefi
가벼이 보면 上天이 실로 나를 굽어

tuwambi kai, unggihe jafaha serengge, gemu adaki gurun ishunde
볼 것입니다. '보낸다(致)' '바친다(奉)'라는 것은 모두 이웃나라가 서로

gingguleme tukiyerengge, 29/30 nenehe amaga bithe be neifi tuwaci,
존경하고 높이는 것입니다. 前과 後의 글을 열어 보면

wesihun gurun i ememu bithe de inu jafaha sere hergen arahabi,
귀국의 일부 글에도 '바친다(奉)' 라는 글자를 썼었습니다.

fusihūn gurun tere emu hergen be ainu hairambini, te i unggihe
下國이 그 한 글자를 어찌 아끼겠습니까? 근래의 '보낸다(致)'

sere hergen be, bi same arahangge waka, te jihe bithe be tuwafi
라는 글자를 내가 알고 쓴 것이 아닙니다. 지금 온 글을 보고

alimbaharakū sesulaha, orhoda i hūda labdu komsongge, juwe gurun
매우 놀랐습니다. 인삼의 값이 많고 적음은 두 나라의

i niyalmai teisu acabume hūdašara de bi, ergeleci ojorongge 30/31
사람이 마주 맞추고 거래하는 데 있지 강박할 수 있는 것이

waka, ere babe bi inu sarkū, eitereci yaya hūda, aisi be nemšeme
아닙니다. 이것을 나도 모릅니다. 대개 모든 거래는 이익을 탐하고

baimbi kai, aikabade pi doo, wesihun gurun de gemu emu adali hūda
구하는 것입니다. 만약 皮島와 귀국에서 모두 같은 가격으로

salibuci, hūdai niyalma we ulame hūdašanjimbi, jihe bithe de, emu
환산하면 상인 가운데 누가 운송해서 팔러오겠습니까? 온 글에서 1斤의

gin orhoda de orin yan salibumbi sehebi, tere lasha akū, pi doo,
인삼을 20兩으로 환산한다고 했는데 그것은 결단코 아닙니다. 피도는

mini jecen de bi, mini jasei irgen be korsobuhangge komso akū, jai
나의 변경에 있고, 나의 경계의 백성을 괴롭히는 것이 적지 않습니다. 또한

bele cuwan be 31/32 tese ergeleme gaire, udafi gamara be yooni akū
곡식과 선박을 그들이 강압해서 취하거나, 사서 가져가는 것이 전혀 없다고

seci ojorakū, tuttu seme ainara, juwe tumen saksu bele aisilambi,
할 수 없습니다. 그렇더라도 어찌하겠습니까. 2만包의 쌀을 원조한다,

susai cuwan bumbi serengge, daci ere weile akū, nikan i
50척의 배를 준다 하는 것은 본래 이런 일이 없습니다. 명의

niyalmai holtome hendurengge, dube akū kai, wesihun gurun ainu
사람들이 거짓으로 말하는 것이 끝이 없는 것입니다. 귀국은 어찌

emu guwanggun niyalmai gisun be gaifi, ahūn deo i gurun de
일개 무뢰한(光棍)인 자의 말을 취하여 형제 나라를

kenehunjembi, nikan han, sain ulin be tuciburakū šajilafi, 32/33 te ele
의심합니까? 명의 황제는 좋은 재물을 내보내지 않게 금지하여, 근래 더욱

cira ohobi, ememu jalingga hūdai niyalma, hūlhame jenduken
엄해졌습니다. 혹 간사한 상인이 몰래 은밀히

uncahangge be, kemuni wesihun gurun de hūdašambi, ere gemu
(우리에게) 파는 것을 그대로 귀국에 팝니다. 이는 모두

wesihun gurun i sara ba kai, jihe bithe de, fusihūn gurun be, sain
귀국이 아는 바 입니다. 온 글에서 下國이 좋은

ulin be hairambi seme kenehunjere arbun bi, tuttu oci, muribuhakū
재물을 아낀다고 의심하는 모양입니다. 그러면 억울하지 않다

semeo, dade abka de alame gashūre fonde, akdun jurgan be ujen
하겠습니까? 처음에 하늘에 고하고 맹세할 때에 信義를 중히

obuha 33/34 gojime, ulin i ambula komso be gisurehekū bihe, cargi
했을 뿐, 재물의 많고 적음은 말하지 않았습니다. 작년에

aniya doroi jaka i ton be tuwabume, aisin menggun beri weihe ci
예물의 수를 제시했는데, 금· 은· 弓角 외에

tulgiyen, baci tucire jaka be arahangge inu ambula, fusihūn gurun i
토산물을 기록한 것도 많았습니다. 下國이

mutere ba waka ofi, tuttu amasi julesi hebdeme toktobufi, wesihun
할 수 있는 것이 아니어서, 그렇게 왕래하며 상의해서 정하여 貴國은

gurun alime gaiha, fusihūn i elcin, inu wesihun gurun i elcin de
받아들였습니다. 下國의 사신은 또한 귀국의 사신과

dere acafi toktobufi bederehe, 34/35 fusihūn gurun tere be enteheme
만나서 정하고 돌아왔습니다. 下國은 그것을 영구적인

doro seme gūniha bihe, nenehe bithei gisun be inu bai gisurembi dere
규정이라고 생각했습니다. 먼저의 글의 말도 그저 말하는 것이리라

seme gūniha, te geli cohome elcin takūrafi wakalaci, bi maraci,
하고 여겼습니다. 이제 또 특별히 사신을 보내어 질책하니, 내가 고집하면

wesihun gurun geli mini ulin wajiha be sarkū, elemangga mimbe ahūn
귀국이 또 나의 재물이 끝난 것을 모르고 도리어 나를 형제의

deo i sain be weihukelehe serahū seme umai elhe akū ofi, tuttu
우호를 경시한다고 할까 하여 전혀 편안하지 않아서, 그렇게

geli jurgan i amban de 35/36 nonggire be hebdefi, nonggiha ton be
또 部의 大臣에게 증가할 것을 상의하고 증가한 수를

jihe elcin de alaha, udu bilaha ton be isibuhakū bicibe, bi tereci
온 사신에게 말했습니다. 비록 한정한 수에 미치지 못하지만 나는 그

tulgiyen be muterakū, gūnici, mini wesihun gurun i sain de acabume
밖의 것은 할 수 없습니다. 생각하면 내가 귀국의 호의에 맞도록

dorolorongge, umesi ten de isibuha kai, dergi irgen ini cisui hūdašara
예를 행하는 것이 확실히 극도에 이르렀습니다. 동쪽 백성들이[4] 그 마음대로 장사하는

4 '동쪽 백성들이'는 『조선인조실록』 31권 13년 12월 30일(병오) 기사의 한문 원문에는 '北民'으로 기록

be fusihūn gurun kemuni ciralame ilibufi, bucere weile arame ofi,
것을 下國이 항상 엄금하고 방지하여, 사형죄로 삼았기 때문에

te tere jemden majige nakahabi, damu jase 36/37 dabame orhoda
요즘 그 폐해가 조금 그쳤습니다. 다만 경계를 넘어 인삼을

gururengge, mini irgen de ambula aisi ofi, duleke aniya ci geli
채취하는 것은 나의 백성에게 큰 이익이어서, 작년부터 또

yendehebi, bi alimbaharakū akame, te geli dahūn dahūn i šajilambi,
성해졌습니다. 나는 참을 수 없이 가슴아파하며, 이제 또 거듭 거듭 금지하겠습니다.

urunakū lashalarakū ohode nakarakū, jabšan de taka guwebufi, amaga
반드시 끊지 못하면 그치지 않을 것입니다. 다행스럽게 잠시 용서하시어 뒷날을

inenggi be tuwarao seme buyembi, jai hūda yaburengge, yargiyan i
보시지요 하고 원합니다. 그리고 장사 하는 것은 실로

mangga, jihe elcin narhūšame safi genehe, sargan i 37/38 sinagan
난감합니다. 온 사신이 자세히 알고 갔습니다. 妻의 喪이

bifi doro akame ofi, gūnin be wacihiyame gisurehekū, damu seolere be
있어서 마음이 아프게 되어 뜻을 다하여 말하지 못했습니다. 다만 고려하시기를

buyere, wesihun gurun i tulesi gūnirakū wesihun mujilen be
원합니다.」 「귀국이 (나를) 밖으로 생각하지 않아서 귀국의 마음을

nememe saha, juwanci beile i jui i gisun be fusihun gurun
더욱 알았습니다.[5] 열째 버일러[6]의 아들의 말을 下國이

되어 있다. 『淸太宗實錄』27권 천총 10년 정월 壬戌조의 기사에는 '北彝'로 기록되어 있다.

donjihakū bihe, unenggi tuttu oci, yargiyan i ferguweci acambi,
듣지 못했습니다. 진실로 그렇다면 실로 놀랄만 합니다.

nikan i ere gese holtorongge ambula, wesihun gurun i sara ba kai,
한인이 이처럼 속이는 것이 큰 것은 귀국이 아는 바 입니다.

ainu damu tiyei šan i 38/39 niyalmai gisun i teile be inu arambi,
왜 단지 鐵山 사람의 말만을 옳다고 여깁니까?

fusihūn gurun, nikan gurun de amban i doroi hūsun buhengge, teni
下國이 명나라에 신하의 도리로 힘을 쓴 것은 요즘이

waka, te bicibe, ejen amban i jurgan emgeri toktofi gurici ojorakū,
아닙니다.[7] 지금도 君臣의 義는 한번 정해지면 옮길 수 없습니다.

aikabade taifin facuhūn i jalin mujilen be halaci, hūdašara doro ci
만약 태평함과 혼란 때문에 마음을 바꾸면 장사하는 도리와

encu akū kai, abka na i sidende bici ombio, ahūn deo i doro 39/40 inu
다르지 않습니다. 天地 간에 있을 수 있습니까? 형제의 도리도

ere adali, wesihun gurun inu bodoci acambi, aikabade niyalma,
이와 같습니다. 귀국도 헤아려야 마땅합니다. 만약 다른 사람이

---

5 'wesihun gurun i tulesi……' 이하의 문단은 앞의 조선왕의 답서에 딸린 別紙의 글이다. 『조선인조실록』에는 기록되지 않았고 『淸太宗實錄』 27권 천총 10년 정월 壬戌조에는 앞의 조선의 답서 뒤에 기록되어 있다.

6 '열째 버일러'(juwanci beile)는 청태조 누르하치의 열다섯째 아들인 dodo(多鐸, 1614~1649)를 가리킨다.

7 '요즘이 아니다'라는 것은 '요즘에 시작된 것이 아니고 오래 전부터의 일이다'라는 의미이다.

ama eme i endebuku be alara de, jui oho niyalma saišame
부모의 잘못을 고할 때, 자식 된 사람이 기뻐하며

donjimbime, geli algimburengge be, wesihun gurun tere be ai jergi
듣고 또 소문내는 것을, 귀국은 그것을 어떤 부류의

niyalma sembi, nenehe bithede ere gūnin bifi getuken i jabuhakū,
사람이라 하겠습니까? 앞의 글에서 이 뜻이 있어서 명확히 답하지 않았습니다.

kemuni alanjire jakade, tuttu majige tucibuhe,, 40/41
전과 같이 고하는 일로 이렇게 약간 (뜻을) 보였습니다.」

○ juwan nadan de, han, dorolon i jurgan i sahaliyen beile i
17일에, 한은 禮部의 사할리연 버일러의

nimeku i jalin de ambula gasame, kooli ejere bithei yamun i hife,
병 때문에 크게 슬퍼하며 例를 기록하는 문서의 아문[8]의 히퍼·

garin, narhūn bithei yamun i lošo be takūrame, sahaliyen beile i
가린, 비밀 문서의 아문(內秘書院)의 로쇼를 보내서 사할리연 버일러를

baru hendume, bi simbe nimeku dulefi hūdun ilicina seme ambula
향해 말하기를, "나는 네가 병이 나아서 빨리 일어났으면 하고 많이

---

8 'kooli ejere bithei yamun'(例를 기록하는 문서의 아문)은 kooli selgiyere bithei yamun(例를 선포하는 문서의 아문)의 별칭으로 추정된다. 홍 타이지는 천총 10년(1636) 3월 기존의 기구인 文館(bithei yamun)을 기반으로 '문서의 세 아문(bithei ilan yamun)'인 suduri ejere yamun(역사를 기록하는 아문), narhūn bithei yamun(비밀 문서의 아문), kooli selgiyen yamun(例를 선포하는 아문)을 설립했다. kooli selgiyere bithei yamun의 업무는 汗의 조칙과 글을 기록하여 보존하고, 汗의 일상과 군사활동과 행정을 기록하고, 제천 의식과 즉위식에서 表文을 낭독하는 것이었다. 그 외에 祭文과 역대의 역사서, 碑文, 기밀문서, 관원의 승진과 강등 문서, 상주문을 모으고 정리해서 역사서로 편찬했으며, 버일러를 追封하는 冊文과 육부의 문서 가운데 史籍에 포함시킬 문서를 선정하여 기록했고, 공신의 모친과 부인을 封贈하는 문서, 인장, 외국과 오간 서찰을 모아서 사책으로 편찬했다.

ebšeme gūnimbi, si inu nimeku hūdun dulefi minde 41/42 acara be
급하게 생각한다. 너는 병이 빨리 나아서 나와 만날 것을

ebšeme ume gūnire, tutte oci, nimeku goidambi kai, jai nenehe weile
급하게 생각지 말라. 그러면 병이 오래가는 것이다. 또 이전의 일

i jalin de korsome ume gūnire, bi terei jalin de, sinde majige ser seme
때문에 원망하여 생각하지 말라. 나는 그 때문에 너를 조금이라도

ushame gūnirakū, mini dolo simbe mini gūnihakū babe tucibume,
탓하여 생각하지 않는다. 나의 마음에, 너는 내가 생각하지 못한 것을 제시하고,

onggoho babe jombume, gurun i doro dasara de aisilambi seme
잊은 것을 상기시키고, 나라의 국정을 다스리는 데 돕는다고

akdame gūniha bihe, julgei subasitai bithe[9] de henduhengge, ehe
믿어 생각해왔다. 옛날에 수바시타의 글에서 말하기를, 「惡한

niyalmai emgi hajilara anggala, saisa baru 42/43 becunu sehebi, bi
사람과 친하기 보다 賢者와 싸워라」라고 했다. 나는

tuttu ofi neneme sini ama, deo i weile baha fonde, bi simbe mergen
그래서 이전에 너의 아버지와 동생이 죄를 얻은 때에, 나는 너를 현명하고

9 [簽註] gingguleme baicaci, subasitai bithe serengge, uthai subasita i bithe inu, ere emu gisun be yargiyan kooli de 元壇寶藏 seme nikarame arahabi.
삼가 찾아보니 'subasitai bithe'라는 것은 즉 'subasita i bithe'(subasita의 글)이다. 이 한마디 말을 『實錄』에서 '元壇寶藏'이라고 漢語로 썼다.
* 'subasitai bithe'는 티베트의 名僧 사카 판디타(Chöjé Sakya Paṇḍita Künga Gyeltsen, 1182~1251)가 편찬한 우화집인 Legs par bshad pa'i rin po che'i gter의 산스크리어명 'Subhāṣitaratnanidhi'의 번역이다. 한역명은 '元壇寶藏'이다. 아래 논문 참조. 李勤璞, 「天聰九年皇太極談話中的「元壇寶藏」」, 『漢學研究』 21卷, 2003, 279~304쪽.

bahanara niyalma, dolo ejefi mini jalin de gurun i doro be kiceme
이해하는 사람으로 마음에 기억하여, 나를 위해서 나라의 정치에 열심히

yabukini seme, sini baru gūniha gisun be tucibume, [原檔殘缺] terei
행하라 하고, 너에 대해 생각한 말을 내보이고 〔原檔殘缺〕 그

jalin de korsome ume gūnire, damu beye be elhe obume nimeku hūdun
때문에 원망하여 생각하지 말라. 다만 몸을 편안히 하고 병을 빨리

dulembure be gūni sehe manggi, sahaliyen beile jabume, 43/44 han ejen
낫게 할 것을 생각하라"라고 한 후, 사할리연 버일러는 답하기를, "汗 어전의

i ere gisun be bi buceci inu onggorakū, banjici damu hūsun buki
이 말을 나는 죽어도 잊지 않겠습니다. 살아나면 다만 힘을 쓰겠다

sere dabala, ambula aiseme gisurere, nenehe weile i turgunde bi
할 뿐, 큰소리로 뭐라고 말하겠습니까? 이전의 일 때문에 내가

korsome gūniha doro bio, han ejen, mimbe tacibume gūniha babe
원망하여 생각했을 리가 있습니까? 汗 어전이 나를 가르치고자 생각한 것을

tucibume hendure jakade, mimbe gosire gūnin be bi tede uthai
내보여 말한 까닭에, 나를 자애하는 뜻을 내가 그때 즉시

saha, dade bi, han ejen de waka sabure, geli ere nimeku tušara
알았습니다. 애초에 나는 汗 어전에게 잘못이 알려지고, 또 이 병에 걸렸기

jakade, 44/45 hūturi wajifi bucembini sehe, te han ejen uttu gosime
때문에, 복이 다하여 죽는가 했습니다. 지금 汗 어전이 이렇게 자애하여

sain gisun be henduci, han ejen i hūturi de, mini hūsun bure
좋은 말을 말해주니, 汗 어전의 복에 나의 힘을 보탤

fulingga bici banjimbi dere seme ereme gūnimbi, damu mini
天命이 있으면 살아나리라 하고 바라며 생각합니다. 다만 나의

korsorongge, te musei gurun i mukdere ucuri, han ejen de ambula
한스러운 것은, 지금 우리 나라가 흥성하는 시기에 汗 어전에게 큰

hūsun burakū, gurun booi jalin de faššame bucerakū, hehe niyalmai
힘이 되지 못하고, 국가를 위해서 노력하다가 죽지 않고, 여인의

gala de adarame bucere 45/46 seme ubabe korsombi, tere gisun be han
손에서 어찌 죽겠는가 하고 이것을 한스러워합니다." 그 말을 한에게

de wesimbure jakade, han hendume, jing coohai weile be canggi
올리자, 한이 말하기를, "항상 군사의 일만

yabume banjimbio, abka gosifi, ba na be bahara, amba doro be mutere
행하며 살겠는가? 하늘이 아껴서 疆土를 얻고 큰 정치를 할 수 있게

oci, tere gese mergen sain niyalma akū oci, gurun i doro be
되었는데, 그처럼 현명하고 좋은 사람이 죽으면 나라의 정치를

adarame dasambi seme gasame henduhe,, 46/47
어찌 다스리겠는가"라고 슬퍼하며 말했다.

○ juwan jakūn de, gulu lamun i sung wan yuwan, nirui janggin be
18일에, 正藍의 sung wan yuwan의 니루 장긴을

efulehe turgun, sirara bade akū[10] seme, nirui janggin be efulehe,
혁직한 사유. 계승할 사람이 없다고 니루 장긴을 혁직하고

ejehe gaiha,,
勅書를 빼앗았다.

○ orin de, weilere jurgan i ambasa, han i tuwanabuha ucuri
20일에, "工部의 大臣들이 한이 시찰하러 갔을 때에

akū bihe seme, hafan i jurgan i ambasa be ejeme gaisu sehe bihe,
없었다" 라고, 吏部의 大臣들에게 紀錄시키라고 했다.

weilere jurgan i 47/48 aliha amban ju ši yen, lošo, garin be han de
工部의 承政 祝世廕은 로쇼・가린을 시켜 한에게

fonjibume, mini beye, ashan i ambasa gemu bihe, manju i aliha
묻기를, "나 자신과 參政들은 모두 있었습니다. 만주의 承政들은

ambasa akū bihe, alaha niyalma tašarahabi seme gisun wesimbure
없었습니다. 告한 자가 틀렸습니다" 라고 말을 올리자,

jakade, han, dacilame tuwa, bihe yargiyan oci, ju ši yen be sukini
한은 "조사하여 보라. 있은 것이 사실이면 祝世廕의 죄를 풀으라"

seme henduhe, tere gisun be lošo, garin, hafan i jurgan i aliha
라고 말했다. 그 말을 로쇼・가린이 吏部의 承政

---

10 [簽註] gingguleme baicaci, jakan toktobuha fe manju gisun i bithede, ere sirara bade akū serengge, uthai siraci acara niyalma akū sere gisun inu sehebi,,
삼가 찾아보니 최근 정해진 『舊淸語』에서 이 'sirara bade akū'(계승할 것이 없다)라는 것은 즉 'siraci acara niyalma akū'(계승하기에 적당한 사람이 없다)라는 말이라고 했다.

amban turgei, ashan i amban tambai de 48/49 afabuha,,
투르거이· 參政 탐바이에게 위임했다.

○ orin ilan de, amba mama de icehe sekei hayahan ojin
23일에, 암바 마마에게 염색한 貂皮의 테두리있는 捏褶女朝褂와

teleri emu juru, suwayan i ojin teleri emu juru, yacin suje i
捏褶女朝衣 1쌍· 황색 捏摺女朝褂와 捏褶女朝衣 1쌍· 청색 비단의

ojin teleri emu juru, sahalca sekei dahū emke, uyu booši sindaha
捏摺女朝褂와 捏褶女朝衣 1쌍· 黑貂皮의 털가죽외투 1벌· 綠松石 보석을 박은

monggolire amba fadu emke, tana sindaha muduri monggolikū emke,
목에 거는 큰 주머니 1개· 진주를 박은 龍 목걸이 1개·

49/50 tana sindaha ancun juwe juru, icehe sekei mahala emke,
진주를 박은 귀고리 2쌍· 염색한 貂皮 겨울모자 1개·

suje i gūlha juwan juru, amba gecuheri juwe, undurakū gecuheri
비단 장화 10쌍· 큰 蟒緞 2필· 龍緞

juwe, nikan i sain etuku duin, hacin hacin i eden juwangduwan
2필· 한인의 좋은 의복 4벌· 각종 자투리 粧緞

ninggun, cekemu sunja, solho i amba suje, muheliyen pengduwan
6필· 倭緞 5필· 조선의 大緞과 원형의 彭緞

juwan emu, halfiyan pengduwan sunja, cuse suje juwan, kamkū suje
11필· 평평한 彭緞 5필· 紬子 비단 10필· 帽緞

juwan, solho i fangse sunja, mocin samsu boso juwe tanggū, menggun i
10필· 조선의 紡絲 5필· 毛靑布 200필· 銀의

dongmo 50/51 emke, bethengge cara emke, šempi duin, tuktuma
茶桶 1개· 다리 달린 술잔 1개· 綠斜皮 4장· 속미늘

uksin emke, foloho enggemu juwe, mama de jai inenggi nonggime
갑옷 1벌· 조각한 말안장 2개를, 마마에게 다음날 더하여

suwayan suje i ojin, lamun gecuheri teleri emu juru, hacin
황색 비단의 捏摺女朝褂· 남색 蟒緞 捏摺女朝衣 1쌍· 각종

hacin i eden giltasikū duin, aisin i hūntahan emke, menggun i
남은 片金 비단 4필· 금 술잔 1개· 은

hūntahan taili juwe juru, gu i hūntahan juwe juru, gu i tampin
술잔과 잔받침 2쌍· 玉 술잔 2쌍· 玉 술병

emke, sufan i giranggi foloho menggun dokomiha hūntahan juwe,
1개· 象牙의 조각한 은을 안에 입힌 술잔 2개·

menggun i ijifun juwe, sufan i 51/52 giranggi ijifun emken, hasaha,
은 빗 2개· 상아 빗 1개· 가위와

ulme dobton ninggun, horho juwe, sukū buriha fulgiyan guise duin,
바늘집 6개· 장롱 2개· 가죽을 붙인 붉은 궤짝 4개·

dambagu emu tanggū kiyan, kijimi juwan boose buhe, amba fujin,
담배 100帖· 살담배 10包를 주었다. 大 푸진은

geren fujisa be gaifi, mama be sunja ba i dubede fudeme genefi,
여러 푸진들을 이끌고 마마를 5里 앞까지 전송하러 가서

amba sarin sarilafi bederehe, janggisa hiyasa be unggifi emu dedume
큰 잔치를 베풀고 돌아왔다. 장긴들과 시위들을 보내어 하루 머물고

fudehe,, 52/53
전송했다.

○ orin nadan de, han de tulergi monggo i beise alame,
27일에, 한에게 外境 몽고의 버일러들이 고했다.

katun i birai ergici jerin hinggan be dabame, feniyen feniyen i
"카툰 河의 쪽으로부터 저린 힝간을 넘어서 무리 무리로

feniyelefi neome jidere be, dube jecen i monggoso, hehe juse ci aname
무리지어 이동하여 올 때, 끝 변경의 몽고인들이 여자와 아이들부터 차례로

tucifi langtušame ambula waha,,
나왔으므로 쇠몽둥이로 쳐서 많이 죽였습니다."

○ tere inenggi, 53/54 han, dorolon i jurgan i sahaliyen beile i
그 날, 한은 예부의 사할리연 버일러의

nimere be tuwaname genefi, yadaha be safi, mujilen efujeme yasai muke
아픈 것을 보러 가서 수척한 것을 알고 마음이 무너져서 눈물을

tuhebuhe, sahaliyen beile inu mujilen efujeme yasai muke tuhebuhe,,
흘렸다. 사할리연 버일러도 마음이 무너져서 눈물을 흘렸다.

tongki fuka sindaha hergen i dangse

點·圈을 찍은 문자의 檔子

jai debtelin

2권

wesihun erdemungge i sucungga aniya juwe biya

숭덕 원년 2월

2권, 숭덕 원년 2월

tongki fuka sindaha hergen i dangse,,
點· 圈을 찍은 문자의 檔子

○ juwe biyai ice juwe de, boigon i jurgan i aliha amban
2월 초 2일, 戶部 承政

inggūldai be, solho i wang ni baru ai ai gisun be gisure, mafuta be,
잉굴다이를 조선 왕에게 여러 가지 말을 의논하러, 마푸타를

solho i wang ni sargan akū oho sinagan i doroi waliyame gene
조선 왕의 부인의 죽음을 喪禮로 조문하러 가라고

seme elcin unggihe, terei emgi dorgi jakūn hošoi beile i elcin,
사신으로 보냈다. 그들과 함께 內 八旗 호쇼이 버일러의 사신과

tulergi gurun i dehi uyun goloi 1/2 beise i elcin, han de amba gebu
外國(몽고)의 49지역의 버일러들의 사신이 한에게 尊號를

toktobure jalin de, solho i wang ni baru hebešeme genehe, tese de
정하기 위해 조선의 왕에게 의논하러 갔다. 그들에게

unggihe bithei gisun, aisin gurun i han i bithe, coohiyan gurun i
보낸 글의 말. 「金國의 한의 글을 조선국의

wang de unggihe, ice aniya araha doroi niyengniyeri elcin de dabume,
왕에게 보낸다. 新年의 禮로 春使 편에

wang ni 2/3 elhe be fonjime jihe bithei gisun i karu unggihe, jihe
왕이 (나의) 안부를 물으러 보내온 글의 말에 답서를 보낸다. 온

bithe be, bi gemu wacihiyame tuwaha, wang ni gisun tome emke
글을 내가 모두 다 읽었다. 왕의 말마다 하나

emken i karulaki seci, ishunde toodanume gisun i dube wajirakū
하나 답하려고 하면 서로 대꾸할 말이 끝나지

ombi seme, tuttu bithe de karu gisun arahakū, cohome ujen amban
않을 것이니, 그래서 글로 답하지 않았다. 특별히 重臣을

be takūrafi, yaya gisun be gisure seme unggihe,, 3/4
파견하여 여러 일을 의논하라고 보낸다.」

○ aisin gurun i han i bithe, coohiyan gurun i wang de
「金國의 한의 글을 조선국의 왕에게

unggihe, elcin genehe amban alanjire, geli jihe bithe de bisire wang
보낸다. 사신으로 간 大臣이 고해 오고, 또 온 글에 왕의

ni sargan i jobolon i weile be holkonde donjire jakade, bi ambula
부인의 喪事를 갑자기 들은 까닭에 나는 크게

sesulafi gasame wajirakū, tuttu seme ainara, kemnehe ton be guweci
놀라고 비통함이 끝이 없다. 그렇지만 어찌 하겠는가? 정해진 수명을 면할 수는

ojorakū, se jalgan wajifi bederere, gasacun jobolon ojorongge, julgeci
없다. 수명이 다하여 죽거나, 원망하고 비통해 하는 것은 옛부터

ebsi jihengge kai, wang jing 4/5 gosiholome gasara, erindari jondoro
지금까지 있는 일이다. 국왕은 계속 슬퍼하고 원망하며 때마다 떠올리는 것을

be nakafi, damu beyebe elhe obure be gūni, nekeliyen doro be beneme
멈추고 다만 몸을 편히 할 것을 생각하라. 약간의 예물을 보내어

sinagan i doroi waliyame, wang be surumbume elcin takūrafi unggihe,,
喪禮로 조문하고 왕을 위로하러 사신을 파견하여 보낸다.」

○ aisin gurun i jakūn hošoi beile, juwan nadan gūsai amban i
「金國의 8명의 호쇼이 버일러· 17명의 구사의 대신의

bithe, coohiyan gurun i wang de jafaha, meni geren beise, bithe coohai
글을 조선국의 왕에게 바친다. 우리 여러 버일러들· 文武의

geren 5/6 ambasa, tulergi geren goloi beise hebdefi, abkai gūnin de
여러 대신들· 外境의 여러 지역의 버일러들이 의논하여 하늘의 뜻에

acabume, erin ucuri be dahame, han ejen i erdemu be tolome, amba
부합하여 時運을 따라, 汗 어전의 덕을 헤아려 尊號를

gebu be toktobuki seme, duleke aniya emu jergi gisun wesimbuhe, han
정하고자 하여, 작년에 한 번 上奏했다. 汗

ejen, abkai arbun be yargiyalaki seme marame ohakū, te ere 6/7
어전은 하늘의 형세를 확인하겠다고 하며 거절하고 응하지 않았다. 지금 올해

aniya geren goloi beise, aniyai doroi han de hengkileme jidere anagan
여러 지역의 버일러들이 신년의 예로 한에게 고두하러 오는 기회에

de, gemu mukden hecen de isanjifi, be gemu uhereme hebešefi, han
모두 성경에 모여서 우리는 모두 다 의논하여 汗

ejen de amba gebu be toktobume wajihabi, han ejen, membe suwe inu
어전에게 존호를 정하기를 마쳤다. 汗 어전께서 우리에게 "너희 또한

mini deote juse, coohiyan gurun i wang 7/8 inu mini deo, amba gebu
나의 동생들과 아들들이며 조선국의 왕 또한 나의 동생이다. 존호를

be toktobuci, donjibuci acambi sere jakade, be inu tere gisun be
정한다면 알리는 것이 마땅하다"라고 말씀하신 까닭에, 우리 또한 그 말을

unenggi amba jurgan seme, meni geren beise elcin takūrafi, wang be
진실로 大義라고 여겨 우리 여러 버일러들은 사신을 보내 왕은

meni hebe de dambio darakūn seme donjibume unggihe, be gūnici,
우리의 논의에 따르겠는가 따르지 않겠는가 라고 묻게 하려고 보낸다. 우리가 생각건대,

wang si han ahūn coohai horon i dailame, ba ba i gurun be
왕 그대는 汗 형이 武威로 공격하여 곳곳의 나라를

dahabuha, gu i boobai doron be baha seme ambula 8/9 urgunjeme,
항복시키고 玉의 寶印을 얻었다 하여 크게 기뻐하여

emu oci, dorolome urgun i doroi jici acambihe, jai oci,
우선 예를 행하여 慶賀의 예로 와야 마땅했다. 그 다음

amba gebu be toktobuki sere giyan bihe kai, ere ubabe wang inu
존호를 정하자고 할 도리가 있는 것이다. 이것을 왕은 또한

ambula ufarahakū seci ojorakū, te bicibe, meni elcin takūrame
크게 실수하지 않았다고 할 수 없다. 지금이라도 우리가 사신을 파견하여

donjibume unggihe de wang uthai ambula urgunjeme, hanciki deote
알리도록 보내면 왕은 곧 크게 기뻐하고 가까운 동생들과

juse be ebšeme takūrafi, 9/10 amba gebu be uhei toktobuci, nendehe
아들들을 서둘러 파견하여 존호를 함께 정한다면 과거의

ufaracun be subumbi kai, julgei henduhengge, abkai fejergi emu
허물을 벗을 것이다. 옛말에 "천하는 한

niyalmai abkai fejergi waka, abkai fejergi niyalmai abkai fejergi,
사람의 천하가 아니라 천하 사람의 천하이니

damu erdemungge niyalma de ombi sehebi, tuttu ofi daiming
다만 덕 있는 사람에게 돌아갈 뿐이다"라고 했다. 그래서 대명국의

gurun i hūng u han, šurdeme gurun be wacihiyafi, gin ling de amba
洪武帝는 주변의 나라를 모두 끝내고 金陵에서

gebu be toktobufi, amala dai yuwan gurun i abkai fejergi be gaihabi,
존호를 정하고, 이후 大元國의 천하를 취했다.

te 10/11 han ejen onco erdemu be selgiyefi, dorgi gurun be dasame
지금 汗 어전은 관대한 덕을 널리 펼치어 內國을 다시

hūwaliyambuha, tulergi gurun be uhe obume dahabufi, ama, jui be
조화롭게 했다. 외국의 나라를 하나로 하여 따르게 하여 아버지가 자식을

ujire, ahūn, deo be gosire gese, kesi erdemu geren i gūnin de acabufi,
기르고 형이 동생을 아끼는 것과 같이 은덕이 여럿의 뜻에 부합하여

niyalmai mujilen be bahafi, wesihun dergi mederi de isitala, wasihūn
사람들의 마음을 얻으니, 동쪽은 東海에 이르도록, 서쪽은

tanggūt gurun de niketele, amasi amargi mederi de isitala, ba ba i
탕구트 국에 닿도록, 북쪽은 北海에 이르도록, 곳곳의

gurun gemu buyeme 11/12 dahaha, dorgi tulergi gurun joriha ici be
나라가 모두 원하여 항복했다. 내지와 외지의 나라가 가리키시는 방향을

dahame jurgan be aljarakū, hese gisun šajin fafun be jurcerakū, cooha
따라 道義를 벗어나지 않고 旨와 法道를 저버리지 않았다. 군사가

tucike de, abkai fejergi be hetu undu cihai yabumbi, ere gemu abkai
출병하면 천하를 종횡으로 자유로이 행했다. 이 모두 하늘의

gūnin acafi niyalmai mujilen be dahabuhangge, be abka de acabume,
뜻에 맞추고 사람들의 마음을 따르게 한 것이다. 우리는 하늘에 부합하고

tumen irgen i gūnin de isibume, han ejen de 12/13 amba gebu be
萬人의 뜻에 이르도록 汗 어전께 존호를

toktobume wajiha, wang geli ai sembi,,
정하기로 결정했다. 왕은 또 무엇을 말하겠는가」

○ aisin gurun i geren goloi beise i bithe, coohiyan gurun i
『金國의 여러 지역의 버일러들의 글을 조선국의

wang de jafaha, be gemu daiming gurun i kesi šang be gaime, juwe
왕에게 바친다. 우리 모두 대명국의 은혜와 상을 받은 것이

tanggū aniya funcehe, be daiming gurun ci buyeme gūwaliyakangge
200년이 넘었다. 우리가 대명국으로부터 원해서 變心한 것이

waka, daiming gurun i ambasa jalingga koimali, ulin aisi be 13/14
아니다. 대명국의 대신들은 간사하고 교활하며 재물과 이익을

dele arafi, dergide holtombi, han dalibufi sarkū, gurun boo de jobolon
귀하게 여기고 위로 (황제를) 속인다. 황제는 막혀 알지 못하니 國家에 우환이

obumbi, terei dade jiyanggiyūn oliha, cooha budun, dorgi de oci,
된다. 그의 원래 장군들은 겁이 많고 병사는 나약하다. 안에서는

jalingga koimali yendehebi, tulergi de oci, ba na gaibume cooha
간사함과 교활함이 만연하고 밖에서는 토지를 빼앗기고 군사는

gidabumbi, abkai arbun be tuwaci, daiming gurun urunakū efujembi,
패배한다. 하늘의 형상을 보니 대명국은 반드시 무너질 것이다.

aisin gurun i 14/15 han genggiyen onco erdemu be selgiyefi, gurun
金國의 한은 영명하고 관대한 덕을 널리 펼치어 나라를

be elbime dahabumbi, irgen be ujimbi, yabun gūnin tob seme šajin
초무하여 항복시키고 백성을 기르며, 행하는 뜻이 공정하고 법도가

fafun getuken, terei dade jiyanggiyūn baturu, cooha mangga, foroho
분명하다. 그의 원래 장군은 용맹하고 병사는 강인하니 향하는

ici bata akū, geren gemu buyembi, abkai gūnin aisin gurun de gurire
곳에 적이 없고 무리가 모두 기뻐한다. 하늘의 뜻이 金國으로 옮겨짐을

be safi, be gemu abkai gamara ici be tuwame dahaha, dade meni
알고 우리는 모두 하늘이 이끄는 방향을 보고 따랐다. 본래 우리

tulergi 15/16 gurun facuhūn bihe, te han i onco erdemu i tacibuha
외국은 어지러웠으나, 지금 한이 관대한 덕으로 가르치고

alhūdabuha yargiyan getuken ofi, genggiyen šun dasame tucike gese,
따르게 하는 진실함이 명백하여 밝은 해가 다시 나타난 것과 같다.

kesi erdemu tumen bade isinafi, gurun elhe irgen taifin, ehe facuhūn
은덕이 萬里에 미치니 나라는 안녕하고 백성은 태평하며 악함과 혼란이

akū ohobi, tuttu ofi meni tulergi geren gurun i goloi beise,
없어졌다. 그래서 우리 밖의 여러 나라의 지역의 버일러들,

cooha irgen, gemu han ejen i kesi erdemu be gūnime, ergen be šeleme
병사와 백성은 모두 汗 어전의 은덕을 생각하여 목숨을 바쳐

16/17 baili tusa be isibume hūsun be tucibuki seci, damu han ejen i
은혜와 이익에 이르도록 힘을 내겠다고 했으나, 다만 汗 어전의

jorire be tuwame, erin ucuri isinjire be aliyame bi, meni fehi fahūn
가리키심을 보고 時運이 이르기를 기다리고 있다. 우리의 뇌와 간이

boihon de ucubutele, gida jangkū i faidan be efuleme, muke tuwa
흙에 섞일 때까지 창과 칼의 대열을 무너뜨리고 물· 불이라도

de dosime hūsun bure be buyembi, be, abkai arbun, han ejen be
들어갈 만큼 힘을 쓰기를 원한다. 우리는 하늘의 형상이 汗 어전을

wehiyere be safi, 17/18 abka de acabume, amba gebu be toktobuki seme,
지지함을 알고 하늘에 부합하여 존호를 정하고자 하여,

meni geren gurun i goloi beise, duleke aniya mukden hecen de
우리 여러 나라의 지역의 버일러들은 작년 盛京에

isanjifi, dorgi geren beise i emgi hebešefi, han de gisun wesimbuhe
모여와서 內 여러 버일러들과 함께 의논하여 汗에게 上奏하니,

manggi, han ejen, ai babe same te uthai amba gebu gaimbi seme
汗 어전은 "무엇을 알아서 지금 곧 존호를 취하겠는가"라고

marame ohakū, te geli meni 18/19 tulergi dehi tumen monggo gurun
거절하여 하지 않았다. 지금 또 우리 바깥 40만 몽고국의

i han i jui taidz konggor, korcin gurun i tusiyetu jinong, joriktu
칸의 아들 太子 콩코르, 코르친 국의 투시예투 지농・ 조릭투

hūwang taiji, amba abagai, konggor bingtu, jasaktu dureng, darhan
후왕 타이지・ 암바 아바가이・ 콩고르 빙투・ 자삭투 두렁・ 다르한

hūng baturu, lamashi mergen taiji, donggor ilduci, jalait gurun i
훙 바투루・ 라마스히 머르건 타이지・ 동고르 일두치, 잘라이트 국의

mongkūwa darhan hošooci, angga ilduci, durbet gurun i sereng
몽쿠와 다르한 호쇼오치・ 앙가 일두치, 두르베트 국의 서렁

darhan taiji, g'andishiyab taiji, gorlos gurun i gumu hatan baturu,
다르한 타이지· 간디스히얍 타이지, 고를로스 국의 구무 하탄 바투루·

bumba ildeng, aohan 19/20 gurun i fuma bandi, sonom dureng, naiman
붐바 일덩, 아오한 국의 푸마 반디· 소놈 두렁, 나이만

gurun i hūng baturu, barin gurun i manjusiri taiji, ayusi taiji,
국의 홍 바투루, 바린 국의 만주시리 타이지· 아유시 타이지,

tumet gurun i gegen han i omolo ombu cūhur, sonom mergen
투메트 국의 게겐 한의 손자 옴부 추후르· 소놈 머르건

taiji, genggel guyeng tabunang, šamba tabunang, jarut gurun i
타이지· 겅걸 구영 타부낭· 샴바 타부낭, 자루트 국의

darhan baturu, neici, kundulen daicing, habagai weijeng, gobiltu
다르한 바투루· 너이치· 쿤둘런 다이칭· 하바가이 워이정· 고빌투

dureng, cing baturu jirgalang, cahar gurun i tuba jinong, aru 20/21
두렁· 칭 바투루 지르갈랑, 차하르 국의 투바 지농, 아루

gurun i darhan joriktu, irjam mergen taiji, dalai darhan noyan,
국의 다르한 조릭투· 이르잠 머르건 타이지· 달라이 다르한 노얀·

mujang hūwang taiji, ongniyot gurun i dureng jinong, dung erdeni
무장 후왕 타이지, 옹니요트 국의 두렁 지농· 둥 어르더니

daicing, dalahai jaisang hūwang taiji, bandi weijeng hūwang taiji,
다이칭· 달라하이 자이상 후왕 타이지· 반디 워이정 후왕 타이지,

kara cerik gurun i g'arma hūwang taiji, arana nomci, karacin gurun
카라 처릭 국의 가르마 후왕 타이지· 아라나 놈치, 카라친 국의

i gurushib, sereng secen, wandan weijeng maji, dulihū, urat gurun i
구루스힙· 서렁 서천· 완단 워이정 마지· 둘리후, 우라트 국의

tumen darhan, tuba erhe taiji, 21/22 sereng ildeng, meni ere juwan
투먼 다르한· 투바 어르허 타이지· 서렁 일덩, 우리 이 16국의

ninggun gurun i dehi uyun beise, inenggi boljofi, jorgon biyade han
49명의 버일러들은 날을 정하여 12월에 汗의

i mukden hecen de isanjifi, dorgi beise i baru uhe hebešefi, han de
盛京에 이르러, 內 버일러에게 함께 의논하여, 한에게

gisun wesimbume, te ba ba i gurun gemu dahaha, gu i boobai doron
상주하니, "지금 곳곳의 나라가 모두 투항했고 玉의 寶印을

be baha, abkai wehiyere be yargiyan i saha, 22/23 abkai gūnin
얻었다. 하늘의 도우심을 분명히 알았다. 하늘의 뜻과

niyalmai mujilen de acabume, han ejen de amba gebu be toktobuki
사람들의 마음에 부합하도록 汗 어전에게 존호를 올리겠다"고

sehe manggi, han ejen, coohiyan gurun i wang mini deo, tede
말하니, 汗 어전은 "조선국의 왕은 나의 동생이다. 그에게

donjibuci acambi sehe manggi, geren gemu han i gisun be amba
알리는 것이 마땅하다"고 말하니, 무리가 모두 한의 말을 大義로

jurgan arafi, meni geren goloi beise ambasa be takūrafi, wang de uhei
삼아 우리 여러 지역의 버일러들은 대신들을 파견하여 왕에게 함께

hebdeki 23/24 seme unggihe, wang hanciki deote juse be unggifi uhei
의논하자고 보낸다. 왕은 가까운 동생들과 자식들을 보내어 함께

han ejen de, amba gebu toktobuci acambi, be, geren gemu abkai
汗 어전에게 존호를 정하는 것이 마땅하다. 우리 여럿은 모두 하늘의

gūnin be dahame, han de amba gebu be toktobume wajiha, damu wang
뜻을 따라 한에게 존호를 정하기로 결정했다. 다만 왕은

meni hebe de dara darakū be tuwambi,, 24/25
우리의 논의에 따를 것인지 따르지 않을 것인지 보겠다.」

○ sinagan i doroi unggihe bithei gisun, han dorolon i jurgan
喪禮로 보낸 글의 말. 「한이 禮部에

de bithe wasimbume henduhengge, bi coohiyan gurun i ejen i emgi
글을 내려 말한 것. 나는 조선국의 주인과 함께

ahūn deo arafi, urgun gasacun i doro de ishunde yabumbihe, te donjici,
형제를 맺고 慶弔의 예로 서로 행했다. 지금 듣건대

wang deo i sargan akū oho sere, absi nasacuka, jurgan i
왕 동생의 부인이 죽었다고 하니 몹시 한스럽다. 部의

hafan nekeliyen jaka be gamame genefi, giran i juleri mini 25/26
관리는 약간의 물건을 가지고 가서 시신 앞에서 나의

ere gisun be hūla, hairaka mergen fujin, gurun i hehe i durun kai,
이 말을 외치라. "아까운 어진 부인, 나라의 여인의 규범이다.

dorgi dasan de aisilarangge, ci giyang ni adali, ainu jalgan foholon
內政에 협조한 것이 齊姜[1]과 같도다. 어찌 수명이 짧아

akū oho, mejige isinjime jakade, alimbaharakū deo i jalin gasame,
죽었는가? 소식이 온 까닭에 참을 수 없이 동생을 위해 비통해하며

hafan be takūrafi waliyame, mini majige mujilen be tucibumbi,
관리를 파견하여 조문하고 나의 작은 마음을 내보인다.

genggiyen fayangga bulekuše,, 26/27
영명한 영혼은 살피시라.」

○ ineku tere inenggi, aru i kalka de ui jaisang, barai sanjin,
같은 그 날, 아루의 칼카[2]에 우이 자이상· 바라이 산진·

bebugei be elcin unggihe, tese de unggihe bithei gisun, sure han[3] i
버부거이를 사신으로 보냈다. 그들에게 보낸 글의 말. 「수러 한의

---

1 '齊姜'은 춘추시대 齊桓公의 딸이자 晉文公의 두번째 부인이다. 진문공이 주유천하 도중 제나라에 들렀을 때 제환공이 후대하면서 자신의 딸을 아내로 삼게 했다. 진문공이 제나라에서 안락한 생활에 젖어 점차 뜻을 잃어가자 측근 신하들이 그를 데리고 제나라를 떠나려 할 때, 부부의 정을 끊으면서 문공을 보내주는 결단을 내렸다. 강인한 의지, 절개, 인내심을 지닌 여성으로 진문공이 즉위한 후 그의 두번째 부인이 되었다.

2 '아루의 칼카'(北칼카)는 '內칼카 5部'(5오톡 칼카)와 구분해 '外칼카' 혹은 '돌루간 오톡 칼카(7오톡 칼카)'로도 불렸다. 內칼카는 다얀 칸의 다섯째 아들인 알추 볼로드의 후예이고 아루의 칼카(外칼카)는 다얀 칸의 11번째 아들 거러선저의 자손들이 수장층을 형성했다. 다얀 칸은 알추 볼로드와 거러선저에게 칼카강 유역을 영지로 분봉했는데 이후 거러선저의 자손들이 고비 사막 이북으로 이주하면서 '아루의 칼카' 혹은 '돌루간 오톡 칼카'라고 불렸다.

3 [簽註] ereci fusihūn sunja meyen, fe dangse de gemu monggo hergen arahabi, te manjurame ubaliyambuha..
이하 다섯 문장은 舊檔子에 모두 몽고 문자로 썼는데 지금 만주어로 번역했다.

hesei bithe, kalka i maha samadi secen han de unggihe, taifin ojoro
旨의 글. 칼카의 마하 사마디 세첸 칸에게 보낸다. 태평하게 될

amba doroi jalin mimbe sa sehengge, suweni tere gisun inu, bi yaya
大道를 위해 나에게 알라라고 한 너희의 그 말이 옳다. 나는 어떤

gurun be turgun akū bahara de dosifi dailahangge akū, neneme be,
나라든 이유 없이 얻는 것에 탐닉하여 정벌한 것이 아니다. 예전에 우리가

julgei 27/28 kimungge nikan gurun be dailara de, cahar i han nikan i
옛 원한이 있는 명나라를 정벌할 때에 차하르의 한이 명의

ulin nadan de dosifi, cooha nonggire jakade, cahar be dailaha turgun
재화에 빠져서 군대를 더했기 때문에 차하르를 정벌한 이유가

tuttu bihe, tuttu ofi abka na cahar i han be wakalafi, cahar gurun be
그러했었다. 그리하여 天地가 차하르의 한을 질책하고 차하르 국을

minde buhe, te suwe nikan de morin uncame, ulin nadan
나에게 주셨다. 지금 너희가 명에게 말을 팔고 재화를

gaime yaburengge, nikan gurun de hūsun nonggihangge wakao, suweni
취하러 가는 것은 명나라에 힘을 보태는 것이 아닌가? 너희의

tere fudasihūn yabuhangge be bi ehe gūnirakū, doro 28/29 šajin acara
그 패역한 행위를 나는 나쁘게 생각하지 않고 政法을 화합하기

jalin, suweni gisun be donjime saki,,
위해 너희의 말을 들어 알고자 한다.」

sure han i hesei bithe, secen jinong de unggihe, suweni unggihe
수러 한의 旨의 글. 「세첸 지농에게 보낸다. 너희가 보낸

bithe be bi gemu tuwaha, kalka de dosika niyalma be goro baci ai
글을 내가 모두 보았다. 칼카에 들어간 사람을 (내가) 먼 곳에서 어디

babe same gisurere, suweni yaya yabun i ucuri be suwe sambi
있는지 알고 말하겠는가? 너희의 모든 행동의 때를 너희가 알

dere,, 29/30
것이다.」

sure han i hesei bithe, erdeni nomci de unggihe, suweni unggihe
수러 한의 旨의 글. 「어르더니 놈치에게 보낸다. 너희가 보낸

bithe be bi gemu tuwaha, kalka de dosika niyalma be goro baci ai
글을 내가 모두 보았다. 칼카에 들어간 사람을 (내가) 먼 곳에서 어디

babe same gisurere, yaya yabun i ucuri be suwe sambi dere,,
있는지 알고 말하겠는가? 모든 행동의 때를 너희가 알 것이다.」

sure han i hesei bithe, jasaktu jinong de unggihe, suweni
수러 한의 旨의 글. 「자삭투 지농에게 보낸다. 너희가

unggihe bithe be gemu tuwaha, bi šajin emu i acaki seme 30/31
보낸 글을 모두 보았다. 내가 법도를 하나로 화호하고 싶다고

gisurefi yabubuhangge yargiyan, suwe gisun be efulefi kalka de acaha,
말하고 행한 것은 진실인데 너희는 말을 어기고 칼카와 화호했다.

bi umai efulehe ba akū, te bi ai hendure,,
나는 전혀 (화호를) 깨뜨린 적 없다. 지금 내가 무어라 말하겠는가?」

han i hese, tolbotu be kalka de tehekū dahame jihe seme,
「한의 旨. 톨보투를 칼카에 거주하지 않고 항복해 왔다고

gosime darhan i gebu bufi ejehe buhe,,
아끼고 다르한이라는 이름을 주고 勅書를 주었다.」

han de aru i kalka i elcin tuktan dahame hengkileme jihe
한에게 아루의 칼카의 사신이 처음으로 항복하고 고두하러 온

doroi, 31/32 šoloi fujin de šangnafi unggihengge, juwe gecuheri, orin
禮로 숄로이 푸진에게 상내려 보낸 것. 2필의 망단· 22필의

juwe suje, mocin samsu emu tanggū jakūn, tasha i sukū juwe, yarha i
비단· 毛靑布 108필· 호랑이 가죽 2장· 표범

sukū juwe, foloho enggemu juwe, tuktuma uksin juwe, foloho loho
가죽 2장· 조각한 안장 2개· 속미늘 갑옷 2벌· 조각한 腰刀

juwe, foloho jebele juwe, foloho umiyesun juwe, lekerhi juwe, aisin
2개· 조각한 화살통 2개· 조각한 요대 2개· 해달 가죽 2장· 금

juwe yan, menggun i hūntahan emke, hūba erihe emke, šempi emke,
2량· 은잔 1개· 琥珀 염주 1개· 綠斜皮 1장.

erei elcin bicigeci lama de gecuheri 32/33 etuku emke, suje ilan,
그의 사신 비치거치 라마에게 망단 의복 1벌· 비단 3필·

mocin samsu gūsin juwe, ujumucin i jinong de unggihengge, gecuheri
毛青布 32장. 우주무친의 지농에게 보낸 것. 망단

emke, amba suje duin, mocin samsu gūsin, tuktuma uksin emke, foloho
1필· 큰 비단 4필· 毛青布 30필· 속미늘 갑옷 1벌· 조각한

enggemu emke, jebele emke, loho emke, umiyesun emke, erei elcin
안장 1개· 화살통 1개· 腰刀 1개· 요대 1개. 그의 사신

corji lama de emu gecuheri etuku, juwe suje, mocin samsu orin duin,
초르지 라마에게 1벌의 망단 의복· 2필의 비단· 毛青布 24필.

babung tusiyetu de yacin gecuheri emke, juwe suje, 33/34 mocin samsu
바붕 투시예투에게 푸른 망단 1필· 2필의 비단· 毛青布

orin, foloho enggemu emke, uksin emke, umiyesun emke, erei elcin
20필· 조각한 안장 1개· 갑옷 1벌· 요대 1개. 그의 사신

borboi bandi de gecuheri ergume emke, juwe suje, mocin orin duin,
보르보이 반디에게 망단 朝衣 1벌· 2필의 비단· 毛青布 24필.

semu de juwe suje, mocin juwan ninggun, jinong corji de menggun i
서무에게 2필의 비단· 毛青布 16필. 지농 초르지에게 銀

dongmo emke, erei elcin de suje emke, mocin samsu jakūn, ecike corji de
茶桶 1개. 그의 사신에게 비단 1필· 毛青布 8필. 어치커 초르지에게

menggun i dongmo emke, dambagu gūsin kiyan, erei elcin de suje
은 茶桶 1개· 담배 30첩. 그의 사신에게 비단

34/35 emke, juwe bandi de fulgiyan boso juwete, mocin samsu jakūn,
1필. 2명의 반디[4]에게 붉은 布 2필씩· 毛靑布 8필,

erei kutule de mocin duin, darhan g'abcu de gecuheri emke, amba
그의 쿠툴러에게 毛靑布 4필. 다르한 갑추에게 망단 1필· 큰

suje uyun, mocin samsu susai, foloho enggemu emke, erei gucu de
비단 9필· 毛靑布 50필· 조각한 안장 1개. 그의 구추에게

suje emke, mocin samsu jakūn, dorji hūwang taiji de juwe suje,
비단 1필· 毛靑布 8필. 도르지 후왕 타이지에게 2필의 비단·

mocin samsu juwan, šempi juwe, menggun i hūntahan emke, dambagu
毛靑布 10필· 綠斜皮 2장· 은잔 1개· 담배

dehi kiyan, kitat taiji de 35/36 suje emke, mocin samsu juwan, šempi
40첩. 키타트 타이지에게 비단 1필· 毛靑布 10필· 綠斜皮

emke, dambagu orin kiyan, erei elcin de mocin sunja, engke dai
1장· 담배 20첩. 그의 사신에게 毛靑布 5필. 엉커 다이

baturu de suje emke, mocin samsu juwan, šempi emke, dambagu orin
바투루에게 비단 1필· 毛靑布 10필· 綠斜皮 1장· 담배 20첩.

kiyan, erei elcin de mocin samsu sunja, buyahū guyeng de amba
그의 사신에게 毛靑布 5필. 부야후 구영에게 큰

gecuheri emke, suje juwe, mocin samsu juwan, lekerhi emke, dambagu
망단 1필· 비단 2필· 毛靑布 10필· 해달가죽 1장· 담배

4 '반디'는 티베트와 몽고에서 불교에 갓 입문한 하급 승려를 가리킨다.

gūsin kiyan, foloho enggemu emke, erei 36/37 elcin de suje emke,
30첩· 조각한 안장 1개. 그의 사신에게 비단 1필·

mocin ninggun, darhan ubasi, yanggai darhan tabunang, dobodoi
毛靑布 6필. 다르한 우바시· 양가이 다르한 타부낭· 도보도이

bingtu hiya, ere ilan niyalma de gecuheri etuku emte, suje juwete,
빙투 히야, 이 3명에게 망단 의복 1벌씩· 비단 2필씩·

mocin orin duite, yeldeng tusiyetu i elcin šadahan de suje i ergume
毛靑布 24필씩. 열덩 투시예투의 사신 샤다한에게 비단 朝衣

emke, suje emke, mocin juwan ninggun, dorji jinong ni secen honjin
1벌· 비단 1필· 毛靑布 16필. 도르지 지농의 세첸 혼진에게

de gecuheri etuku emke, suje juwe, mocin orin duin, sereng erdeni i
망단 의복 1벌· 비단 2필· 毛靑布 24필. 서렁 어르더니의

37/38 elcin bakdu, sibahanca i elcin gusi, budasiri taiji i elcin darhan
사신 박두· 시바한차의 사신 구시· 부다시리 타이지의 사신 다르한

bandi, ere ilan de suje i ergume emte, suje emte, mocin juwan
반디, 이 3명에게 비단 朝衣 1벌씩· 비단 1필씩· 毛靑布 16필씩.

ninggute, dorji jinong ni elcin ombu, erincin taiji i elcin dongni,
도르지 지농의 사신 옴부· 어린친 타이지의 사신 동니·

hotogocin taiji i elcin joriktu, irbis secen taiji i elcin langsu, donoi
호토고친 타이지의 사신 조릭투· 이르비스 세첸 타이지의 사신 랑수· 도노이

fujin i elcin hojiger, suge daicing ni elcin tabitai, engke taiji i elcin
푸진의 사신 호지거르· 수거 다이칭의 사신 타비타이· 엉커 타이지의 사신

minggandai, 38/39 ere nadan niyalma de suje i ergume emte, suje
밍간다이, 이 7명에게 비단 朝衣 1벌씩· 비단

emte, mocin juwan ninggute, bolot i erdeni i elcin ayusi, abaga
1필씩· 毛靑布 16필씩. 볼로트의 어르더니의 사신 아유시· 아바가

jinong ni elcin norbu tabunang, ere juwe niyalma de suje i ergume
지농의 사신 노르부 타부낭, 이 2명에게 비단 朝衣

emte, suje emte, mocin juwan ninggute, dorji jinong ni ombu, sibahanca
1벌씩· 비단 1필씩· 毛靑布 16필씩. 도르지 지농의 옴부· 시바한차의

i gusi, ere juwe niyalma ini gurun de genefi, ceni geren beise i
구시, 이 2명은 그의 나라에 가서 그들의 여러 버일러들의

elcin be gajime jihe 39/40 seme fulu šangname suje emte, mocin jakūta,
사신을 데려왔다고 여분으로 더 상을 주어 비단 1필씩· 毛靑布 8필씩,

erei geren kutule de emte ergume šangnaha, ajige mama de seke i
그의 여러 쿠툴러들에게 1벌씩의 朝衣를 상 주었다. 아지거 마마에게 초피로

hayaha hūha ojin teleri emu juru, gecuheri ojin teleri
테두르고 감친 捏摺女朝褂와 捏摺女朝衣 1쌍· 망단 捏摺女朝褂와 捏摺女朝衣

emu juru, puse ifiha ojin teleri emu juru, icehe seke i
1쌍· 흉배를 수놓은 捏摺女朝褂와 捏摺女朝衣 1쌍· 염색한 초피

mahala emke, uyu booši sindaha monggolire amba fadu emke,
겨울모자 1개· 綠松石을 박은 목에 거는 큰 주머니 1개·

sahalca seke i dahū emke, suje i gūlha juwe juru, giltasikū 40/41
검은 초피 털가죽외투 1벌· 비단 신발 2쌍· 片金

duin, juwan tana sindaha monggolikū emke, tana sindaha ancun juwe
4필· 10개의 東珠를 박은 목걸이 1개· 東珠를 박은 귀걸이 2쌍·

juru, gecuheri camci emke, gecuheri juwe, undurakū juwe, nikan i
망단 속옷 1벌· 망단 2필· 龍緞 2필· 한인의

etuku duin, hacin hacin i juwangduwan ninggun, cekemu sunja, suje
의복 4벌· 각종 粧緞 6필· 왜단 5필· 비단

dehi ninggun, mocin samsu juwe tanggū, menggun i cara emke,
46필· 毛靑布 200필· 은 술잔 1개·

dongmo emke, uksin emke, šempi duin, gu i hūntahan juwe, giranggi
茶桶 1개· 갑옷 1벌· 綠斜皮 4장· 옥 술잔 2개· 뼈를

be foloho menggun dokomiha 41/42 hūntahan juwe, menggun i hūntahan
조각하고 은으로 안을 입힌 술잔 2개· 은잔과

taili juwe juru, manjusiri nakcu de gecuheri emke, dabišikū[5] emke,
잔받침 2벌. 만주시리 낙추에게 망단 1필· dabišikū 하나·

---

5 [簽註] ginggguleme baicaci, dabišikū sere gisun, manju gisun i buleku bithe, fe manju gisun i bithede gemu ejehekūbi, fe dangse i songkoi sarkiyaha..
삼가 찾아보니 dabišikū라는 말을 『淸文鑑』, 『舊淸語』에 모두 기록하지 않아서 舊 檔子대로 베껴 썼다.

puse noho suje emke, suje nadan, mocin samsu gūsin, uksin emke,
흉배가 있는 비단 1필· 비단 7필· 毛靑布 30필· 갑옷 1벌·

foloho enggemu emke, jirgalang eigen sargan de suje sunja, mocin
조각한 안장 1개. 지르갈랑 부부에게 비단 5필· 毛靑布

orin, foloho enggemu emke, gecuheri ojin teleri emu juru,
20필· 조각한 안장 1개· 蟒緞 捏摺女朝褂와 捏摺女朝衣 1쌍·

suwayan i ojin teleri emu juru, suje i gūlha emu juru, 42/43
황색 捏摺女朝褂와 捏摺女朝衣 1쌍· 비단 신발 1쌍·

aisin ijuha hūntahan taili emu juru, menggun i tampin emke, gu i
금 입힌 술잔과 잔받침 1쌍· 은 술병 1개· 옥

hūntahan emke, gecuheri goksi emke buhe,,
술잔 1개, 蟒緞 無扇肩朝衣 1벌을 주었다.

tongki fuka sindaha hergen i dangse

點·圈을 찍은 문자의 檔子

ilaci debtelin

3권

wesihun erdemungge i sucungga aniya juwe biya

숭덕 원년 2월

3권, 숭덕 원년 2월

tongki fuka sindaha hergen i dangse,,
點· 圈을 찍은 문자의 檔子

○ ice ninggun de, ajige mama, manjusiri nakcu i genere be
초 6일에, 아지거 마마와 만주시리 낙추가 가는 것을

fudeme, han i fujin, geren beise i fujisa be gaifi, sunja ba i giyoocan
전송하러 한의 푸진이 여러 버일러들의 푸진들을 데리고 5里의 敎場

de fudeme genefi, ihan honin wafi amba sarin sarilafi jihe,, 1/2
으로 전송하러 가서 소와 양을 잡아 큰 잔치를 베풀고 왔다.

○ juwan de dahai baksi nikan bithei kooli be ambula hafupi,
10일에, 다하이 박시가 漢文의 例를 깊이 통달하여

han i doroi jalin de faššame hūsun bume yabuha be han onggorakū
한의 政道를 위해 노력하고 힘을 다하여 행한 것을 한이 잊지 않고

gūnime, dahai baksi ilan haha jui be gajifi, sain jeku ulebufi, emu
생각하여 다하이 박시의 3명의 아들을 데려와 좋은 음식을 먹이고 1마리의

bigan ulgiyan i yali, emu gio, orin nimaha, emu suje, juwan mocin
멧돼지 고기· 1마리 고라니· 20마리 생선· 1필의 비단· 10필의 毛靑布를

šangname bufi, jacin jui cendei be 2/3 nikan bithe be kiceme taci
상 내려 주고, 둘째 아들 천더이에게 한문을 부지런히 배우라고

seme henduhe,,
말했다.

○ juwan juwe de, bakiran amala lioi šūn keo i feye fukderefi
12일에, 「바키란이 나중에 旅順口에서 얻은 상처가 재발하여

akū oho manggi, neneme gidaha ni be acabufi uju jergi meiren i janggin
사망했으므로, 예전 기록을 합쳐 1등 머이런 장긴을

be ilaci jergi amba janggin obufi, jui baisan de siraha, jai juwe jergi
3등 암바 장긴으로 하고, 아들 바이산에게 계승시켰다. 또 두 번

nonggifi juwan ilan jergi sirambi,, 3/4
더하여 열세 번 계승한다.」

○ turgei amala ginjeo de jeku tuwa sindame genehe de, bayara be
「투르거이는 나중에 錦州로 곡식에 불을 놓으러 갔을 때 바야라를

gaifi ginjeo de dzu dzung bing guwan i deo dobori dosimbi seme
이끌고, 錦州로 祖(大壽) 총병관의 동생이 밤에 들어간다고

donjifi, ginjeo, sung šan i siden de tuwaki seme unggihe de, dobori
듣고, 錦州와 松山 사이에서 살펴보겠다고 하여 보냈을 때, 밤에

ginjeo ci sung šan de takūrara juwe mukūn i orin niyalma be bahafi
錦州에서 松山으로 파견할 두 무리의 20명을 잡아

waha, juwan ninggun 4/5 morin baha, jai musei juwan niyalma nikan
죽이고 16마리의 말을 얻었다. 또 우리의 10명이 明의

i karun be bošome gamara de, singne morin ci tuhefi, bata ibeme
초탐을 추격해 갈 때에 싱너가 말에서 떨어졌는데 적이 전진해

dosire be gūsin niyalma be gaifi dosire jakade, bata bederehe, singne
들어가는 것을 30명을 이끌고 들어가서 적이 철수했고, 싱너가

morin yalume jabduha, dalingho hoton be sahambio seme tuwaname
말을 타도록 시간을 벌었다. 大凌河 성을 쌓는가 하고 살펴보러

genehe de, olji emu tanggū ninju baha, dalingho be kaha de, hoton i
갔을 때에 포로 160명을 얻었다. 大凌河를 포위했을 때, 성의

julergi tai be cooha tucifi afanjiha be 5/6 yafahalafi hoton i hanciki
남쪽 臺를 군대가 나와서 공격하러 온 것을 도보로 성 가까이

ulan de niketele gidaha, tere mudan de dashūwan galai cooha be gaifi
해자에 이르도록 격파했다. 그 전투에서 좌익 군대를 이끌고

sung šan i hoton i jakade buksi seme unggihe de, hoton be hishame
松山 성 측에 매복하라고 보냈을 때 성에 밀착해서

tabcilafi karun i juwan niyalma be waha, emu šeobei be jafafi gajiha,
약탈하고 초탐 10명을 죽였다. 1명의 수비를 잡아 데려왔다.

olji ninju juwe baha, dashūwan galai cooha be ginjeo i julergi be
포로 62명을 얻었다. 좌익 군대가 錦州의 남쪽을

hishame tabcilafi olji dehi juwe baha, 6/7 juwan ninggun niyalma be
밀착해서 약탈하여 포로 42명을 얻었고 16명을

waha, daitung de cooha genere de durbi de tebuhe bihe, nikan, baduri,
죽였다. 大同에 출병할 때에 두르비에서 駐營하게 했었다. 니칸· 바두리·

siteku de orin niyalma be adabufi aohan i hoton de songko faitame
시터쿠에게 20명을 붙여서 아오한의 성에 흔적을 찾으러

unggifi, nikan i tanggū cooha be acafi gidaha, juwan ninggun morin
보내서 명의 100명의 군사를 만나 격퇴했다. 16마리의 말을

baha, ejei efu be ganaha mudan de, nikan i jase dosika manggi,
얻었다. 에제이 어푸를 데리러 갔을 적에 명의 경계로 들어간 후

mergen daicing beile, hooge beile, 7/8 dashūwan galai cooha be ceni
머르건 다이칭 버일러와 호오거 버일러가 좌익 군대를 그들이

beye tuwame ilan jalan banjibufi karun be bošo seme unggihe de,
직접 감독하여 세 잘란으로 편성시켜 초탐을 쫓으라고 보냈을 때에,

karun i tanggū isire niyalma be bošome gamara de, buksiha cooha
초탐의 100명에 이르는 사람을 추격해 갈 때에 매복한 군사를

be geli ucarafi, g'o šan i hoton de niketele bošome waha, ping lu wei
또 만나서 崞山 성에 닿을 때까지 추격해서 죽였다. 平虜衛

hoton i tucike cooha be gidaha, jase tucime jidere de, dashūwan galai
성에서 나온 군사를 격퇴했다. 경계를 나와 올 때에 좌익

cooha be gaifi musei 8/9 uncehen be bargiyafi gaju sehe bihe,
군대를 이끌고 우리의 후미를 수습해서 데려오라고 했었다.

dashūwan galai cooha be gaifi buksiha bade, nikan i cooha buksiha be
좌익 군대를 이끌고 매복한 곳에서 명의 군사가 (우리군이) 매복한 것을

sarkū, musei uncehen be dahalame jidere be amasi gidafi, hoton i
모르고 우리의 후미를 쫓아 오는 것을 되돌아 격퇴하고 성

tulergi fu i duka de fihebufi niyalma ambula waha seme, jai jergi
밖의 墻의 문에 몰아넣어 사람을 많이 죽였다 하여 2등

jalan i janggin be uju jergi meiren i janggin obuha, jai sunja jergi
잘란 장긴을 1등 머이런 장긴으로 삼았다. 또 다섯 번

sirambi,, 9/10
계승한다.」

○ suldei amala ginjeo be bahakū mudan de, ning yuwan i yafahan i
「숟더이는 후에 錦州를 획득하지 못한 전투에서, 寧遠의 보병

kuren de gūsa be gaifi dosika, minggan beile i ukanju be fargafi
부대에서 구사를 이끌고 진격했다. 밍간 버일러의 도망자를 추격하여

jakūnju ilan niyalma tofohon morin be gemu baha, beging de cooha
83명의 사람과 15마리 말을 모두 잡았다. 북경에 출병한

genehe mudan de, ba bade karun yabufi orin nadan niyalma be waha,
때에, 곳곳에 초탐하러 가서 27명을 죽였고

orin nadan morin baha, 10/11 yuwan du tang ni cooha de, olosecen i
27마리 말을 획득했다. 袁(崇煥) 都堂의 군대에 올로서천과

emgi dosika, dalingho be gaiha mudan de, ginjeo i cooha be ajige beile
함께 진격했다. 大凌河를 취한 때에, 錦州의 군대를 아지거 버일러가

gidaha de, gūsai simnehe cooha be gaifi dosika, ciyan tun wei de
격파한 때에 구사의 선발한 병사를 이끌고 진격했다. 前屯衛에

tabcin genehe mudan de, amasi jidere de jase tucire inenggi, ning
약탈을 간 때에, 돌아 올 때에 경계를 나가는 날, 寧遠의

yuwan i cooha be ucarafi, gabsihiyan cooha be gaifi dosika, daitung de
군대와 조우하여, 前鋒을 이끌고 진격했다. 大同에

cooha genehe 11/12 amala ilan jergi helen jafame genefi uyun niyalma
출병한 후에 세 번 정보제공포로를 잡으러 가서 9명을

be jafaha, ejei efu be ganaha mudan de, dehi niyalma be gaifi
잡았다. 에제이 어푸를 데리러 갔을 때에 40명을 이끌고

šangdu be wesime genefi, nikan i karun be ucarafi duin niyalma be
上都를 거슬러 가서 明의 초탐과 조우하여 4명을

waha, emu niyalma be jafaha, juwan emu morin baha, hin keo de
죽였고, 1명을 잡았고, 11마리 말을 획득했다. 忻口에

dehi niyalma be gaifi buksinaha de, juwe tanggū funceme cooha ucarafi
40명을 이끌고 매복했을 때에 200명 남짓의 병사와 조우하여

gidaha, susai emu 12/13 morin ilan tu baha, ninggun niyalma be jafaha,
격파했다. 51마리 말과 3개의 纛을 획득했다. 6명을 잡았다.

jase tucire inenggi, ping lu wei de buksinafi juwe niyalma be waha,
경계를 나가는 날에 平虜衛에 매복하여 2명을 죽였고,

juwe morin baha seme, nirui janggin be ilaci jergi jalan i janggin
2마리 말을 획득했다 하여 니루 장긴을 3등 잘란 장긴으로

obuha, jai juwe jergi sirambi,,
삼았다. 또한 두 번 계승한다.」

○ ubahai jai cahar de neneme cooha genehe mudan de, 13/14
「우바하이는 또 차하르에 앞서 출병한 때에

musei ukanju be fargame genefi cahar i sunja niyalma be waha, juwan
우리의 도망자를 추격하러 가서 차하르의 5명을 죽였고, 19마리

uyun morin baha, lioi šūn keo de genefi afaha sain seme ni gidaha,
말을 획득했다. 旅順口에 가서 공격을 잘했다고 紀錄했다.

ejei efu be ganaha mudan de, kalka i niyalma be baime unggire de,
에제이 어푸를 데리러 갔을 적에, 칼카의 사람들을 찾으러 보낸 때에,

yoto beile, asidarhan nakcu hendume, moohan i gisun be ume marara,
요토 버일러· 아시다르한 낙추는 말하기를, "모오한의 말을 거부하지 말라.

terei gamara be tuwame gene, bata acaci hūsun tucime afa seme
그가 인솔하는 것을 보면서 가라. 적을 만나면 힘을 내어 싸워라"라고

henduhe, moohan i ehe 14/15 mujilen bifi fudasihūn gamara be serefi,
말했다. 모오한이 나쁜 마음이 있어서 반역하여 인솔하는 것을 깨닫고

hetu baime amcanaci, moohan hūlhame takūraha niyalma juleri isinafi,
옆길을 찾아서 추격하여 가니, 모오한이 몰래 파견한 자가 먼저 이르러

doigon i aššafi genere be kiceme bošofi dobori amcanafi, susai temen,
앞서 움직여 가는 것을 열심히 쫓아서 밤에 추격해 가서, 50마리 낙타·

dehi nadan morin, duin tanggū seke, emu tanggū yan menggun baha,
47마리 말· 400장의 초피· 100량의 은을 획득했다.

nikan i duin elcin be bahafi gemu waha, amagangga feniyen i kalka i
明의 4명 사신을 잡아서 모두 죽였다. 뒤의 무리의 칼카의

niyalma be baime genefi, emke tucibuhekū yooni bahafi 15/16 gajiha,
사람들을 구하러 가서 하나도 내보내지 않고 모두 획득해서 데려왔다.

gūsin nadan temen, emu tanggū jakūn morin baha, amasi jidere de,
37마리 낙타· 108마리 말을 획득했다. 돌아 올 때에

orcok be baime genefi, tere monggo i orin emu niyalma, monggo i da
오르촉을 찾으러 가서, 그 몽고의 21명과 몽고의 두목을

be bahafi waha, susai hehe, orin morin, juwan jakūn ihan, usan i
잡아서 죽였다. 50명의 여자· 20마리 말· 18마리 소· 우산(usan)의

morin be bahafi gajiha seme, nenehe ni be acabufi nirui janggin be
말을 획득해서 가져왔다 하여 이전의 紀錄을 합해서 니루 장긴을

ilaci jergi jalan i janggin obuha, jai juwe jergi sirambi,, 16/17
3등 잘란 장긴으로 삼았다. 또한 두 번 계승한다.」

○ namtai jai dalingho hoton sahara be tuwaname genehe mudan de,
「남타이는 또 大凌河城을 쌓는 것을 보러 간 때에

olji emu tanggū ninju baha, dalingho be gaiha mudan de, ginjeo,
노획 160을 획득했다. 大凌河를 취한 때에 錦州·

sung šan i siden de buksime genefi olji tanggū isime baha, daitung de
松山의 사이에 매복하러 가서 노획을 100에 이르도록 획득했다. 大同에

cooha genehe mudan de, wang giya juwang ni hoton be duin gūsa
출병한 때에, 王家莊의 城을 네 구사가

afara de, neneme efulefi hoton be 17/18 baha, ejei efu be ganaha
공격할 때에 앞장서서 무너뜨려서 城을 획득했다. 에제이 어푸를 데리러 간

mudan de, nikan de dosifi ping lu wei hoton i tucike cooha be gidaha
때에 明에 진격하여 平虜衛城에서 나온 적군을 격파했다

seme, ilaci jergi jalan i janggin be ilaci jergi meiren i janggin obuha,
하여 3등 잘란 장긴을 3등 머이런 장긴으로 삼았다.

jai duin jergi sirambi, nimeme akū oho manggi, jui ahaliyan de ilaci
또 네 번 계승한다. 病死한 후 아들 아할리얀에게 3등

jergi meiren i janggin siraha, jai ilan jergi sirambi,, 18/19
머이런 장긴이 계승되었다. 또한 세 번 계승한다.」

○ olosecen amala yung ping de tefi, k'ai ping ni baru orho
「올로서천은 나중에 永平에 있으며, 開平 쪽으로 풀을

ganame gūsa de ejen arafi genehe de, k'ai ping ni cooha tucifi
가지러 구사의 어전이 되어 간 때, 開平의 적병이 나와서

afanjiha de, yehe i hūsibu burulaha, tere cooha be gidaha seme,
공격해 온 때에 여허의 후시부는 패주했으나, (올로서천은) 그 적병을 격파했다 하여

hūsibu i šang be gaifi buhe, dalingho be gaiha mudan de, hoton
후시부의 賞을 취해서 주었다. 大凌河를 취한 때에 城을

tuwakiya seme werihe, hoton i cooha tucifi, tulai dosika de, juwe jergi
감시하라고 남겼는데, 성의 군대가 나와서 툴라이가 진격할 때 두 번

afaha, ejei efu be 19/20 ganaha mudan de, nikan i jase dosifi g'o
전투했다. 에제이 어푸를 데리러 갔을 때에, 명의 경계에 들어가서 崞山의

šan i cooha tucike de, ilaci jergi de bihe, uju be amcanafi cooha be
병사들이 나온 때에 셋째 열에 있었다. 선두를 쫓아가서 적군을

bošome gamafi, hetu ulan de isinafi duin niyalma be waha, duin
추격해 가서 가로질러서 壕에 이르러 4명을 죽였고, 4마리

morin gajiha seme, ilaci jergi jalan i janggin be jai jergi jalan i
말을 가져왔다 하여 3등 잘란 장긴을 2등 잘란

janggin obuha, jai emu jergi nonggifi nadan jergi sirambi,, 20/21
장긴으로 삼았다. 또한 한 번을 더하여 일곱 번 계승한다.」

○ nemun hatan baturu si dade bai niyalma bihe, dalingho be
「너문 하탄 바투루, 너는 원래 평민이었다. 大凌河를

gaiha mudan de, ginjeo i cooha be han genefi gidaha de, nemun, tumet,
취한 전투에서 錦州의 군대를 한이 가서 격파한 때, 너문· 투메트

suweni ahūn deo tu i juleri dosika, dosifi gidafi gamahai yafahan de
너희 형제는 纛의 앞에서 진격했다. 진격해서 격파하여 가면서 보병에

isinaha manggi, ahūn gabtabufi tuheke be gajime jihe, dalingho hoton
이른 후, 형이 활맞아서 쓰러진 것을 데리고 왔다. 大凌河城으로부터

ci tucike cooha de, han i 21/22 juleri niyalma jafame dosika de,
나온 적군에게, 한의 앞에서 사람을 잡으러 진격한 때에,

emu niyalma be dehelefi ušame gajire de etuku hūwajafi turibuhe, jai
1명을 갈고리로 걸어 당겨서 끌고올 때 의복이 찢어져 놓쳤다. 두번째로

jergi dosika de, emu uksin etuhe monggo be jafafi gajiha, buha i
진격할 때 1명의 갑옷 입은 몽고인을 잡아서 끌고왔다. 부하(buha)와

emgi juwe gūsai uyunju niyalma be gaifi ginjeo i baru tabcin genefi,
함께 두 구사의 90명을 이끌고 錦州 쪽으로 약탈을 가서

niyalma ulha uheri ilan tanggū bahafi, jidere de, jase tucike manggi
사람과 가축 모두 300을 획득하고 올 때에, 경계를 나간 후

ninju ba i dubede morin baihanaha, amala nikan i 22/23 minggan isire
60里의 앞으로 말을 구하러 갔다. 나중에 明의 1천에 이르는

cooha amcanjifi, musei cooha be gidafi gajire de, emhun dosire de
군대가 추격해 와서 우리의 군대를 격파하여 올 때, 혼자서 진격하여

morin gabtabufi tuheke manggi, buyan unahai jifi morin halafi jai
말이 활맞아서 쓰러진 후, 부얀· 우나하이가 와서 말을 바꾸어서 또

dasame dosire de, juwan isire niyalma be gaifi juleri dosifi bata be
다시 진격할 때, 10명 가까운 사람들을 인솔하여 앞으로 진격하여 적을

gidaha, tereci bata jai dasame latunjiha manggi, geren be gaifi gidara
격파했다. 그 후 적이 또 다시 접근해오자, 무리를 이끌고 공격할

de, juleri dosifi gidaha, susai morin gaiha, baha olji ulha be 23/24
때, 앞에서 진격하여 격파했다. 50마리 말을 획득했다. 획득한 노획과 가축을

waliyahakū yooni gajiha seme, ilaci jergi jalan i janggin obuha, jai
버리지 않고 모두 가져왔다 하여 3등 잘란 장긴으로 삼았다. 또한

duin jergi sirambi,,
네 번 계승한다.」

○ arjin amala ejei efu be ganaha mudan de, kalka i niyalma be
「아르진은 후에 에제이 어푸를 데리러 갔을 때에, 칼카의 사람들을

baime unggire de, yoto beile, asidarhan nakcu hendume, moohan i
찾으러 보낼 때, 요토 버일러· 아시다르한 낙추가 말하기를, "모오한의

gisun be ume marara, terei gamara be tuwame gene, bata acaci 24/25
말을 거부하지 말라. 그가 인솔하는 것을 보면서 가라. 적을 만나면

hūsun tucime afa seme henduhe, moohan i ehe mujilen bifi fudasihūn
힘을 내어 싸워라"라고 말했다. 모오한이 나쁜 마음이 있어서 반역하여

gamara be serefi, hetu baime amcanaci, moohan i hūlhame takūraha
인솔하는 것을 깨닫고 옆길을 찾아서 추격해 가니, 모오한이 몰래 파견한

niyalma juleri isinafi, doigon i aššafi genere be kiceme bošofi, dobori
자가 먼저 도착하여 미리 움직여 가는 것을 열심히 쫓아서 밤에

amcanafi, susai temen, dehi nadan morin, duin tanggū seke, emu
추격해 가서, 50마리 낙타· 47마리 말· 400장의 초피· 100량의

tanggū yan menggun baha, nikan i duin elcin be gemu waha, jai
은을 획득했다. 明의 4명의 사신을 모두 죽였다. 또한

amagangga feniyen i kalka i niyalma be 25/26 baime genefi emken
뒤의 무리의 칼카의 사람들을 찾으러 가서 하나도

tucibuhekū yooni bahafi gajiha, temen gūsin nadan, morin emu tanggū
내보내지 않고 모두 획득해서 데려왔다. 낙타 37마리· 말 108마리를

jakūn baha, amasi jidere de, orcok be baime genefi, tere monggo i
획득했다. 돌아 올 때에 오르촉을 찾으러 가서, 그 몽고의

feniyen be baihanafi orin emu niyalma, monggo i da be bahafi waha,
무리를 찾아 가서 21명과 몽고인 두목을 잡아서 죽였다.

susai hehe, orin morin, juwan jakūn ihan, usan i morin be bahafi
50명의 여자· 20마리 말· 18마리 소· 우산(usan)의 말을 획득해서

gajiha seme, jai jergi jalan i janggin be uju jergi 26/27 jalan i
가져왔다 하여, 2등 잘란 장긴을 1등 잘란 장긴으로

janggin obuha, jai emu jergi nonggifi sunja jergi sirambi,,
삼았다. 또한 한 번을 더하여 다섯 번 계승한다.」

○ haningga amala daitung de cooha genehe mudan de, siyoo ši
「하닝가는 후에 大同에 출병한 전투에서, 小西城을

ceng ni hoton be juwe suwayan i afame gaijara de, jalan i wan be
두 黃旗로 공격하고 취할 때에, 잘란의 사다리를

neneme latubufi sahai jai jergi de fekuhe, jai orin niyalma be 27/28
먼저 접근시키고 사하이가 두번째로 뛰어올랐다. 또 20명을

gamame tabcin genefi ilan tanggū isire cooha be acafi gidaha, sunja
데리고 약탈 가서 300명에 이르는 군대를 만나 격파했다. 5마리

morin baha, ejei efu be ganaha mudan de, nikan i jase dosifi, tucire
말을 획득했다. 에제이 어푸를 데리러 갔을 적에, 明의 경계로 진입하여, 나가는

inenggi turgei i emgi cooha gidaha, hoton i fu i ulan de fihebufi
날 투르거이와 함께 적군을 격파했다. 城의 담장의 壕를 메우도록

niyalma ambula waha seme, ilaci jergi jalan i janggin be jai jergi
사람을 많이 죽였다 하여 3등 잘란 장긴을 2등

jalan i janggin obuha, jai emu jergi nonggifi nadan jergi sirambi,, 28/29
잘란 장긴으로 삼았다. 또한 한 번을 더하여 일곱 번 계승한다.」

○ buyan amala dungkui be gaiha mudan de, yoto beile de jugūn
「부얀은 후에 둥쿠이를 취한 때에, 요토 버일러에게 길을

jorime yabure de, bata be ucarafi afara de juleri dosika, kesikten de
가리키러 가서 적을 조우하여 전투할 때, 앞에서 진격했다. 케식텐으로

cooha genehe mudan de, sonom nomci be afara de juleri dosika, buha
출병한 때에, 소놈 놈치를 공격할 때에 앞에서 진격했다. 부하(buha)와

i emgi ginjeo i baru tabcin genehe mudan de, olji bahafi amasi jidere
함께 錦州의 방향으로 약탈을 간 때에, 노획을 획득하여 돌아 올

de, jase 29/30 tucike manggi, nikan i minggan isire cooha amcanjifi
때, 경계를 나간 후 明의 1천에 이르는 군대가 추격해 와서

afara de nemun hatan baturu i emgi gidaha seme, nirui janggin be
전투할 때, 너문 하탄 바투루와 함께 격파했다 하여, 니루 장긴을

ilaci jergi jalan i janggin obuha, jai juwe jergi nonggifi jakūn jergi
3등 잘란 장긴으로 삼았다. 또한 두 번을 더하여 여덟 번

sirambi,,
계승한다.」

○ ošo amala ciyan tun wei be tabcilaha mudan de, karun bošofi
「오쇼는 후에 前屯衛를 약탈한 때에, 哨兵을 추격하여

emu niyalma be waha, emu morin 30/31 baha, daitung de cooha genehe
1명을 죽였고 1마리 말을 획득했다. 大同에 출병한

amala, yangsimu de tefi juwan niyalma be gaifi helen jafame genefi
후, 양시무에서 주둔하여 10명을 이끌고 정보제공포로를 잡으러 가서

emu niyalma be waha, emu niyalma be weihun jafafi gajiha, ejei efu be
1명을 죽였고, 1명을 생포하여 데려왔다. 에제이 어푸를

ganaha mudan de, jo jeo de buksime genefi duin niyalma be waha,
데리러 갔을 때에, 朔州로 매복하러 가서 4명을 죽였고,

duin morin baha, g'o šan de genefi karun bošofi juwe niyalma be waha,
4마리 말을 노획했다. 崞山에 가서 哨兵을 추적하여 2명을 죽였고,

juwe morin 31/32 baha, sudala i emgi ninju niyalma be gaifi buksime
2마리 말을 획득했다. 수달라와 함께 60명을 이끌고 매복하러

genefi emu niyalma be waha, ninggun niyalma be jafafi gajiha,
가서 1명을 죽였고, 6명을 잡아서 끌고왔다.

karun genefi fu hishame feksifi juwan niyalma, morin ihan uheri
초소에 가서 담에 바짝 붙어 달려서 10명의 사람과 말·소 모두

orin sunja baha, jase tucire inenggi turgei gidaha cooha de, hoton i
25마리를 획득했다. 경계를 나가는 날에 투르거이가 격파한 적군에게, 성의

dade fihebuhe bade yafahalafi niyalma waha seme, ilaci jergi jalan i
밑으로 몰아부친 곳에 도보로 가서 사람을 죽였다 하여, 3등 잘란 장긴을

janggin be jai jergi jalan i janggin obuha, 32/33 jai emu jergi nonggifi
2등 잘란 장긴으로 삼았다. 또한 한 번을 더하여

juwe jergi sirambi,,
두 번 계승한다.」

○ andari si dade bai niyalma bihe, cilin de jeku tūme genehe
「안다리, 너는 원래 평민이었다. 鐵嶺에 곡식을 탈곡하러 갔을

mudan de, monggo sabumbi seme alanjiha manggi, yecen i emgi
때에 몽고인들이 보인다고 고해 온 후, 여천과 함께

genefi tere monggo de afara de juleri dosika, nio juwang de anafu
가서 그 몽고인들을 공격할 때 앞에서 돌진했다. 牛莊을 지키며

tenehe de, monggo i ukanju be amcafi, yoto 33/34 beile, sahaliyen
머물 때, 몽고의 도망자를 추격하여, 요토 버일러・ 사할리연

beile, namtai i juleri yafahalafi dosifi niyalma waha, yung ping ni
버일러・ 남타이의 앞에서 도보로 돌진하여 사람을 죽였다. 永平城을

hoton be gaijara de, orin duin niyalmai jergi de tafaka seme, emu
취할 때에, 24명의 대열에서 올랐다고 1필의

gecuheri, juwan uyun suje, juwe tanggū mocin, juwan morin, juwan
蟒緞・ 19필의 비단・ 200필의 毛靑布・ 10마리의 말・ 10마리의

ihan, emu temen buhe, yung ping ci jidere de, turusi šongkoro baturu
소・ 1마리의 낙타를 주었다. 永平에서 올 때에, 투루시 숑코로 바투루와

i emgi juleri tucibufi giyan cang de tuwana seme 34/35 unggifi,
함께 앞으로 나아가서 建昌에 정찰하러 가라고 보내서

dobori bata ucarafi afara de, heyene nirui kundu morin gabtabufi
밤에 적과 조우하여 싸울 때, 허여너 니루의 쿤두가 말이 화살에 맞아

tuheke be tucibuhe, g'o hiyan i hoton de jalan be gaifi afaha, jalan
떨어진 것을 구출해냈다. 崞縣의 성에서 잘란을 이끌고 공격했다. 잘란의

i niyalma jai jergi de tafaka, ejei efu be ganaha mudan de,
사람이 두번째로 올랐다. 에제이 어푸를 데리러 갔을 때에

nikan i jase dosifi hin keo de dehi niyalma be gaifi buksinaha de,
明의 경계로 들어가 忻口에 40명을 이끌고 매복하러 갔을 때,

juwe tanggū funceme cooha ucarafi gidaha, susai emu morin, ilan tu
200여 명의 군사와 조우하여 격파했다. 51마리의 말· 3개의 纛을

35/36 baha, ninggun niyalma be jafaha, ineku tere mudan de nikan i
얻었다. 60명을 생포했다. 바로 그 때에 明의

jase tucire inenggi, turgei gidaha cooha de jebele galai cooha amcahakū,
경계를 나오는 날, 투르거이가 격파한 군사를, 右翼의 군이 도착하지 않아서

andari amcanafi ulan de fihebume waha seme, nirui janggin obuha,
안다리가 추격하여 壕에 가득 찰만큼 죽였다고 니루의 장긴으로 삼았다.

jai juwe jergi sirambi,,
또한 두 번 계승한다.」

○ barai sanjin si dade bai niyalma bihe, neneme 36/37 cahar de
「바라이 산진, 너는 원래 평민이었다. 전에 차하르에

cooha genehe mudan de, ba jorime yabuha, daitung de cooha genehe
출병했을 때에 길을 알려주러 갔다. 大同에 출병했을

mudan de, jase dosire onggolo baintu, baduri i emgi ba jorime genefi
때에 경계를 들어가기 전 바인투· 바두리와 함께 길을 알려주러 가서

duin jaisang be baha, ba jorime yabuha, ejei efu be ganaha mudan de,
4명의 자이상을 잡았다. 길라잡이로 갔다. 에제이 어푸를 데리러 갔을 때에

ba jorime yabuha seme, nirui janggin obuha, dain de buceci sirambi,
길을 알려주러 갔다 하여 니루의 장긴으로 삼았다. 전투에서 죽으면 세습한다.

nimeku de buceci sirarakū,, 37/38
병으로 죽으면 세습하지 않는다.」

○ sasuka si dade bai niyalma bihe, guwangning be gaiha mudan de,
「사수카, 너는 원래 평민이었다. 廣寧을 취했을 때에

ša ling ni cooha de juleri dosika, hūsibuha bade hūlhūri nirui
沙嶺의 군대를 향해 앞서서 돌입했다. 포위된 곳에서 훌후리 니루의

dug'an morin ci tuhefi, juwe niyalma sacime jidere be emken be sacime
두간이 말에서 떨어져서, 2명이 (두간을) 베러 오는 것을 1명을 베어

tuhebuhe, emken be morin i bireme tuhebufi dug'an be tucibuhe,
넘어뜨렸고, 1명을 말로 부딪혀 넘어뜨려 두간을 구출했다.

beging de cooha genehe 38/39 mudan de, karun genefi uksin etuhei
北京으로 군대가 갔을 적에, 哨探하러 가서 갑옷을 입은 채로

emu niyalma be baha, dalingho be gaiha mudan de, hoton ci tucike
1명을 잡았다. 大凌河를 취했을 때에 성에서 나온

cooha de bayarai jalan be gaifi ulan i cikin de isitala dosifi emu
군사를 향해 바야라의 잘란을 이끌고 壕의 언저리에 이르기까지 들어가서 1마리의

morin baha, jai jergi hoton ci tucike cooha de bayarai jalan be gaifi,
말을 획득했다. 두 번째로 성에서 나온 군사를 향해 바야라의 잘란을 이끌고

kara kuji i emgi dosifi gidaha, basun i giran be sabigan gaijara de
카라 쿠지와 함께 들어가서 격파했다. 바순의 주검을 사비간이 가져 올 때에

gabtame tucibuhe, ciyan 39/40 tun wei i baru tabcilame genehe mudan
활 쏘아서 탈출하게 했다. 前屯衛 쪽으로 약탈하러 간 전투에서

de, loosa šongkoro baturu i emgi ning yuwan i cooha be gidaha,
로오사 숑코로 바투루[1]와 함께 寧遠의 군대를 격파했다.

morin orin juwe baha, daitung de cooha genehe mudan de, gūsin
말 22마리를 획득했다. 大同으로 출병했을 때에, 30명을

niyalma be gaifi dzo wei hoton be tuwanggime unggihe de, moringga
이끌고 左衛城을 정찰하러 보냈을 때, 騎兵

cooha ilan tanggū isime hoton ci juwan ba i dubede iliha be gidafi,
300명 정도가 성에서 10리 앞에 서 있는 것을 격파하고

hoton de isitala niyalma waha, 40/41 orin morin baha, emu niyalma be
성에 이르기까지 사람을 죽였다. 20마리의 말을 획득했다. 1명을

---

1 로오사(loosa, 勞薩, ?~1641)는 천총 7년 5월 투르거이와 함께 군사를 이끌고 변경을 나가서 張古台河를 따라 주둔하면서 소수 병력으로 몽고와 명의 다수 병력을 제어한 공적으로 인해 숑코로 바투루(šongkoro baturu) 칭호를 하사받았다.

weihun jafafi gajiha, ejei efu be ganaha mudan de, jase tucire
산 채로 잡아 데리고 왔다. 에제이 어푸를 데리러 갔을 때에, 경계를 나간

inenggi, turgei gidaha cooha de, jebele galai cooha amcahakū, sasuka
날, 투르거이가 격파한 군사를, 右翼의 군이 추격하지 않아서 사수카가

ulan de amcanafi fihebume niyalma waha seme, nirui hontoho janggin
壕로 추격해 가서 채우도록 사람을 죽였다고 니루의 半 장긴으로

obuha, jai emu jergi sirambi,, 41/42
삼았다. 또한 한 번 계승한다.」

○ ildei si dade bai niyalma bihe, ginjeo be bahakū mudan de,
「일더이, 너는 원래 평민이었다. 錦州를 얻지 못한 전투에서,

ning yuwan i cooha de yangguri efu i juleri dosika, beging de cooha
寧遠의 병사에게 양구리 어푸의 앞에서 돌입했다. 北京으로 출병했을

genehe mudan de, beging hoton i amargi cooha de yangguri efu i
때에, 北京城의 北軍에게 양구리 어푸의

juleri dosifi niyalma waha, gi jeo i yafahan i cooha de yangguri
앞에서 돌입하여 사람을 죽였다. 薊州의 步兵에게 양구리

efu i juleri dosika, jase tucifi jidere de, moo i hoton i cooha de
어푸의 앞에서 돌입했다. 경계를 나와서 올 때, 木城의 병사에게

juleri 42/43 isinafi emu niyalma be waha, emu niyalma be weihun
앞서서 이르러 1명을 죽였다. 1명을 산 채로

jafaha, dalingho be gaiha mudan de, hoton ci tucike cooha de tambu
잡았다. 大凌河를 취했을 때에 城에서 나온 군사에게 탐부와

i emgi dosifi emu niyalma be gabtame waha, emu niyalma be sacime
함께 돌입하여 1명을 활 쏘아 죽였다. 1명을 베어

waha, jang dooli i cooha gidaha de, emu beri jafaha niyalma be han i
죽였다. 張(春) 道吏의 군사를 격파할 때, 1명의 활을 가진 사람을 한의

juleri dosifi sacime waha, ciyan tun wei i baru 43/44 bolori tabcin
앞에서 돌입하여 베어 죽였다. 前屯衛 쪽으로 가을 약탈

genehe de, lioha i emgi tofohon niyalma be adabufi nikan i karun
갔을 때에, 리오하와 함께 15명을 맡겨서 明의 哨兵을

be bošo seme unggihe de, nikan i cooha ucarafi, gasha be ilan
쫓으라고 보냈을 때, 명의 군대와 조우하여 가스하를 3명이

niyalma sacime gajire de, ildei dosifi ilan niyalma be amasi gidafi emu
베러 오자, 일더이가 돌입하여 3명을 되 공격하여 1명을

niyalma be waha, gasha be tucibuhe seme, nirui janggin obuha, jai
죽였고, 가스하를 구출했다 하여 니루의 장긴으로 삼았다. 또한

juwe jergi sirambi,, 44/45
두 번 계승한다.」

○ borhoi si dade bai niyalma bihe, dungkui de cooha genehe
「보르호이, 너는 원래 평민이었다. 둥쿠이에 출병했을

mudan de, afaha sain, niyalma waha, beging de cooha genehe mudan
때에 싸운 것이 좋고 사람을 죽였다. 북경에 출병했을 때에

de, jao dzung bing guwan i cooha be gidaha de, hū fujiyang be waha,
趙(率敎) 總兵官의 군대를 격파할 때에, 胡 副將을 죽였다.

ginjeo be bahakū mudan de, han ning yuwan de genehe de, neneme
錦州를 얻지 못했을 적에, 한이 寧遠에 갔을 때에, 먼저

acaha cooha de 45/46 nadan niyalma waha, daitung de cooha genehe
만난 군사에 대해서 7명을 죽였다. 大同에 출병했을

mudan de, jase dosika inenggi singne i emgi emu nirui emte uksin be
때에, 경계로 들어간 날 싱너와 함께 1개 니루에 1명씩의 甲兵을

adabufi unggihe bihe, lung men i hoton i ilan minggan cooha
붙여서 보내왔다. 龍門城의 3천명의 병사가

okdoko be juleri dosifi gidaha, ejei efu be ganaha mudan de,
응전한 것을 앞에서 돌입하여 깨뜨렸다. 에제이 어푸를 데리러 갔을 때에,

nikan i jase be dosika inenggi, tabcin genefi musei cooha be bargiyafi
明의 경계를 들어간 날, 약탈 가서 우리 군사를 거두어

amala 46/47 uncehen de tutafi jidere de, io wei hoton i juwe tanggū gūsin
뒤로 후미에 머물며 올 때에, 右衛城의 230명

isire cooha heturehe be orin niyalma be gaifi gidaha, juwan niyalma
정도의 병사가 막는 것을 20명을 이끌고 격파했다. 10명을

waha, ilan morin baha, emu niyalma be jafafi gajiha, sabigan
죽였다. 3마리 말을 얻었다. 1명을 잡아서 데려왔다. 사비간

nirui gebakū bošokū be nikan bošome gajire be tucibuhe seme, nirui
니루의 거바쿠 보쇼쿠를 明이 추격해 오는 것을 구출했다 하여 니루의

janggin obuha, jai juwe jergi sirambi,, 47/48
장긴으로 삼았다. 또한 두 번 계승한다.」

○ cotung si dade bai niyalma bihe, gutei tabunang be gaiha de,
「초퉁, 너는 원래 평민이었다. 구터이 타부낭을 취한 때에

bata i juwan niyalma nukcime genere be amcanafi emu niyalma be
적의 10명이 패주하여 가는 것을 추격해 가서 1명을

sacime waha, ginjeo de yafahan jakūn niyalma be gaifi hūlhame
베어 죽였다. 錦州에서 보병 8명을 이끌고 몰래

genefi, nikan i karun i juwe niyalma be bahafi gajiha, ginjeo i
가서 明의 초소의 2명을 잡아서 데려 왔다. 錦州

baru hūlhame genehede, ba jorime yabuha, dalingho be 48/49 gaiha
쪽으로 몰래 갔을 때, 길을 안내하러 갔다. 大凌河를 취했을

mudan de, hoton ci tucike cooha de eideri i giran be dosifi tucibuhe,
때에 성에서 나온 군사에게 어이더리의 주검을 돌입하여 빼내왔다.

dalingho i amargi ioi ts jang tai be dobori tuwakiyafi juwan niyalma be
大凌河의 북쪽 于子章臺를 밤에 정찰하고 10명을

waha, emu temen, juwan ninggun morin baha, neneme cahar de
죽였다. 1마리 낙타· 16마리의 말을 얻었다. 전에 차하르에

cooha genehe mudan de, helen jafame juleri genefi karun i emu
출병했을 때에, 정보제공포로를 잡으러 앞서 가서 초소의 1명을

niyalma be waha, daitung de cooha genehe amala, helen jafame 49/50
죽였다. 大同에 출병한 후, 정보제공포로를 잡으러

loosa šongkoro baturu i emgi genefi, tai i dolo dosifi emu niyalma
로오사 송코로 바투루와 함께 가서, 臺 안에 돌입하여 1명을

waha, jai siteku, nikan, baduri i emgi aohan i hoton de songko
죽였다. 또 시터쿠· 니칸· 바두리와 함께 아오한의 성에 흔적을

faitame genefi, nikan i emu tanggū cooha be gidara de, juleri dosika
쫓아 가서 명의 100명의 병사를 격파할 때, 앞에서 돌입했다

seme, nirui janggin obuha, jai juwe jergi sirambi,, 50/51
하여 니루의 장긴으로 삼았다. 또한 두 번 계승한다.」

○ ajibai si dade bai niyalma bihe, fusi be gaiha mudan de,
「아지바이, 너는 원래 평민이었다. 撫順을 취했을 때에

guwangning ci jihe cooha de abatai beile i juleri gida jafafi dosika,
廣寧에서 온 군사에게 아바타이 버일러의 앞에서 창을 쥐고 돌입했다.

jaifiyan i cooha de, beile i juleri gida jafafi dosika, guwangning be
자이피얀의 군사에게, 버일러의 앞에서 창을 잡고 돌입했다. 廣寧을

gaiha mudan de, ša ling ni cooha de juleri dosika, beging de cooha
취했을 때에 沙嶺의 군사에게 앞에서 돌입했다. 北京에 군대가

genehe mudan de, tung jeo i karun be bošofi sunja 51/52 niyalma be
갔을 적에, 通州의 초병을 추격하여 5명을

waha, duin morin baha, yuwan du tang ni cooha de, olosecen i juleri
죽였다. 4마리 말을 얻었다. 袁(崇煥) 都堂의 군사에게 올로서천의 앞에서

dosika, buha i emgi juwe gūsai uyunju niyalma be gaifi ginjeo i
돌입했다. 부하(buha)와 함께 2개 구사의 90명을 이끌고 錦州

baru tabcin genehe mudan de, jase tucike manggi, nikan i minggan
쪽으로 약탈 갔을 때에, 경계를 나간 후, 명의 1천명에

isire cooha be nemun hatan baturu i emgi gidaha, susai morin
이르는 군대를 너문 하탄 바투루와 함께 격파했다. 50마리 말을

gajiha, neneme baha ilan tanggū olji ulha be waliyahakū yooni 52/53
취했다. 먼저 얻은 300의 노획과 가축을 버리지 않고 모두

gajiha seme, nirui janggin obuha, jai juwe jergi sirambi,,
가져왔다고 하여 니루의 장긴으로 삼았다. 또한 두 번 계승한다.」

tongki fuka sindaha hergen i dangse
點·圈을 찍은 문자의 檔子

duici debtelin
4권

wesihun erdemungge i sucungga aniya ilan biya
숭덕 원년 3월

4권, 숭덕 원년 3월

tongki fuka sindaha hergen i dangse,,
點· 圈을 찍은 문자의 檔子

○ juwan ilan de gabsihiyan coohai amban šongkoro baturu, ubai,
13일에, 前鋒의 大臣 송코로 바투루(로오사) · 우바이 ·

sudala, omoktu, buyan, ošo, nusan, siteku se emu gūsai juwete hiya
수달라 · 오목투 · 부얀 · 오쇼 · 누산 · 시터쿠 등이 1개 구사의 2명씩의 히야(侍衛) ·

emu nirui emte gabsihiyan cooha be gaifi, daiming gurun i jasei
1개 니루의 1명씩의 前鋒를 이끌고, 대명국의 경계의

sung peng lu, pan giya keo, dung giya keo, hi fung keo, ere duin
松棚路 · 潘家口 · 董家口 · 喜峯口, 이 4개

duka de bithe beneme genehe, esede unggihe 1/2 bithei gisun, aisin
關門에 글을 보내러 갔다. 이들에게 보낸 글의 말. 「金國의

gurun i han i bithe, daiming gurun i han de jafaha, ere amba
한의 글. 대명국의 황제께 바칩니다. 이 큰

dain be daci meni buyeme deribuhengge waka, suwe jasei tulergi yehe
전쟁은 원래 우리가 바라고 시작한 것이 아닙니다. 당신들이 경계 밖의 여허를

de dafi, meni baru amba dain be buyeme deribuhe, yehe serengge,
원조하여, 우리를 향해 큰 전쟁을 바라고 시작한 것입니다. 여허라는 것은

meni emu gurun kai, suwende ai dalji, tuttu ocibe bi niyalma bucere
우리와 한 나라입니다. 당신들과 무슨 관계가 있습니까? 그렇다고 해도 나는 사람이 죽고

irgen i joboro be safi, jing kemuni doro acafi 2/3 yaya gemu
백성이 고통받을 것을 알고, 언제나 늘 화친하여 누구도 모두

elhe taifin i banjiki seme ududu jergi bithe unggime elcin takūraci,
안락하고 태평하게 살자고 몇 번 글을 보내고 사신을 보내도,

fejergi ambasa han be holtome eitereme dalifi hafumburakū be sarkū,
아래의 대신들이 황제를 속이고 기망하며 막아서 통하지 않는지 알 수 없고,

han seme irgen i joboro be herserakū, niyalma bucere be gūnirakū
황제라고 해도 백성이 고통 받는 것을 괘념하지 않고 사람이 죽는 것을 생각하지 않고

ofi, taifin ojoro be buyerakū be sarkū, bi jing kemuni dahūn dahūn i
태평하게 되는 것을 바라지 않는 것인지 알 수 없습니다. 내가 항상 늘 거듭 거듭

acara be gisureci, daiming i han ambasa karu emu gisun jaburakūngge,
화친할 것을 말해도 대명의 황제와 대신들이 답하는 한마디 말도 답하지 않는 것은

cohome facuhūn weile be 3/4 dekdebure, gurun irgen de jobolon
특히 어지러운 일을 일으켜서 나라 백성에게 고통이

oburengge kai, mini ere bithe be yaya hoton i amba ajige hafan
되게 하는 것입니다. 나의 이 글을 모든 城의 大小 관원이

bahafi, daiming han de isiburakū gidara tookabure oci, tenteke
얻고 대명 황제께 보내지 않고 숨겨서 늦어지게 되면, 그러한

hafan han i jalin de gūnirakū, gurun irgen i jalin de joborakū,
관원은 황제를 위하여 생각하지 않고, 나라의 백성을 위하여 생각하지 않고,

damu ini beyei teile be gūnime yabure jalingga ehe mujilengge niyalma
다만 그 자신만을 생각하고 행동하는 간악한 마음을 가진 사람인

kai,,
것입니다.」

○ aisin gurun i han i bithe, daiming gurun i taigiyan sade
「金國의 한의 글. 대명국의 太監들에게

unggihe, ere amba dain be daci meni buyeme deribuhengge waka,
보낸다. 이 큰 싸움은 원래 우리가 원하여 시작한 것이 아니다.

suweni han ambasa jasei tulergi yehe de dafi, meni baru amba dain be
너희 황제와 대신들이 경계 바깥의 여허를 도와 우리 쪽에 큰 싸움을

buyeme deribuhe, yehe serengge, meni emu gurun kai, suwende ai
원해서 시작되었다. 여허라는 것은 우리의 한 나라이다. 너희에게 무슨

dalji, tuttu ocibe bi niyalma bucere irgen i joboro be safi, 5/6
관계인가? 그럼에도 나는 사람이 죽거나 백성이 괴로울 것을 알아서

jing kemuni doro acafi yaya gemu elhe taifin i banjiki seme
항상 화친하여 모두 다 평안하고 태평하게 살자 하고

ududu jergi bithe unggime elcin takūraci, fejergi ambasa han be
몇 번 글을 보내고 사신을 파견했지만, 아래의 대신들이 황제를

holtome eitereme dalifi hafumburakū be sarkū, han seme irgen i
속이며 어떻게든 막고 통하게 하지 않는지 알 수 없고, 황제라 해도 백성이

joboro be herserakū, niyalma bucere be gūnirakū ofi, taifin ojoro be
괴로운 것을 무시하고 사람이 죽는 것을 생각하지 않아 태평하게 되는 것을

buyerakū be sarkū, bi jing kemuni dahūn dahūn i acara be
원하지 않는지 알 수 없다. 나는 항상 거듭하여 화친을

gisureci, suweni han ambasa karu emu gisun jaburakūngge, 6/7 cohome
말하는데 너희 황제와 대신들이 답으로 한 마디도 대답하지 않는 것은 일부러

facuhūn weile be dekdebure, gurun irgen de jobolon oburengge kai,
혼란한 일을 일으키거나, 나라의 백성에게 우환을 만드는 것이다.

taigiyan sa suwembe suweni han yasa šan i gese arafi, yargiyan
太監들 너희를 너희의 황제는 눈과 귀와 같이 삼고, 진실과

tašan be getuken saki, gurun boode tusa arakini seme afabufi unggihebi
거짓을 분명히 알고자, 국가에 이익 되게 하고자 하여 맡겨 보낸

kai, suwe geli mini gisun be hafumburakū dalire holtoro, suweni
것이다. 너희가 또 나의 말을 통하게 하지 않고 막고 속이거나, 너희

ambasai yabun yargiyan tašan be han de tondoi alarakū, geli ulin aisi
대신들이 행동함에 진실과 거짓을 황제에게 정직하게 고하지 않거나, 또 재물과 이익에

de dosifi weile be 7/8 guwebume, hafan hergen be uncara oci, yasa
빠져 죄를 면해주고, 관직을 팔면, 눈과

šan i gese akdun tondo seme afabuha be ufaraburakū semeo, mini
귀와 같이 믿음직스럽고 충성스럽다 하여 맡긴 것을 그르치는 것 아니겠는가? 나의

ere gisun cohome tumen irgen i gasacun jobolon be guwebure jalin
이 말은 특히 만민의 원망과 우환을 면하게 하기 위한

de kai, bi jing kemuni uttu gisureci, ojorakū, suwe facuhūn be
것이다. 내가 항상 이렇게 말해도 되지 않고, 너희는 어지러움을

buyeme amba dain be ulhiyen i badarambufi, aikabade gurun boode
원하여 큰 싸움을 점차로 확대시키니, 만약 국가에

jobolon ohode, tumen irgen suwembe toome hūlara be komso seci
우환이 될 때, 만민이 너희를 욕하여 부르짖는 것이 적다 할

ojorakū kai, 8/9 aisi de dosifi dergi de holtorongge, emu beyei bayan
수 없을 것이다. 이익에 빠져서 위를 속이는 것은 一身이 부유하고

elgiyen ojoro jalin, weile muribufi waka ojoro jobolon tumen irgen de
풍족하게 되려 하는 까닭으로, 일이 왜곡되고 잘못될 우환이 만민에게

isinambi kai, tuttu oci abka niyalma gemu uhereme jili banjirakū semeo,,
이른 것이다. 그렇다면 하늘과 사람 모두 다 분노하지 않겠는가.」

○ aisin gurun i han i bithe, daiming gurun i ambasa de
「金國의 한의 글. 대명국의 대신들에게

unggihe, ere 9/10 amba dain be daci meni buyeme deribuhengge waka,
보낸다. 이 큰 싸움은 원래 우리가 원하여 시작한 것이 아니다.

suweni daiming han jasei tulergi yehe de dafi, meni baru amba dain be
너희 대명 황제가 경계 바깥의 여허를 도와 우리 쪽에 큰 싸움을

buyeme deribuhe, yehe serengge, meni emu gurun kai, tuttu ocibe
원해 시작된 것이다. 여허라는 것은 우리의 한 나라이다. 그럼에도

bi niyalma bucere irgen i joboro be safi, jing kemuni doro acafi
나는 사람이 죽거나 백성이 괴로울 것을 알아서 항상 화친하여

yaya gemu elhe taifin i banjiki seme ududu jergi bithe unggime
모두 다 평안하고 태평하게 살자 하여 몇 번 글을 보내고

elcin takūrara oci, suweni han 10/11 ambasa irgen i joboro be
사신을 파견했음에도, 너희의 황제와 대신들은 백성의 괴로울 것을

herserakū, karu emu gisun hono jaburakū, suweni daiming gurun i
무시하고, 답으로 한 마디조차 대답하지 않았다. 너희 대명국의

irgen joboro niyalma bucerengge, meni ehe de waka, gemu suweni
백성이 괴롭고 사람이 죽는 것은 우리가 나쁜 것이 아니다. 모두 너희

han ambasai ehe de kai, bi irgen i joboro jalin de acaki sembi
황제와 대신들이 나쁜 것이다. 나는 백성이 괴로운 까닭에 화해하자 한

dere, te bi yaya babe dain dosika de okdome iseleme afahangge be
것이다. 지금 나는 어느 곳이나 전쟁에 들어가면 맞서 저항해 싸우는 자들을

wambi, alin bigan de jailame yaburengge be gaimbi, meni meni ba
죽이고, 산과 들판으로 달아나 가는 자들을 잡는다. 각각의

na de tefi 11/12 okdome dahahangge be tere golo tere ba i emu jaka be
땅에 머물며 (우리를) 맞아 항복하는 자들은 그 지역 그 곳의 하나의 물건도

necirakū, boo boigon be acinggiyarakū, bi te yabuci, nenehe adali
범하지 않으며, 家戶도 동요하지 않는다. 내가 지금 움직이면 이전처럼

hūdun bedereme yaburakū,,
빨리 돌아가지 않을 것이다」

han geren beise i emgi hebdefi temgetuleme aisin i jingse
한이 여러 버일러들과 함께 상의하고 표창하여 금 頂子를

buhengge, jergi ci lakcaha ujui gung yangguri efu, fiyanggū age de
준 것. 超品一等公 양구리 어푸· 피양구 아거에게

tana sindaha jingse, manju gūsai ejen 12/13 tantai, baintu, darhan efu,
東珠를 박은 頂子, 만주 구사의 어전인 탄타이· 바인투· 다르한 어푸·

asan, yecen, yekšu, ilden, monggo i gūsai ejen adai, ulai, enggetu,
아산· 여천· 역슈· 일던, 몽고의 구사의 어전 아다이· 울라이· 엉거투·

buyandai, ibai, suna efu, dalai, hūsibu, beki coohai ejen samsika,
부얀다이· 이바이· 수나 어푸· 달라이·후시부, 步兵의 어전 삼시카,

ujen coohai gūsai ejen ši ting ju, ma guwang yuwan, hafan i jurgan i
重軍의 구사의 어전 石廷柱· 馬光遠, 吏部의

aliha amban turgei, sele, manjusiri, lii yan geng, boigon i jurgan i
承政 투르거이· 설러· 만주시리· 李延庚, 戶部의

aliha amban inggūldai, mafuta, bashan, u šeo jin, dorolon i jurgan i
承政 잉굴다이· 마푸타· 바스한· 吳守進, 禮部의

aliha amban sabigan, 13/14 mandarhan, guru, gin ioi ho, coohai jurgan i
承政 사비간· 만다르한· 구루· 金玉和, 兵部의

aliha amban cergei, gurbusi efu, isun, gin lii, beidere jurgan i
承政 처르거이· 구르부시 어푸· 이순· 金礪, 刑部의

aliha amban soohai, langkio, dorji efu, g'ao hūng jung, meng kiyoo
承政 소오하이· 랑키오· 도르지 어푸· 高鴻中· 孟喬芳,

fang, weilere jurgan i aliha amban munggatu, ušan, nangnuk, ju ši
工部의 承政 뭉가투· 우샨· 낭눅· 祝世廕,

yen, monggo jurgan i asidarhan, esede gemu fiyahan sindaha aisin
몽고아문의 아시다르한, 이들에게 모두 瑪瑙를 박은 金

i jingse buhe,, 14/15
頂子를 주었다.

○ tofohon de, han, aru i kalka ci ukame jihe gurusk'ab taiji,
15일에, 한이 아루의 칼카로부터 도망해 온 구루스캅 타이지·

abida taiji de šangname buhengge, gecuheri goksi emte, icehe seke
아비다 타이지에 상 내려 준 것. 蟒緞 無扇肩朝衣 1벌· 염색한 초피

i mahala emte, foloho umiyesun emte, šempi hafiraha gūlha emte
겨울모자 1개· 조각한 요대 1개· 綠斜皮를 끼워 기운 신발 1쌍·

juru, suje sunjata, mocin samsu susaita, terei gucu sunja niyalma de
비단 5필씩· 毛靑布 50필씩. 그들의 구추 5명에게

emte suje i ergume etubuhe,, 15/16
1벌의 비단 朝服을 입게 했다.

○ cagan lama, erdeni nangsu, aisunggū, dadai, bangsun emu booi
차간 라마· 어르더니 낭수· 아이숭구· 다다이· 방순이 한 집에서

tofohoto niyalma, susaita seke, tanggūta gin orhoda be gamame,
15명씩의 사람· 50장씩의 가죽· 100근씩의 인삼을 가지고

daiming gurun i jasei šurgei duka de hūdašame genehe,,
대명국 경계의 슈르거이(殺胡口) 門에 장사하러 갔다.

○ ning wan o dade sahaliyen beile i booi aha 16/17 bihe, bithe
寧完我는 원래 사할리연 버일러의 家奴였다. 글에

de hafukabi sain seme han baitalafi bithei yamun de dosimbufi narhūšame
통달함이 좋다 하여 한이 발탁해서 文館에 들게 하고, 기밀을 처리하는 데

baitalame ninggun jalan sirara jai jergi jalan i janggin obufi, aha
채용하여 6代를 세습하는 2등 잘란 장긴으로 삼았으며, 노예와

tokso buhe bihe, beging de cooha genehe fonde, ning wan o be yung
장원을 주었었다. 北京에 출병한 때에 寧完我에게

ping fu be tuwakiyabufi, ning wan o jiha efihe be lii be lung, tung
永平府를 지키게 했는데, 寧完我가 도박한 것을 李伯龍·

jeng gercilefi yargiyan ofi 17/18 han weile be waliyaha, han terei yabun
佟整이 고발해 사실로 드러났으나 한이 죄를 용서했다. 한이 그의 품행이

ehe be safi jing henduci ojorakū, jai geli dalingho ci dahabufi
나쁨을 알고 항상 말하여도 듣지 않았다. 다시 大凌河로부터 항복시켜

gajiha jalan i janggin lio sy ning ni emgi jiha efihe be, lio sy
데려 온 잘란 장긴 劉士英과 함께 도박한 것을

ning ni booi niyalma gercilehe, weile yargiyan ofi ning wan o be
劉士英의 家人이 고발했다. 죄가 사실로 드러나 寧完我를

weile arafi hafan efulehe, han i buhe jaka be gemu gaiha, jurgan ci
죄 주고 관직을 파면했다. 한이 준 물건을 모두 회수했다. 직무로부터

nakabufi 18/19 ineku sahaliyen beile de aha buhe, lio sy ning ni aika
면직하여 원래대로 사할리연 버일러에게 노예로 주었다. 劉士英의 어떤

jaka be gemu gaifi irgen obufi šang yang pu de tebume unggihe,,
것이든 모두 회수해 백성으로 삼고 尙陽堡에 살도록 보냈다.

○ juwan uyun de, ningguta de tehe damin, lafa de tehe baishan,
19일에, 닝구타에 주둔한 다민· 라파에 주둔한 바이스한,

ere juwe niyalma de unggihe bithei gisun, aisin gurun i 19/20 han i
이 2명에게 보낸 글의 말. 「金國의 한의

bithe, coohiyan gurun i hūi ning ni hafasa de unggihe, juwe gurun
글. 조선국의 會寧의 관원들에게 보낸다. 두 나라의

i hūdai jalin de ba i niyalma teisu teisu hūdašakini seme toktobuha
장사를 위해서 현지인이 각기 장사하게 하자고 정했었다.

bihe, tuttu ofi ba i niyalma be teisu teisu hūdaša seme unggihe,
그래서 현지인을 각기 장사하라 하고 보냈다.

ume sartabure,,
지체시키지 말라.」

han de urat gurun i sereng yeldeng juwe morin, hontoi 20/21
한에게 우라트 국의 서렁 열덩이 2마리의 말을, 혼토이

taiji juwe morin jafaha bihe, han tuwafi gemu gaiha, sereng yeldeng de
타이지가 2마리의 말을 바쳤다. 한은 보고 모두 취했다. 서렁 열덩에게

acinggiyame foloho enggemu hadala emke, uksin saca emke, gecuheri
움직이는 듯 조각한 말안장과 굴레 1벌· 투구와 갑옷소매 1벌· 蟒緞

emke, suje sunja, mocin samsu gūsin, foloho jebele emke, foloho loho
1필· 비단 5필· 毛靑布 30필· 조각한 화살통 1개· 조각한 腰刀

emke, hontoi taiji de uksin saca emke, foloho enggemu hadala emke,
1개를, 혼토이 타이지에게 투구와 갑옷소매 1벌· 조각한 말안장과 굴레 1벌·

foloho jebele emke, foloho umiyesun emke, gecuheri emke, suje sunja,
조각한 화살통 1개· 조각한 요대 1개· 蟒緞 1필· 비단 5필·

mocin 21/22 samsu gūsin buhe,,
毛靑布 30필을 주었다.

○ orin emu de, sunggari goloi seke i alban benjihe hūrha i
21일에, 숭가리 지역에서 초피의 공물을 보내온 후르하의

ujulaha juwan juwe niyalma de monggorokū sindame suje i sijigiyan
우두머리인 12명에게 테두리 깃이 달린 비단 袍를

emte, mocin i camci fakūri emte, suje i mahala, giyaban gūlha
1벌씩· 毛靑의 布 바지 1벌씩· 비단 겨울모자와 가죽장화

emte juru, umiyesun emte, jai nadanju ilan niyalma de mocin i sijigiyan
1쌍씩· 요대 1개씩, 또한 73명에게 毛靑의 袍

emte, 22/23 camci fakūri emte, suje i kamtu mahala emte, umiyesun de
1벌씩· 布 바지 1벌씩· 비단 氈帽와 겨울모자 1개씩· 요대에

fadu fungku hūwaitahai emte, giyaban gūlha emte juru šangname
전대와 수건을 묶은 것 1개씩· 가죽장화 1쌍씩을 상 내려

buhe,,
주었다.

○ orin juwe de, hošoi jirgalang beile cahar i lindan han i
22일에, 호쇼이 지르갈랑 버일러가 차하르의 린단 한의

sargan sutai taiheo be gajime, morin ihan honin uheri jakūnju emu
처 수타이 太后를 아내로 맞이해서 말과 소와 양을 합해서 81마리를

wafi, emu tanggū orin 23/24 dere dasafi amba sarin sarilame gajiha,
잡아서, 120개 床을 차려 큰 잔치를 베풀어 맞이했다.

tere sarin de jafahangge, foloho enggemu tohofi uksin acihai juwan
그 잔치에서 바친 것. 조각한 안장을 얹고 갑옷을 실은 10마리

morin, jai juwan morin de foloho enggemu tohohoi, sula morin
말· 다른 10마리 말에 조각한 안장을 얹은 것· 맨등말

orin, sahaliyan dobihi dahū emke jafaha bihe, han tuwafi enggemu
20마리· 검은 여우 털가죽외투 1벌을 바쳤다. 한이 보고 안장을

tohohoi emu morin gaiha, ejei efu de foloho enggemu tohohoi juwe
맨 1마리 말을 취했다. 에제이 어푸에게 조각한 안장을 얹은 2마리

morin, uksin acihai juwe 24/25 morin buhe, gūwa be gemu bederebuhe,,
말· 갑옷을 실은 2마리 말을 주었다. 다른 것은 모두 돌려주었다.

○ tere inenggi, han i amba fujin geren beise i fujisa be gaifi,
그 날, 한의 大 푸진이 여러 버일러들의 푸진들을 데리고

taiheo be jirgalang beile i boode benefi amba sarin sarilafi bedereme
太后를 지르갈랑 버일러의 집에 보내고 큰 잔치를 베풀고 되돌아

boode jihe, amba fujin de enggemu tohohoi emu morin jafaha bihe,
집으로 왔다. 大 푸진에게 안장을 맨 1마리 말을 바치니

gaiha,, 25/26
받았다.

han i hesei moominggan i ukanju be alai darhan, tulergi geren
한의 旨로 모오밍간의 도망자를 알라이 다르한이 外境의 여러

beise i monggoso be gaifi fargame genefi, aru i kalka i dubede
버일러들의 몽고인들을 데리고 추격하러 가서, 아루의 칼카의 앞에

amcanafi gemu baha, tesei baha olji ton juwe tanggū gūsin boigon,
쫓아가서 모두 잡았다. 그들이 잡은 노획의 수는 230戶·

niyalmai ton duin tanggū orin emu, morin emu minggan nadan tanggū
사람의 수는 421명· 말이 1,791마리·

uyunju emu, temen emu tanggū orin, ere 26/27 ukanju be fargame
낙타는 120마리였다. 이 도망자를 추격하러

genefi hetu ucarafi bahangge, kamnigan i gūsin sunja boo, niyalma
가는 도중에 마주쳐 취한 것은 캄니간[1]의 35家· 사람

emu tanggū juwan, morin ilan tanggū sunja, sidar i sunja boo,
110명· 말 305마리, 시다르의 5家·

niyalma juwan ninggun, morin gūsin nadan baha seme orin sunja de
사람 16명· 말 37마리를 잡았다 하여 25일에

naiman i hūng baturu abang hošooci, duin juse i darhan joriktu i
나이만의 훙 바투루의 아방 호쇼오치· 四子의 다르한 조릭투의

conong guyeng medege alanjime isinjiha,, 27/28
초농 구영이 소식을 고하러 와서 도착했다.

---

1 캄니간은 부리야트 몽골인이 에벵크인을 부르는 명칭이다. 자신들은 에벵크라고 자칭했다. 바이칼호의 동북부에서 순록을 사육하며 거주하다가 일부가 청의 초무를 받고 1636년에 눈강 유역으로 이주했다. 이동한 후에 순록이 대거 사망하자 도주하다가 청군의 공격을 받고 다수가 피살되었다. 喀木尼漢, 喀木尼干 등으로 음사되었다. 아래 논문 참조. 沈一民,「清初喀木尼堪部降叛考述－兼論清初的使鹿部」,『黑龍江民族叢刊』, 2011, 4期, 90~93쪽.

○ orin ninggun de, amba janggin ši ting ju i kadalara nikan i
26일에, 암바 장긴 石廷柱가 관할하는 漢人의

ujen cooha be han tuwame tucifi, moringga cooha emu kuren yafahan i
重軍을 한이 閱兵하고자 나와서, 騎兵 1개 부대· 步兵

cooha emu kuren faidaha be duin dere be šurdeme tuwafi, han
1개 부대가 정렬한 것을 사방으로 둘러보고 한이

giyoocan de tehe manggi, moringga cooha emu jergi poo 28/29 sindafi
연병장에 앉은 후 騎兵이 한 번 炮를 쏘고

jakūn baksan i yafahalafi tu kiru faidafi cooha tuwabuha, yafahan i
8개 부대가 걸어서 纛과 小旗를 정렬하여 軍威를 보였다. 보병의

cooha faidaha baci aššahakū juwe jergi poo sindame wajifi, geren
군대는 정렬한 곳에서 움직이지 않고 두 번 炮 쏘기를 마치고, 여러

hafasa han de hengkilehe manggi, cai omibufi, geren hafasa coohai
관원들이 한에게 고두한 후 차를 마시게 했다. 여러 관원들과 병사들에게

niyalma de menggun juwe minggan duin tanggū susai nadan yan
은 2,457兩을

šangnaha,, 29/30
상으로 내렸다.

○ orin nadan de, korcin i tusiyetu jinong gege be jimbi seme
27일에, 코르친의 투시예투 지농과 공주가 온다 하여

hife emu gūsai emte hiyasa be gaifi okdoko,,
히퍼가 1개 구사에 1명씩의 侍衛들을 데리고 맞이했다.

○ hife amala dungkui de cooha genehe de, korcin i cooha ci
「히퍼는 나중에 둥쿠이에 출병한 때에, 코르친의 군대로부터

fakcafi musei cooha be baime genere de, tusiyetu efu, jasaktu dureng
떨어져 아군을 찾으러 가려는데, 투시예투 어푸· 자삭투 두렁이

tafulame suweni duin niyalmai 30/31 teile dain i dorgi be adarame
말리기를, "너희 4명만으로 戰場의 안을 어찌

hafunambi, weile oci be alime gaijara seme tafulaci, han i hese be
지나겠는가? 罪가 될지라도 받겠다" 라며 말리니, "한의 명을

jurcerakū mini beye buceci bucekini, baita be tookaburahū seme dain i
어길 수 없으니 나의 몸이 죽으면 죽으리라. 일을 지연시킬까 걱정된다" 라며 戰場의

dorgi be juwe dobori dulime acanaha, tere dobori uthai jakūn
안을 두 밤을 새워 합류하러 갔다. 그 밤에 곧바로 8명을

niyalma be adabufi korcin i cooha be gana seme takūraha, duin
붙여서 코르친의 군대를 데려 오라 하여 보냈다. 네

dobori dulime genehe jugūn de, bata i 31/32 orin sunja booi emu
밤을 새워 가는 길에 적의 25家의 한

gašan be ucarafi gūsin isime haha be waha, beging de cooha genehe
마을을 만나서 30명에 이르는 남자를 죽였다. 北京에 출병했을

mudan de, beging ni amargi dukai tule gidaha cooha de yaya ci juleri
때, 北京의 북문의 밖에서 격파한 군대에 누구보다도 먼저

dosika, dalingho be gaiha mudan de ginjeo i cooha be han i gidaha
들어갔다. 大凌河를 취했을 때에, 錦州의 군대를 한이 격파할

de, tantai, tambu i emgi juleri dosika, amasi bederere de, bata
때, 탄타이· 탐부와 함께 먼저 들어갔다. 되 돌아올 때에 적이

uncehen de latunjiha manggi, 32/33 juwe jergi amasi gidaha seme nirui
후미에 접근하자 두 번 뒤로 격파했다 하여 니루의

janggin be ilaci jergi jalan i janggin obuha, jai juwe jergi nonggifi
장긴을 3등 잘란의 장긴으로 삼았다. 또한 두 번을 더하여

ninggun jergi sirambi,,
여섯 번 계승한다.」

○ singne si dade bai niyalma bihe, neneme cahar de cooha genehe
「싱너, 너는 원래 평민이었다. 앞서 차하르에 출병한

mudan de, jang giya keo i baru orin niyalma be gaifi monggo i
때에, 張家口의 쪽으로 20명을 이끌고 몽고가

bisire ba be tuwaname genefi 33/34 susai isire boode ucarafi, duin
있는 곳을 정탐하러 가서 50에 이르는 戶를 만나서 4日

inenggi ilan dobori sereburakū tuwakiyame, ajige beile be aliyaha,
3夜 발각되지 않고 지키며 아지거 버일러를 기다렸다.

beile isinjifi sini saha gašan be si gaisu seme juwe tanggū cooha be
버일러가 이르러서 '네가 본 마을을 네가 취하라' 하여 200명의 군사를

adabufi unggihe, tere gašan be yooni baha, ilan niyalma be jafafi beile
주어서 보냈다. 그 마을을 모두 얻었다. 3명을 잡아서 (아지거) 버일러

de benehe, dorji tasurahai hada de šancilafi afara de, bayara be gaifi
에게 보냈다. 도르지 타수라하이 언덕에 山寨를 쌓아서 공격할 때에 바야라를 이끌고

juleri dosifi gidaha, daitung de 34/35 cooha genehe mudan de, jase
앞장서 들어가 격파했다. 大同에 출병했을 때에 경계에

dosika inenggi lung men ceng ci emu ts'anjiyang, ilan šeobei, ilan
들어간 날 龍門城으로부터 1명의 參將· 3명의 守備가 3천명의

minggan cooha be gaifi okdofi, ilan tanggū isire cooha juleri jidere be,
군사를 이끌고 응전하여, 300명에 이르는 군사가 앞장서 오는 것을

siteku, borhoi i emgi emu nirui juwete bayara be gaifi gidara de,
시터쿠· 보르호이와 함께 1개 니루의 2명씩의 바야라를 이끌고 격파할 때에

bata alime gaihakū burulaha, bošome gamara de geren cooha ucarafi
적이 응전하지 못하고 패주했다. 추격해 갈 때 많은 아군과 만나서

gidaha, emu šeobei be waha, morin uksin 35/36 jebele gajiha seme
격파했다. 1명의 守備를 죽였다. 말·갑옷· 화살통을 가져왔다 하여

nirui hontoho janggin obuha, jai emu jergi sirambi,,
니루의 半 장긴으로 삼았다. 또한 한 번 계승한다.」

○ gulu lamun i nikan i nirui hontoho janggin be efulehe turgun,
正藍旗의 니칸의 니루의 半 장긴을 혁직한 이유.

ini ahūn cambu akū oho de, ahūn deo i doroi aša amu de aisilame
그의 형 참부가 죽었을 때에 형제의 도리로 형수와 큰어머니를 도와서

hiyoošun isibuhakū, ilan jergi waliyara de jio seme ganaci jihekū,
孝順을 다하지 않았다. 세 번 조문할 때 오라고 데리러가도 오지 않았다.

36/37 ede korsofi nikan i loho jafaha weile be šajin de alafi duileci,
(큰어머니가) 이를 원망하여 니칸의 '腰刀를 잡은 죄'를 法司에 고하여 審理했는데,

manggilun gebungge niyalma šan ajahabi, borboi gebungge niyalma
(니칸이) 망길룬 이라는 사람의 귀를 베었었고, 보르보이라는 사람을

be loho i gencehelehebi, erei turgunde nikan be tanggū šusiha tantaha,
腰刀의 칼등으로 쳤었다. 이런 이유로 니칸을 100대 채찍으로 때렸고,

hergen efulehe, ini amu i niru ci faksalaha, jurgan de kemuni
혁직했다. 그의 큰어머니의 니루로부터 떨어뜨렸다. 직무에 이전대로

bikini sehe,,
있으라고 했다.

tongki fuka sindaha hergen i dangse

點·圈을 찍은 문자의 檔子

sunjaci debtelin

5권

wesihun erdemungge i sucungga aniya ilan biya

숭덕 원년 3월

5권, 숭덕 원년 3월

tongki fuka sindaha hergen i dangse,,
點· 圈을 찍은 문자의 檔子

○ ilan biyai ice de, han, geren beise ambasa be gaifi, dergi
3월 초 1일에, 한이 여러 버일러들과 대신들을 이끌고 上

taidzu genggiyen han de hangsi doroi wecehe,,
태조 겅기연 한에게 寒食의 예로 제사지냈다.

○ ice juwe de, korcin i tusiyetu jinong gege be jimbi seme
초 2일에, 코르친의 투시예투 지농과 공주가 온다 하여

1/2 han okdome, mukden hecen ci juwan ba i dubei pu ho ala de
한이 맞이하러 盛京으로부터 10里의 앞에 있는 蒲河 언덕에

suwayan cacari cafi, han soorin de tehe manggi, gege aldangga emu
황색 천막을 치고 한이 옥좌에 앉은 후, 공주가 멀리서 한

jergi niyakūrafi hengkilere de, han ishun doro araha, hanci ibefi
번 무릎 꿇고 고두할 때에 한이 마주 예를 갖추었다. 가까이 나아가

niyakūrara de, han ishun buhi arafi tebeliyeme acaha, geren beise de
무릎 꿇을 때, 한이 마주하여 한쪽 무릎을 꿇고 포옹하며 만났다. 여러 버일러들에게

ahūn i 2/3 bodome ishunde niyakūrafi tebeliyeme acaha, tusiyetu efu
형을 헤아리며 서로 무릎을 꿇고 포옹하며 만났다. 투시예투 어푸

inu gege i songkoi acaha, okdoko bade gege, efu i gajiha emu
또한 공주가 한대로 만났다. 맞이한 곳에서 공주와 어푸가 가져온 1마리의

morin, juwe ihan, orin duin honin wafi sarilaha, sarin de jafahangge,
말· 2마리의 소· 24마리의 양을 잡아서 잔치했다. 잔치에서 바친 것은

foloho enggemu hadala tohohoi juwe morin, sula dehi jakūn morin,
조각한 말안장과 굴레를 맨 2마리의 말· 맨등의 48마리의 말·

juwan temen, seke i dahū juwe, sula seke duin tanggū jafaha bihe,
10마리의 낙타· 貂皮의 털가죽외투 2벌· 일반 초피 400장을 바쳤다.

han tuwafi, seke i dahū juwe, sula seke duin tanggū, 3/4 foloho
한이 보고, 貂皮 털가죽외투 2벌· 일반 초피 400장· 조각한

enggemu hadala tohohoi juwe morin, sula juwan jakūn morin gaiha,
말안장과 굴레를 맨 2마리의 말· 맨등의 18마리의 말을 취했다.

jai gemu bederebuhe, gege, efu be okdoko bade amba sarin sarilafi jihe,,
나머지는 모두 돌려보내고 공주와 어푸를 맞이한 곳에서 큰 잔치를 베풀고 왔다.

○ tere inenggi, gabsihiyan coohai siteku, aliha coohai tahabu,
그 날, 前鋒의 시터쿠· 驍騎의 타하부·

songgotu, ere ilan amban, jakūnju uksin, tung yuwan pu i juwe
송고투, 이 3명의 대신과 80명의 甲兵, 通遠堡의 2명의

amban, orin uksin, uheri sunja amban de 4/5 tanggū cooha be adabufi,
대신과 20명의 甲兵, 모두 5명의 대신에게 100명의 군사를 붙여서

solho de genehe inggūldai, mafuta be okdome giyang de isitala songko
조선에 간 잉굴다이· 마푸타를 맞이하러 강에 이르기까지 행적을

faitame unggihe,,
찾으러 보냈다.

○ ice ilan de, han, korcin i tusiyetu jinong efu, gege be
초 3일에, 한이 코르친의 투시예투 지농 어푸와 공주를

dosimbufi, ihan honin wafi amba sarin sarilara de, efu, gege 5/6
들어오게 하여 소와 양을 잡아서 크게 잔치를 베풀 때, 어푸와 공주가

jafahangge, amba fujin de emu tanggū seke, juwe tanggū honin, jai
바친 것. 大 푸진에게 100장의 貂皮· 200마리의 양, 또

duin fujin de susaita seke jafaha bihe, fujisa tuwafi, seke be gemu
4명의 푸진에게 50장씩의 초피를 바쳤다. 푸진들이 보고 초피는 모두

gaiha, honin be bederebuhe,,
받았고, 양은 돌려주었다.

○ ice duin de, warka i nooro, awan golo de cooha genehe
초 4일에, 와르카의 노오로· 아완 지역에 출병한

usita i takūraha elcin i gajiha bithe, 6/7 haha emu tanggū orin,
우시타가 보낸 사절이 가져온 서신. 「남자 120명·

erei hehe juwe tanggū juwan, deji hehe nadanju, erei anggala i ton
이들의 여자 210명· 헌상하는 여자 70명, 이들의 인구의 수는

duin tanggū orin, boigon i morin orin uyun, olji morin orin ilan,
420명입니다. 戶의 말 29마리· 노획한 말 23마리·

seke jibca juwan uyun, dobihi jibca duin, dobihi jibehun emke, solohi
貂皮 가죽옷 19벌· 여우 가죽옷 4벌· 여우가죽 이불 1개· 족제비

jibca ilan, ulhu jibca ilan, elbihe jibca juwe, oho i dehele ilan,
가죽옷 3벌· 灰鼠 가죽옷 3벌· 너구리 가죽옷 2벌· 겨드랑이가죽 조끼 3벌·

silun i dahū juwe, silun sukū ilan, niohe sukū 7/8 juwe, dobihi orin
스라소니 털가죽외투 2벌· 스라소니 가죽 3장· 늑대 가죽 2장· 여우가죽 22장·

juwe, hailun nadan, seke duin tanggū juwan ninggun, ulhu juwe
수달가죽 7장· 貂皮 416장· 灰鼠皮 2,500장·

minggan sunja tanggū, elbihe juwan nadan, olika, giojina, jingdari,
너구리가죽 17장. 올리카· 기오지나· 징다리·

dunggio, ere duin niyalma hūdašahangge, seke icu juwan juwe, boro
둥기오, 이 4명이 거래한 것은 초피 가죽재료 12장· 회백색

dobihi juwan duin, boro dobihi sishe emke, silun i jibca emke, seke
여우가죽 14장· 회백색 여우가죽 요(褥) 1개· 스라소니 가죽옷 1벌· 貂皮

uyunju nadan, suwayan dobihi jibehun emke, suwayan dobihi jakūn,, 8/9
97장· 황색 여우가죽 이불 1개· 황색 여우가죽 8장입니다.」

○ luyal halai dehi booi ejen sutio, sacikū, alban jafafi dehi seke be
「루얄 姓의 40家의 어전 수티오· 사치쿠가 세금으로 바친 40장의 초피를

mukden de benjimbihe, nimanggi amba ofi amasi bederehebi,
瀋陽에 보내왔는데, 눈이 많이 와서 되 돌아갔습니다.

cooha jihe seme donjifi, sacikū gebungge niyalma benjihe bihe, ere
군대가 왔다고 듣고, 사치쿠 라는 사람이 (다시) 보내왔습니다. 이

dehi seke be alime gaifi gajiha,, 9/10
40장의 초피를 받아서 가져왔습니다.」

○ boigon de horiha boigon i niyalma ukaka duici inenggi, awan de
「보이곤에 가둔 보이곤의 사람이 도망한 지 4일째, 아완에

genehe cooha kotkū de isinjiha, sunjaci inenggi fargafi kereci de
간 군대가 코트쿠에 도착했습니다. 5일째, 추격하다가 커러치에서

emu sakda mama, emu asihan hehe baha, terei hendurengge, dunggio,
1명의 노파· 1명의 젊은 여자를 얻었습니다. 그들이 말했습니다. "둥기오·

seyoo, bedike, harikū, ere duin amban, geren niyalma, ilan ihan wame
서요오· 버디커· 하리쿠, 이 4명의 大人과 여러 사람이 3마리 소를 잡아서

hebešehe, ereci fakcaha niyalma be wambi, emu hoki yabu, maraga
모의하기를, '이로부터 떨어진 사람을 죽이겠다. 한 패로 가자. 마라가

mafa de takūraki, jio seci 10/11 maraga mafa de dosifi gašan gašan de
마파에게 (사절을) 파견하자. 오라고 하면 마라가 마파 측으로 들어가 마을 별로

fakcaki, ume jidere seci, galami de jase sacifi biki seme hebdehebi,
나누고, 오지 말라고 하면 갈라미에서 경계를 나누자'고 모의했습니다."

tereci musei cooha fargame geneci, maraga mafa, sengge efu, giyamkū,
그 후 우리의 군대가 추격하러 가는데, 마라가 마파· 셍게 어푸· 기얌쿠·

buju efu, ledungge, uheri juwan duin amban juwe tanggū ninju
부주 어푸· 러둥거 모두 14명의 大人이 260명의

niyalma bele benjime jiderengge, ukanju i generengge lak seme acafi,
사람과 쌀을 보내러 오는데 도망자가 가는 것을 딱 만나서

galami de ihan wame jefi hebešefi gamahabi, musei coohai ambasa
갈라미에서 소를 죽여 먹고 의논하여 데리고 갔습니다. 우리의 군대의 대신들이

11/12 hebešefi, kereci de baha hehe i hendurengge, maraga mafa acafi
의논하기를, "커러치에서 얻은 여자가 말한 것과 마라가 마파가 만나

gamahangge, ere emu songko, muse te dahalame dosici, ya gašan i
데리고 간 것 이것이 일치한다. 우리가 지금 따라 들어가면, 어느 마을의

niyalma ya ukanju balai suwaliyabuha manggi mangga, muse be
사람과 어느 도망자가 제멋대로 뒤섞인 후 어렵게 된다. 우리가

weile arame feliyehe serahū seme tuttu bederehe, tereci maraga
죄를 짓고 갔다고 할까 걱정된다" 하여 그래서 돌아왔습니다. 그 후 마라가

mafa i deo wandušan be takūrame, si meni ukanju ilan tanggū gūsin
마파의 동생 완두샨을 파견하여 "너는 우리의 도망자 330명의

haha, nadan tanggū susai ninggun angga be hebe arafi gamaha kai, 12/13
남자· 756口를 共謀하여 데리고 갔다.

ere be suwe absi guribuhe seme ombi, wandušan si gene, giyamkū,
이들을 너희는 어찌 이주시켰다 할 수 있는가? 완두샨 너는 가라. 기얌쿠·

maraga mafa be jio se, meni ukanju be ai turgunde gamambi seme
마라가 마파를 오라고 하라. 우리의 도망자를 어떤 이유로 데려갔는가" 하여

tuttu takūraha, tere takūraha de, giyamkū, maraga mafa i jui,
그렇게 파견했습니다. 그 파견할 때 기얌쿠· 마라가 마파의 아들

uheri nadan niyalma bolgo de jihe bihe, giyamkū jaburengge, be acafi
모두 7명이 볼고에 왔었습니다. 기얌쿠가 대답하기를 "우리가 만나서

gamaha inu mujangga, erebe akū serengge akū, ere weile de absi
데려간 것 또한 사실이다. 이를 아니라고 말한 적 없다. 이 죄에 어디로

guribuhe seme ombi, beyede 13/14 alime gaiha weile seme tuttu
이주시켰다고 하겠는가? 내가 받아들일 죄이다" 라며 그렇게

hendumbi, tereci meni ilan tanggū gūsin haha, nadan tanggū susai
말했습니다. 그 후 "우리의 330명의 남자· 756명의 口를

ninggun angga be, te uthai jafafi benju, be bolgo de tehei aliyambi
지금 곧바로 붙잡아 보내라. 우리는 볼고에 주둔하며 기다리겠다"

seme hendure jakade, giyamkū jaburengge, meni juwe goloi niyalma
라고 말한 까닭에 기얌쿠가 답하기를, "우리 두 지역의 사람이

hebe acafi jafambi kai, suwe ubade ai jeme aliyambi, suwe gene seme
의논하여 함께 잡은 것이다. 너희는 여기에서 무엇을 먹으면서 기다리는가? 너희는 가라" 라고

henduhe, tuttu oci, meni niyalma be ilan biyade ningguta de 14/15
말했습니다. "그러면 우리의 사람을 3월에 닝구타에

benju seme hendufi jihe, baha seke emu tanggū nadanju duin, dobihi
보내라" 라고 말하고 왔습니다. 얻은 貂皮 174장· 여우가죽

juwan duin, hailun juwan ilan, oho i dehele emken, silun emken,
14장· 수달가죽 13장· 겨드랑이가죽 조끼 1벌· 스라소니가죽 1장·

elbihe duin, ulhu emu minggan duin tanggū jakūnju,
너구리가죽 4장· 灰鼠皮 1,480장·

bolgo de hūdašahangge seke juwan, ere ukanju gamaha,,
볼고에서 매매한 貂皮 10장은 이 도망자들이 가져 갔습니다.」

han, bithei ilan yamun i gebu be toktobufi, weile be 15/16
한이 글의 세 아문(內三院)의 이름을 정하여, 일을

dendefi afabuha, gurun i suduri ejere yamun, ere yamun i baita,
나누어 맡겼다. 나라의 역사를 기록하는 아문(國史院), 이 아문의 일은

han i gisun hese be ejembi, han i galai araha bithe be asarambi,
한의 말과 문서를 기록한다. 한이 손수 쓴 글을 소장한다.

han i yabuha dailaha, doro dasaha yaya suduri dangse, abka wecere
한이 행동하고 정벌하고 국정을 다스린 모든 역사의 기록· 하늘에 제사지내는

bithe, amba soorin de tere de, hūlara biyoo bithe arambi, 16/17 mafari
글· 大位에 오를 때 낭독하는 表의 글을 기록한다. 조상의

miyoo de wecere bithe, jalan jalan i mafari suduri bithe, eifu de
사당에 제사하는 글· 역대 선조의 역사의 글· 墓에

umbure wehei bithe, eiten narhūn bithe, hafasa be wesibuhe wasibuha
매장하는 돌의 글· 일체의 비밀스런 글· 관리들을 승진시키고 강등시킨

dangse, geren i wesimbuhe bithe be acabume dasafi suduri arambi,
기록· 여럿이 올린 글을 합치고 고쳐서 역사로 기록한다.

beise be amcame fungnere bithe, ninggun jurgan i icihiyaha weile,
버일러들을 追封하는 글· 六部가 처리한 일·

suduri de araci ojorongge be sonjombi, gungge ambasai eme, sargan be
역사로 쓸 만한 것을 뽑는다. 공 있는 대신들의 모친과 부인을

17/18 fungnere bithe, doron de arara bithe, encu gurun antaha gurun de
봉하는 글· 인장에 쓰는 글· 다른 나라와 客國에

amasi julesi yabuha bithe be suduri arambi, narhūn bithei yamun,
왕래하며 다닌 글을 역사로 기록한다. 비밀스런 글의 아문(秘書院),

ere yamun i baita, encu gurun de amasi julesi yabure bithe, gurun i
이 아문의 일은, 다른 나라에 왕래한 글· 나라의

yaya wesimbuhe bithe, muribuha weile be habšaha gisun, han i
모든 올린 글· 잘못된 죄를 소송한 말· 한이

wasimbure bithe, bithe coohai hafasa de bure ejehe, kungfudz miyoo de
내린 글· 문무 관리들에게 준 칙서(를 처리한다.) 孔夫子 廟에

wece seme takūrambi, bucehe niyalma de 18/19 waliyara bithe, kooli
제사하라고 파견한다. 죽은 사람에게 조문하는 글(을 처리한다.) 전례를

selgiyere yamun, ere yamun i baita, julgei jalan jalan i sain ehe
전하는 아문(弘文院), 이 아문의 일은, 옛날의 역대 좋고 나쁜

kooli be sume arafi han de giyangname alambi, taidz de giyangname
전례를 풀어 써서 한에게 설명하여 고한다. 태자에게 설명하여

alambi, cin wang de bithe tacibumbi, kooli be geren de selgiyembi,,
고한다. 친왕에게 글을 가르친다. 전례를 여럿에게 전한다.

○ ice jakūn de, hi fung keo, pan giya keo de 19/20 bithe beneme
초 8일에, 喜峯口· 潘家口에 글을 보내러

genehe gabsihiyan coohai loosa šongkoro baturu, ubai se isinjiha, jase i
간 前鋒의 로오사 숑코로 바투루· 우바이 등이 도착했다. 경계의

tule nikan i karun tehe orin sunja niyalma, juwan morin bahafi,
바깥 명의 초소에 있는 25명과 10마리 말을 얻고

orin ilan niyalma be wahabi, juwan morin juwe niyalma be jafafi
23명의 사람을 죽였다. 10마리 말과 2명의 사람을 잡아서

gajiha, emu niyalma be ši dzung bing guwan de buhe, emu niyalma be
데려왔다. 1명을 石(廷柱) 총병관에게 주었고, 1명을

giyan cang ni ma dzung bing guwan de buhe, šongkoro baturu
建昌의 馬(光遠) 총병관에게 주었다. 숑코로 바투루

loosa, jalan i 20/21 janggin ubai, esebe nikan i jase de bithe beneme
로오사· 잘란 장긴 우바이, 이들을 명의 경계에 글을 보내러

takūrara de, han i tacibume henduhe gisun, suweni emgi genere
파견할 때, 한이 가르쳐서 말한 말. "너희와 함께 가는

coohai morin tarhūn, califi bucerahū seme henduhe gisun be
군사의 말을 살찌워라. 지쳐 쓰러져 죽을까 우려된다"라고 말한 말을

jurceme abalame genefi, genere de juwan nadan morin califi bucehe,
어기고 사냥하러 가서, 갈 때에 17마리 말이 지쳐 쓰러져 죽었고

jidere de juwe morin califi bucehe seme, coohai jurgan i ashan i
올 때에 2마리 말이 지쳐 쓰러져 죽었다고 하여 兵部의 參政

amban surmai, kamciha duilefi 21/22 han de wesimbure jakade, loosa,
수르마이· 캄치하가 조사하여 한에게 올린 까닭에, "로오사·

ubai de tuhere weile gaisu, bucehe morin be gabsihiyan coohai ejete be
우바이에게 처벌할 贖을 취하라. 죽은 말을 前鋒의 어전들에게

toodabu, baha olji juwan morin be inu bu seme henduhe,,
배상시키고, 얻은 노획 10마리 말은 그냥 주어라" 라고 말했다.

○ tere inenggi, sunggai, nirui ubui ilaci jergi jalan i janggin
그 날, 숭가이는 니루의 몫의 3등 잘란 장긴이었는데,

bihe, nimeme akū ofi efulehe, burhai, nirui ubui janggin bihe, nimeme
병으로 죽어서 혁직했다. 부르하이는 니루의 몫의 장긴이었는데, 병으로

akū ofi efulehe, yang 22/23 ming sing cigu niru ubui janggin be
죽어서 혁직했다. yang ming sing은 旗鼓니루 몫의 장긴을

nakabufi, lio ts yuwan be cigu ubui ilaci jergi jalan i janggin obuha,
정지시키고, lio ts yuwan을 旗鼓 몫의 3등 잘란 장긴으로 삼았다.

kesine i juwe niru, anggara i emu niru, ere ilan niru, enculehe niru
커시너의 2개 니루와 앙가라의 1개 니루, 이 3개 니루는 별도의 니루(專管牛彔)[1]

bihe, nakabufi dorgi niru obuha,,
였는데, 정지시켜서 內 니루로 삼았다.

○ juwan de, ajige beile, abatai beile, jakūn gūsai 23/24 ejete,
10일에, 아지거 버일러·아바타이 버일러와 八旗의 어전들이

jalan tome emte janggin, niru tome emte ajige bošokū, emu nirui
잘란마다 1명씩의 장긴을, 니루마다 1명씩의 小 보쇼쿠를, 1개 니루에

tofohoto uksin be gamame, gahai gebungge bade hoton arame genehe,,
15명씩의 갑병을 이끌고, 가하이 라는 곳에 성을 쌓으러 갔다.

○ juwan emu de, lii ši ing, nirui hontoho janggin be efulehe
11일에, 李士英의 니루의 半 장긴을 삭탈한

turgun, yang ioi wei janggin i kadalara lii ši ing ciyandzung ni
이유. 楊于渭 장긴이 관할하는 李士英 千摠이

1 'enculehe niru'(專管牛彔)는 宗室의 일부를 포함하여 주로 異姓大臣이 소유한 니루이며 國家의 徭役을 면제받는 특권적 니루이다. 아래 논문 참조. 承志, 「八旗ニルの根源とニル分類について」, 『東洋史研究』 65-1, 2006, pp.202~169.

kadalaha irgen i niyalma fulu madaha 24/25 seme, lii ši ing de nirui
관할했던 백성의 사람들이 훨씬 늘었다고 하여, 李士英에게 니루의

hontoho janggin buhe be, ini jung ki hoo habšame, bi dade irgen
半 장긴을 준 것을, 그(楊于渭)의 鐘丘毫가 소송하여, "내가 처음에 백성을

kadalaha, mini sirame lii ši ing kadalaha, mini kadalaha de, haha fulu
관할했고, 나를 뒤이어 李士英이 관할했다. 내가 관할하던 때에, 남자가 더욱

madaha gung be, šajin de alafi duileci yargiyan ofi, lii ši ing be
늘었다"라고 (자신의) 功을 法司에 고하여 심리하니 진실이었으므로, 李士英을

tanggū šusiha tantaha, hergen efulehe,, 25/26
100대의 채찍으로 때리고 직임을 혁직했다.

○ juwan juwe de, arjin sede henduhe gisun, nikan, hoton sahame
12일에, 아르진 등에게 말한 말. "명군은 성을 쌓으러

genehe niyalma be songko faitame urunakū jimbi, eicibe yaya fonde
간 사람들을 흔적을 좇아 틀림없이 온다. 어떠한 경우에도 모든 때에

ini da songko faitame yabuha babe geli songko faitame jimbi, suwe
그가 원래 흔적을 좇아 간 곳을 다시 흔적을 좇아 온다. 너희는

genefi tere ba be dorji efu, dayaci tabunang, unahai, arsalan jorifi
가서 그 곳을 도르지 어푸· 다야치 타부낭· 우나하이· 아르살란에게 지시하고

suweni emgi genere ba sara monggo de jorifi unggikini, ume jidere,
너희가 함께 갈 곳을 아는 몽고인에게 지시하고 보내라. 돌아오지 말라.

ubaci jai 26/27 ilan gūsai monggo i bayara be halame unggihe
이곳에서 또한 세 구사의 몽고의 바야라를 교대하러 보낸

manggi, mini gisun be tuwame jio sehe, ede arjin be ejen arafi
후에, 나의 말을 살피러 오라"고 했다. 이에 아르진을 어전으로 삼아

emu tanggū orin uyun cooha be adabufi unggihe,,
129명의 군사를 맡겨 보냈다.

○ [原檔殘缺] ulhu jibca nadan, hailun i dehele emke, dobihi
〔原檔殘缺〕 灰鼠皮 가죽옷 7벌· 수달가죽 조끼 1벌· 여우

oho i dehele ilan, silun i jibca 27/28 ilan, silun i dehele emke,
겨드랑이가죽 조끼 3벌· 스라소니 가죽옷 3벌· 스라소니가죽 조끼 1벌·

lekerhi emke, tasha sukū juwe, elbihe jibca ilan, orhoda duin morin i
해달가죽 1장· 호랑이가죽 2장· 너구리 가죽옷 3벌· 인삼을 4마리 말에 실은

aciha,,
짐(駄).

○ ineku usita sei unggihe bithe, kubuhe fulgiyan i nioniku
바로 그 우시타 등이 보낸 글. 「鑲紅의 니오니쿠는

susai uksin be gamame suifun i golo de dosika bihe, nadanju haha
50명의 갑병을 이끌고 수이푼 지역에 들어갔습니다. 70명의 남자를

bahafi loo de horifi, nioniku i 28/29 orin sunja uksin be gaifi horiha
얻어서 옥에 가두고, 니오니쿠는 25명의 갑병을 데리고 가둬둔

niyalma be tuwakiyahabi, jai orin sunja uksin be emu bošokū gamame,
사람을 감시했습니다. 또 25명의 갑병을 1명의 보쇼쿠가 끌고

juwe inenggi on de tabcilame morin ulebu seme umesi unggihebi,
이틀 거리에 약탈하러 말을 먹이라고 확실히 보냈습니다.

unggihe amala horiha niyalma nukcifi, nioniku beye uyun uksin i
보낸 뒤에 가둔 사람이 도주하고, 니오니쿠 자신과 9명의 갑병은

niyalma wabuhabi, noimoro, yaran de juwan uksin be gaifi, ini ahūn
피살되었습니다. 노이모로는 야란에 10명의 갑병을 이끌고, 그의 형제를

deo be ganame genefi, juwan juwe haha be 29/30 bahafi jafahakū
데리러 가서, 12명의 남자를 잡아서 바치지 않고

sula bihebi, noimoro beye ninggun uksin i niyalma wabuha,,
풀어주었다가, 노이모로 자신과 6명의 갑병이 피살되었습니다.」

han, geli geren i baru hendume, lama sa anggai holtome fucihi be
한이 또 여럿을 향해 말하기를, "라마들이 입으로 속이기를 부처를

juktembi, macihi jafambi sembime, hūlhame holtome hehesi de
공양한다느니 계율을 엄수한다느니 하면서, 몰래 속여 여자들을

latume, ulin aisi de doosidame, jing sui isabume fudasihūn yabume,
간음하며, 재물과 이익을 탐하며, 항상 죄를 모아 패역함을 행하며,

weihun niyalma de ulin ulha be 30/31 gaifi, bucehe ba i fayangga be
산 사람에게서 재물과 가축을 취하고, 저승의 혼을

sui akū obumbi serengge, tereci holo akū, lama sa si ubade sui isabume
죄가 없게 해준다는 것은 그보다 거짓된 것이 없다. 라마들 너희는 이곳에서 죄를 쌓도록

ulin ulha be gaiha kai, sini gaiha dere de terei fayangga be we sui
재물과 가축을 취했다. 네가 재물을 취한 체면으로 그의 혼을 누가 죄를

guwebumbi, te i lama sabe holo seci acambi, lama seci ojorakū,
사면해준단 말인가? 지금의 라마들은 거짓되다고 해야 마땅하니, 라마라고도 할 수 없다.

monggoso lama i gisun de umesi akdafi, ulin ulha be mamgiyame
몽고인들이 라마의 말을 완전히 믿고 재물과 가축을 사치스럽게

bume sui geterembu, fayangga be sain bade 31/32 banjibu seme yodor
주며, 죄를 없애달라, 혼을 좋은 곳에서 태어나게 해달라며 요도르(yodor)를

tatabure bithe hūlaburengge, tereci beliyen akū, tuttu ofi monggo
걸게 하거나 祝文을 읽게 하는 것은, 그보다 어리석은 것이 없다. 그러므로 몽고인이

bucehe niyalma de yodor tatabure, obo arabure[2] be gemu naka
죽은 사람을 위해 요도르(yodor)를 걸게 하거나 오보(obo)를 짓게 하는 것을 모두 금하라"

seme nakabuha,,
하므로 금했다.

○ juwan ninggun de, sidangga, olika be pan giya keo i duka de
16일에, 시당가· 올리카를 潘家口의 門에

---

2 [簽註] gingguleme baicaci, yargiyan kooli de, yodor tatabure, obo arabure sere gisun be, 懸轉輪結布旛 seme nikarame arahabi,,
삼가 찾아보니『實錄』에서는 'yodor tatabure, obo arabure'(요도르를 걸게 하고 오보를 만들게 하는) 라는 말을 '懸轉輪結布旛'이라고 한문으로 썼다.

bithe bene sehengge, jase be beki, geneci ojorakū seme amasi
글을 보내라고 했는데, 경계가 공고하여 갈 수 없다고 하고 되

bedereme jihe manggi, jai 32/33 mudan de šongkoro baturu loosa be,
돌아온 후, 다음 번에 송코로 바투루 로오사에게

han jase be tuwa seme henduhe, buyan, siteku genefi tuwaci, jase be
한이 경계를 살펴보라고 말했다. 부얀· 시터쿠가 가서 살펴보니, 경계에

muke eyehe ba be yabuci ombi seme alanjifi duilere jakade, han be
물이 흐르는 곳으로는 가도 되겠다고 고해왔기 때문에 심리하니 한을

holtoho emu weile, bangka emu weile, oliha emu weile, ere ilan weile i
속인 1개 죄· 게으른 1개 죄· 겁낸 1개 죄, 이 3개 죄

turgunde, sidangga be nirui janggin efulefi, bayarai jalan i janggin ci
때문에, 시당가는 니루 장긴을 삭탈하고, 바야라의 잘란 장긴을

nakabuha, 33/34 tanggū šusiha i jalin de weile gaiha, olika be
그만두게 하고, 100대 채찍에 상응하는 贖을 취했다. 올리카를

bayarai jalan i janggin ci nakabufi, tanggū šusiha i jalin de weile
바야라의 잘란 장긴을 그만두게 하고, 100대 채찍에 상응하는 贖을

gaiha,,
취했다.

○ juwan nadan de, gulu lamun i booi nirui janggin šui se neng be
17일에, 正藍의 보오이 니루 장긴 šui se neng을

efulehe turgun, ini kadalara wen ba, wen dai, fang sin, lii ceng
혁직한 이유. 그가 관할하는 wen ba· wen dai· fang sin· lii ceng

gung, wen el, 34/35 ere sunja niyalma acafi gercileme, du ming deng,
gung· wen el, 이 5명이 합동으로 고발하기를, "du ming deng·

wang de gebungge juwe haha be dangse de arahakū, alban gidaha,
wang de라고 하는 2명의 남자를 檔冊에 쓰지 않고, 公課를 숨겼습니다.

morin i yali be ubu sindafi, ajige hule i jakūn hule šušu gaiha, beile
말의 고기를 등분해서 작은 石으로 8石의 수수를 취했습니다. 버일러에게

de bure turi be ninggun hiyase gidaha, hūwang el bucehe manggi,
드리는 콩을 6斗를 숨겼습니다. hūwang el이 죽은 후에,

sargan be ju yoo bung de uncafi gūsin yan gaiha, wen se ci de sunja
(hūwang el의)아내를 ju yoo bung에게 팔고 30량을 취했습니다. wen se ci에게 5石의

hule 35/36 turi juwen gaifi, juwe hule sunja sin toodara unde, lii ceng
콩을 빌려서 2石 5金斗를 갚지 않았고, lii ceng

gung de juwe hule jeku juwen gaifi toodara unde, u men se, sargan
gung에게 2石의 곡식을 빌려서 갚지 않았습니다. u men se가 부인을

gaijara de, wang ciyandzung de emu yan, jao ciyandzung de ilan yan,
맞이할 때, wang 천총에게 1량, jao 천총에게 3량,

jang fang de emu yan menggun juwen gaifi toodame burakū, fang sin de
jang fang에게 1량의 은을 빌려서 갚아 주지 않았고, fang sin에게

sunja yan menggun juwen gaifi toodame burakū, emu ulgiyan be
5량의 은을 빌려서 갚아 주지 않았고, 1마리 돼지를

36/37 wafi, meni tofohon niyalma de ulebufi, tofohon yan menggun
잡아서 우리 15명에게 먹이고 15량의 은을

gaiha seme šajin de alafi duileci, gemu yargiyan ofi, šui se neng be
취했습니다"라고 法司에 고하여 조사하니, 모두 진실이었으므로, šui se neng을

jakūnju juwe šusiha tantaha, šan i jalin de ninggun yan menggun
82대 채찍으로 때리고, 귀에 상응하는 6량의 은을

gaiha, hergen efulehe, weile i uyun yan gaiha,,
취하고, 직임을 삭탈하고, 죄로 9량을 취했다.

○ bayantai si dade bai niyalma bihe, booi nirui 37/38 janggin
「바얀타이, 너는 원래 평민이었는데 보오이 니루의 장긴으로

obuha, dain de buceci sirambi, nimeku de buceci sirarakū,,
삼았다. 전투에서 죽으면 계승한다. 병으로 죽으면 계승하지 않는다.」

tongki fuka sindaha hergen i dangse
點·圈을 찍은 문자의 檔子

ningguci debtelin
6권

wesihun erdemungge i sucungga aniya ilan biya
숭덕 원년 3월

6권, 숭덕 원년 3월

tongki fuka sindaha hergen i dangse,,
點 圈을 찍은 문자의 檔子

○ orin de, lan pan de tehe karkama, cingšan, sio yan de tehe
20일에, 攬盤에 주둔하던 카르카마· 칭샨, 岫巖에 주둔하던

juwe amban, juwe tanggū cooha gamame, jeng giyang, lu doo de
2명의 대신이 200명의 군사를 이끌고 鎭江· 鹿島[1]에

isitala mederi jakarame songko faitame genefi, ulhū hafume jihe
이르기까지 해안을 따라서 흔적을 쫓아가서, 갈대를 통과해 나온

juwan emu niyalma be bahafi benjihe be, boigon i jurgan i yamun de
11 명을 체포하여 보내 온 것을, 호부 아문에

afabufi, šanggiyan pu de 1/2 uyun niyalma be unggihe, juwe niyalma
맡겨, 尙陽堡에 9 명을 보냈다. 2명을

be boo ceng siyan de buhe,,
鮑承先에게 주었다.

○ orin de, solho de genehe inggūldai, mafuta, nikan, dorgi tulergi
20일에, 조선에 갔던 잉굴다이· 마푸타· 니칸· 內外

1 '鹿島'는 현재 遼寧 東港市 서남쪽의 大鹿島이다. 동북쪽에 小鹿島가 있다. 『全邊略紀』 卷9에 '石城은 鹿島로부터 200리 떨어져있다'고 기록되어 있다. 1894년 청일전쟁 때에 청과 일본의 해군이 이곳에서 격전을 벌였다.

beise i takūraha niyalma isinjiha, esei gajiha bithei gisun, coohiyan
버일러들이 보낸 사람이 도착했다. 이들이 가져 온 문서의 말. 「조선국의

gurun i wang ni karu bithe, aisin gurun i 2/3 han de jafaha,
왕이 답서를 金國의 한에게 바칩니다.

niyengniyeri elcin unggiki serede wesihun elcin neneme isinjire jakade
春信使를 보내려고 할 때, 귀국의 사신이 먼저 도착했기 때문에

ambula yertehe, seibeni fusihūn gurun i karu bithei weile sume
매우 부끄러웠습니다. 예전에 下國이 답서로 사정을 풀어서

gisurehede, wesihun gurun be gasabuhakū seci ombio, te jihe
말했을 때, 귀국으로 하여금 원망케 하지 않았다 할 수 있겠습니까? 지금 온

bithe be tuwafi, onco i gamara wesihun gūnin be šumin saha,
글을 보니, 관대히 처리하신 귀한 뜻을 깊이 알았습니다.

urgunjeme wajirakū, jai donjici, wesihun elcin mini ujulaha amban de
기쁨이 끝이 없습니다. 또 듣건대, 귀국의 사신은 나의 수석 신하에게

encu gisun be anggai henduhebi, 3/4 tere gisun be fusihūn gurun ai
별도의 말을 구두로 말했습니다. 그 말을 下國이 어찌

gelhun akū donjimbi, mini ujulaha amban inu wesihun elcin i baru
감히 듣겠습니까? 나의 수석 신하도 귀국의 사신을 향해

wacihiyame gisurehebi, ainara, jabšan de seolereo,,
자세히 말했습니다. 어찌하겠습니까. 다행스럽게 고려해 주십시오.」

○ dade inggūldai se, coohiyan gurun i wang de acaki seci,
처음에 잉굴다이 등이 조선국의 왕에게 만나자고 해도

coohiyan gurun i wang, dorgi geren beise i unggihe bithe, tulergi
조선국의 왕은 內地의 여러 버일러들이 보낸 글과 外境의

goloi geren monggo beise i unggihe bithe be alime gaijarakū, 4/5
여러 몽고 버일러들이 보낸 글을 받지 않았다.

elcin genehe amban inggūldai, mafuta, nikan sebe inde acaburakū,
사신으로 간 대신 잉굴다이· 마푸타· 니칸 등을 그에게 만나게 하지 않고,

an be jurceme inggūldai sebe ini g'o loo yamun de jio, gisun gisureki
상례를 어기고 잉굴다이 등을 그의 "閣老 衙門(議政府)으로 와라. 말을 하고 싶다"

seme argadame gisurere, geli coohai niyalma be tucibufi dobori inenggi
라고 계략을 써서 말하거나, 또 병사를 내어 밤낮

akū tuwakiyabure jakade, inggūldai se ambula kenehunjeme uthai
없이 감시시켰기 때문에, 잉굴다이 등이 크게 의심하여 즉시

geren elcin be gaifi, wang ging hecen i dorgi irgen i morin be
여러 사신을 이끌고 王京 城 안에서 백성의 말을

durime gaijara de, hecen i dorgi haha 5/6 hehe ambula goloho,
탈취했을 때, 성 안의 남녀들이 매우 놀랐다.

inggūldai se hoton i dorgi morin be durime gaifi yalufi duka be
잉굴다이 등이 성 안의 말을 탈취하여 타고 문을

bireme tucifi, jidere jugūn de, coohiyan gurun i wang bithe jafabufi
돌파해 나와서 오는 길에, 조선국 왕이 글을 쥐여주며

ini jase jecen be bekile seme takūrafi unggire niyalma be, inggūldai
그의 변계를 지키라고 파견한 자를 잉굴다이

se ucarafi bithe be durime gaifi gajifi enduringge han de wesimbuhe,
등이 마주쳐서 글을 탈취하여 가져와서 성스러운 한에게 올렸다.

tere bithede henduhengge, pei biyan 6/7 ts'e i unggihe bithei gisun,
그 글에서 말한 것. 「備邊司가 보낸 글의 말은,

elcin inggūldai han de unggire bithe be gamahakū genehe, ere
"사신 잉굴다이는 한에게 보내는 글을 가지지 않고 갔습니다. 이는

gashūha be efulere deribun kai, piyoo lu, jang lii jung amasi julesi
맹세를 깨뜨리는 발단입니다. 朴魯· 張立中이 전후로

gisureme yabure de, inggūldai urunakū gūwa bithei dorgi gisun be
말하러 다닐 때, 잉굴다이는 '반드시 다른 글 안의 말을

jabuha manggi, teni niyengniyeri karu bithe doroi jaka be gaimbi sembi
답한 후, 비로소 봄에 답서와 예물을 취하겠다'고 합니다"

sere, 7/8 han i unggihe bithei dubede, genehe amban anggai gisure
라고 한다. 한이 보낸 글의 끝에 "간 대신과 구두로 말하라"

sehebi, tere uthai gūwa bithei dorgi gisun kai, inggūldai hendurengge,
라고 했다. 그것이 곧 다른 글 안의 말인 것이다. 잉굴다이가 말하기를,

emu gisun karu jabuha de alime gaifi genere, tuttu akū oci
“한 마디 대답하면 받아 가지고 가겠다. 그렇지 않으면

lo de hiyan, lii k'o genehe seme ainaha seme halburakū sembi,
羅德憲·李廓이 간다 해도 결코 들이지 않을 것이다”라고 했다.

tere oihori arafi gidašame, jafara sindara uttu ondorongge
이는 무시하고 모욕하고 쥐었다 놓았다 이렇게 멋대로 하는 것이니[2]

alimbaharakū gelecuke kai, muse amba jurgan be jafafi emgeri 8/9
참을 수 없이 두렵다. 우리는 대의를 가지고 한 번

lashalaha, ereci amasi uttu ainame ainame oci ojorakū, niyengniyeri
단교했었다. 이후로 이렇게 대충대충 하면 안 된다. 봄에

karu bithe be gamarakū de aibi, furdan be dasara belhereci tulgiyen,
답서를 가져가지 않으면 어쩌겠는가? 관문을 정비하는 외에

gūwa arga akū, i jili banjifi geneci tetendere, niyalma tucibufi
다른 방도는 없다. 그가 화를 내면서 간다면 그것으로 됐다. 사람을 보내서

fudeme karulafi ainambi, ini cisui genefi musei lashalaha arbun be
전송하고 답해서 무엇하겠는가? 그가 제멋대로 갔으니 우리의 단교 상황을

sakini, musei karu bithei dubede araha gisun, inggūldai mini ujulaha
알 것이다. 우리의 답서의 끝에 써서 말하기를, “잉굴다이가 나의 수석

amban de encu gisun be 9/10 henduhebi, tere gisun be meni fusihūn
대신에게 별도의 말을 말했습니다. 그 말을 우리 下國이

2 ‘쥐었다 놓았다 이렇게 멋대로 하는 것’은 조종하기를 마음대로 한다는 의미이다.

gurun i donjici ojorongge waka, wesihun gurun seole seme arafi,
듣을 수 있는 것이 아닙니다. 貴國은 고려해 주십시오"라고 써서

jang lii jung de jafabufi, inggūldai de amcame unggihe, jai emu
張立中에게 쥐여주어 잉굴다이를 쫓도록 보냈다.」 또 하나의

bithede araha gisun, inggūldai niyengniyeri elcin seme jifi han de
문서에서 쓴 말. 「잉굴다이가 봄의 사신이라고 와서 한에게

unggire bithe be gamahakūngge, ai turgun be sarkū, geli dasan
보내는 글을 가져가지 않은 것은 무슨 이유인지 모른다. 또 정무를

jafaha ambasa, wargi monggoso i juwe bithe 10/11 serengge, neneme
관장하는 대신들과 서쪽 몽고인들의 두 문서 라는 것은 이전에

amasi julesi bithe yabuha kooli akū, da boljoho jurgan ci geli
전후로 글을 보냈던 例가 없다. 원래 약조했던 뜻에서 또한

jurcehebi, tuttu ofi alime gaijara ambasa geleme gaihakūbi, wesihun
어긋났다. 그러므로 받아 가져갈 대신들이 겁나서 받지 않았다. "귀국의

elcin hanciki gurun i acaha jurgan be gūnirakū jili banjifi uthai
사신이 가까운 나라의 화친의 뜻을 생각하지 않고 화를 내며 즉시

genehe, fusihūn gurun inu majige ufarabuha ba akū, damu karu elcin
가버렸습니다. 下國은 또한 조금도 잘못한 것이 없습니다. 다만 回答使를

geneme ofi, fusihūn gūnin be majige tucibuhe seme arafi unggihe,
보내게 되어, 下意를 조금 표합니다"라고 써서 보냈다.

11/12 jang lii jung neneme karu bithe be jafafi, bithei gūnin be
張立中을 이전의 답서를 가지고 글의 뜻을

inggūldai de ulhibume amcame bene, inggūldai alime gaifi gamaha
잉굴다이에게 알려주러 뒤쫓아 보내라. 잉굴다이가 받아서 가져가면

de wajiha, gamarakū ohode, ere bithei emgi musei elcin gamakini,
됐다. 가져가지 않으면, 이 문서와 함께 우리의 사신이 가져가면 된다.

elcin genehe amala, ba na be dasame, dube jecen be seremšeme, terei
사신이 간 후에 지방을 정비해서 끝 변경을 지키고 그곳의

kūbulire be belheme aliyaki, ere efujere elhe ojoro holbobuha weile,
변화를 준비해 두어라. 이 무너질지 평온해질지에 관계된 일은

damu dele 12/13 seolere debi, ere jihe ilan amban de, jurgan i niyalma
다만 하늘이 생각하는 데에 있다. 이번에 온 세 대신에게 部의 사람이

bonio aniyai waliyame jihe de buhe songkoi bure jakade, jalingga
申年(천총6, 1632)에 조문하러 왔을 때 주었던 대로 주니, 사악한

jušen elcin i kooli bodome gaji seme, juwan mocin isirakū seme
주션은 "(이전) 사신의 例를 헤아려 가져와라" 하며, 10필의 毛靑布가 부족하다고

hendumbi, ere yargiyan i ibiyada kai, jušen neneme du hoton de
말한다. 이는 실로 괘씸하다. 주션은 이전에 都城으로

gaji sere jakade, taka hoššome mocin tanggū, loho ilan, hailun,
가져오라고 했기 때문에, 잠시 속여서 毛靑布 100필· 腰刀 3개· 수달가죽과

šempi orita 13/14 buhe, erebe buci acarakū giyan bihe, ere jušen
綠斜皮 20장씩을 주었다. 이것을 주면 안되는 이유가 있었다. 이 주션은

wakalabufi ini gūnin acahakū genehe, niohe i gese doosi, honin i
거부당해서 그의 마음에 맞지 않아서 갔다. 늑대처럼 탐욕스럽고, 양처럼

gese facuhūn, muse de jurgan bici tetendere, nenehe ci fulu nonggifi
문란하다. 우리로서는 義를 갖추면 그것으로 됐다. 예전보다 여분을 더해

bure de ainu hairambi, jurgan i amban ere songkoi amcame benebu,
주는 것에 어찌 아까워 하겠는가? 部의 대신은 이대로 좇아 보내라.

dergi hese bi, guwan ca ši de unggihe, hashū ergi meiren i hese be
上의 旨가 있다.」「觀察使에게 보낸다. 좌측 奉命官

aliha jeng gurun i 14/15 forgon kesi akū gaitai fulahūn gūlmahūn
鄭. 나라의 운명이 불행하게 갑자기 丁卯년(1627)의

aniyai kūbulin de ucarafi, haidarabufi tookabume acafi, ere juwan aniyai
변을 만나, 굴복하고 잘못 화친하여, 이 10년

sidende ulan eye elerakū gelebure esukiyerengge ambula oho, ere
사이에 참호와 움은 충분치 않고, 위협받고 책망받는 것이 많아졌다. 이는

yargiyan i nenehe jalan de akū girucun kai, koro be saifi girucun be
진정으로 이전 세대에는 없던 치욕이다. 恨을 삼키고 치욕을

kirifi, emgeri faššame ere girucun be oboki seme gūnirengge
감내하여 한번 힘써 이 치욕을 씻고 싶다고 생각한 것이

dube akū, te ere jušen nememe etenggilefi dabali 15/16 amba gebu be
끝이 없다. 지금 이 주션은 점점 위력을 믿는 게 지나쳐, 大名을

gaiki sere anagan de emgi hebešeki seme gaitai andande bithe jihebi,
얻으려는 구실로 함께 의논하고 싶다며 갑자기 글이 왔다.

ere musei gurun i ejen amban i jempi donjici ojorongge waka,
이는 우리 나라의 군주와 대신이 참고 들을 수 있는 것이 아니다.

etuhun yadalinggū bisire gukure mudan be bodorakū, tob sere jurgan i
강약과 존망의 굽이를 헤아리지 않고 올바른 義로

lashalafi, bithe be alime gaijarakū ciralame wakalaha, jušen i elcin
단교하여, 글을 받아 취하지 않고 엄히 거절했다. 주션의 사신이

inenggidari šerime baici, dubentele alime gaihakū ojoro jakade, 16/17
매일 협박하며 청해도, 끝까지 받지 않게 되자,

jili banjifi alahakū ini cisui ukame genehe, du i haha hehe udu cooha
화를 내고 고하는 말도 없이 그의 마음대로 도망갔다. 都城의 남녀는 비록 적군의

dain i jobolon yamji cimari isinjire be sambi seme, elemangga umesi
우환이 밤낮으로 이를 것을 알면서도 오히려 확실하게

lashalara be dele obuhabi, tere anggala, jakūn golo aikabade han i
단교할 것을 최선으로 여기고 있다. 그 뿐만 아니라, 八道도 혹여 왕의

ere jurgan i deribure jobolon hafirabuha ucuri be donjiha de, inu
이러한 義로 시작될 우환으로 궁지에 몰린 때라는 것을 들으면 또한

urunakū jili banjime gashūfi bucetei karulambi dere, goro hanci wesihun
반드시 화를 내며 맹세하고 죽도록 보답할 것이다. 멀고 가깝고, 귀하고

fusihūn 17/18 seme encu doro bio, amban si ba ba i gašan de ulhibufi
천하다고 하여 다른 도리가 있겠는가? 大臣 너는 곳곳의 마을에 깨우쳐서

tondo jurgan i saisa be arga bodogon be akūmbume baturu niyalma be
正義로운 賢人을 모략을 다하게 하고 용감한 사람을

huwekiyebufi suilacun de emgi aisilame, urunakū gurun i baili de
떨쳐 일어나게 해서 수고를 함께 도와, 반드시 나라의 은혜에

karula, hese bi, ping an doo i guwan ca ši hūng neifi tuwa,,
보답하라. 旨가 있다. 平安道의 觀察使 洪(命耉)이 열어서 봐라.」

han tere bithe be tuwafi, coohiyan gurun i umesi lashalame 18/19
한은 그 글을 보고 조선국이 확실히 단교하여

gūwaliyaka be safi, geren beise ambasa be isabufi bithe be tuwabume
변심한 것을 알고, 여러 버일러와 대신들을 모아 글을 보이고

hebešere de, geren gemu jili banjifi amba cooha genefi coohiyan gurun
의논할 때, 여럿이 모두 화를 내며 대군이 출정하여 조선국을

be urunakū mukiyebuki sembi, han, elcin takūrafi bithe unggime
반드시 멸망시키자고 했다. 한은 "사신을 보내 글을 보내어

jabšara ufarara be gisureme, coohiyan i juse ambasa be damtun
(일의) 득실을 말해서 조선의 자식과 대신들을 인질로

gaji seki, buci wajiha, burakūci tere fonde jai 19/20
데려 오라 하겠다. (인질을) 주면 끝나겠으나, 주지 않으면 그 때 다시

dailara be hebešeki seme henduhe,, tere mudan de inggūldai sebe nikan
정벌을 논의하자"고 말했다. 그 때에 잉굴다이 등이 明의

i pi doo tun i coohai jugūn heturehe be, inggūldai se gidafi saciha
皮島섬의 군대에게 길이 차단된 것을 잉굴다이 등이 격파하여 베어버렸을

de, afaha sain, niyalma waha seme šangname buhengge, uju de amba
때, 전투를 잘하고 사람을 죽였다 하여 상을 내려 준 것. 1등에 암바

mama i baidal, ilan niyalma waha, beye gidalabuha, urat sereng ni
마마의 바이달은 3명을 죽이고 몸이 창에 찔렸고, 우라트 서렁의

sanjin, emu niyalma waha, gala i duin simhun lasha sacibuha, ere
산진은 1명을 죽이고 손의 네 손가락이 끊어져 잘렸다. 이

juwe niyalma de 20/21 emte suje, tofohoto mocin buhe, jai de dalai
2명에게 1필씩의 비단· 15필씩의 毛靑布를 주었다. 2등에 달라이

dege, sunja niyalma waha seme emu suje, juwan mocin buhe, ilaci de
더거는 5명을 죽였다고 하여 1필의 비단· 10필의 毛靑布를 주었다. 3등에

korcin i bingtu wang ni muhaliyan, duin niyalma waha, naiman i
코르친의 빙투 왕의 무할리얀은 4명을 죽였다. 나이만의

darhan giyūn wang ni daiduci, juwe niyalma waha, beye feye baha,
다르한 郡王의 다이두치는 2명을 죽이고 몸에 상처를 입었다.

mujang ni baidal, duin niyalma waha, barin i manjusiri engkesen,
무장의 바이달은 4명을 죽였다. 바린의 만주시리 엉커선은

juwe niyalma waha, bethe feye baha, gelung ni jugederi, 21/22 duin
2명을 죽이고 다리에 상처를 입었다. 걸룽의 주거더리는 4명을

niyalma waha, ere sunja niyalma de juwanta mocin buhe, duici de
죽였다. 이 5명에게 10필씩의 毛靑布를 주었다. 4등에

korcin i joriktu cin wang ni harsuhū, ilan niyalma waha, mongkūwa
코르친의 조릭투 친왕의 하르수후는 3명을 죽였다. 몽쿠와

darhan hošooci i bujai, ilan niyalma waha, tormon, ilan niyalma
다르한 호쇼오치의 부자이는 3명을 죽였다. 토르몬은 3명을

waha, irjam i irsundei, ilan niyalma waha, tumet genggelei tohodai,
죽였다. 이르잠의 이르순더이는 3명을 죽였다. 투메트 겅걸러이 토호다이는

ilan niyalma waha, ere sunja niyalma de jakūta mocin buhe,, 22/23.
3명을 죽였다. 이 5명에게 8필씩의 毛靑布를 주었다.

○ moominggan i ubahai darhan baturu, ubasi dural, honggoi
모오밍간의 우바하이 다르한 바투루· 우바시 두랄· 홍고이

galju, obugan buku ujulafi aru i baru ukaka be fargame, alai darhan
갈주· 오부간 부쿠가 앞장서서 아루의 쪽으로 도주한 것을 추격하러, 알라이 다르한이

ujulafi tulergi monggo gurun i cooha be gaifi genehe, tere coohai
앞장서서 바깥 몽고 나라의 군대를 이끌고 갔다. 그 군사의

ton, alai darhan i beye nadan uksin, jebele ashaha kutule ninggun,
수는 알라이 다르한 자신의 7명의 갑병· 화살통을 찬 쿠툴러 6명,

jarut i darhan baturu atagai, neici i daicing susai uksin, jebele
자루트의 다르한 바투루 아타가이와 너이치의 다이칭의 50명의 갑병· 화살통을

ashaha kutule juwan, bai 23/24 kutule orin juwe, barin i manjusiri i
찬 쿠툴러 10명· 보통 쿠툴러 22명, 바린의 만주시리의

batma, ayusi i manglai susai uksin, jebele ashaha kutule emke, bai
바트마· 아유시의 망라이의 50명 갑병· 화살통을 찬 쿠툴러 1명씩· 보통

kutule orin nadan, aohan i bandi efu i bekitei, sonom i togo,
쿠툴러 27명, 아오한의 반디 어푸의 버키터이· 소놈의 토고,

naiman i darhan giyūn wang ni abang susai emu uksin, jebele ashaha
나이만의 다르한 군왕의 아방의 51명의 갑병· 화살통을 찬

kutule juwan juwe, bai kutule juwan duin, dalai buyantu, haise baturu i
쿠툴러 12명· 보통 쿠툴러 14명, 달라이의 부얀투· 하이서 바투루의

bambuhai susai uksin, jebele ashaha 24/25 kutule sunja, bai kutule
밤부하이의 50명 갑병· 화살통을 찬 쿠툴러 5명· 보통 쿠툴러

ilan, durben keoket darhan joriktu cinuwa, bujai susai juwe uksin,
3명, 두르번 케오케트의 다르한 조릭투 치누와· 부자이의 52명의 갑병·

jebele ashaha kutule tofohon, bai kutule uyun, urat i tumen i tulen,
화살통을 찬 쿠툴러 15명· 보통 쿠툴러 9명, 우라트의 투먼의 툴런·

sereng ni tugel, tubai dalu susai emu uksin, jebele ashaha kutule
서렁의 투걸· 그곳의 달루의 51명의 갑병· 화살통을 찬 쿠툴러

juwan ilan, bai kutule jakūn, ongniyot i dureng giyūn wang ni
13명· 보통 쿠툴러 8명, 옹니요트의 두렁 군왕의

bogodaga darhan, darhan daicing ni ataga i susai uksin, 25/26 jebele
보고다가 다르한· 다르한 다이칭의 아타가의 50명의 갑병· 화살통을

ashaha kutule uyun, bai kutule tofohon, moominggan i batma i
찬 쿠툴러 9명· 보통 쿠툴러 15명, 모오밍간의 바트마의

orji, nomci, anggana, gureng ni susai duin uksin, jebele ashaha kutule
오르지· 놈치· 앙가나· 구렁의 54명의 갑병· 화살통을 찬 쿠툴러

dehi sunja, bai kutule emke, ere uheri duin tanggū tofohon uksin,
45명· 보통 쿠툴러 1명씩, 이 모두 415명의 갑병·

jebele ashaha kutule emu tanggū juwan ninggun, bai kutule uyunju uyun,
화살통을 찬 쿠툴러 116명· 보통 쿠툴러 99명이다.

ukaka moominggan be amcanafi, ujulaha beise ambasa be 26/27
도망간 모오밍간을 쫓아가서 앞장선 버일러들과 대신들을

wafi gurun be dahabufi gajiha, moominggan ukame genere de, gurun i
죽이고 국인을 투항시켜 끌고 왔다. 모오밍간이 도주해 갈 때, 나라의

dube ci durifi gamaha duin tanggū gūsin ninggun morin, dehi
끝에서 빼앗아서 끌고 간 436마리의 말과 40명의

hehe, ere gamaha adun be bahafi, dulin be olji de acabuha, dulin be
여자, 이 끌고 간 가축을 얻어서 절반은 노획에 합했고, 절반은

da ejen de buhe, hehesi be ini da eigen de buhe, batma i ninju
원래 주인에게 주었다. 여자들을 그의 원래 남편에게 주었다. 바트마의 66家·

ninggun boo, ninggun tanggū gūsin nadan morin, sonom i juwan 27/28
637마리의 말, 소놈의 11家·

emu boo, gūsin ilan morin, ilan temen, cuimjur i juwan duin boo,
33마리의 말· 3마리의 낙타, 추임주르의 14家·

dehi sunja morin, duin temen, kenjege emu boo, ilan morin,
45마리 말· 4마리 낙타, 컨저거의 1家· 3마리 말,

namagai nadan boo, gūsin ilan morin, juwe temen, ere ulha i dulin be
나마가이의 7家· 33마리 말· 2마리 낙타, 이 가축의 절반은

olji de acabuha, tere gurun be da ejen de buhe, waha beise i
노획에 합했다. 그 국인을 원래 주인에게 주었다. 죽인 버일러들의

juwan duin boo, ilan tanggū susai jakūn morin, uheri olji ton,
14家· 358마리 말을 포함한 노획의 수는

uyun tanggū 28/29 dehi uyun morin, dehi jakūn temen, gūsin nadan hehe,
949마리 말· 48마리 낙타· 37명의 여자이다.

ereci deji gaihangge ninggun hehe, susai nadan morin, juwan temen,
여기에서 헌상품으로 취한 것이 6명의 여자· 57마리 말· 10마리 낙타·

emu tanggū orin jakūn seke, duin silun i dahū, duin silun, ilan
128장의 초피· 4벌의 스라소니 털가죽외투· 4장의 스라소니가죽· 3개의

foloho enggemu, emu menggun i cara, gūsa ton i cooha de genehe
조각한 안장· 1개의 은잔. 구사의 數대로 출병한

ambasa de buhengge, alai darhan, moominggan i batma juwe nofi de
대신들에게 준 것. 알라이 다르한과 모오밍간의 바트마 2명에게

juwete hehe, duite morin, aohan i 29/30 bekitei, togo, naiman i abang,
2명씩의 여자· 4마리씩의 말, 아오한의 버키터이· 토고, 나이만의 아방,

jarut i natagai, daicing, durben keoket cinuwa, bujai, dalai buyantu,
자루트의 나타가이· 다이칭, 두르번 케오케트의 치누와· 부자이· 달라이의 부얀투·

bambuhai, barin i batma i manglai, urat i tulen, tugel i dalu,
밤부하이, 바린의 바트마의 망라이· 우라트의 툴런· 투걸의 달루,

ongniyot i bogodaga darhan, ataga, esede emte hehe, juwete morin
옹니요트의 보고다가 다르한· 아타가, 이들에게 1명씩의 여자· 2마리씩의 말을

buhe, cinuwa de geli emu hehe buhe, moominggan i orji, nomci,
주었다. 치누와에게 또 1명의 여자를 주었다. 모오밍간의 오르지· 놈치·

anggana, gureng, esede emte hehe, duite morin buhe, orji de geli emu
앙가나· 구렁, 이들에게 1명씩의 여자와 4마리씩의 말을 주었다. 오르지에게 또 1명의

30/31 hehe buhe, butaci de emu hehe, emu morin, mergen taiji de juwe
여자를 주었다. 부타치에게 1명의 여자와 1마리 말을, 머르건 타이지에게 2마리

morin buhe, waha beise i juwan duin boo be, aohan i bandi efu,
말을 주었다. 죽인 버일러들의 14家를 아오한의 반디 어푸,

naiman i darhan giyūn wang, ongniyot i dureng giyūn wang,
나이만의 다르한 군왕, 옹니요트의 두렁 군왕·

darhan daicing, jarut i darhan baturu, neici, barin i manjusiri,
다르한 다이칭, 자루트의 다르한 바투루· 너이치, 바린의 만주시리·

ayusi, esede emte boo, juwete morin buhe, ilan urat de juwe boo, duin
아유시, 이들에게 1개씩의 家· 2마리씩의 말을 주었다. 세 우라트에 2家· 4마리

morin buhe, durben 31/32 keoket i darhan joriktu, dalai de juwete
말을 주었다. 두르번 케오케트의 다르한 조릭투· 달라이에게 2개씩의

boo, duite [原檔殘缺] duin tanggū tofohon uksin i niyalma de emte
家와 4마리씩, 〔原檔殘缺〕 415명의 갑병의 사람에게 1마리씩의

morin, emu tanggū juwan ninggun jebele ashaha kutule de, juwe
말을, 116명의 화살통을 찬 쿠툴러에게 2명을

niyalma de acan emu morin, uyunju uyun bai kutule de, ilan niyalma
합하여 1마리의 말을, 99명의 보통 쿠툴러에게 3명을

de acan emu morin buhe, darhan joriktu i nomun, kamu, bandi efu i
합하여 1마리의 말을 주었다. 다르한 조릭투의 노문· 카무, 반디 어푸의

sakil, buktu, dureng giyūn wang ni 32/33 honici, moominggan i orji,
사킬· 북투, 두렁 군왕의 호니치, 모오밍간의 오르지·

ukulei, suketei, esebe niyalma waha seme emte hehe šangname buhe,
우쿨러이· 수커터이, 이들에게 사람을 죽였다고 1명씩의 여자를 상내려 주었다.

bandi efu i honjin, sonom i labuk, mani alai darhan i engkesen,
반디 어푸의 혼진, 소놈의 라북· 마니, 알라이 다르한의 엉커선,

moominggan i arbithū, coimjur, esebe niyalma waha seme emte morin
모오밍간의 아르비트후· 초임주르, 이들에게 사람을 죽였다고 1마리씩의 말을

šangname buhe, jarut i daicing, bodong, ere juwe nofi be tucifi genehe
상내려 주었다. 자루트의 다이칭· 보동, 이 2명을 빠져나간

ukanju be dahabufi gajiha sain seme emte morin buhe, darhan joriktu i
도망자를 투항시키고 데려온 것이 좋다고 1마리씩의 말을 주었다. 다르한 조릭투의

buyantai, dureng 33/34 giyūn wang ni yanggūr, esebe gida feye baha
부얀타이, 두렁 군왕의 양구르, 이들에게 創傷을 입었다고

seme juwete morin buhe, dureng giyūn wang ni onoi be niyalma waha
2마리씩 말을 주었다. 두렁 군왕의 오노이에게 사람을 죽이고

feye baha seme juwe morin buhe, ineku dureng giyūn wang ni kitat,
상처를 입었다고 2마리의 말을 주었다. 바로 그 두렁 군왕의 키타트,

darhan joriktu i buyantu, manjusiri i menduhei, esebe feye baha
다르한 조릭투의 부얀투, 만주시리의 먼두허이 이들에게 부상을 입었다고

seme emte morin buhe, neici emu niyalma, manjusiri emu niyalma
1마리씩 말을 주었다. 너이치의 1명과 만주시리의 1명이

feye de bucehe seme emte 34/35 temen, juwete morin buhe, urat i
부상으로 죽었다고 1마리씩의 낙타와 2마리씩의 말을 주었다. 우라트

tumen i unggadai, moominggan i kenjege juwe nofi be gajarcilaha
투먼의 웅가다이와 모오밍간의 컨저거 2명은 길을 안내했다고

seme juwete morin buhe, funcehe gūsin ninggun temen be šadafi
2마리씩의 말을 주었다. 남은 36마리의 낙타는 지쳐서

waliyaha temen i oron de, alai darhan de juwe temen, ayusi manglai de
버린 낙타의 결손에 대해, 알라이 다르한에게 2마리 낙타, 아유시의 망라이에게

juwe temen, darhan joriktu i cinuwa de juwan juwe temen, dalai
2마리의 낙타, 다르한 조릭투의 치누와에게 12마리 낙타, 달라이

buyantu de sunja temen, sereng ni dalu de juwe temen, 35/36 dureng
부얀투에게 5마리 낙타, 서렁의 달루에게 2마리 낙타, 두렁

giyūn wang ni bogodaga darhan de sunja temen, darhan daicing ni
군왕의 보고다가 다르한에게 5마리 낙타, 다르한 다이칭의

ataga de ilan temen, sonom i togo de juwe temen, naiman i darhan
아타가에게 3마리 낙타, 소놈의 토고에게 2마리 낙타, 나이만의 다르한

giyūn wang ni abang de ilan temen, moominggan i batma de juwe
군왕의 아방에게 3마리 낙타, 모오밍간의 바트마에게 2마리

temen, ere uheri gūsin jakūn temen buhe, gūwa temen be alai darhan i
낙타, 이렇게 모두 38마리의 낙타를 주었다. 다른 낙타를 알라이 다르한의

ilan morin, cinuwa i juwan emu morin, gūsin duin 36/37 temen,
3마리 말, 치누와의 11마리 말과 34마리 낙타,

buyantu i uyun morin, orin ninggun temen, batma i uyun morin,
부얀투의 9마리 말과 26마리 낙타, 바트마의 9마리 말과

ninggun temen, manglai i ninggun morin, juwan emu temen, abang ni
6마리 낙타, 망라이의 6마리 말과 11마리 낙타, 아방의

nadan morin, tofohon temen, bekitei, togo i juwan juwe morin,
7마리 말과 15마리 낙타, 버키터이와 토고의 12마리 말과

tofohon temen, natagai i nadan morin, juwan ilan temen, daicing ni
15마리 낙타, 나타가이의 7마리 말과 13마리 낙타, 다이칭의

ninggun morin, nadan temen, bogodaga darhan i juwan morin,
6마리 말과 7마리 낙타, 보고다가 다르한의 10마리 말과

juwan jakūn temen, ataga i 37/38 nadan morin, tofohon temen, tulen i
18마리 낙타, 아타가의 7마리 말과 15마리 낙타, 툴런의

ilan morin, ninggun temen, tugel i duin morin, sunja temen, dalu i
3마리 말과 6마리 낙타, 투걸의 4마리 말과 5마리 낙타, 달루의

ninggun morin, juwan juwe temen, moominggan i batma i juwan duin
6마리 말과 12마리 낙타, 모오밍간의 바트마의 14마리

morin, juwan juwe temen, erei bucehe waliyaha temen morin i jalin de,
말과 12마리 낙타, 이런 죽어서 버린 낙타와 말에 대해

gemu morin salibume toodaha, moominggan i ukanju i emgi
모두 말의 가격을 정하여 보상했다. 모오밍간의 도망자와 함께

gajiha kamjigan i jegelei gūsin emu haha, uheri uyunju jakūn
데려온 캄지간의 저걸러이의 31명의 남자, 모두 98口이다.

38/39 angga, waha niyalmai adun be mini adun seme gaiha de,
죽인 사람의 가축을 "나의 가축이다"라고 취했으므로

batma de buhe gurun be amasi gaime fafun i weile tuhebumbi, waha
바트마에게 주었던 국인을 돌려 받도록 법으로 죄를 정하고, 죽인

niyalmai hehesi holtoho seme gaifi buhe de, butaci, bayartu, arbithū,
사람의 여자들이 속였다고 하여 가축을 취하여 주었으므로, 부타치· 바야르투· 아르비트후

ere ilan niyalma de uyute uyun gaimbi, deji gajiha adun temen i
이 3명에게 九九[3]를 취한다. 헌상품으로 취한 가축 낙타

dorgici cooha genehe ambasa de gosime buhengge, alai darhan de
중에서 출병한 대신들에게 자애하여 준 것. 알라이 다르한에게

juwe 39/40 morin, juwe temen, juwe silun i dahū, emu foloho enggemu,
2마리 말· 2마리 낙타· 2장의 스라소니 털가죽외투· 1개의 조각한 안장·

emu menggun i cara, aohan i bekitei, togo, naiman i abang, esede
1개의 은잔, 아오한의 버키터이· 토고, 나이만의 아방, 이들에게

3 九九는 가축 81마리를 취하는 罰. 말 2마리・거세한 소 2마리・乳牛 2마리・두 살 소 2마리・세 살 소 1마리를 한 세트로 하여 그 9배를 벌로 취한다.

emte morin, ilan niyalma de acan emu temen, jarut i natagai, daicing,
1마리씩의 말과, 3명에게 합하여 1마리 낙타, 자루트의 나타가이· 다이칭

juwe niyalma de acan ilan morin, emu temen, barin i batma, manglai,
2명에게 합하여 3마리 말과 1마리 낙타, 바린의 바트마· 망라이

juwe niyalma de acan ilan morin, emu temen, durben keoket i cinuwa de
2명에게 합하여 3마리 말과 1마리 낙타, 두르번 케오케트의 치누와에게

juwe morin, 40/41 emu temen, bujai de emu morin, dalai buyantu de
2마리 말과 1마리 낙타, 부자이에게 1마리 말, 달라이의 부얀투에게

juwe morin, emu temen, haise baturu, bambuhai de emu morin,
2마리 말과 1마리 낙타, 하이서 바투루와 밤부하이에게 1마리 말,

urat i tulen, dalu, tugel, esede emte morin, ilan niyalma de acan
우라트의 툴런· 달루· 투걸, 이들에게 1마리씩의 말과 3명의 사람에게 합해서

emu temen, ongniyot i bogodaga darhan de emu morin, emu temen,
1마리 낙타, 옹니요트의 보고다가 다르한에게 1마리 말과 1마리 낙타,

ataga de juwe morin, urut i unggadai, moominggan i kenjege, ere
아타가에게 2마리 말, 우루트의 웅가다이와 모오밍간의 컨저거, 이

juwe gajarci de emte morin buhe, ere olji be 41/42 ilan biyai orin de,
2명의 안내인에게 1마리씩의 말을 주었다. 이 노획을 3월 20일에

sira muren i ulan burgasu gebungge bade asidarhan nakcu, dayaci
시라 무렌의 울란 부르가수 라는 곳에 아시다르한 낙추· 다야치

tabunang juwe amban genefi dendeme buhe,,
타부낭 두 대신이 가서 나누어 주었다.

○ orin emu de, sahaliyan ula ci seke i alban benjihe amban
21일에, 사할리얀 강에서 초피 공물을 보내온 大臣

fiyanggū de šangname buhengge, gecuheri goksi, suje i camci,
피양구에게 상내려 준 것. 蟒緞 無扇肩朝衣· 비단 속옷·

fakūri, mahala, gūlha, umiyesun, 42/43 emu suje, emu suje i hūsihan,
바지· 겨울모자· 신발· 요대· 1필의 비단· 1벌의 비단 치마·

juwan mocin, dambagu tofohon kiyan, buyarame ulin emu pijan,
10필의 毛靑布· 담배 15첩· 잡다한 재물 (담는) 1개의 皮箱,

jai jergi jonon, umetei de suje i sijigiyan, camci, fakūri, mahala, gūlha,
2등의 조논과 우머터이에게 비단 袍· 속옷· 바지· 겨울모자· 신발·

umiyesun, suje emte, suje i hūsihan emte, mocin juwanta, dambagu
요대· 비단 1필씩· 비단 치마 1벌씩· 毛靑布 10필씩· 담배

juwanta kiyan, ilaci jergi ninggun niyalma de, mocin i sijigiyan,
10첩씩. 3등의 6명에게 毛靑布의 袍·

camci, fakūri, umiyesun, mahala, gūlha, emte jergi, suje emte, 43/44
속옷· 바지· 요대· 겨울모자· 신발 1벌씩, 비단 1필씩,

mocin juwanta, dambagu sunjata kiyan, juwe kutule de
毛靑布 10필씩, 담배 5첩씩, 2명의 쿠툴러에게

mocin i sijigiyan emte buhe,,
毛靑布의 袍 1벌씩을 주었다.

—12函—

7권 숭덕 원년 4월
8권 숭덕 원년 4월
9권 숭덕 원년 4월
10권 숭덕 원년 5월
11권 숭덕 원년 5월
12권 숭덕 원년 5월

tongki fuka sindaha hergen i dangse

點·圈을 찍은 문자의 檔子

nadaci debtelin

7권

wesihun erdemungge i sucungga aniya duin biya

숭덕 원년 4월

7권, 숭덕 원년 4월

○ tulergi goloi monggo i juwan ninggun gurun i dehi uyun
바깥 지역 몽고의 16國의 49명의

beile, han de amba doro be toktobumbi seme jihe manggi, ice juwe de,
버일러들이 한에게 大道를 정한다고 하여 온 후, 初 2일에

han, amba yamun de tucifi soorin de tehe, goloi beise, geren taiji sa
한은 大衙門에 나와 옥좌에 앉았다. 지역의 버일러들과 여러 타이지들이

1/2 ceni gajiha juwe tanggū gūsin ilan morin, orin nadan temen,
그들이 가져온 233마리의 말· 27마리의 낙타·

jakūn gecuheri, duin suje, emu hūba erihe, juwe niowanggiyan tampin,
8필의 蟒緞· 4필의 비단· 1개의 琥珀 염주· 2개의 푸른 술병·

emu tanggū seke, emu sekei dahū, emu šanggiyan dobihi be faidame
100장의 貂皮· 1벌의 貂皮 털가죽외투· 1장의 흰색 여우가죽을 정렬하여

jafafi, aldangga emu jergi niyakūrafi, konggor mafa niyakūraha baci
바치고 멀리에서 한 번 무릎 꿇었다. 콩코르 마파가 무릎 꿇은 곳에서

ilifi hanci ibeme genere de, 2/3 han, soorin ci aššafi ishun niyakūrafi
일어나 가까이 나아 갈 때, 한은 옥좌에서 움직여 서로 무릎 꿇고

tebeliyeme acaha, tereci ujulaha beise niyakūraha baci ilifi hanci
안으며 만났다. 그 후 우두머리인 버일러들은 무릎 꿇은 곳에서 일어나 가까이

ibefi emu jergi hengkilefi, han i buhi be tebeliyeme acaha, acame
다가가서 한 번 고두하고 한의 무릎을 껴안으며 만났다. 만나기를

wajifi ceni sarin i doroi gajiha arki yali be, han de angga isibuha,
마치고 그들이 잔치의 禮로 가져온 소주와 고기를 한에게 입에 대게 했다.

tere acara de, monggo i beise i jafaha morin, temen, seke,
그 만날 때에 몽고의 버일러들이 바친 말· 낙타· 貂皮·

gecuheri, suje be 3/4 han tuwafi, bingtu i ninju seke, darhan hūng
蟒緞· 비단을 한이 보고 빙투의 60장의 貂皮· 다르한 훙

baturu i ilan morin, joriktu hūwang taiji i ilan morin, mongkūwa i
바투루의 3마리 말· 조릭투 후왕 타이지의 3마리 말· 몽쿠와의

juwe morin, dorji ildeng ni juwe morin, bumba i emu morin,
2마리 말· 도르지 일덩의 2마리 말· 붐바의 1마리 말·

jambala i juwe morin, darhan joriktu i juwe morin, sanggarjai i
잠발라의 2마리 말· 다르한 조릭투의 2마리 말· 상가르자이의

emu morin, tumen i emu morin, ayusi i ilan morin, bayartu daicing ni
1마리 말· 투먼의 1마리 말· 아유시의 3마리 말· 바야르투 다이칭의

emu morin, gurushib i duin gecuheri, emu suje, samba i 4/5 ilan
1마리 말· 구루스힙의 4필의 蟒緞과 1필의 비단· 삼바의 3필의

gecuheri, ilan suje, genggel i emu hūba erihe, juwe niowanggiyan
蟒緞과 3필의 비단· 겅걸의 1개의 琥珀 염주와 2개의 푸른

tampin, sebun darhan baturu i gūsin seke be gaiha, jasaktu dureng ni
술병· 서분 다르한 바투루의 30벌의 貂皮를 취했다. 자삭투 두렁의

ilan morin be inu gaiha, tereci gūwa be gemu bederebuhe,,
3마리 말을 또한 취했다. 그 외 다른 것은 모두 돌려주었다.

○ coohiyan gurun i wang ni niyengniyeri doroi alban benjime
조선국의 왕의 春禮의 공물을 보내며

5/6 hengkileme jihe ts'an i hergen i lo de hiyan, ts'an pan hergen i
고두하러 온 參議 직의 羅德憲· 參判 직의

lii k'o ceni benjihe suje ulin, yarha, tasha, hailun be yamun i
李廓이 그들이 보내온 비단· 재물· 표범가죽· 호랑이가죽· 수달가죽을 아문의

juleri dere i dele faidame sindafi, wang ni jafaha bithe be tukiyeme
앞 탁자의 위에 정렬하여 놓고 왕이 바친 서신을 받들어

jafafi aldangga niyakūraha manggi, dorgi bithei hafan alime gaiha
잡고 멀리서 무릎 꿇은 후에, 內院의 관원이 받은

manggi, duin jergi hengkileme acaha, erei gajiha bithei gisun,
후에, 네 번 고두하며 만났다. 이들이 가져온 글의 말.

coohiyan gurun i wang ni bithe, aisin gurun i 6/7 han de jafaha,
「조선국의 왕의 서신을 金國의 한에게 바칩니다.

te niyengniyeri erinde ice hūturi nememe wesihun oho dere seme
지금 봄의 때에 새해 복이 더욱 높게 되리라고

gūnime wajirakū, wesihun i elcin bederere de, ajige gūnin be
생각하기를 끝이 없습니다. 귀국의 사신이 돌아갈 때 하찮은 뜻을

wacihiyame tucibuhe, ba ci tucire doroi jaka be jurgan i amban,
모두 내보였습니다. 땅에서 생산되는 예물을 部의 대신과

wesihun elcin i emgi hebešeme nonggime toktobuha, gūwa gisun be
귀국 사신과 함께 의논하고 증액하기로 결정했습니다. 다른 말을

dahūn dahūn i aiseme gisurere, hanciki gurun i jurgan 7/8 udu ulin
거듭 거듭 무어라고 말하겠습니까? 이웃 나라의 의리로 비록 재물의

labdu komso be tuwarakū bicibe, inu fusihūn gurun yadahūn ofi gūnin
많고 적음을 보지 않는다 할지라도, 역시 下國이 빈궁하여 뜻에

de acabuhakū, wesihun gurun de wakalabuha kai, bi alimbaharakū
부합하지 못해, 귀국에게 꾸짖음 당한 것입니다. 저는 견딜 수 없이

šumin girumbi, ere nonggime tucire de hūsun umesi mohoho, wesihun
심히 부끄럽습니다. 이 증액하여 나감에 힘이 심하게 고갈되었습니다. 귀국

gurun inu seolembi dere, ainara, alime gaisu,, 8/9
역시 헤아리실 것입니다. 어찌하겠습니까? 받아들여 주십시오.」

○ coohiyan gurun i wang, aisin gurun i han de karu jafaha,
「조선국의 왕이 金國의 한에게 답서를 바칩니다.

neneme bonio aniyai jobolon de, wesihun gurun cohome elcin takūrafi
이전에 申年(1632)의 喪事에 귀국이 특별히 사신을 보내고

waliyaha be onggorakū bihe, te geli goro baci jiramin doro be unggifi
조문한 것을 잊지 않고 있습니다. 지금 다시 먼 곳에서 후한 예물을 보내고

waliyaha, nenehe amaga wesihun gūnin, yargiyan i jergi ci tucikebi kai,
조문한 전후의 높은 뜻은 실로 보통보다 뛰어납니다.

girure saišara be duibulere ba akū, elcin 9/10 bederere de, fusihūn i
부끄럽고 찬탄함을 비할 바 없습니다. 사신이 돌아갈 때 下國의

elcin de nekeliyen doro be jafabufi, tere ilire be fonjime unggihe,
사신에게 작은 예물을 바치게 하고 안부(起居)를 물어 보냅니다.

ser sere ajige mujilen be ainci seolembi dere, cananggi fusihūn gurun i
세세하게 작은 마음을 아마 헤아리실 것입니다. 이전에 下國의

jase be dabame orhoda hūlhame gurunehe niyalma sebe wesihun gurun
경계를 넘어 인삼을 몰래 캐러 간 사람들을 귀국이

jafafi wahakūngge, wesihun gurun i hanciki gurun be jiramilara
잡고 죽이지 않은 것으로 귀국의 이웃 나라를 후대하는

jurgan ten de 10/11 isinaha be saha, šumin baniha, šumin baniha, tere
뜻이 지극함에 달한 것을 알았습니다. 깊이 감사합니다. 깊이 감사합니다. 그

šajin be jurcehe niyalma sebe waha seme hairakan akū kai, wesihun
법도를 어긴 자들을 죽인다고 해도 아깝지 않을 것입니다. 귀국이

gurun weihun asaraha be dahame, fusihūn gurun de unggi, weile i
살려 거두셨으므로 下國에 보내십시오. 죄의

ujen weihuken be emke emken dacilame fonjifi, jecen irgen de
무겁고 가벼움을 하나하나 조사하여 묻고 변경의 백성들에게

tuwabume šajin i gamara ohode, amaga niyalma isembi, ere inu 11/12
보여 법으로 처결하면 후에 사람들이 두려워할 것입니다. 이는 또한

wesihun gurun i kesi kai, wesihun elcin jifi alara jakade, tuttu
귀국의 은혜입니다. 귀국 사신이 와서 알렸기 때문에 그렇게

gelhun akū hendumbi, seole, niyengniyeri doroi benjihe ulin i ton,
감히 말합니다. 헤아려주십시오.」 춘계 예물로 보낸 재물의 數는

fulgiyan miyanceo juwe tanggū, orhoi niowanggiyan miyanceo juwe
붉은 명주 200필· 초록색 명주 200필·

tanggū, šanggiyan miyanceo juwe tanggū, nonggihangge juwe tanggū,
흰색 명주 200필· 더한 것 200필·

šanggiyan mušuri juwe tanggū, šanggiyan boso duin tanggū
흰색 고려모시 200필· 흰색 布 400필·

nonggihangge juwe tanggū, fulgiyan boso ilan tanggū, yacin 12/13 boso
더한 것 200필· 붉은색 布 300필· 푸른색 布

ilan tanggū, lamun boso duin tanggū, muwa šanggiyan boso emu
300필· 남색 布 400필· 거친 흰색 布 1천필·

minggan, geli muwa boso sunja minggan, nonggihangge ilan minggan,
또 거친 布 5천필· 더한 것 3천필·

yarha i sukū susai, hailun juwe tanggū, šempi emu tanggū ninju,
표범 가죽 50장· 수달가죽 200장· 錄斜皮 160장·

nonggihangge dehi, amba hoošan sunja tanggū kiyan, amba hoošan i
더한 것 40장· 큰 종이 500첩· 큰 종이

jalin nonggiha ajige hoošan sunja tanggū kiyan, ajige hoošan
대신 더한 작은 종이 500첩· 작은 종이

emu minggan kiyan, ilhangga derhi susai, 13/14 alha derhi susai,
1千첩· 彩花席 50장· 花紋席 50장·

muduri niruha derhi emke, su mu juwe tanggū gin, sain loho jakūn,
龍紋席 1장· 蘇木 200근· 좋은 腰刀 8개·

nonggihangge juwan juwe, ajige huwesi jakūn, nonggihangge juwan juwe,
더한 것 12개· 작은 칼 8개· 더한 것 12개·

hū jiyoo juwan to, jancuhūn usiha juwan to, amba soro juwan to,
후추(胡椒) 10斗· 밤(栗) 10斗· 큰 대추 10斗·

be g'o juwan to, kataha hasi susai ulcin, taimpa i yali juwan ulcin,
은행(白果) 10斗· 곶감 50꿰미· 전복 고기 10꿰미·

tiyan ci cai susai boose, cecike ilenggu cai susai boose, lu jeo
天池茶 50包· 雀舌茶 50包· 潞州

ba i 14/15 suje juwan, fulgiyan suje tofohon, niowanggiyan suje
지역의 비단 10필· 붉은 비단 15필· 푸른 비단

tofohon, šušu boco i suje tofohon, šanggiyan miyanceo gūsin,
15필· 자색 비단 15필· 흰색 명주 30필·

šanggiyan mušuri gūsin, mocin ilan tanggū, šanggiyan boso susai,
흰색 고려모시 30필· 毛青布 300필· 흰색 布 50필·

hailun orin, šempi orin, amba hoošan susai kiyan,,
수달피 20장· 綠斜皮 20장· 큰 종이 50帖.

○ ice ilan de, gulu šanggiyan i laisun nirui janggin 15/16 bihe,
초 3일에, 正白의 라이순은 니루의 장긴이었다.

nimeme akū ofi, sirara bade akū seme efulehe, kubuhe lamun i
병으로 죽고 계승할 사람이 없다고 혁직했다. "鑲藍의

wang cigu be, ini beile i baitangga nikan seo šose sere haha be
wang 旗鼓는 그의 버일러의 일꾼인 한인 seo šose 라는 남자를

gidafi takūrambi, u jeng gebungge niyalma, šusai seme tucike, erei
은닉하고 사역합니다. u jeng 이라는 사람이 秀才라 하여 나왔는데, 그의

oron de toodaha haha be gidafi takūrambi, lio ts'anjiyang ni emu
결원에 충원한 남자를 은닉하고 사역합니다. lio 參將의 한

haha, emu hehe be gidafi takūrambi, lii el i sargan be wang yen
남자와 한 여자를 은닉하고 사역합니다. lii el의 부인을 wang yen

jiyang de 16/17 uncaha, dai ju jiyang ni sargan be, si uli efu i jang
jiyang에게 팔았습니다. dai ju jiyang의 부인을 시 울리 어푸의 jang

cang šan de uncaha, bendei gebungge niyalma de bumbi seme, meni
cang šan에게 팔았습니다. 번더이 라는 자에게 준다며, 우리의

baitangga nikan de juwan nadan yan menggun gaifi bendei de
일꾼 한인에게 17량의 은을 취하여 번더이에게

buhekū, i gaiha seme ini nirui dai ye bu šeo, wang hūse gercilefi
주지 않고, 그가 취했습니다"라고 그의 니루의 dai 夜不收[1]와 wang hūse가 고발하자

šajin de duileci, gemu yargiyan ofi wang cigu be hergen efulehe,
법에 따라 심리하니 모두 사실이어서 wang 旗鼓를 직에서 면했다.

bošoro jurgan ci hokobuha, 17/18 terei funde lii ba be nirui janggin
감독하는 직에서 쫓겨났다. 그 대신에 lii ba를 니루의 장긴으로

obufi cigu sindaha,,
삼고 旗鼓로 임명했다.

○ ineku ice ilan de, hošoi erke cūhur beile, bolo age, nikan age,
같은 초 3일에, 호쇼이 어르커 추후르 버일러· 볼로 아거· 니칸 아거·

loto age, emu nirui emte bayara be gaifi, taimiyoo de wecere
로토 아거가 1개 니루의 1명씩의 바야라를 이끌고 太廟에 제사지낼

buhū gio be baime abalaha,, 18/19
사슴을 구하러 사냥했다.

○ ice duin de, han, dorgi yamun de tucifi, tulergi goloi geren
초 4일에, 한은 內아문에 나와 바깥 지역의 여러

1 '夜不收'는 明代 遼東 변경 방어군 가운데 哨探이나 간첩 임무를 수행한 병사를 지칭한다.

monggo i beise be gajifi amba sarin sarilame, arsalan i beye arafi
몽고 버일러들을 이끌고 큰 잔치를 베풀고 사자로 분장하여

hacin hacin i efin efibume sarilaha,,
각종 놀이를 놀게 하며 잔치했다.

○ ice jakūn de, goloi jecen i hoton de tehe 19/20 geren ambasa be,
초 8일에, 지역의 변경의 城에 주둔한 여러 대신들을

boljohon i aniya wajiha seme mukden hecen de isabufi, ukanju,
약속된 연한이 끝났다 하여 묵던 城에 모아서, 도망자와

cuwan baha bahakū be, hoton, coohai agūra dasaha sain ehe be
선박을 획득하거나 획득하지 못한 것, 城과 병기를 수리한 것이 좋거나 나쁜 것을

ilgafi, hai jeo birai angga de tehe irešen, mangnai, dandari, esei
구별했다. 海州河口에 주둔한 이러션· 망나이· 단다리 이들이

baha ukanju emu tanggū uyunju juwe, gūsin cuwan, esede sain seme
획득한 도망자는 192명· 30척의 선박으로, 이들에게 잘했다고

mangnai, dandari de emte morin, lan pan de tehe karkama, cingšan,
망나이· 단다리에게 1마리씩의 말을 (상주었다), 攬盤에 주둔한 카르카마· 칭샨·

ningguta, 20/21 sahaliyan, esei baha ukanju emu tanggū ninju jakūn,
닝구타· 사할리얀 이들이 획득한 도망자는 168명·

duin cuwan, esede sain seme emte morin, g'ai jeo de tehe yasita,
4척의 선박으로, 이들에게 잘했다고 1마리씩의 말을 (상주었다), 蓋州에 주둔한 야시타·

janu, jaisa, gembulu, dunggami, hūsi cahan, šota, cirgešen, turi, haise,
자누· 자이사· 검불루· 둥가미· 후시 차한· 쇼타· 치르거션· 투리· 하이서

esei baha ukanju juwe tanggū ninju, esede sain seme emte morin
이들이 획득한 도망자는 260명으로, 이들에게 잘했다고 1마리씩의 말을

šangnaha, giyan cang de tehe jangsiba i baha ukanju emu tanggū
상주었다. 鹻場에 주둔한 장시바가 획득한 도망자는 132명,

gūsin juwe, sio yan de tehe giyamsu i baha 21/22 ukanju emu tanggū,
岫巖에 주둔한 기얌수가 획득한 도망자는 100명·

cuwan ilan, hai jeo de tehe fudai i baha ukanju emu tanggū dehi
선박은 3척, 海州에 주둔한 푸다이가 획득한 도망자는 148명·

jakūn, cuwan jakūn, nio juwang de tehe harsa i baha ukanju gūsin
선박은 8척, 牛莊에 주둔한 하르사가 획득한 도망자는 39명·

uyun, cuwan juwe, dung ging de tehe hanangga, urgana i baha
선박은 2척, 東京에 주둔한 하낭가· 우르가나가 획득한

ukanju juwe tanggū uyunju, ere sunja hoton i ambasa de šangnahan
도망자는 290명, 이 5개 城의 대신들에게는 賞도

inu buhekū, weile inu akū, weile baha ambasa, yoo jeo 22/23 hoton de
주지 않고, 죄도 없었다. 죄를 지은 대신들은 耀州城에

tehe yenggene, ts'oo guwang bi, yenden i hoton de tehe hūsita,
주둔한 영거너· 曹光弼, 興京城에 주둔한 후시타·

fungga, onila, wang ts'anjiyang, tung yuwan pu de tehe jenjuken,
풍가· 오닐라· 王 參將, 通遠堡에 주둔한 전주컨·

wang k'o dai, an šan i hoton de tehe hunio, ma fu, esebe ai ai
王可代, 鞍山城에 주둔한 후니오· 馬福, 이들을 각종

agūra dasahakū ekiyehun turgunde, juwe inenggi omihon horiha,, 23/24
병기를 정비하지 않고 결손이 있는 이유로 2일간 굶기고 감금했다.

○ ineku ice jakūn de, arjin sebe halame kubuhe šanggiyan, gulu
같은 초 8일에, 아르진 등과 교대하여 鑲白· 正紅·

fulgiyan, kubuhe lamun, ere ilan gūsai monggo bayara be unggihe,
鑲藍, 이 3개 구사의 몽고 바야라를 보냈다.

ede ejen gabsihiyan coohai loosa šongkoro baturu, sudala, siteku, ošo,
이들의 어전은 前鋒의 로오사 숑코로 바투루· 수달라· 시터쿠· 오쇼,

monggo bayarai jalan i janggin kubuhe šanggiyan i centei, hife,
몽고 바야라의 잘란 장긴 鑲白의 천터이· 히퍼,

gulu fulgiyan i arantai, budan, kubuhe lamun i bušuku, hairai,
正紅의 아란타이· 부단, 鑲藍의 부슈쿠· 하이라이였다.

esede han i henduhe gisun, arjin sei iliha baci encu acara babe 24/25
이들에게 한이 말한 말. "아르진 등이 주둔한 곳과 별도로 적당한 곳을

tuwame ili, babe gemu suwe sambi, suwembe unggirengge, cohome
보아서 주둔하라. 지역을 모두 너희는 알고있다. 너희를 보내는 것은 특히

somime tefi bata i jidere be geodebufi wakini seme unggimbi, bata
숨어 있으면서 적이 오는 것을 속여서 죽이라고 보내는 것이다. 적이

jici, juleri komso jihengge be saci, tere be dulembufi bata de
올 때, 앞에서 소수가 오는 것을 알면 그들을 통과시켜서 적에

teisuleme komso niyalma tucibufi bošobu, geren suwe amargi geren
맞추어 소수의 사람이 나가게 하여 추격시켜라. 다수(本隊) 너희는 뒤의 다수(本隊)

bata be tuwafi bošo, aikabade julergi komso be geren yooni bošoho de,
敵을 보고 추격하라. 만약 앞의 소수(敵)를 다수가 모두 추격하면

amargi geren ubaliyarahū, suwe saikan olho, morin be ukanju de
뒤의 다수(敵)가 역습할까 우려된다. 너희는 매우 신중하라. 말을 도망자에게

25/26 gaiburahū, inenggi oci sindafi ulebu, dobori oci gemu
빼앗길까 우려된다. 낮이 되면 방목해서 먹여라. 밤이 되면 모두

hūwaita, cooha emu tanggū orin sunja,,
묶어라." 병사는 125명이었다.

○ ineku ice jakūn de, manju monggo nikan i dorgi tulergi
같은 초 8일에, 만주·몽고·한인의 內外

beise, bithe coohai geren ambasa acafi, daicing duka de niyakūrafi,
버일러들, 文武의 여러 대신들이 모여서 大淸門[2]에서 무릎 꿇고

han be amba soorin be alime gaiki seme 26/27 bithe wesimbuhe,,
汗에게 大 玉座를 받으라고 글을 올렸다.

---

2 '大淸門'은 盛京 궁궐의 正門이다.

○ ice uyun ci han, geren beise, ambasa gemu abka wecembi
초 9일부터 한· 여러 버일러들· 대신들은 모두 하늘에 제사지낸다고

seme beyebe bolgomiha,,
몸을 齊戒했다.

○ ineku ice uyun de, 27/28 han, abka wecembi seme targame tehe de,
같은 초 9일에, 한이 하늘에 제사지낸다고 齊戒하고 있는 때에

han, hūwa i dolo gabtara de, uheri be baicara manju monggo nikan i
한이 뜰 안에서 활 쏠 때에, 都察院의 만주· 몽고· 한인의

aliha amban, ashan i ambasa hendume, han, ere sorondoro ucuri,[3]
承政· 參政들이 말하기를, "汗이 이 齋戒하는 때에

gabtaci acarakū ayoo seme tafulaha manggi, han hendume,
활 쏘면 적절치 않은 것 같습니다"라고 간언한 후, 한이 말하기를,

suweni tafulara inu, julge dailiyoo taidzung han, inu abka weceme
"너희가 간언한 것은 맞다. 옛날에 大遼의 太宗 황제도 하늘에 제사지내러

tucike bade, fodoho moo be gabtahabi, gabtara be 28/29 onggoci
나간 곳에서 버드나무를 쏘았다. 활 쏘는 것을 잊으면

ojorakū seme hendufi, emu jergi hiyasa be gabtabuha, abka weceme
안된다" 라고 말하고, 한번씩 시위들에게 활 쏘게 했다. 하늘에 제사지내도록

---

3 [簽註] gingguleme baicaci, jakan toktobuha fe manju gisun i bithede, sorondoro ucuri sere gisun, uthai targara inenggi sere gisun inu sehebi,,
삼가 찾아보니 최근 정해진 『舊淸語』에서 'sorondoro ucuri'(齋戒하는 때)라는 말은 곧 'targara inenggi'(齋戒日)라는 말이라고 했다.

bolgomire de, beidere jurgan i aliha ambasa soohai, meng fujiyang,
齊戒할 때에 刑部의 承政들 소오하이· 孟(喬芳) 副將·

gu fujiyang se senggule[4] jeke turgunde tuhere an i weile araha,,
gu 副將 등이 부추(韭菜)를 먹었기 때문에 처벌할 규정대로 贖을 취했다.

○ juwan de, warka de cooha genehe juwe šanggiyan i hūsintai,
10일에, 와르카에 출병했던 두 白旗의 후신타이·

holdon isinjiha, esei bahafi gajiha hahai ton 29/30 emu tanggū
홀돈이 도착했다. 이들이 획득하여 데려온 남자의 수는 115명·

tofohon, hehe emu tanggū dehi, ajige juse susai nadan, uheri anggala i
여자 140명· 아이들 57명, 총 인구의

ton, ilan tanggū juwan juwe, morin orin nadan, ihan ilan, deji hehe
수는 312명· 말 27마리· 소 3마리· 헌상품 여자

uyunju jakūn, seke sunja tanggū ninju emu, sekei icu orin ilan,
98명· 초피 561장· 초피 가죽재료 23장·

sekei jibca ninggun, silun i sukū ilan, silun i jibca emke, boro dobihi
초피 가죽옷 6벌· 스라소니 가죽 3장· 스라소니 가죽옷 1벌· 갈색 여우가죽

juwan duin, dobihi jibehun emke, suwayan dobihi gūsin, 30/31 suwayan
14장· 여우가죽 이불 1장· 황색 여우가죽 30장· 황색

dobihi jibca dahū ninggun, jibehun juwe, seke fatha i icu juwe,
여우 가죽옷과 털가죽외투 6벌· 이불 2장· 貂皮의 발 가죽재료 2장·

4 'senggule'는 sengkule(부추 · 韭菜)의 誤記이거나 異體形이다.

sekei fisa i icu emke, seke silun suwaliyaha jibca dahū duin,
초피의 등 가죽재료 1장· 초피와 스라소니가죽을 섞은 가죽옷과 털가죽외투 4벌·

dobihi fatha i dehele juwe, hailun jakūn, niohe juwe, ulhu juwe
여우 발 조끼 2벌· 수달피 8장· 늑대가죽 2장· 灰鼠皮 2,570장·

minggan sunja tanggū nadanju, ulhu i jibca sunja, solohi uyunju
灰鼠 가죽옷 5벌· 족제비가죽 99장과

uyun, jibca ilan, elbihe juwan nadan, jibca ilan, gecuheri ergume
가죽옷 3벌· 너구리가죽 17장과 가죽옷 3벌· 망단 朝服

emke, tere gajire boigon i 31/32 niyalma, coohai niyalma be, dorolon
1벌, 그 데려온 戶의 사람들과 병사를 禮部의

i jurgan i ambasa, sunja ba i dubede orin honin wame okdofi
大臣들이 5里 밖에서 20마리의 양을 잡아서 맞이하여

sarin sarilaha, juwe šanggiyan i emu tanggū jakūnju sunja uksin de,
잔치를 베풀었다. 두 白旗의 185명 갑병에게

emu uksin de jakūta yan bodome, ini gajiha olji niyalma furdehe be
1명의 갑병당 8兩씩으로 계산해서, 그가 데려온 포로인과 가죽을

salibume, emu minggan sunja tanggū juwan juwe yan buhe, boigon
환산하여 1,512량을 주었다. 戶를

tuwakiyame tehe uksin, morin ulebume genehe uksin, 32/33 bele jeku
감시하러 주둔한 갑병· 말을 먹이러 간 갑병· 곡식을

ganaha uksin, uheri emu tanggū ninju juwe uksin de olji buhekū
가지러 간 갑병, 총 162명의 갑병에게는 노획을 주지 않고

faitaha,,
상을 박탈했다.

○ ineku juwan de, solon i goloi sahalca i baldaci efu, juwan duin
같은 10일에, 솔론 지역의 사할차의 발다치[5] 어푸가 14명을

niyalma be gaifi, han de seke alban benjime jihe,, 33/34
이끌고 汗에게 초피를 貢品으로 보내러 왔다.

○ ineku juwan de, hošoi erke cūhur beile abalafi abka de wecere
같은 10일에, 호쇼이 어르커 추후르 버일러가 몰이사냥하여 하늘에 제사지낼

buhū gio bahafi gajiha,,
사슴과 노루를 잡아서 가져왔다.

---

5 baldaci(巴爾達齊)는 솔론(다우르)의 수장 가운데 한명이다. 1634년(천총8) 음력 5월, 35명을 인솔하고 盛京에 와서 후금에 貂皮 1,818장을 바치며 臣服했다. 1635년 22명을 인솔하고 다시 후금에 와서 조공했다. 그의 영향 하에 다우르의 여러 부족들이 후금에 귀부했다. 후금의 황족 여성과 결혼하여 efu(額駙)가 되었다. 1636년(천총10) 후금이 국호를 청으로 개칭할 때 세번째로 來朝했고 이후에도 지속적으로 성경을 방문했다. 1649년(순치6) 형제들을 인솔하고 북경으로 이주하여 正白旗에 소속되었다. 처음에 三等 ashan i hafan(男爵)에 봉해졌고, 이후 두번 승진하여 一等 ashan i hafan이 되었다. 1654년(순치11) 북경에서 사망했다.

tongki fuka sindaha hergen i dangse
點·圈을 찍은 문자의 檔子

jakūci debtelin
8권

wesihun erdemungge i sucungga aniya duin biya
숭덕 원년 4월

8권, 숭덕 원년 4월

tongki fuka sindaha hergen i dangse,,
點· 圈을 찍은 문자의 檔子

○ juwan emu de, han geren beise, ambasa be gaifi abkai han i
11일에, 한은 여러 버일러들과 대신들을 이끌고 上帝의

soorin de wecehe, weceme wajiha manggi, han amba soorin de tehe,
神位에 제사지냈다. 제사지내기를 마친 후 한은 大 玉座에 앉았다.

tere inenggi ujui gung yangguri manju monggo nikan i geren ambasa
그 날 一等公 양구리는 만주· 몽고· 한인의 여러 대신들을

be gaifi taidzu i miyoo de wecembi seme solire bithe be hūlaha,, 1/2
이끌고 太祖의 廟에 제사지낸다고 祝文을 읽었다.

○ ineku tere inenggi, enduringge han, manju, monggo, nikan i
같은 그 날, 성스러운 한이 만주· 몽고· 한인의

geren beise ambasa be gaifi abka de hengkilere de, solho i wang ni
여러 버일러들과 대신들을 이끌고 하늘에 고두할 때, 조선의 왕의

elcin lo de hiyan, lii k'o, marame hengkilerakū bifi, hengkilehe manggi,
사신인 羅德憲과 李廓이 거부하고 고두하지 않고 있어서, 고두한 후에

enduringge han hendume, wang ni elcin unggihe lo de hiyan, lii k'o
성스러운 한이 말했다. "왕이 사신으로 보낸 羅德憲과 李廓의

dorakūlaha ba toloci wajirakū, tere gemu wang jortai fiktu 2/3 baime
무례한 것은 헤아리기를 다할 수 없다. 그것은 모두 왕이 고의로 틈을 찾기 위해,

mimbe neneme ehe be deribukini, elcin be waci wakini, abka de
내가 먼저 악행을 시작하기를 바라고, 사신을 죽여버리기를 바라고, 하늘에

akdulame gashūme acaha doro be, mimbe neneme efulehe sekini seme
확실히 맹세하고 화친한 道를 내가 먼저 깨뜨렸다 하기를 바라고

tuttu oso sehengge kai, daci mini yabun tere gese buya weile be
그렇게 하라 한 것이다. 원래 나의 행동은 그 같은 작은 일은

ainaha seme deriburakū, juwe gurun udu bata dain ofi, juwe jeyen
결코 시작하지 않는다. 두 나라가 비록 敵이고 전쟁을 하여, 두 칼날을

acame fuyenume afara dain i dulimba de elcin takūraha seme,
마주하고 뒤섞여 싸우는 전쟁의 중간에 사신을 파견했다 해도

takūraha elcin be waha doro bio, tuttu 3/4 oci ambasa niyalmai sain
파견한 사신을 죽이는 도리가 있는가? 그러면 大人들인 자의 좋은

jurgan waka kai,,
義가 아닌 것이다."

○ juwan juwe de, gosin onco hūwaliyasun enduringge han, geren
12일에, 어질고 관대하고 온화하고 성스러운 한은 여러

ambasa be gaifi taidzu, taiheo, mafari miyoo de wecehe,, 4/5
대신들을 이끌고 태조· 태후· 조상의 廟에 제사지냈다.

○ juwan ilan de, enduringge han amba soorin de tehe urgun i
13일에, 성스러운 한은 大 玉座에 즉위한 慶賀의

doroi amba dasan i yamun de dorgi tulergi geren beise ambasa be
禮로 大政殿에서 內·外 여러 버일러들과 대신들에게

amba sarin sarilaha, joo bithe hūlafi irgen be tacibuha, še bithe
큰 연회를 베풀었다. 詔書를 읽어서 백성을 가르치게 했다. 赦書를

wasimbufi weilengge niyalmai weile waliyaha,, 5/6
내려서 죄지은 자들의 죄를 사면했다.

○ tofohon de, bithei niyalma, ice sahara neihe hecen i duka de
15일에, 內院의 인원들이 새로 쌓은 開城[1]의 門에

arara bithe be, nikan be alhūdame horon be algimbure duka, erdemu i
적은 글을, 明을 모방하여 위력을 떨치는 문(揚威門), 德이

elbire duka, enteheme goro elhe obure duka, wembuhe be algimbure
빛나는 문(昭德門), 영원히 遠方을 평안케 하는 문(永安門), 교화를 떨치는 문(興化門),

duka, goroki be toktobure duka seme bithe arafi han de tuwabure
원방을 평정하는 문(定遠門)이라고 글을 지어 汗에게 보인

jakade, 6/7 han hendume, enteke coktolome dabali hergen be arara
까닭에 한이 말하기를, "이러한 교만하고 지나친 문자를 쓰는

---

1 'neihe hecen'은 開城 혹은 巨流河城이라고 했고, 청대 이곳에 설치된 역참을 巨流河站(jurhuju birai giyamun)이라고 했다. 현재 요녕성 新民市 市區의 동쪽으로 20里 떨어진 遼河의 岸畔에 위치해 있었다.

be bi daci acarakū, wesibure algimbure toktoburengge abka de bi,
것을 나는 원래 좋아하지 않는다. 높이거나 떨치거나 평정하는 것은 하늘에 있지,

niyalmai coktolome dabali gamara de akū, ere hergen be gemu nakafi,
사람이 교만하고 지나치게 처리하는 데 있지 않다. 이 문자를 모두 그만두고

tob seme gisun i hergen be ara seme hendufi, jecen be bekilere
바른 말로 문자를 써라" 라고 말하여, 변경을 공고히 하는 문(鞏固門),

duka, jecen be tuwakiyara duka, wargi be alire duka seme dasame
변경을 지키는 문(靖遠門), 서쪽을 담당하는 문(鎭西門) 이라고 다시

arabuha,, 7/8
쓰게 했다.

○ warka de cooha genehe usita sei unggihe bithe, jakūn gūsai
와르카에 출병한 우시타 등이 보낸 글. 「八旗가

baha hahai ton, emu minggan emu tanggū ninju, deji hehe emu
획득한 남자의 수는 1,160명· 헌상품 여자 140명·

tanggū dehi, uheri anggalai ton, juwe minggan jakūn tanggū, baha
총 인구의 수는 2,800명, 획득한

morin i ton, juwe tanggū gūsin nadan, ihan emu tanggū jakūnju,
말의 수는 237마리· 소 180마리·

seke uyun tanggū gūsin juwe, silun juwan 8/9 duin, boro dobihi
貂皮 932장· 스라소니가죽 14장· 玄狐皮

emke, dobihi gūsin ilan, hailun nadanju uyun, niohe juwe, ulhu duin
1장· 여우가죽 33장· 수달피 79장· 늑대가죽 2장· 灰鼠皮 4,010장·

minggan juwan, elbihe susai nadan, solohi emu tanggū dehi ninggun,
너구리가죽 57장· 족제비가죽 146장·

seke icu gūsin emu, ulhu solohi de seke siraha icu orin uyun,
초피 가죽재료 31장· 회서피와 족제비가죽에 초피를 이은 가죽재료 29장·

dobihi jibca sunja, dobihi jibehun emke, solohi jibca jakūn,, 9/10
여우 가죽옷 5벌· 여우가죽 이불 1장· 족제비 가죽옷 8벌입니다.」

○ tofohon de, warka de cooha genehe juwe fulgiyan i dojiri,
15일에, 와르카에 출병했던 두 紅旗의 도지리·

hūsi cooha isinjiha, esei bahafi gajiha hahai ton ilan tanggū
후시의 군대가 귀환했다. 이들이 획득하여 데려온 남자의 수는 375명의

nadanju sunja haha, hehe juwe tanggū ninju juwe, ajige juse emu
남자· 여자 262명· 아이들 158명,

tanggū susai jakūn, uheri anggalai ton nadan tanggū uyunju sunja,
총 인구의 수는 795명,

morin juwan, ihan juwan nadan, deji hehe gūsin ilan, haha jui ilan,
말 10마리· 소 17마리· 헌상품 여자 33명· 남자아이 3명·

sargan jui juwe, seke 10/11 emu tanggū ninggun, seke i sijigiyan
여자아이 2명· 초피 106장· 초피 袍

emke, silun ilan, silun i sijigiyan emke, dobihi juwe, hailun juwan
1벌· 스라소니가죽 3장· 스라소니 袍 1벌· 여우가죽 2장· 수달피 19장·

uyun, lekerhi juwe, jai sunja farsi, seke ulhu solohi suwaliyaha
해달가죽 2장과 5개의 조각· 초피와 灰鼠皮와 족제비가죽을 섞은

sijigiyan juwan, solohi sijigiyan ilan, ulhu sijigiyan ilan, ulhu emu
袍 10벌· 족제비가죽 袍 3벌· 灰鼠皮 袍 3벌· 灰鼠皮 140장·

tanggū dehi, solohi dehi juwe, deberen tasha i sukū ilan, elbihe jibca
족제비가죽 42장· 새끼 호랑이 가죽 3장· 너구리 가죽옷

emke, elbihe dehi juwe, erebe dorolon i jurgan i ambasa sunja ba i
1벌· 너구리가죽 42장이었다. 이들을 禮部의 대신들이 5里

11/12 dubede dehi honin wame okdofi sarin sarilaha, juwe fulgiyan i
밖에서 40마리의 양을 잡아서 맞이하여 잔치를 베풀었다. 두 紅旗의

juwe tanggū susai ninggun uksin, emu uksin de jakūta yan bodome
256명의 갑병은 1명의 갑병에 8兩씩 계산하고,

ceni gajiha olji niyalma furdehe be salibume juwe minggan dehi
그들이 데려온 포로와 가죽을 환산해서 2,048량을

jakūn yan buhe, gūsai jakade bihe orin emu uksin, niyenioke i emgi
주었다. 구사 쪽에 있던 21명의 갑병· 니여니오커와 함께

wabuha juwan uksin, burulame tucike juwan duin uksin, noimoro i
피살당한 10명의 갑병· 도주하여 빠져나간 14명의 갑병· 노이모로와

emgi wabuha nadan uksin, ere uheri susai juwe 12/13 uksin de olji
함께 피살당한 7명의 갑병, 이들 도합 52명의 갑병에게는 노획을

buhekū faitaha,,
주지 않고 상을 박탈했다.

○ ineku tofohon de, han amba gebu be alime gaiha doroi manju
같은 15일에, 한은 尊號를 받은 禮로 만주·

monggo nikan geren hafasa de ku i menggun tucibufi jergi bodome
몽고· 한인 여러 관원들에게 庫의 銀을 내어서 등급을 헤아려

šangnaha,, 13/14
상 내렸다.

○ ineku tofohon de, coohiyan gurun i wang ni elcin lo de hiyan,
같은 15일에, 조선국의 왕의 사신 羅德憲과

lii k'o i genere de, wang de unggihengge sahalca seke juwan, dehi gin
李廓이 갈 때에, 왕에게 보낸 것은 黑貂皮 10장· 40斤의

orhoda i jalin dehi sahalca seke, manju seke emu tanggū, juwe
인삼의 대가로 40장의 黑貂皮· 만주 초피 100장이었다. 2명의

hafan de niruha enggemu tohoho emte morin, orhoda sunjata gin,
관원에게 그림 그린 안장을 맨 1마리씩의 말· 인삼 5斤씩·

seke tofohoto, orin sunja giyajan, tungse de duite seke, jakūta yan
초피 15장씩, 25명의 家人과 通事에게 4장씩의 초피· 8량씩의

menggun, juwe tanggū susai 14/15 uyun bai niyalma de juwete yan
銀, 259명의 평민에게 2량씩의

menggun šangnaha, lo de hiyan, lii k'o de unggihe bithei gisun,
銀을 상주었다. 羅德憲과 李廓 편에 보낸 글의 말.

daicing gurun i han i bithe, coohiyan gurun i wang de unggihe,
「대청국의 한의 글을 조선국의 왕에게 보낸다.

niyengniyeri doroi benjihe jaka be gemu alime gaiha, karu doro arame
봄의 禮로 보내온 물건을 모두 받았다. 답례하여

baci tucire jaka be unggihe, alime gaisu,, 15/16
土産의 물건을 보낸다. 받아 취하라.」

○ daicing gurun i han i bithe, coohiyan gurun i wang de
다이칭 구룬의 한의 글. 「조선국의 왕에게

unggihe, sinagan de acame unggire, jobolon de waliyaname generengge,
보낸다. 喪事에 맞추어 보내고 장례에 조문하러 가는 것은

ahūn deo i hanci doro kai, karu ulin bahaki serengge waka, majige
형제의 가까운 도리이다. 답례의 재물을 받겠다고 한 것이 아니다. 작고

nekeliyen doro be mujilen arame waliyame unggihe turgunde, ainu
사소한 예물을 마음으로 삼아 조문하러 보낸 것인데, 어찌

tutala jaka be dorolome benjihe, alime gaijara giyan waka ofi amasi
그토록 많은 물건을 예물로 보냈는가? 받아 취할 도리가 없어서 되돌려

bederebuhe, benjihengge ambula baniha, 16/17 ambula baniha,,
보냈다. 보낸 것은 크게 감사하다. 크게 감사하다.」

han i bithe, coohiyan gurun i wang de unggihe, ere fonji dorgi
한의 글. 「조선국의 왕에게 보낸다. 지금 內地의

geren beile sei bithe, tulergi dahaha gurun i geren goloi beise i
여러 버일러들의 글, 外地의 복속한 나라의 여러 지역의 버일러들의

bithe be, daci yabuha kooli akū seme tuwahakūbi, mini elcin genehe
글을, (그대는) 전에 행한 사례가 없다고 보지 않았다. 나의 사신으로 간

ambasa be an i okdoro kundulere doro be gūwaliyakabi, meni gurun
대신들을 定例로 맞이하고 공경하는 예절을 바꾸었다. 우리 나라는

daci 17/18 loho be beye ci aldangga oburakū, sini sargan de waliyame
원래 腰刀를 몸에서 멀리 두지 않는다. 그대의 처를 위해 조문하러

genehe amban i loho be gemu su sehengge ai gūnin, geli mini
간 대신의 腰刀를 모두 풀으라고 한 것은 무슨 의도인가? 또 나의

ambasa be sini g'oloo i yamun de jio gisun gisureki sehebi,
대신들을 그대의 閣老의 아문으로 오라, 의논하겠다고 말했다.

mini ambasa daci sini g'oloo i yamun de genefi gisurere kooli biheo,
나의 대신들이 이전에 그대의 閣老의 아문에 가서 의논한 사례가 있었는가?

ere yargiyan i facuhūn be deribuki sehe jemden kai, beile sei elcin i
이것은 실로 문제를 일으키겠다고 하는 속셈인 것이다. 버일러들의 사신이

gamaha bithe udu geren beilesei 18/19 bithe bicibe, minde habšafi
가져간 글은 비록 여러 버일러들의 글이기는 하지만 나와 의논하여

mini hesei genehengge kai, beile sei bithe daci yabuha kooli akū ofi
나의 뜻으로 간 것이다. 버일러들의 글은 이전에 행한 사례가 없다고 하여

tuwahakū serengge, tere beile se suwembe dailame cooha genefi sini
보지 않았다고 하는데, 그 버일러들이 너희를 토벌하러 行兵하여 그대가

burulaha tun de amasi julesi elcin takūrame bithe unggime abka na de
달아난 섬으로 前後로 사신을 파견하고 글을 보내어 천지에

gashūfi ahūn deo arahakū, bi genefi gashūme ahūn deo araha biheo,
맹세하여 형제가 된 것이 아니라 내가 가서 맹세하고 형제가 된 것이었는가?

sini mujilen cohome facuhūn be deribure gūnin bifi, geren beile sei
네 마음이 특히 문제를 일으킬 뜻이 있어 여러 버일러들의

bithe be tuwahakū bikai, 19/20 te udu faksidame gisurehe seme abka
글을 보지 않은 것이다. 지금 비록 교묘하게 말한다 해도 하늘은

inu getuken tuwambikai, adarame abka be eitereci ombi, dade muse
또한 밝게 보고 계신다. 어찌 하늘을 속일 수 있겠는가? 처음에 우리

juwe gurun de umai ehe akū banjire de, turgun akū suwe nikan de
두 나라에 전혀 원한이 없이 살고 있을 때 이유없이 너희가 明을

dafi ehe dain be neneme deribume membe waki seme cooha jihe,
도와 악한 전쟁을 먼저 일으켜 우리를 죽이겠다고 行兵했다.

abka membe urulefi sini cooha hafan be gemu minde 20/21 jafabuha,
하늘이 우리를 옳다고 여겨 너희 군사와 관리를 모두 우리에게 잡히게 하셨다.

be doro be gūnime wahakū, antaha i doroi dorolome ujihe, suweni
우리는 도리를 생각하여 죽이지 않고 客禮로 대우하여 살렸다. 너희

cooha etehe bici, membe suwe tere gese ujimbiheo, tuttu bicibe
군사가 이겼다 해도 우리를 너희가 그렇게 살렸겠는가? 그래도

bi geli ekisaka bihe, bi nikan be dailara jakade, abka gosifi liyoodung ni
나는 또 침묵했었다. 내가 명을 공격할 때 하늘이 사랑하시어 요동의

babe minde buhe manggi, suwe nikan be sini ba na de halbufi jeku
땅을 나에게 준 후, 너희는 한인을 너의 땅으로 불러들여 곡식과

ciyanliyang be bume aisilame mini irgen be 21/22 bolire huwekiyebure,
錢糧을 주며 돕고, 나의 백성을 유인하거나 꼬드겨서

nikan de obume mimbe gidašara jakade, bi jili banjifi cooha unggifi
明에 넘기고 나를 능멸하기 때문에 내가 분노하여 行兵했으니

simbe dailaha turgun tere kai, sini gese turgun akū dailahabio, cooha
너를 토벌한 이유는 그 때문이다. 너처럼 이유없이 공격했겠는가? 行兵한

genehe beile se gashūme acafi amasi bedereme jidere de, emu halai
버일러들이 맹세하여 화친하고 되 돌아올 때 同姓의

niyalma be sini banjiha deo seme holtome unggihe, ere holo wakao,
사람을 너의 친동생이라고 속여 보냈다. 이것은 거짓이 아닌가?

meni beile se amasi jidere de sini irgen be tabcilame gaiha be, bi
우리 버일러들이 돌아올 때 너의 백성을 약탈하여 취한 것을, 나는

amala 22/23 donjifi wakalaha, meni gurun i waka serengge tere emke,
나중에 듣고 질책했다. 우리나라의 잘못이라고 할 것은 그것 하나이다.

tuttu ofi meni olji de baha niyalma amasi ukame genehengge be, bi
그래서 우리의 노획으로 얻은 사람이 되돌아 달아난 것을, 나는

sulakan i gaji sefi gaihakū nakahangge tere kai, bi doro be
느슨하게 잡으라고 하고 잡지 못한 자는 그만두게 한 것은 그 때문이다. 내가 도리를

gūnime neneme dain de jafaha hafasa be sinde bederebume bure
생각하여 먼저 전투에서 잡힌 관리들을 너에게 돌려 주었을 때

jakade, si elemengga waha, dahabume unggihe nikan be gemu jafafi
너는 오히려 죽였다. (그들을) 수행하도록 보낸 한인을 모두 잡아서

daiming de buhe, tere sini mangga i 23/24 bahangge waka kai, mini
대명에게 주었다. 그것은 네가 힘으로 얻은 사람들이 아니다. 내가

unggihe niyalma be si minde batangga daiming de ainu bumbi, si
보낸 사람을 너는 나와 적국인 대명에게 어찌 주었는가? 너는

dade muse juwe gurun ahūn deo araha be dahame, be nikan de
처음에 우리 두 나라가 형제가 됨에 따라, "우리가 명과

hūda hūdašafi sain ulin bahaci wesihun gurun de ulame hūdašaci inu
무역하여 좋은 재화를 얻으면 貴國에 전달하여 교역하면 곧

tusa kai sehe bihe, elemangga mende sain suje uncaha seme hūdai
이익일 것이다"라고 말했다. 오히려 우리에게 좋은 비단을 팔았다고 상인을

niyalma be wahabi, tere unenggi ahūn deo i tondo jurgan mujanggao,
죽였다. 그것이 진실로 형제의 正義가 맞는가?

24/25 si daiming ni niyalma be olhon de halburakū sehe gisun be
너는 '대명의 사람을 육지로 불러들이지 않겠다'는 말을

jurceme, sini ba na de halbufi kemuni dorgideri daiming de dame
어기고 너의 땅으로 불러들이고 계속 은밀히 대명을 도우려고

aisilambi, geli mini ambasa i ise de tere be nakabu sehe, sini
협조한다. 또 나의 대신이 의자에 앉는 것을 금하라고 했다. 너의

irgen be cihai sindafi mini ba na be kemuni nungnebumbi, mini
백성을 마음대로 풀어서 나의 땅을 계속 침범하게 한다. 나에게

harangga dergi warka i goloi niyalma sinde dosikangge be tucibufi
속한 동쪽의 와르카 지역의 사람들 (가운데) 너에게 들어간 자들을 찾아서

gaji seci, si burakū, endehe be 25/26 umai sarkū ehe i
데려오라고 해도 너는 주지 않는다. 잘못을 전혀 알지 못하고 악행을 하는

turgunde aniyai doroi benjire jaka be nonggime gaji seme deribuhe,
까닭에 歲幣로 보내는 물건을 증액하여 가져오라고 하기 시작했다.

dade bi ulin gaime bahanarakū biheo, bi simbe kemuni doroloci, si
처음에 내가 재물을 취하는 법을 몰랐겠는가? 내가 너를 계속 예우해도 네가

membe weihukelere turgunde nonggime gaji sehengge tere kai,
우리를 경멸한 까닭에 증액하여 가져오라고 한 것은 그 때문이다.

mini niyalma nikan de ukame genere be suwe saha de okdome gaifi
나의 백성이 명으로 달아나는 것을 너희는 보면 맞이하여 잡아

nikan de afabume benembi, nikan i niyalma mende ubašame jimbihede
명에 보낸다. 명의 사람이 우리에게 배반하여 오면

amcame afambi, sini ere yabure 26/27 jurgan tondo mujanggao, kung
추격하여 잡는다. 너의 이런 행동은 正義가 맞는가? 孔(有德)

yuwanšuwai, geng dzung bing guwan minde ubašame jidere de, suwe
元帥· 耿(仲明) 摠兵官이 나에게 배반하여 올 때 너희는

nikan de dafi minde jidere niyalmai baru afaha, mini okdome unggihe
명을 도와 나에게 온 사람들을 향해 공격했다. 내가 맞이하도록 보낸

beise isinaha manggi, suwe miningge be takambime geli meni baru
버일러들이 도착하자 너희는 나의 사람임을 알면서도 또 우리를 향해

afaha, ere afara dailara weile be geli suwe neneme deribuhe, bi mini
공격했다. 이 공격하고 싸우는 일을 또 너희가 먼저 시작했다. 나는 나의

irgen be ciralame ilibufi sini ba na be majige hono neciburakū kai, si
백성을 엄히 단속하고 너의 땅을 조금도 침범하게 하지 않았다. 너는

sini 27/28 irgen be cihai sindafi mini ba na de butha butame orhoda
네 백성을 마음대로 풀어서 나의 땅에서 수렵하고 인삼을

gurubume facuhūn be geli si deribuhe, te geli bithei niyalmai gisun de
채취하게 하여 문제를 또 네가 시작했다. 지금 또 書生의 말에

dosifi abka na de akdulame gashūha amba doro be efulerengge
빠져 천지에 굳게 맹세한 大道를 무너뜨리는 것은

bodome jabšabuhakūbi dere, bithei niyalma unenggi tondo oci,
헤아려 얻을 것이 없다. 書生이 진실로 옳다면

baibi sain banjire de meni baru suweni neneme dain deribuhe be
이유없이 좋게 지낼 때 우리를 향해 너희가 먼저 전쟁을 일으킨 것을

suwe ainu wakalarakū, bithei niyalma yaya 28/29 uru waka be
너희는 어찌 질책하지 않는가? 書生이 모든 是非를

getuken i sara, erin ucuri de acabume tooselame gamara, gurun
밝게 알고 時勢에 맞게 헤아리고, 나라와

irgen be elhe taifin obure oci, unenggi saisa mergesei irgen i jalin de
백성을 평화롭고 태평하게 한다면, 진실로 현자들이 백성을 위해

tondo mujilen i ejen de hūsun bure doro kai, beye de erin ucuri de
올바른 마음으로 군주에게 힘을 더하는 도리인 것이다. 스스로 時勢에

acabume, gurun irgen be jodoro wekjire tooselame gamara
맞게 행하고 나라와 백성을 경영할 것을 헤아리는

sain erdemu akū bime, untuhun gisun holtome berhe be amdulaha
좋은 덕은 없으면서, 헛된 말로 속이고 기러기발을 아교로 붙인 것처럼(융통성없이)

adali damu 29/30 bithe kooli be jafafi cooha irgen i joboro suilara be
다만 글 속의 사례를 붙잡고 병사와 백성의 고통과 곤궁을

bodorakū oci, ejen be untuhuri obure cooha irgen be efulere jalingga
헤아리지 않는다면, 군주를 헛되게 만들고 병사와 백성을 무너뜨리는 사악한

buya niyalma kai, julgei henduhengge, ejen amban be kundulerengge,
小人인 것이다. 옛말에 이르기를, "군주가 대신을 공경하는 것,

amban ejen de hūsun burengge, cooha irgen i jalin de, cooha irgen
대신이 군주에게 힘쓰는 것은 병사와 백성을 위함이니, 병사와 백성이

ejen amban de akdahangge, ama eme i gese sehebi, te juwan aniyai
군주와 대신에게 의지하는 것은 부모에게 하는 것과 같다"고 했다. 지금 10년의

acaha doro be efulerengge ainahai ejen amban i cooha 30/31 irgen i
화친의 도리를 무너뜨리는 것은, 어찌 군주와 대신이 병사와 백성을

jalin de jobome gūnire de ombini, bithei niyalma suwe juwe gurun i
위해 고통을 생각한다면 할 수 있겠는가? 書生 너희가 두 나라의

acaha doro be efuleme amba dain be dekdebuci, suweni bithei niyalmai
화친의 도리를 무너뜨리고 큰 전쟁을 일으키면, 너희 書生이

beye fi jafafi juleri gaifi afambio, coohai niyalma be ergeleme
몸소 붓을 쥐고 앞장서 싸울 것인가? 병사를 협박하여

afa sembio, aikabade cooha irgen de jobolon ohode, bithei niyalmai
싸우라고 할 것인가? 만약 병사와 백성이 수고롭게 되면 書生이

bithei gisureme dalimbio, ere ubabe wang šumin bodoci acambi, ahūn
글로 말하여 지킬 것인가? 이것을 왕은 깊이 헤아려야 할 것이다. 형제가

deo 31/32 araha hairaka doro kai, julge wei gurun i ejen u heo,
된 아까운 도리인 것이다. 과거에 魏나라의 군주 武侯는

si ho bira be cuwan i wasire de hargašame tuwafi, u ki i baru
西河를 배를 타고 내려갈 때 우러러 보며 吳起를 향해

hendume, alin bira akdun sain kai, ere wei gurun i boobai kai, u ki
말하기를, "山河가 견고하고 좋으니, 이것은 위나라의 보배이다." 吳起가

jabume, erdemu i haran, alin birai akdun i haran waka, julge
답하기를, "德 때문이지 山河의 견고함 때문이 아닙니다. 옛날

san miyoo ši i tehe ba, hashū ergi de dung ting, ici ergi de peng lii
三苗氏[2]가 살던 땅은 서쪽에 洞庭湖, 동쪽에 彭蠡湖가

bihebi, erdemungge jurgan be 32/33 dasarakū ofi hiya ioi suntebuhebi,
있었습니다. 德과 義를 바로잡지 않아서 夏나라의 禹가 멸망시켰습니다.

hiya giyei i tehe ba, hashū ergi de ho ji, ici ergi de tai hūwa,
夏나라의 桀이 살던 땅은 서쪽에 河水와 濟水, 동쪽에 泰山과 華山,

julergi de i kiowei, amargi de yang cang bihebi, dasan dasara ehe
남쪽에 伊闕[3], 북쪽에 羊腸이 있었습니다. 정치를 다스림이 나빠서

2 '三苗氏'는 요순시기에 長江과 淮水 및 荊州 일대에 분포하여 거주한 민족이다.

3 伊闕은 지금의 河南省 洛陽市 남쪽으로, 두 개의 산이 대궐처럼 마주보고 있고 그 사이로 伊水가 통과하고 있기 때문에 伊闕이라고 불렀다.

ofi ceng tang sindahabi, šang juo i gurun ici ergi de tai hang,
成湯이 추방했습니다. 商나라 紂왕의 나라는 동쪽에 太行,

amargi de cang šan, julergi de amba bira bihebi, dasan dasara erdemu
북쪽에 常山, 남쪽에 大河가 있었습니다. 정치를 다스리는 덕이

akū ofi u wang wahabi, terei tuwaci erdemu i 33/34 haran gojime,
없어서 武王이 죽였습니다. 그들을 보면, 德 때문일 뿐

ba i akdun i haran waka, beile erdemu be dasarakū oci, cuwan i
땅의 견고함 때문이 아닙니다. 주군께서 덕을 베풀지 않으면 (이) 배 안의

niyalma gemu bata gurun ombikai sehebi, terei adali wang
사람들이 모두 敵國의 사람이 될 것입니다"라고 말했다. 그와 같이 왕이

erdemungge sain jurgan be yaburakū, mederi tun be akdun arafi ahūn
덕과 선한 도리를 행하지 않고, 바다의 섬을 믿고 형제의

deo i acaha doro be efulere, bithei niyalma i gisun de dosifi,
화친한 도리를 무너뜨리고, 書生의 말에 빠져

aikabade juwe gurun ehe dain be deribufi gurun de jobolon isifi
만약 두 나라가 원한과 전쟁을 일으켜 나라에 우환이 이르고

burginume samsire temšenume burulara 34/35 ohode, wang ni amban
어지러이 흩어져 앞다투어 달아나면, 왕의 대신과

irgen wang de bata dain ombikai, tere fonde wang aikabade hafirabufi
백성이 왕을 적으로 삼아 싸울 것이다. 그 때 왕이 만약 핍박당하여

jobolon ohode, huwekiyebuhe bithei niyalma be wafi dasame elhe
고통스럽게 되면, 사주한 書生을 죽이고 다시 평화를

ojoro be buyeme baime aliyaha seme amcarakū ayoo, monggo i
이룰 것을 생각하고 구하여 뉘우쳐도 이루지 못할 것이다. 몽고의

cahar han erdemungge sain jurgan be yaburakū, ambasai gisun de
차하르 한이 덕과 선한 도리를 행하지 않고, 대신들의 말에

dosifi mini baru dain ofi bi dailara jakade, minde hafirabufi burulame
빠져 나를 향해 전쟁을 일으켜 내가 토벌하니, 나에게 핍박당하여 달아나

genere de, huwekiyebuhe ambasa elemangga 35/36 ubašafi cahar han i
갈 때 부추긴 대신들은 오히려 배반하여 차하르 한의

juse sargan adun ulha ai jaka be gemu durime gaifi minde ubašame
아들과 딸· 목축· 재물 등 모든 물건을 모두 빼앗아 가지고 나에게 배반해

jihe, terei adali wang ni bithei ambasa wang be huwekiyebufi abka de
왔다. 그들처럼 왕의 書生들이 왕을 부추겨 하늘에

akdulame gashūme acaha doro be efulefi gurun boode jobolon ohode,
굳게 맹세한 화친의 도리를 무너뜨리고 國家가 고통스럽게 되면

wang be huwekiyebuhe ambasa cooha irgen wang simbe dahambio,
왕을 부추긴 대신들과 병사와 백성들이 왕 너를 따르겠는가?

jugūn jugūn i durinume uthai bata dain ombikai, suweni coohiyan
곳곳에서 서로 빼앗으며 곧 적이 되어 싸울 것이다. 너희 조선국은

gurun nikan be abkai jui 36/37 ama han, gūwa be jušen irgen arahabi,
明을 天子· 君父로, 다른 나라를 屬民으로 여겼다.

ere daiming gurun i jugiya i niyalma daci ejen han biheo, julgei
이 대명국의 朱家의 사람이 처음부터 황제였겠는가? 옛말에

henduhengge, abkai fejergi emu niyalmai abkai fejergi waka, abkai
이르기를, "天下는 한 사람의 天下가 아니다.

fejergi niyalmai abkai fejergi sehengge, tere yala unenggi gisun kai,
天下 사람의 天下이다"라고 했으니, 그것은 진실한 말이다.

udu daci fusihūn seme wesihun erdemu bici, tere niyalma abkai jui
비록 처음에 비천해도 귀한 덕이 있으면 그 사람은 天子가

ombi, udu daci han ejen seme erdemu akū oci, buya 37/38 niyalma
된다. 비록 처음에 황제 폐하라 해도 덕이 없으면 小人이

ombi, tuttu ofi julge dai liyoo dergi amargi jušen bime abkai jui
된다. 그래서 옛날 大遼는 東北의 夷民인데도 천자가

ohobi, aisin dergi jušen bime dai liyoo i abkai fejergi be gaihabi,
되었다. 金은 동쪽의 夷民인데도 大遼의 천하를 취하고

sung gurun be dahabuhabi, dai yuwan amargi monggo bime aisin i
宋 나라를 항복시켰다. 大元은 북쪽의 몽고인데도 金의

abkai fejergi be gaihabi, daiming hūng u, hūwang giyo sy miyoo i
천하를 취했다. 대명의 洪武는 皇覺寺廟의

hūwašan bime dai yuwan i abkai fejergi be gaihabi, ere gurun de
승려인데도 大元의 천하를 취했다. 이 나라들에

suweni coohiyan gurun jalan 38/39 jalan i ba ci tucire alban be
너희 조선국은 대대로 땅에서 나는 공물을

beneme hengkileme banjihabi, terei bodoci abkai fejergi be ejelerengge
보내고 고두하며 살아왔다. 그것으로 헤아려보면 천하를 장악하는 것은

erdemu i haran gojime, daci han ejen i haran waka, yaya gurun
德 때문인 것이지 원래부터 황제 폐하였기 때문이 아니다. 어떤 나라가

enteheme wesihun enteheme fusihūn banjiha kooli bio, suwe nikan be
영원히 존귀하고 영원히 비천하게 사는 법이 있던가? 너희는 明을

han ama arafi mini baru eherefi nikan i jobolon be alime gaici
皇父로 삼고 나와 불화하여 명의 우환을 감당할 수

etereo, si neneme ehe dain be deribuki seci, bi inu aibe aliyambi,
있겠는가? 네가 먼저 不義한 전쟁을 시작하겠다 하면 나 또한 무엇을 기다리겠는가?

sini 39/40 akdahangge cuwan tun kai, cuwan serengge niyalmai
네가 믿는 것은 배와 섬이다. 배라는 것은 사람이

arahangge wakao, muke de yabuci inu niyalma selbime yabumbi wakao,
만드는 게 아닌가? 물에서 다닌다 해도 또한 사람이 노를 저어 다니는 것이 아닌가?

cuwan ini cisui banjihanggeo, ini cisui yabumbio, si inu tun de isinaci
배가 저절로 생겨난 것인가? 저절로 다니는가? 너도 섬에 이를 수

ome ofi genembi dere, sini isinaha bade gūwa geneci ojorakū semeo,
있을 것이라고 해서 가는 것이리라. 네가 이른 곳에 다른 사람은 갈 수 없다는 말인가?

sini jakūn goloi niyalma gemu mederi tun de usin tarici tesureo,
너의 八道 사람들이 모두 海島에서 밭을 갈기에 충분하겠는가?

baibi taifin banjire de buyeme dain 40/41 arafi aikabade gurun samsifi
무사태평하게 살 때에 고의로 전쟁을 일으켰다가 혹여 국인이 흩어져

gemu gūwa gurun de dosifi, elemangga sinde jobolon ojoro ayoo,
모두 다른 나라에 들어가면 오히려 너에게 우환이 되지 않겠는가?

muse juwe gurun ahūn deo arafi juwan aniya ci ebsi mini dolo sini
우리 양국이 형제로 삼은 지 10년이 된 이래 나의 마음은 너를

baru ehereki sere gūnin majige hono akū bihe, te wang si bithei
향해 나쁘게 하겠다는 마음이 조금도 없었다. 지금 王 네가 書生의

niyalmai gisun de dosifi acaha doro be efuleme ehe dain be deribufi,
말에 빠져 화친을 깨뜨리고 不義한 전쟁을 시작하여

bi aikabade cooha iliha de dahaha niyalma be 41/42 gosime ujire, iselehe
내가 만약 군사를 일으켰을 때 항복한 사람들을 자애하여 기르고 저항한

niyalma be wara, ulhirakū irgen alin bigan de jailara, gurun joboro
사람을 죽이고 무지몽매한 백성이 산야에 숨고 나라가 근심스럽고

niyalma bucere ohode, tere mini buyeme wara joboburengge
사람이 죽게 된다면 그것은 내가 원해서 죽이고 괴롭히는 것이

waka, wang ni wara joboburengge kai, ere ubabe abka niyalma inu
아니다. 왕이 죽이고 괴롭히는 것이다. 이러한 것을 하늘과 사람 또한

gemu getuken sambidere, bi jing kemuni tuwaci, wang ni elcin jihe
모두 분명히 알 것이리라. 내가 늘 보건대 왕의 사신이 왔을

dari acara doro gisurere gisun, an kemun be halame ulhiyen ulhiyen i
때마다 만나는 예와 말하는 말이 常例를 바꾸며 점점

42/43 encu ombi, mini elcin genehe ambasai amasi alanjirengge, elcin
달라진다. 나의 사신으로 갔던 대신들이 돌아와 고하기를, 사신으로

genehe dari wang ni ambasa an kemun be gūwaliyambume dabali
갈 때마다 왕의 대신들은 常例를 바꾸어 참월하는

gisun be gisureme ulhiyen ulhiyen i icemleme halambi, wang de
말을 말하며 점점 새롭게 고치면서 (정작) 왕과

acaha de da an be jurcerakū seme alambi, ere ubabe wang same
만났을 때에는 舊禮를 위반하지 않는다고 고한다. 이러한 것을 왕도 알면서

ambasa be jortai sindafi doro be gūwaliyambume mimbe weihukelere
대신들을 고의로 방임해 예를 바꾸게 해 나를 경시하는 것일지도

be sarkū, ambasa ceni mujilen i efulere be sarkū, ere 43/44 fonji
모르고, 대신들이 그들 마음대로 (和好를) 깨뜨리는 것일지도 모른다. 이번에

wang ni elcin unggihe lii k'o, lo de hiyan i dorakūlaha ba toloci wajirakū,
왕이 사신으로 보낸 李廓과 羅德憲이 무례를 범한 것이 헤아릴 수 없이 많다.

tere gemu wang ehe be deribure gūnin bifi, sini gūnin be
그는 모두 왕이 불화를 시작하려는 마음이 있어 너의 의도를

minde guribume jortai fiktu baime mimbe neneme ehe be deribukini,
나에게 떠넘기고자 고의로 틈을 찾아 나로 하여금 먼저 나쁜 일을 시작하게 하려고,

elcin be waci wakini, abka de akdulame gashūme acaha doro be
사신을 죽여도 좋으니 하늘에 굳게 맹세하여 맺은 화친을

mimbe neneme efulehe sekini seme tuttu oso sehengge kai, daci
나로 하여금 먼저 깼다고 하려고 그렇게 하라고 한 것이다. 원래

44/45 mini yabun tere gese buya weile be deriburakū, juwe gurun udu
나의 행동은 그와 같이 작은 일을 시작하지 않는다. 양국이 비록

bata dain ofi juwe jeyen acame fuyenume wame afara dain i
적이 되어 두 칼날을 서로 부딪치며 죽이며 싸우는 전쟁

dulimba de elcin takūraha seme, takūraha elcin be waha doro bio,
중에 사신을 보냈다고 해도 파견한 사신을 죽이는 법이 있는가?

tuttu oci sain jurgan waka kai, dain serengge iletu afame mangga
그렇게 한다면 좋은 도의가 아닌 것이다. 전쟁이라는 것은 명백하게 싸워서 강한지

budun etere anabure be sambidere, elcin yabure emu udu niyalma be
약한지 이길지 질지를 아는 것이다. 사신으로 왕래하는 몇 사람을

waha seme 45/46 mangga ombio, nememe buya mujilen be niyalma de
죽인다고 해서 강한 것이겠는가? 오히려 좁은 마음을 사람들에게

tuwaburengge kai,,
드러내는 것이다.」

○ coohiyan gurun i niyengniyeri elcin jihe lo de hiyan, lii k'o,
조선국의 春信使로 온 羅德憲과 李廓이

aisin gurun i tung yuwan pu be tuwakiyaha amban de geterembume
金國의 通遠堡를 지키는 「대신에게 솔직하게

alarangge, be ejen i hesei elcin genefi, wesihun gurun i gaitai encu
고한 것. 「우리 주군의 旨로 사신으로 갔는데 귀국이 갑자기 다른

gūnin i ergelere de mini 46/47 uju be bi faitame mutehekū, eiten
마음으로 위협하니 나의 머리를 내가 자를 수는 없어 모든

girucun jobolon be alime gaiha, ere gesengge julge te de akūngge kai,
수모와 고통을 감내했소. 이와 같은 것은 古今에 없던 일이오.

te jabšan de meni jecen de isinjifi, gurun i fafun be alifi bucere
지금 요행히 우리 변경에 도착하여 국법을 받아 죽을

dabala, aiseme dahūme gisurere, be tucifi jidere de inggūldai, mafuta
뿐이오. 무어라 거듭 말하겠소. 우리가 나갔다 올 때에 잉굴다이와 마푸타

juwe amban i buhe gurun i bithe fempilehengge alimbaharakū
2명의 대신이 준 국서를 봉인한 것이 더할 나위 없이

akdun, be bodoci tere bithe be 47/48 aikabade fe an be halaha de
견고했소. 우리가 생각하기에 그 문서가 만약 舊例를 고친 것이라면

ceni juleri uthai dasaki seme tuttu neifi tuwaki seci, juwe amban
그들 앞에서 즉시 고쳐야겠다고 해서 그래서 열어서 보겠다고 했지만 두 대신은

marame tuwabuhakū, tere bithe be morin de acifi membe bošome
거부하며 보여주지 않았소. 그 글을 말에 싣고 우리를 쫓아

tucibuhe, ši lii ho de isinjiha manggi, be neifi tuwaci, tere bithei
내보냈소. 十里河에 도착한 후 우리가 글을 열어 보니 그 글의

oilo tukiyehe gebu gidaha doron neneheci encu, bithei dorgi de
겉에 존호를 찍은 인장이 전과 달랐소. 글 안에서

henduhengge, mini gurun sini gurun sehebi, jai geli 48/49 wakalara
말하기를 나의 나라, 너의 나라라고 했소. 또한 더욱이 비난하고

becerengge ahūn deo i ishunde kundulere doro akū aha i adali
질책하는 것이 형제가 서로 공경하는 禮가 아니라 노예와 같이

obuhabi, meni gurun i ambasa tuwame jenderakū, be aikabade ere
여겼소. 우리 나라의 대신들이 차마 볼 수 없을 것이오. 우리가 혹여 이

bithe be meni gurun de isibuha de, meni han ama be, be girubuha kai,
글을 우리나라에 들인다면 우리 君父를 우리가 능욕하는 것이오.

udu tumen tumen jergi sacime waha seme gurun i fafun de hono
비록 만만번 목을 베어 죽인다 해도 국법에 조금도

elerakū, be tuttu ofi sini hoton de jifi tere bithe be 49/50 tanggū
족하지 않을 것이오. 우리가 그리하여 당신의 성에 와서 그 글을 100帖의

kiyan i hoošan i dolo geli orin šempi uhufi bele nimaha i aciha i
종이 속에 다시 20장의 綠斜皮로 싸매서 쌀과 생선의 짐

dolo somifi, jortai morin nimembi seme tataha boode werihebi, tere
속에 숨겨 일부러 말이 아프다면서 숙박한 집에 남겨두었소. 그

booi niyalma gemu sambi, ainara, wesihun hoton i amban aciha be
집의 사람들이 모두 알고 있소. 어찌하겠소. 貴 城의 대신이 짐을

neifi tere bithe be gaifi han de hafumbu, meni gurun be, be
열어서 그 글을 가져가 한에게 전달하시오. 우리 나라를 우리가

be wesihun gurun getuken sakini, wesihun gurun doro 50/51
부끄럽게 하지 않을 것임을 귀국도 분명히 알아주시오. 귀국이 예가

waka bithe be ergeleme unggire jakade, be inu fe an ci encungge be
아닌 글을 억지로 보냈으므로 우리도 舊例와 다른 것을

werifi jihe, wesihun amban seole,,
남겨두고 왔소. 貴 대신은 잘 헤아리시오.」

tongki fuka sindaha hergen i dangse

點·圈을 찍은 문자의 檔子

uyuci debtelin

9권

wesihun erdemungge i sucungga aniya duin biya

숭덕 원년 4월

9권, 숭덕 원년 4월

tongki fuka sindaha hergen i dangse
點·圈을 찍은 문자의 檔子

○ juwan ninggun de, enggeder efu nimeku de akū oho, enggeder
16일에, 엉거더르 어푸가 병으로 사망했다. 엉거더르

efu dade amargi monggo i kalka i bayot tatan i darhan baturu
어푸는 원래 북쪽 몽고의 칼카의 바요트 타탄의 다르한 바투루

beile i jui bihe, genggiyen han i fonde, dain i gurun be duleme
버일러의 아들이었다. 겅기연 한 시절에 적국을 넘어서

tuktan fukjin jugūn arame hengkileme jihe seme, 1/2 han saišafi,
최초로 길을 만들어 고두하러 왔다고 한이 가상히 여겨

deo darhan baturu beile i jui sundai gege be bufi, dzung bing guwan i
동생인 다르한 바투루 버일러의 자식 순다이 공주를 주고 총병관의

hergen obufi, emu hoton irgen, jušen, aha, tokso, aisin, menggun,
직으로 삼고 한 개 성의 백성과 속민· 노예· 장원· 금· 은·

alha, gecuheri, niyalmai baitalara ai ai jaka be yooni bufi, ambula
閃緞· 망단· 사람이 사용할 각종 물품을 모두 주고 크게

kunduleme beise i jergi de ujihe,, 2/3
존중하여 버일러들의 항렬로 보살폈다.

○ ineku juwan ninggun de, gūsai ejete baintu, tantai, yekšu,
같은 16일에, 구사의 어전들인 바인투· 탄타이· 역슈·

yecen, ilden, asan, darhan efu, fiyanggū age, gahai de hoton sahaha be
여천· 일던· 아산· 다르한 어푸· 피양구 아거가 가하이에 성을 축조한 것을

tuwame, tai sahabume tehe uksin de agūra ehe oci, sain be halame
살펴보고 臺를 쌓게 하고, 주둔한 갑병에게 무기가 나쁘면 좋은 것을 바꿔

bume genehe,,
주러 갔다.

○ ineku juwan ninggun de, amba dasan i yamun de, 3/4 tulergi
같은 16일에, 大政殿에 外藩

monggo i hashū ergi galai korcin i tusiyetu jinong, bingtu, joriktu
몽고의 좌익 코르친의 투시예투 지농· 빙투· 조릭투

hūwang taiji, jasaktu dureng ujulafi geren beise be gaifi, gosin onco
후왕 타이지· 자삭투 두렁이 필두가 되어 여러 버일러들을 이끌고 어질고 관대하고

hūwaliyasun enduringge han de amba gebu be toktobuha doroi amba
온화하고 성스러운 황제께 존호를 정한 예로 큰

sarin sarilaha, sarin i doroi geren beise i jafahangge, susai uyun
잔치를 베풀었다. 잔치의 예로 여러 버일러들이 바친 것. 59마리의

morin, juwe temen, emu seke i jibca jafaha bihe, 4/5 enduringge han
말· 2마리 낙타· 1벌의 초피 가죽옷을 바쳤다. 성스러운 황제가

tuwafi gemu bederebuhe,,
보고 모두 돌려주었다.

○ juwan jakūn de, nikan age, bolo age, majan age, loto age,
18일에, 니칸 아거· 볼로 아거· 마잔 아거· 로토 아거·

tanggūdai age, bayarai jalan i janggin solho, oboi, dumbai, karhuji,
탕구다이 아거· 바야라의 잘란 장긴 솔호· 오보이· 둠바이· 카르후지·

hongko, borhoi, baduri, kara, ese emu nirui emte bayara be gaifi,
홍코· 보르호이· 바두리· 카라, 이들이 1개 니루의 1명씩의 바야라를 이끌고

adun i tulergi be fiyanjilame 5/6 aralai de tenehe,,
목축 무리의 바깥을 보호하러 아랄라이로 주둔하러 갔다.

○ ineku juwan jakūn de, amba dasan i yamun de, tulergi goloi
같은 18일에, 大政殿에 外藩

monggo i ici ergi galai beise aru i jinong, dalai cūhur, naiman i
몽고의 우익 버일러들인 아루의 지농과 달라이 추후르, 나이만의

hūng baturu, jarut i neici, barin i ayusi, tumet i gurushiyab, genggel
훙 바투루, 자루트의 너이치, 바린의 아유시, 투메트의 구루스히얍과 겅걸이

ujulafi geren beise be gaifi, 6/7 enduringge han de amba gebu be
필두가 되어 여러 버일러들을 이끌고 성스러운 황제에게 존호를

toktobuha doroi amba sarin sarilaha, sarin i doroi geren beise,
정한 예로 큰 잔치를 베풀었다. 잔치의 예로 여러 버일러들이

susai nadan morin, sunja temen jafaha bihe, han tuwafi gaihakū gemu
57마리의 말· 5마리의 낙타를 바쳤다. 황제가 보고 취하지 않고 모두

bederebuhe,,
돌려주었다.

○ juwan uyun de, aisin urebure ba i gin ciyandzung ni
19일에, 금을 제련하는 곳의 gin 천총의

harangga sun deng yūn, lio wei wen, 7/8 ere juwe niyalma pi doo ci
휘하 sun deng yūn· lio wei wen 이 2명이 皮島에서

jihe emu giyansi be bahafi benjihe seme, gūsin yan menggun šangnaha,
온 1명의 간세를 잡아 보내왔다고 30량의 은을 상 내렸다.

giyansi be gisun fonjifi waha,,
간세를 심문하고 죽였다.

○ ineku tere inenggi, gasha butara niyalma tung dzui cecike
같은 그 날, 새를 사냥하는 사람이 銅嘴雀을

bahafi, ilan horho tebufi benjihe manggi, 8/9 enduringge han tuwafi
잡아서 3개의 조롱에 넣어 보내오자 성스러운 황제가 보고

hendume, ere cecike serengge, donjici jilgan sain mujangga, efin sebjen
말하기를, "이 작은새 라는 것은 듣기에 소리가 좋은 것은 사실이지만 놀이와 즐거움에

de dosirengge, uheri be baicara jurgan i ambasa safi wakalaha de,
빠지게 된다. 都察院의 대신들이 이를 알고 질책하면

ere weile jurgan de acarakū seme amasi bederebuhe,,
이 일은 義에 맞지 않을 것이다" 라며 되돌려 주었다.

○ ineku juwan uyun de, ajai nirui manggiya, nancu, oose, miose i
같은 19일에, 아자이 니루의 망기야가 "난추· 오오서· 미오서의

ninggun uksin i morin be 9/10 takūrahakū, manggiya mini morin be
6명의 갑병의 말을 보내지 않고 망기야 나의 말을

nadan mudan takūraha seme šajin de habšafi, duileci yargiyan ofi,
일곱 번 보냈다"고 法司에 호소하여 심리하니 사실이어서

ajai be si haršame manggiya i morin be nadan mudan ainu
아자이를 "네가 편을 들어 망기야의 말을 일곱 번이나 왜

unggihe seme susai šusiha tantafi, jalan i janggin be efulehe, niru
보냈느냐" 라고 50번 채찍으로 때리고 잘란 장긴을 혁직했다. 니루

bošoro be nakabuha,, 10/11
관리를 그만두게 했다.

○ ineku juwan uyun de, gahai hoton sahara de fiyanjilame karun
같은 19일에, 가하이 城을 쌓을 때 후미를 지키러 哨探으로

genehe arjin se, duin niyalma be ucarafi ilan niyalma be wafi, emu
갔던 아르진 등이 4명과 마주쳐 3명을 죽이고, 1명을

niyalma be gajifi gisun fonjifi waha,,
데려 와서 심문하고 죽였다.

○ ineku juwan uyun de, hashū ergi tulergi monggo i korcin i
같은 19일에, 좌익 外藩 몽고의 코르친의

geren beise be, 11/12 enduringge han i genggiyen elhe boode gajifi
여러 버일러들을 성스러운 황제의 淸寧宮에 데려 와서

amba sarin sarilaha,,
크게 잔치를 베풀었다.

○ orin de, asidarhan nakcu fei gin emu minggan afaha, biliktu
20일에, 아시다르한 낙추가 飛金(금박) 1천 쪽, 빌릭투

langsu aisin juwe jiha jakūn fun benjihe,,
랑수가 금 2錢 8分을 보내왔다.

○ orin emu de, tulergi monggo i ici ergi 12/13 galai barin,
21일에, 外藩 몽고의 우익의 바린·

jarut, aohan, naiman, aru, karacin, tumet i geren beise be, enduringge
자루트· 아오한· 나이만· 아루· 카라친· 투메트의 여러 버일러들을 성스러운

han i genggiyen elhe boode gajifi amba sarin sarilaha,,
황제의 淸寧宮에 데려 와서 크게 잔치를 베풀었다.

○ orin juwe de, tumet de hūda genehe ombu cūhur isinjiha,, 13/14
22일에, 투메트로 장사하러 갔던 옴부 추후르가 도착했다.

○ orin ilan de, gosin onco hūwaliyasun enduringge han i hesei
23일에, 어질고 관대하고 온화하고 성스러운 황제의 旨로

ahūta, deote, juse be gung ilgafi, ce bume amba beile be hošoi
형들· 동생들· 자식들을 論功하고, 冊을 주어 大 버일러를 호쇼이

doronggo ahūn cin wang, jirgalang beile be hošoi ujen cin wang,
도롱고 兄 친왕, 지르갈랑 버일러를 호쇼이 우전 친왕,

mergen daicing beile be hošoi mergen cin wang, erke cūhur beile be
머르건 다이칭 버일러를 호쇼이 머르건 친왕, 어르커 추후르 버일러를

hošoi erke cin wang, hooge beile be 14/15 hošoi fafungga cin wang,
호쇼이 어르커 친왕, 호오거 버일러를 호쇼이 파풍가 친왕,

yoto beile be hošoi mutebure cin wang, ajige taiji be doroi baturu
요토 버일러를 호쇼이 무터부러 친왕, 아지거 타이지를 도로이 바투루

giyūn wang obuha, dudu taiji be doroi elehun beile, abatai taiji be
군왕으로 삼았다. 두두 타이지를 도로이 얼러훈 버일러, 아바타이 타이지를

doroi bayan beile obuha, daicing duka de urgun i doroi ahūn bodome
도로이 바얀 버일러로 삼았다. 大清門에서 기쁨의 禮로 나이 순서로

hengkilehe, wang ni fujisa inu meni meni boode wang sade hengkilehe,
고두했다. 왕의 푸진들도 각각의 집에서 왕들에게 고두했다.

wang 15/16 beile sede jergi bodome menggun šangnaha, tulergi goloi
왕과 버일러들에게 등급에 따라서 은을 상내렸다. 外藩

monggo beise be gung ilgafi, badari be hošoi tusiyetu cin wang, ukšan be
몽고 버일러들을 공을 구별하여, 바다리를 호쇼이 투시예투 친왕, 욱샨을

hošoi joriktu cin wang, gurun i efu ejei be hošoi cin wang, butaci be
호소이 조릭투 친왕, 구룬이 어푸 에제이를 호소이 친왕, 부타치를

doroi jasaktu giyūn wang, manjusiri be doroi baturu giyūn wang,
도로이 자삭투 군왕, 만주시리를 도로이 바투루 군왕,

naiman i hūng baturu be doroi darhan 16/17 giyūn wang, sun dureng be
나이만의 훙 바투루를 도로이 다르한 군왕, 순 두렁을

doroi dureng giyūn wang, gurun i efu bandi be doroi giyūn wang,
도로이 두렁 군왕, 구룬이 어푸 반디를 도로이 군왕,

konggor be bingtu wang obuha, dung be doroi darhan daicing, ombu be
콩고르를 빙투 왕으로 삼았다. 둥을 도로이 다르한 다이칭, 옴부를

doroi darhan joriktu, gurushiyab be doroi dureng, šamba be doroi
도로이 다르한 조릭투, 구루스히얍을 도로이 두렁, 샴바를 도로이

darhan, genggel be doroi hiya beile seme gebu buhe, wang beile sede
다르한, 경걸을 도로이 히야 버일러 라고 명칭을 주었다. 王과 버일러들에게

17/18 jergi bodome foloho enggemu hadala, uksin saca, aisin menggun i
등급에 따라 조각한 안장과 굴레· 갑옷과 투구· 금과 은

tetun, alha gecuheri ambula šangnaha,,
그릇· 閃緞· 蟒緞을 크게 상주었다.

○ ineku orin ilan de, gosin onco hūwaliyasun enduringge han,
같은 23일에, 어질고 관대하고 온화하고 성스러운 황제가

amba soorin de tehe doroi tulergi goloi monggo i geren beise de
大位에 앉은 禮로 外藩 몽고의 여러 버일러들에게

šangnahangge, tusiyetu cin wang, joriktu cin wang de 18/19 emte
상을 내린 것. 투시예투 친왕· 조릭투 친왕에게 1필씩의

cekemu, emte gecuheri, suje jakūta, mocin gūsita, menggun i bethe
倭緞· 1필씩의 蟒緞· 비단 8필씩· 毛靑 30필씩· 銀製의 다리

noho cara emte, uksin saca galaktun emte, foloho enggemu hadala
달린 술잔 1개씩· 갑옷과 투구와 갑옷소매 1개씩· 조각한 안장과 굴레

emte, hailun duite, šempi duite, dureng giyūn wang, darhan giyūn
1개씩· 수달가죽 4장씩· 綠斜皮 4장씩, 두렁 군왕· 다르한 군왕·

wang, jasaktu giyūn wang, baturu giyūn wang, ere duin de gecuheri
자삭투 군왕· 바투루 군왕, 이 4명에게 蟒緞

emte, cekemu emte, suje ninggute, mocin gūsita, menggun i 19/20
1필씩· 倭緞 1필씩· 비단 6필씩· 毛靑 30필씩· 은 茶桶 1개씩·

dongmo emte, hailun ilata, šempi ilata, foloho enggemu hadala emte,
수달가죽 3장씩· 綠斜皮 3장씩· 조각한 안장과 굴레 1개씩·

uksin saca emte, jasak i darhan joriktu de suje sunja, orin mocin,
갑옷과 투구 1개씩, 자삭인 다르한 조릭투에게 비단 5필· 20필의 毛靑·

menggun i cara emke, cekemu emke, hailun juwe, šempi juwe, uksin
은 술잔 1개· 倭緞 1필· 수달가죽 2장· 綠斜皮 2장· 갑옷과

saca, foloho enggemu hadala, jasak i darhan daicing de suje duin,
투구· 조각한 안장과 굴레, 자삭인 다르한 다이칭에게 비단 4필·

mocin orin, cekemu emke, menggun i cara emke, hailun 20/21 juwe,
毛靑 20필· 倭緞 1장· 은 술잔 1개· 수달가죽 2장·

šempi juwe, hilteri uksin saca, aisin ijuha galaktun, jarut i mani
綠斜皮 2장· 겉미늘 갑옷과 투구· 금으로 도금한 갑옷소매, 자루트의 마니

cing baturu, korcin i baisgal, korcin i mongkūwa, ere ilan de
칭 바투루· 코르친의 바이스갈· 코르친의 몽쿠와, 이 3명에게

menggun i cara emte, suje sunjata, mocin juwanta, hailun juwete,
은 술잔 1개씩· 비단 5필씩· 毛靑 10필씩· 수달가죽 2장씩·

šempi juwete, barin i ayusi, manjusiri, duin juse i irjam, durbet i
綠斜皮 2장씩, 바린의 아유시· 만주시리, 四子의 이르잠· 두르베트의

g'arma, jarut i neici, habagai, aru i dalai, ongniyot i sayang, urat i
가르마, 자루트의 너이치· 하바가이, 아루의 달라이, 옹니오트의 사양, 우라트의

sereng, hara 21/22 cerik i g'arma, korcin i lamashi, mujai, amba
서렁, 하라 처릭의 가르마· 코르친의 라마스히· 무자이· 암바

sanggarjai, mujang, ere juwan duin niyalma de cekemu emte, suje
상가르자이· 무장, 이 14명에게 倭緞 1필씩· 비단

duite, mocin juwanta, hailun juwete, šempi juwete, urat i tumen,
4필씩· 毛靑 10필씩· 수달가죽 2장씩· 綠斜皮 2장씩, 우라트의 투먼·

duba, gorlos i gumu, bumba, durbet i sereng, cegen gumu, korcin i
두바, 고를로스의 구무· 붐바, 두르베트의 서렁· 처건 구무, 코르친의

konggor mafa, ere nadan niyalma de suje duite, mocin juwanta, hailun
콩고르 마파, 이 7명에게 비단 4필씩· 毛靑 10필씩· 수달가죽

juwete, šempi juwete, jasak i 22/23 dureng de tanggū yan menggun,
2장씩· 綠斜皮 2장씩, 자삭인 두렁에게 100량의 은,

jasak i hiya noyan de susai yan menggun, jasak i darhan de susai
자삭인 히야 노얀에게 50량의 은, 자삭인 다르한에게 50량의

yan menggun buhe,,
은을 주었다.

○ ineku orin ilan de, gosin onco hūwaliyasun enduringge han,
같은 23일에, 어질고 관대하고 온화하고 성스러운 황제가

tulergi goloi monggo beise de, booi ku i ulin ai ai jaka be 23/24
外藩 몽고 버일러들에게 집의 庫의 재물 각종 물건을

šangnahangge, sonom taiji de emu gecuheri, cekemu emke, duin suje,
상내려 준 것. 소놈 타이지에게 1필의 蟒緞· 倭緞 1필· 4필의 비단·

mocin boso gūsin, šempi emke, kairai de ilan suje, mocin juwan,
毛靑布 30필· 綠斜皮 1장, 카이라이에게 3필의 비단· 毛靑 10필·

toohan umiyesun emke, darhan joriktu de emu gecuheri, nadan suje,
띠돈있는 요대 1개, 다르한 조릭투에게 1필의 蟒緞· 7필의 비단·

mocin boso gūsin, menggun de aisin ijuha toohan umiyesun emke,
毛靑布 30필· 은에 금을 도금한 띠돈있는 요대 1개·

foloho enggemu emke, foloho jebele emke, hilteri uksin emke, 24/25
조각한 안장 1개· 조각한 화살통 1개· 겉미늘 갑옷 1개,

bayartu de gecuheri emke, ilan suje, mocin juwan, tuktuma uksin
바야르투에게 蟒緞 1필· 3필의 비단· 毛靑 10필· 속미늘 갑옷

emke, foloho enggemu emke, bandi de emu undurakū, dardan emke,
1개· 조각한 안장 1개, 반디에게 1필의 龍緞· 粧緞 1필·

ninggun suje, mocin boso gūsin, tuktuma uksin emke, foloho enggemu
6필의 비단· 毛靑布 30필· 속미늘 갑옷 1벌· 조각한 안장

emke, foloho umiyesun emke, fere noho jebele emke, suje i ergume
1개· 조각한 요대 1개· 바닥이 있는 화살통 1개· 비단 朝衣

emke, šempi juwe, hailun juwe, cai emu tanggū boose, 25/26 menggun i
1벌· 綠斜皮 2장· 수달피 2장· 차 100包· 은

hūntahan emke, batma de gecuheri emke, ninggun suje, mocin boso
술잔 1개, 바트마에게 蟒緞 1필· 6필의 비단· 毛靑布

orin, tuktuma uksin emke, foloho enggemu emke, fere noho jebele
20필· 속미늘 갑옷 1개· 조각한 안장 1개· 바닥이 있는 화살통

emke, foloho umiyesun emke, emu beri, mongkūwa de emu gecuheri,
1개· 조각한 요대 1개· 1개의 활, 몽쿠와에게 1필의 蟒緞·

ninggun suje, mocin boso orin, tuktuma uksin emke, foloho enggemu
6필의 비단· 毛青布 20필· 속미늘 갑옷 1개· 조각한 안장

emke, foloho jebele emke, umiyesun emke, g'abcu lama de 26/27 suje
1개· 조각한 화살통 1개· 요대 1개, 갑추 라마에게 비단

emke, hacingga boso juwan, foloho enggemu emke, cai emu tanggū
1필· 각종 布 10필· 조각한 안장 1개· 차 100包,

boose, sebun darhan baturu de unduraku̅ emke, emu suje, mocin samsu
서분 다르한 바투루에게 龍緞 1필· 1필의 비단· 毛青布

orin, ubalai de suje emke, mocin samsu jakūn, ajige mama de juwe
20필, 우발라이에게 비단 1필· 毛青布 8필, 아지거 마마에게 2필의

gecuheri, juwan suje, mocin samsu orin, baturu giyūn wang de juwe
蟒緞· 10필의 비단· 毛青布 20필, 바투루 군왕에게 2필의

gecuheri, emu cekemu, ninggun 27/28 suje, emu ergume, mocin boso
蟒緞· 1필의 倭緞· 6필의 비단· 1벌의 朝衣· 毛青布

orin, aisin ijuha loho emke, karacin i gurushib i eniye de menggun
20필· 금을 도금한 腰刀 1개, 카라친의 구르스힙의 어머니에게 은

emu tanggū yan, icehe hailun juwe, seke duin, erei elcin de menggun
100량· 염색한 수달피 2장· 貂皮 4장, 그의 사신에게 은

sunja yan, kutule de juwe yan, gulugu de menggun susai yan, foloho
5량, 쿠툴러에게 2량, 굴루구에게 은 50량· 조각한

jebele emke, beri emke, janggilun de gecuheri emke, alha cekemu 28/29
화살통 1개· 활 1개, 장길룬에게 蟒緞 1필· 꽃무늬 倭緞

emke, jakūn suje, mocin samsu dehi, emu foloho enggemu de tohoma
1필· 8필의 비단· 毛靑布 40필· 1개의 조각한 안장에 말다래가

kamcihai, tuktuma uksin emke, fere noho jebele emke, foloho loho
달린 것· 속미늘 갑옷 1개· 바닥이 있는 화살통 1개· 조각한 腰刀

emke, dung daicing de emu gecuheri, amba suje ninggun, mocin boso
1개, 둥 다이칭에게 1필의 蟒緞· 큰 비단 6필· 毛靑布

orin, jan i umiyesun[1] emke, foloho jebele emke, enggemu emke,
20필· 哨箭의 요대 1개· 조각한 화살통 1개· 안장 1개·

tuktuma uksin emke, ayusi de emu gecuheri, emu 29/30 cekemu, jakūn
속미늘 갑옷 1개, 아유시에게 1필의 蟒緞· 1필의 왜단· 8필의

suje, mocin boso dehi, dongmo emke, foloho enggemu emke, tuktuma
비단· 毛靑布 40필· 茶桶 1개· 조각한 안장 1개· 속미늘

uksin emke, foloho jebele emke, toohan umiyesun emke, jambala de
갑옷 1개· 조각한 화살통 1개· 띠돈있는 요대 1개, 잠발라에게

undurakū emke, ninggun suje, mocin boso orin, emu tuktuma uksin,
龍緞 1필· 6필의 비단· 毛靑布 20필· 1개의 속미늘 갑옷·

---

1 [簽註] gingguleme baicaci, fe manju gisun i bithe, manju gisun i buleku bithede, gemu jan i umiyesun sere gisun akū, baicame bahakū ofi da songkoi sarkiyaha,,
삼가 찾아보니 『舊淸語』와 『淸文鑑』에 모두 'jan i umiyesun'이라는 어휘가 없다. 찾을 수 없어서 원래대로 베껴 썼다.

foloho enggemu emke, jebele emke, umiyesun emke, g'arma de emu
조각한 안장 1개· 화살통 1개· 요대 1개, 가르마에게 1필의

gecuheri, juwe suje, mocin samsu tofohon, foloho jebele 30/31 emke,
蟒緞· 2필의 비단· 毛靑布 15필· 조각한 화살통 1개,

cokto de juwe suje, mocin samsu susai, dambagu juwan kiyan, foloho
촉토에게 2필의 비단· 毛靑布 50필· 담배 10帖· 조각한

umiyesun emke, gumu de mocin samsu juwan, hatan darhan de emu
요대 1개, 구무에게 毛靑布 10필, 하탄 다르한에게 1필의

suje, mocin boso jakūn, tono de emu gecuheri, joriktu cin wang de
비단· 毛靑布 8필, 토노에게 1필의 蟒緞, 조릭투 친왕에게

juwe gecuheri, cekemu de ifiha etuku emke, jakūn suje, suje i ergume
2필의 蟒緞, 처커무에게 꿰맨 의복 1벌· 8필의 비단· 비단 朝衣

emke, sese jiha noho 31/32 sijigiyan emke, mocin boso orin, emu
1벌· 금실 동전 모양이 있는 袍 1벌· 毛靑布 20필· 1마리의

enggemu tohoho morin, dorji de emu gecuheri, emu junggin, duin
안장을 채운 말, 도르지에게 1필의 蟒緞· 1필의 錦· 4필의

suje, mocin samsu gūsin, juwe šempi, dambagu susai kiyan, kijimi
비단· 毛靑布 30필· 2장의 綠斜皮· 담배 50帖· 살담배

juwe boose, cai juwe tanggū boose, acinggiyame foloho enggemu emke,
2包· 茶 200包· 움직이는 듯 조각한 안장 1개·

foloho umiyesun emke, jebele emke, tuktuma uksin juwe, foloho loho
조각한 요대 1개· 화살통 1개· 속미늘 갑옷 2개· 조각한 腰刀

emke buhe, 32/33 enduringge han, doroi jasaktu giyūn wang de
1개를 주었다. 성스러운 황제는 도로이 자삭투 군왕에게

gecuheri emke, suje jakūn, muduri ifiha suje emke, gecuheri goksi
蟒緞 1필· 비단 8필· 용을 수놓은 비단 1필· 蟒緞 舞扇肩朝衣

emke, foloho loho emke, sufan i giranggi solha emke, foloho enggemu
1벌· 조각한 腰刀 1개· 象牙 밥그릇 1개· 조각한 안장

emke, asu uksin emke, mocin samsu orin, šoloi gurun i huwesi emke,
1개· 그물 갑옷 1벌· 毛靑布 20필· 숄로이 國의 小刀 1개,

bingtu wang de emu gecuheri, jakūn suje, funiyehe den cekemu emke,
빙투 왕에게 1필의 蟒緞· 8필의 비단· 털이 높은 倭緞 1필·

mocin boso 33/34 orin, emu hilteri uksin saca, saca galaktun de aisin
毛靑布 20필· 1벌의 겉미늘 갑옷과 투구· 투구와 갑옷소매에 금을

dosimbuha tuktuma uksin emke, aisin ijuha bulehen i tampin emke,
상감한 속미늘 갑옷 1개· 금을 입힌 鶴 모양의 술병 1개·

weihe i moro emke, šoloi gurun i enggemu emke, foloho loho emke,
돌 그릇 1개· 숄로이 국의 안장 1개· 조각한 腰刀 1개.

tuttu šangname buhe manggi, bingtu wang, jasaktu giyūn wang
이렇게 상을 내려 준 후, 빙투 왕· 자삭투 군왕이

hadaha usihai yamun de jifi, enduringge han de ilan jergi niyakūrafi
北辰殿에 와서, 성스러운 황제에게 세 번 무릎 꿇고

ilan jergi hengkilere de, 34/35 han karu ilan jergi buhi arame
세 번 고두할 때에, 황제가 답하여 세 번 한쪽 무릎을 굽혀

niyakūrafi hengkilehe, hengkileme wajiha manggi, hadaha usihai yamun
꿇고 고두했다. 고두하기를 마친 후에, 北辰殿에서

de sarin sarilaha,,
잔치를 베풀었다.

○ orin duin de, irešen be amala ilaci aniya simnere de, ineku
24일에, 이러션을 후에 3년 만에 고과할 때에, 그

hai jeo i birai angga de orin nadan cuwan, ukanju emu 35/36 tanggū
海州 河口에서 27척의 선박과 도망자 107명을

nadan niyalma baha sain seme, uju jergi jalan i janggin be ilaci
얻은 것이 좋다고 1등 잘란 장긴을 3등

jergi meiren i janggin obuha, jai juwe jergi nonggifi jakūn jergi
머이런 장긴으로 삼았다. 또한 두 번을 더하여 여덟 번

sirambi,,
계승한다.

○ burkan nimeme akū oho manggi, ahūn i jui tantai de
부르칸이 병에 걸려 사망한 후, 형의 아들인 탄타이에게

ineku jai jergi jalan i janggin 36/37 siraha, jai sunja jergi sirambi,,
같은 2등 잘란 장긴을 계승하게 했다. 또한 다섯 번 계승한다.

○ ineku orin duin de, monggo i korcin i gege be, enduringge
같은 24일에, 몽고의 코르친의 공주를 성스러운

han i genggiyen elhe boode gajifi amba sarin sarilaha,,
황제의 淸寧宮으로 데려 와서 크게 잔치를 베풀었다.

○ orin nadan de, karacin de hūda genehe nomtu se isinjiha,, 37/38
27일에, 카라친에 장사하러 갔던 놈투 등이 도착했다.

○ ineku tere inenggi, warka de cooha genehe juwe lamun i
같은 그 날, 와르카에 원정 갔던 두 藍旗의

jafuni, doolan isinjiha, esei gajiha haha i ton, juwe tanggū
자푸니· 도올란이 도착했다. 이들이 데리고 온 남자의 수는 295명의

uyunju sunja haha, hehe juwe tanggū juwan duin, juse uyunju, mafa
남자· 여자 214명· 아이들 90명· 노인들

juwe, uheri anggala i ton, ninggun tanggū emu, morin orin duin,
2명으로, 총 인구의 수는 601명, 말 24마리·

ihan sunja, deji 38/39 hehe nadanju ilan, sargan juse juwan emu,
소 5마리· 헌상품 여자 73명· 여자아이 11명·

haha juse jakūn, seke juwe tanggū emu, seke icu jakūn, seke solohi
남자아이 8명· 貂皮 201장· 貂皮 가죽재료 8장· 초피와 족제비가죽을

suwaliyame araha icu duin, silun uyun, tasha sukū duin, hailun
섞어서 만든 가죽재료 4장· 스라소니가죽 9장· 호랑이가죽 4장· 수달가죽

dehi jakūn, niohe sukū juwe, dobihi duin, ulhu i icu ilan, ulhu
48장· 늑대가죽 2장· 여우가죽 4장· 灰鼠皮 가죽재료 3장· 灰鼠皮

sunja tanggū ninju ninggun, solohi icu juwe, solohi emu 39/40 tanggū
566장· 족제비 가죽재료 2장· 족제비가죽 187장·

jakūnju nadan, elbihe ninju ninggun, seke i uncehen susai ninggun,
너구리가죽 66장· 貂皮 꼬리 56장·

seke i fatha adaha farsi juwan juwe, dobihi i fatha adaha farsi
초피의 발 달린 조각 12장· 여우가죽의 발 달린 조각

emke, jakūn yendahūn, juwe lamun i juwe tanggū juwan uksin, emu
1장· 8마리 개였다. 두 藍旗의 210명의 甲兵은 1명의

uksin de jakūta yan bodome, ceni gajiha olji niyalma, furdehe, ku i
甲兵 당 8량씩을 셈하여, 그들이 데려 온 노획인· 毛皮· 곳간의

mocin emu tanggū dehi duin, jai juwe da 40/41 mocin, ere uheri
毛靑 144필· 또 2尋의 毛靑 이렇게 모두

emu minggan ninggun tanggū jakūnju yan buhe, temuru i emgi bihe
1,680량을 주었다. 터무루와 함께 하던

susai jakūn uksin, orho moo ganaha jakūn uksin, morin ulebume
58명의 甲兵· 초목을 취하러 갔던 8명의 甲兵· 말을 먹이러

unggihe ilan uksin, ningguta de nimeme werihe nadan uksin, ukanju
보낸 3명의 甲兵· 닝구타에 병이 나서 머물렀던 7명의 甲兵· 도망자를

ukambuha juwe uksin, doolan i gucu emke, ukanju fargame genehe
도망케 한 2명의 甲兵· 도올란의 구추 1명· 도망자를 추격하러 간

juwan uksin, emke wabuhabi, erei hoki ninggun 41/42 uksin, ere
10명의 甲兵은 1명이 피살되었고 이들의 동료 6명의 甲兵, 이렇게

uheri jakūnju sunja uksin de olji buhekū faitaha,,
모두 85명의 甲兵에게는 노획을 주지 않고 상을 박탈했다.

○ ineku orin nadan de, gosin onco hūwaliyasun enduringge han i
같은 27일에, 어질고 관대하고 온화하고 성스러운 황제의

hesei nikan i du yuwanšuwai kung io de, dzung bing guwan geng
旨로 漢人 都元帥 孔有德· 總兵官 耿仲明·

jung ming, dzung bing guwan šang k'o hi 42/43 sebe gung ilgafi, kung
總兵官 尙可喜 등을 論功하고, 孔(有德)을

be ginggun ijishūn wang, geng be gūnin ijishūn wang, šang be
恭順王, 耿(仲明)을 懷順王, 尙(可喜)를

bodohonggo ijishūn wang obuha, enduringge han, wesihun dasan i
智順王으로 삼았다. 성스러운 황제는 崇政殿에서

yamun de amba sarin sarilafi, jergi bodome menggun šangnaha,,
크게 잔치를 베풀고, 등급에 따라서 은을 상으로 주었다.

○ ineku orin nadan de, ilan wang ni geren 43/44 hafasa be gung
같은 27일에, 3명의 왕[2]의 여러 관원들을 論功하여

ilgafi jergi wesibuhe, gūnin ijishūn wang ni harangga lio cang su,
등급을 올려주었다. 恭順王의 屬下 劉成祖는

dade cuwan be kadalara fujiyang bihe, deng jeo hecen de nikan i
본래 선박을 관할하는 副將이었다. 登州城에서 明의

cooha de hafirabufi, ebsi dahame jidere de, ini emu deo be baime
군사에게 압박을 받고 우리 쪽으로 항복해 올 때, 그의 1명의 동생을 찾느라고

boljohon i erin de tucikekū ofi, dahame jidere irgen, nikan i cooha de
약속한 때에 나오지 않아서, 항복해 온 백성을 명의 군사에게

ambula gaibuha, 44/45 gung ilgara de, tubabe gūnici wara weile bihe,
많이 빼앗겼다. 論功할 때, 그것을 생각하면 죽일 죄였다.

dahame jidere de giyang de isinjiha manggi, neneme medege
항복해 올 때, 강에 도착한 후 먼저 소식을

alanjiha seme, boljohon be tookabuha weile be waliyame gamafi,
고해왔다고 하여, 약속을 늦춘 죄를 면해주고 데려 와서

meiren i janggin be ilaci jergi jalan i janggin obuha,,
머이런 장긴인 것을 3등 잘란 장긴으로 삼았다.

2 '3명의 王'은 恭順王(ginggun ijishūn wang) 孔有德, 懷順王(gūnin ijishūn wang) 耿仲明, 智順王(bodohonggo ijishūn wang) 尙可喜를 가리킨다.

○ ineku orin nadan de, ilan wang ni geren 45/46 hafasa de jergi
같은 27일에, 3명의 왕의 여러 관원들에게 등급에

bodome menggun šangnaha, tere šangnara de, gūnin ijishūn wang ni
따라 은을 상으로 주었다. 그 상을 줄 때에, 恭順王의

lio cang su be hūlaci jabuhakū seme, bithei niyalma enduringge han de
劉成祖를 소환해도 오지 않았다고 內院의 사람이 성스러운 황제에게

gisun wesimbuhe manggi, enduringge han hendume, ere weile be
上言하니 성스러운 황제가 말하기를, "이 일을

ini ejen de ala seme alara jakade, ilan wang uthai lio cang su be
그 주인에게 알려라"고 하여 알리자, 3명의 왕이 곧장 劉成祖를

jafafi, ere weile 46/47 endebuhe calabuhangge waka, jortai dergi be
체포하여, "이 일은 그릇되고 지나친 것이 아닙니다. 고의로 윗사람을

weihukelehengge, waci acambi seme gisun wesimbuhe, enduringge han i
속인 것이니, 죽이는 것이 온당합니다" 라고 上言했다. 성스러운 황제의

hese, ilan wang ni waki serengge mujangga, udu tuttu bicibe,
旨. 「3명의 왕이 죽이라고 말한 것은 옳다. 비록 그렇다고 하더라도,

ukandara ubašara weile waka, jai oci, mederi be doome suwembe
도망하거나 모반한 죄는 아니다. 게다가 바다를 건너서 너희를

dahame jihe gung de ere weile be waliya seme, hese wasimbufi weile
따라서 온 공이 있으니 이 죄를 면해주어라」라고 旨를 내려 죄를

waliyaha, šangnaha menggun be amasi gaifi 47/48 ku de benehe,,
면해주었다. 상으로 준 은을 다시 빼앗아 庫에 보냈다.

○ orin jakūn de, tulergi goloi geren beise gemu genehe,,
28일에, 外藩의 여러 버일러들이 모두 갔다.

○ tere inenggi, tulergi goloi tofohon hoton de enduringge han i
그 날, 外藩의 15개 城에 성스러운 황제의

fafun i bithe selgiyehe,,
法度의 글을 포고했다.

tongki fuka sindaha hergen i dangse

點·圈을 찍은 문자의 檔子

juwanci debtelin

10권

wesihun erdemungge i sucungga aniya sunja biya

숭덕 원년 5월

10권, 숭덕 원년 5월

tongki fuka sindaha hergen i dangse,,
點 圈을 찍은 문자의 檔子.

○ sunja biyai ice de niowanggiyan muduri inenggi, enduringge
5월의 1일 甲辰일, 「성스러운

han i hesei toktobuha, hošoi cin wang de fulgiyan sara juwe, tu
황제의 旨로 정했다. 호쇼이 친왕에게는 붉은 傘 2개· 纛

juwe, kiru juwan, ilibume araha hengke i maitu juwe, gudu maitu[1]
2개· 小旗 10개· 立瓜錘 2개· 骨朶錘

juwe, u jang duin, doroi giyūn wang de fulgiyan sara emke, tu emke,
2개· 吾杖 4개, 도로이 군왕에게는 붉은 傘 1개· 纛 1개·

kiru jakūn, dedubume araha hengke i maitu juwe, u jang
小旗 8개· 臥瓜錘 2개· 吾杖

duin, doroi beile de 1/2 fulgiyan sara emke, tu emke, kiru ninggun,
4개, 도로이 버일러에게는 붉은 傘 1개· 纛 1개· 小旗 6개·

---

1 [簽註] gingguleme baicaci, fe manju gisun i bithe, manju gisun i buleku bithede, gemu gudu maitu sere gisun akū, baicame bahakū ofi, da songkoi sarkiyaha,,
삼가 찾아보니 『舊清語』와 『清文鑑』에 모두 'gudu maitu'라는 말이 없다. 찾을 수 없어서 원래대로 베껴 썼다.
* gudu는 骨朶를 의미한다. 골타는 긴 막대기 끝에 마늘 모양의 둥근 쇠를 붙인 무기로, 둥근 쇠붙이를 은으로 도금한 銀骨朶, 표범의 가죽으로 싼 豹骨朶, 곰의 가죽으로 싼 熊骨朶가 있다. 원래는 兵器였으나 나중에는 의장용으로 쓰였다.

gudu maitu juwe, fulgiyan mukšan juwe, cooha aba ocibe, hecen
骨朶錘 2개· 붉은 곤봉 2개이다. 전쟁이든 몰이사냥이든, 성을

tucifi enculeme yabucibe, ere faidaha be yooni gaifi yabu, han i
나와서 별도로 다니든, 이 열거한 것을 모두 이끌고 다녀라. 황제의

jakade jici, ere faidaha be ume gajire, han ci fakcafi encu yabuci,
곁으로 오면, 이 열거한 것을 가져오지 말라. 황제로부터 떨어져 별도로 다니면,

ere faidaha be yooni juleri faida, cin wang, giyūn wang, doroi beile,
이 열거한 것을 모두 앞에 정렬하라. 친왕· 군왕· 도로이 버일러는

cimaridari yamulara de, tu kiru be ume faidara, sara, maitu, u jang,
아침마다 아문에 출근할 때 纛· 小旗를 정렬하지 말고, 傘· 錘· 吾杖·

2/3 mukšan i teile faidafi yamulame jio, tere sara, maitu, u jang,
곤봉만 정렬하고 아문에 출근해 오라. 그 傘· 錘· 吾杖·

mukšan be, geren hafasai morin ci ebure bade nakabu, amasi
곤봉을 여러 관원들의 말에서 내리는 곳에 놔두도록 하라. 퇴근해

bedereme geneci, ineku tubaci faidafi gene, faidan i jaka dagila seme,
가면, 바로 그곳에서 정렬하고 가라. 행렬의 물건을 준비하라」라며

hošoi cin wang de emte tanggū yan, doroi giyūn wang de jakūnjuta
호쇼이 친왕에게는 100량씩, 도로이 군왕에게는 80량씩,

yan, doroi beile de ninjute yan, gurun i gungju, hošoi fujin de
도로이 버일러에게는 60량씩, 구룬이 公主와 호쇼이 푸진에게는

jakūnjuta yan, hošoi gungju, doroi 3/4 giyūn wang ni fujin de ninjute
80량씩, 호쇼이 公主와 도로이 군왕의 푸진에게는 60량씩,

yan, doroi beile i sargan fujin de dehite yan buhe, tulergi goloi
도로이 버일러의 처 푸진에게는 40량씩을 주었다. 外藩

monggo i hošoi tusiyetu cin wang, joriktu cin wang de jakūnjuta yan,
몽고의 호쇼이 투시예투 친왕과 조릭투 친왕에게는 80량씩,

baturu giyūn wang, jasaktu giyūn wang, bingtu wang de ninjute yan,
바투루 군왕과 자삭투 군왕과 빙투 王에게는 60량씩,

tusiyetu cin wang ni sargan hošoi gungju, baturu giyūn 4/5 wang ni
투시예투 친왕의 부인인 호쇼이 公主와 바투루 군왕의

sargan hošoi gungju, joriktu cin wang ni sargan hošoi fujin, amba
부인인 호쇼이 公主와 조릭투 친왕의 부인인 호쇼이 푸진과 암바

mama hošoi hūturingga fujin de jakūnjuta yan, bingtu wang ni
마마 호쇼이 福 푸진에게는 80량씩, 빙투 王의

sargan doroi fujin, jasaktu giyūn wang ni sargan doroi fujin de
부인 도로이 푸진과 자삭투 군왕의 부인 도로이 푸진에게는

ninjute yan buhe, nikan i ilan wang de jakūnjuta yan menggun
60량씩 주었다. 한인의 3명의 王에게는 80량씩의 은을

buhe,, 5/6
주었다.

○ ineku ice de, korcin i hošoi tusiyetu cin wang, hošoi gungju,
같은 1일에, 코르친의 호쇼이 투시예투 친왕과 호쇼이 公主가

ini gurun de genere de, han i buhengge, amba yacin gecuheri emke,
그의 나라에 갈 때 황제가 하사한 것. 큰 푸른색 蟒緞 1필·

šahūn amba gecuheri emke, yacin undurakū emke, bai gecuheri juwe,
담백색의 큰 蟒緞 1필· 푸른색 龍緞 1필· 보통 蟒緞 2필·

juwangduwan ilan, giltasikū ilan, funiyehe den cekemu emke, 6/7
粧緞 3필· 片金 3필· 剪絨 1필·

ilhangga niowanggiyan cekemu emke, ilhangga yacin cekemu emke,
꽃무늬 녹색 倭緞 1필· 꽃무늬 푸른색 倭緞 1필·

meilun[2] cekemu emke, lamun cekemu emke, amba suje sunja, amba
meilun 倭緞 1필· 남색 倭緞 1필· 큰 비단 5필· 큰

pengduwan juwan, cuse juwan, ajige pengduwan juwan, kamkū juwan,
彭緞 10필· 綢子 10필· 작은 彭緞 10필· 帽緞 10필·

ša, lo juwan, icehe fangse, lingse juwan, solho i šanggiyan fangse
紗·羅 10필· 염색한 紡絲와 綾子 10필· 조선의 흰색 紡絲

juwan, miyanceo juwan, jodoho amba mocin samsu susai, jodoho ajige
10필· 綿紬 10필· 編織한 큰 毛靑布 50필· 編織한 작은

---

2 [簽註] gingguleme baicaci, fe manju gisun i bithe, manju gisun i buleku bithede, gemu meilun sere gisun akū, baicame bahakū ofi, da songkoi sarkiyaha,,
삼가 찾아보니 『舊淸語』와 『淸文鑑』에 모두 'meilun'이라는 말이 없다. 찾을 수 없어서 원래대로 베껴 썼다.

mocin samsu susai, 7/8 solho i mocin samsu emu tanggū, solho i
毛靑布 50필· 조선의 毛靑布 100필· 조선의

šanggiyan narhūn muwa boso emu tanggū, hiya sese juwe sefere,
흰색 가늘고 거친 布 100필· 絲枠 2묶음·

giranggi ijifun ilan, moo ijifun, merhe nadan, ai ai buyarame jaka
뼈로 만든 일레빗 3개· 목제 얼레빗과 침빗 7개· 갖가지 소소한 물건이

tebufi emu hiyase, dongmo juwe, amba galangga tampin juwe, booši
담긴 1개의 상자· 茶桶 2개· 큰 손잡이 있는 술병 2개· 보석과

uyu sindaha aisin i hūntahan taili emu juru, menggun i hūntahan
綠松石을 장식한 금 술잔과 잔받침 1쌍· 은 술잔과

taili juwe juru, 8/9 ilan bethengge hūntahan emke, gu i hūntahan
받침 2쌍· 세 다리가 있는 술잔 1개· 옥 술잔

juwe, seke i hayahan i hūha ojin teleri emu juru, lamun
2개· 초피로 테두른 감친 捏摺女朝褂와 捏摺女朝衣 1쌍· 남색의

de sese ifiha ojin, fulgiyan i teleri, sese i muduri gecuheri
금실로 재봉한 捏摺女朝褂· 붉은 捏摺女朝衣· 금실로 용을 수놓은 蟒緞으로 만든

ojin teleri juwe juru, ifiha ojin teleri emu juru,
捏摺女朝褂와 捏摺女朝衣 2쌍· 재봉한 捏摺女朝褂와 捏摺女朝衣 1쌍·

sahalca seke i dahū emke, gūlha ninggun juru, tana uyu booši
흑초피 가죽옷 1벌· 신발 6쌍· 東珠와 綠松石과 보석을

sindaha šerin kūthūri moncon hadaha boro 9/10 emke, aisin i
장식한 金佛頭와 구름문양장식의 菊花頂을 박은 여름모자 1개· 금제

umiyesun de fungku fadu hūwaitahai, gecuheri goksi emke, cekemu
요대에 수건과 주머니를 묶은 것· 蟒緞 無扇肩朝衣 1벌· 倭緞으로

kubuhe kamkū goksi emke, bolilame ifiha goksi[3] emke, šerin
테두리 두른 帽緞 無扇肩朝衣 1벌· 團龍을 놓고 재봉한 無扇肩朝衣 1벌· 金佛頭가

amala juleri hadaha mahala boro, haksan ture i gūlha emu juru,
뒤와 앞에 박힌 겨울모자와 여름모자· 금색의 다리까지 올라오는 신발 1쌍·

gecuheri jibehun emke, alha i sishe emke, boro dobihi dahū emke,
蟒緞 이불 1채· 꽃무늬 요 1채· 검은 여우가죽 가죽옷 1벌·

nioboro suje i ergume emke, tana sindaha aisin fadu emke, 10/11
암록색 비단으로 만든 朝衣 1벌· 東珠를 장식한 금제 주머니 1개·

hūba erihe emke, šuru erihe emke, ifiha enggemu sishe emke, suwayan
琥珀 염주 1개· 산호 염주 1개· 재봉한 안장 방석 1개· 황색

sara emke, sejen emke, teišun i fere noho aisin ijuha jebele de beri
傘 1개· 수레 1대· 황동의 바닥이 있는 금을 도금한 화살통에 활과

3 [簽註] gingguleme baicaci, manju gisun i buleku bithede, gecuheri de jodoho kūwaran bisire ishun muduri be bolin sembi sehebi, kimcici, ere bolilame ifiha goksi sere gisun, ainci bolin sindame ifiha goksi sere gisun dere,,
삼가 찾아보니 『清文鑑』에서 蟒緞에 編織한 테두리가 있고 마주한 龍을 'bolin'(團龍)이라 한다고 했다. 고찰하건대 이 'bolilame ifiha goksi'(團龍을 놓고 재봉한 無扇肩朝衣)라는 말은 아마도 'bolin sindame ifiha goksi'(團龍을 놓고 재봉한 無扇肩朝衣)라는 말인 것 같다.

niru sisihai, aisin dosimbuha uksin emke, foloho tuktuma uksin juwe,
화살을 꽂은 것· 금을 상감해 넣은 갑옷 1벌· 조각한 속미늘갑옷 2벌·

gincihiyan tuktuma uksin juwe, gulu menggun i dushuhe booši uyu
광택 나는 속미늘갑옷 2벌· 순은을 아로새기고 보석과 綠松石을

sindaha enggemu tuhebuku tohoma ulkume yooni tohohoi emu 11/12
장식한 안장에 늘어뜨린 말다래와 가슴걸이를 전부 맨 1마리의

morin, narhūn jursu foloho aisin dosimbuha enggemu tohohoi emu
말· 세세하게 이중으로 조각하고 금을 상감해 넣은 안장을 맨 1마리의

morin, foloho enggemu juwe bufi, hošoi mergen cin wang, hošoi erke
말· 조각한 안장 2벌을 주었다. 호쇼이 머르건 친왕과 호쇼이 어르커

cin wang, hošoi fafungga cin wang, hecen tucifi amba sarin sarilafi
친왕과 호쇼이 파풍가 친왕은 성을 나와서 크게 잔치를 벌여서

fudehe, tunci age, hoto age, gūnggadai age, gurun i jase tucime
보냈다. 툰치 아거· 호토 아거· 궁가다이 아거는 나라의 경계를 나가서

genefi sarin sarilafi fudehe,, 12/13
나아가서 잔치를 베풀어 보냈다.

○ ice juwe de, alai darhan, moominggan i ukaka be amcame
초 2일에, 알라이 다르한이 모오밍간의 도망자를 쫓아

genefi, buhū be ihan i adali yalufi yabure kamnigan gebungge gurun i
가서, 사슴을 소처럼 타고 다니는 캄니간 이라는 나라의

juwan jakūn haha, juwan emu hehe bahafi gajiha be han de
18명의 남자와 11명의 여자를 잡아 데려온 것을 황제에게

acabuha, ere acara de, silun i dahū emke jafaha bihe, gaihakū amasi
알현하게 했다. 이 알현했을 때, 스라소니 가죽옷 1벌을 바쳤다. 취하지 않고 되

bederebuhe,, 13/14
돌려주었다.

○ ice ilan de, bithei niyalma be hafan i jurgan i mergen cin
초 3일에, 문관을 吏部의 머르건 친왕이

wang simnefi, han de wesimbufi toktobuha, ilaci jergi jalan i janggin
선발하여 황제에게 상주해서 정했다. 3등 잘란 장긴

hife, suduri bithei yamun i aliha amban bihe, wesibufi jai jergi jalan
히퍼는 國史院의 承政이었는데, 승진시켜 2등 잘란

i janggin obufi, kooli selgiyere bithei yamun i aliha bithei da
장긴으로 삼고, 弘文院의 大學士에

sindaha, ilaci jergi 14/15 jalan i janggin fan wen ceng, narhūn bithei
임명했다. 3등 잘란 장긴 范文程은 秘書院의

yamun i aliha amban bihe, wesibufi jai jergi jalan i janggin obufi,
承政이었는데, 승진시켜 2등 잘란 장긴으로 삼고,

ineku narhūn bithei yamun i aliha bithei da sindaha, jai jergi jalan
같은 秘書院의 大學士에 임명했다. 2등 3잘란

i janggin boo ceng siyan be wesibufi, narhūn bithei yamun i aliha
장긴 鮑承先을 승진시켜 秘書院의

bithei da sindaha, tukiyehe niyalma garin, suduri bithei yamun i
大學士에 임명했다. 擧人 가린은 國史院의

aliha amban bihe, wesibufi 15/16 nirui janggin obufi, ineku suduri
承政이었는데, 승진시켜 니루 장긴으로 삼고, 같은 國史院의

bithei yamun i aliha bithei da sindaha, esei umiyesun mahala
大學士에 임명했다. 이들의 요대와 겨울모자를

eturengge, niyalma dahaburengge, meiren i janggin i jergi de obuha,
입는 것과 사람을 따르게 하는 것은 머이런 장긴과 동등하게 했다.

lošo, lo sio gin be suduri bithei yamun i ashan i bithei da obuha,
로쇼와 羅繡錦을 國史院의 學士로 삼았다.

jamba be ineku narhūn bithei yamun i ashan i bithei da sindaha,
잠바를 같은 秘書院의 學士로 임명했다.

hūkio, wang wen kui be kooli selgiyere bithei yamun i ashan i
후키오와 王文奎를 弘文院의

16/17 bithei da obuha, esei mahala umiyesun eturengge, niyalma
學士로 삼았다. 이들의 겨울모자와 요대를 착용하는 것과 사람을

dahaburengge, jalan i janggin i jergi de obuha, enggedei narhūn
따르게 하는 것은 잘란 장긴과 동등하게 했다. 엉거더이를 秘書院의

bithei yamun i tukiyehe niyalma bihe, ere uyun amban i emgi
擧人으로 삼았고, 이 9명의 대신과 함께

tucime dosime yabukini sehe,,
출입하라고 했다.

○ ineku tere inenggi, doroi bayan beile, sargan de eterakū, 17/18
같은 그 날, 도로이 바얀 버일러는 처를 이기지 못하고,

enduringge han i hese be jurceme, sargan jui be juwe jergi bu
성스러운 황제의 旨를 거스르고, 딸을 두 번 주라고

seci, sargan i gisun de dosifi maraha, geren hošoi cin wang, doroi
했으나 처의 말에 빠져 거절했다. 여러 호쇼이 친왕과 도로이

giyūn wang, geren ambasa duilefi, doroi bayan beile i da sargan de
군왕과 여러 대신들이 조사하여, 도로이 바얀 버일러의 정실 부인에게

wara weile tuhebufi, enduringge han de gisun wesimbuhe, enduringge
死罪를 정해서 성스러운 황제에게 상주했다. 성스러운

han waliyame gamame wara be nakabuha, geren hošoi cin 18/19 wang,
황제는 용서하고 죽이는 것을 멈추게 했다. 여러 호쇼이 친왕과

doroi giyūn wang, geren ambasa dasame minggan yan i weile
도로이 군왕과 여러 대신들이 다시 1천 량의 죄를

tuhebufi, geli gisun wesimbuhe, enduringge han geli guwebuhe, fujin
적용하고, 다시 상주했다. 성스러운 황제는 다시 면해주었다. 부인이

be ereci amasi geli doroi weile de danara, eigen de etuhušere,
이후로 다시 정사에 관여하고 남편에게 영향력을 행사하여서

fudasihūn yabure oci, urunakū wambi sehe, doroi bayan beile,
패역을 행하게 되면 반드시 죽인다고 했었다. 도로이 바얀 버일러가

yuwan du tang ni cooha de, fafungga cin wang ni emgi dosikakū
袁(崇煥) 都堂의 군대에 파풍가 친왕과 같이 진격하지 못하고

fakcaha be, baturu giyūn wang, bayan beile i 19/20 morin i uju be
떨어진 것을, 바투루 군왕이 바얀 버일러의 말의 머리를

šusihalahabi, tere weile be tubade gisurefi, bayan beile de weile
채찍질했다(고 했었다). 그 죄를 그곳에서 말하여, 바얀 버일러에게 죄를

tuhebuhe be, enduringge han i hesei weile waliyaha bihe, tere be
적용한 3것을 성스러운 황제의 旨로 죄를 없애주었다. 그것을

onggobufi, yuwan du tang ni cooha de afaha seme holtome gung baiha
잊고 袁(崇煥) 都堂의 군대와 싸웠다고 속여 공을 구했기

turgunde, juwan morin de enggemu hadala tohohoi, duin tanggū yan i
때문에, 10마리의 말에 안장과 굴레를 채운 것과 400량의

weile, jai enduringge han i hese be jurceme, sargan jui be 20/21
죄이고, 또 성스러운 황제의 旨를 거스르고 딸을

juwe jergi bu seci, sargan i gisun de dosifi maraha seme
두 번 주라고 했는데 아내의 말에 빠져 거절했다고 하여

duin tanggū yan i weile arafi, ere uheri jakūn tanggū yan i menggun,
400량의 죄를 주어서, 이 모두 800량의 은과

juwan morin de enggemu tohohoi šajin de gaiha,,
10마리의 말에 안장을 매단 것을 法司에서 취했다.

○ ineku tere inenggi, 21/22 gosin onco hūwaliyasun enduringge
같은 그 날, 어질고 관대하고 온화하고 성스러운

han i hesei sebun darhan baturu de waliyara de deijihe bithei gisun,
황제의 旨로 서분 다르한 바투루에게 조문할 때 불사른 글의 말.

sebun darhan baturu si, hūsun bume banjiha bihe, simbe weihun de
「서분 다르한 바투루 너는 근면하게 살았었다. 너를 살아있을 때에

gosime kemuni kesi isibume ujihe, akū oci, ainu onggombi seme,
자애하며 항상 은혜가 이르도록 보살폈다. 죽어도 어찌 잊겠는가?」 하고,

cohome dalai tabunang be takūrafi juwe minggan hoošan deijime, juwe
「특별히 달라이 타부낭을 파견하여 2천장의 종이를 불사르고, 2마리

honin wafi, sunja malu arki waliyabume unggihe, sini fayangga saci,
양을 죽이며, 5병의 소주로 조문하게 하도록 보낸다. 너의 혼이 알면,

alime gaisu,, 22/23
받아 취하라.」

○ ineku tere inenggi, gosin onco hūwaliyasun enduringge han i
같은 그 날, 어질고 관대하고 온화하고 성스러운 황제의

hesei han i booi cigu, cin wang, giyūn wang, doroi beile sei booi
성지로 한의 집의 旗鼓와 친왕· 군왕· 도로이 버일러들의 집의

cigu i gebu be toktobuha, han i booi cigu be, ereci amasi cigu
旗鼓의 이름을 정했다. 「황제의 집의 旗鼓를 이후로 旗鼓

seme ume hūlara, manju gisun i hūlaci, faidan i janggin, nikan
라고 부르지 말라. 만주 말로 부르면 '행렬의 장긴', 한인의

gisun i hūlaci, 23/24 ki šeo wei i jy hūi seme hūla, cin wang, giyūn
말로 부르면 '旗手衛指揮'라고 부르라. 친왕· 군왕·

wang, doroi beile sei booi cigu be, ineku cigu seme ume hūlara, manju
도로이 버일러들의 집의 旗鼓를 마찬가지로 旗鼓라고 부르지 말라. 만주

gisun i hūlaci, faidan i da, nikan gisun i hūlaci, jang ši seme
말로 부르면 '행렬의 우두머리', 한인의 말로 부르면, '長史'라고

hūla, ere bithe be selgiye seme dorolon i yamun de wasimbuha,,
부르라. 이 글을 전하라.」라고 禮部에 내렸다.

○ ice sunja de, 24/25 gosin onco hūwaliyasun enduringge han i
초 5일에, 어질고 관대하고 온화하고 성스러운 황제의

hesei coohai jurgan i hošoi mutebure cin wang ni bithe, šongkoro
旨에 따라 兵部의 호쇼이 무터부러 친왕의 글을 숑코로

baturu de unggihe, šongkoro baturu suweni hoki yooni ebsi jifi, sira
바투루에게 보냈다. 「숑코로 바투루 너희 무리는 모두 이쪽으로 와서 시라

tala be dosifi, helen jafafi jio, dosire de turga ojorakū morin, ujen
탈라에 들어가 정보제공포로를 잡아와라. 들어갈 때 수척하여 좋지 않은 말과 무거운

jaka be emu bade weri, jai suwe ubade bata isinjire ba waka, jai geli
물건을 한 곳에 두어라. 또 너희가 "이곳은 적이 이르는 곳이 아니다. 또한

jase aldangga seme dulbadarahū, dosire de, bederere de ocibe,
경계에서 멀다" 하면서 어리석게 굴까 염려된다. 들어갈 때든 돌아올 때든

dobori emu bade dedure 25/26 arame bifi, farhūn oho manggi, gūwa
밤에는 한 곳에서 잘 것처럼 꾸미고 있다가 어두워진 뒤에 다른

bade jailafi dedu, tuwa ume dabure, cimari erde oci, šun mukdeke
곳으로 피하여 자라. 불은 피우지 마라. 다음날 아침에 해가 뜬

manggi dabu, yamji oci, šun tuhenggele mukiyebu, inenggi yabure
뒤에 피워라. 밤이 되면 해가 떨어지기 전에 불을 꺼라. 낮에 행군할

de oci, dalda be baime yabu, bata de doigonde serebufi, terei uku de
때에는 숨을 곳을 구해서 가라. 적에게 미리 알게 하여 그들의 덫에

tuherahū, jai dosire de, juleri komsokon juwe baksan banjibu,
빠질까 염려된다. 또 들어갈 때, 선두에 소수의 두 부대를 편성해두고

šongkoro baturu si, geren be gaifi amala oso, 26/27 balai dosi dufedeme
숑코로 바투루 너는 무리를 거느리고 뒤에 있으라. 함부로 안으로 지나치게

ume dosire, amasi bederere de, jur de isinjitele, saikan olho, seremše,
들어가지 말라. 다시 돌아올 때, 출발지에 이를 때까지 잘 경계하고 대비하라.」

ere bithe be jafabufi unggihe kubuhe fulgiyan i hūsi nirui hūwase de,
이 글을 쥐여주어 보냈다. 鑲紅旗의 후시 니루의 후와서에게

han i anggai henduhe gisun, gahai hoton be darime tesei tehe
황제가 口頭로 한 말. "가하이 城을 지나면 그들이 주둔한

ba be sara niyalma be gamame gene, amasi jidere de, gahai de
곳을 아는 사람을 데리고 가라. 되돌아 올 때 가하이에

esei jihe be alame jio, balai kemuni bade bi seme gūnirahū,, 27/28
이들이 온 것을 전하고 와라. 제멋대로 원래의 곳에 있을 것이라고 여길까 염려된다."

○ ineku tere inenggi, warka i ergide cooha genehe juwe
같은 그 날, 와르카의 방향으로 출정한 두

suwayan i oton, anggin isinjiha, gajiha haha i ton, ilan tanggū
黃旗의 오톤· 앙긴이 도착했다. 데려 온 남자의 수는 361명·

ninju emu, hehe ilan tanggū ninju juwe, ninggun to, sunja to i juse
여자 362명· 6뼘-5뼘의 아이들

emu tanggū orin sunja, duin to i juse orin juwe, uheri anggala i
125명· 4뼘의 아이들 22명, 총 인구의

ton, jakūn 28/29 tanggū ninju emu, morin ninju emu, ihan dehi emu,
수는 861명이다. 말 61마리· 소 41마리·

deji hehe dehi, olji hehe dehi, haha juse orin emu, sargan juse
헌상품 여자 40명· 노획한 여자 40명· 남자아이들 21명· 여자아이들

juwan emu, yendahūn juwan, ihan juwan, seke duin tanggū jakūnju
11명· 개 10마리· 소 10마리· 貂皮 486장·

ninggun, sekei jibca jakūn, silun juwan juwe, dobihi juwan, hailun
초피 가죽옷 8벌· 스라소니가죽 12장· 여우가죽 10장· 수달가죽

ninju nadan, seke solohi ulhu suwaliyaha jibca juwan 29/30 ninggun,
67장· 담비가죽과 족제비가죽과 灰鼠가죽을 붙인 가죽옷 16벌·

ulhu solohi jibca duin, dobihi jibca emke, elbihe jibca emke, hailun i
灰鼠와 족제비 가죽옷 4벌· 여우 가죽옷 1벌· 너구리 가죽옷 1벌· 수달가죽의

ajige ceke duin, elbihe emke, solohi juwe tanggū, ulhu emu minggan
작은 馬褂 4벌· 너구리가죽 1장· 족제비가죽 200장· 灰鼠가죽 1,500장·

sunja tanggū, orhoda emu tanggū susai gin be alime gaifi, icihiyame
인삼 150근을 받아서 처리하기를

wajiha manggi, coohai niyalma de jakūta yan menggun šangnaha,, 30/31
마친 뒤에 군사에게 8량씩의 銀을 상주었다.

○ ice ninggun de, han i hesei coohai jurgan i hošoi mutebure
초 6일에, 황제의 旨로 兵部의 호쇼이 무터부러

cin wang, giyan cang, tung yuwan pu, lan pan, yenden, sio yan, ere
친왕이 建昌· 通遠堡· 攬盤· yenden· 岫巖, 이

sunja hoton de unggihe bithei gisun gemu emu adali, giyan cang
5개 성에 보낸 글의 말은 모두 동일했다. 「建昌城의

hoton i ambasa, suweni hoton be tun i nikan afanjime jimbi seme
대신들, 너희의 성을 섬(皮島)의 漢人들이 공격하러 올 것이라고

31/32 hendumbi sere, saikan olho, seremše, jai tangju, jenggude, suweni
말한다고 한다. 잘 주의를 기울여 대비하라. 또 탕주· 정구더, 너희

juwe nofi, sini hoton i yafahan cooha be hontoholome, moringga
2명은 너의 성의 보병을 半分하고 말 탄

karun i sunja niyalma be gaifi, orhoda butame jihe nikan be, suweni
哨探 5명을 이끌고 인삼을 캐러 온 漢人을 너희가

dekdeni songko faitara bade,[4] giyang ni dalin de isitala songko faitame
떠도는 흔적을 쫓는 곳에서 江岸에 이르기까지 흔적을 쫓아

gene, ucaraci weihun jafara be kice, booci tucike inenggi ci amasi
가라. 마주치면 생포하도록 힘쓰라. 집에서 나간 날부터 되돌아

isinjitele, inenggi yabure de oci, juleri amala 32/33 siran siran i
올 때까지 낮에 행군할 때는 앞과 뒤에 잇달아

karun sindafi yabu, yamji dedure bade oci, emu bade dedure arame
哨探을 두고 가라. 밤에 숙영할 곳에서는 한 곳에서 자는 것처럼 꾸미고

bifi, šun tuheme gūwa bade jailafi, beri tabufi etuku etuhei dedu,
있다가, 해가 떨어지면 다른 곳으로 피하여 활에 시위를 걸고 옷을 입은 채로 자라.

---

4 [簽註] gingguleme kimcici, ere dekdeni songko faitara bade sere gisun, ainci da songko faitara bade sere gisun dere,,
삼가 고찰하건대 이 'dekdeni songko faitara bade'(떠도는 흔적을 쫓는 곳에서)라는 말은 아마도 'da songko faitara bade'(원래의 흔적을 찾는 곳에서)이라는 말일 것이다.

dobori ocibe, inenggi budalara bade ocibe, karun juce be amban
밤일지라도 낮에 밥을 먹는 곳일지라도 哨探의 초소를 大臣

sini beye neneme tuwame sindafi jai dedu, budala, amban si ubade
네가 직접 먼저 보고 설치하고 또 자고, 먹어라. 大臣 네가 이곳에

geli ainaha bata jimbi seme dulbadafi langtušabuha de, amban sinde
또 설마 적이 올까 하며 어리석게 당하면 大臣 너의

weile, joriha 33/34 babe kiceme yaburakū, nimaha nisiha butame
죄이다. 지시한 것을 힘써 행하지 않고 큰 물고기· 작은 물고기를 잡으러

yaburahū, suweni duin hoton i dolo ishunde karcarahū, genere
갈까 걱정된다. 너희가 4개 城의 사이에서 서로 충돌할까 염려된다. 가는

amban, cooha, ere biyai ice ninggun de juranu, amasi isinjiha
대신과 병사들은 이 달의 初 6일에 출발하라. 되돌아 온

manggi, bahacibe, baharakūcibe, be tubai ebsihe genehe bihe seme,
뒤에, 얻었든 얻지 못했든 우리가 어느 곳까지 갔었다고 하는

yargiyan i bithe arafi, emu ulhire niyalma be mukden de hūdun
사실을 글로 써서 1명의 잘 아는 사람을 盛京에 속히

unggi, jai hoton de tutaha ambasa, sini hoton i sunja moringga be
보내라. 또 성에 남은 대신들은 너희 성의 5명의 말 탄

karun saikan 34/35 sinda, olhome seremšeme te, tung yuwan pu de
哨探을 잘 배치하라. 신중하게 지키면서 머물러라. 通遠堡에

tehe ambasa, suwe, solho jihede, jasei tule emu bade ebubufi, niyalma
머무는 대신들 너희는 조선(사절)이 오면 경계의 밖 한 곳에서 下馬하게 하고 사람을

tuwakiyabufi, mukden de hūdun alanju, ubai gisun akū balai
지키게 하고 盛京에 속히 고하러 오라. 이곳에 지시 없이 함부로

dosimburahū,,
들여보낼까 거정된다.」

tongki fuka sindaha hergen i dangse

點·圈을 찍은 문자의 檔子

juwan emuci debtelin

11권

wesihun erdemungge i sucungga aniya sunja biya

숭덕 원년 5월

11권, 숭덕 원년 5월

tongki fuka sindaha hergen i dangse,,
點·圈을 찍은 문자의 檔子.

○ ice nadan de, hife be suduri yamun de da sindafi, duici aniya
초 7일에, 「히퍼를 國史院에 수장으로 임명한 후, 4년간

simnere de, joriha jurgan be jurcerakū, afabuha weile be mutembi,
(직무를) 살필 때에 지시한 사항을 어기지 않았고 맡겨진 일을 잘 처리했으며

kicebe sain seme ilaci jergi jalan i janggin be jai jergi jalan i
근면해서 좋다 하여 3등 잘란 장긴을 2등 잘란

janggin obuha, sirarangge nenehe songkoi sirambi,, 1/2
장긴으로 삼았다. 계승하는 것은 전과 같이 계승한다.」

○ fan wen ceng be narhūn yamun de da sindafi, nadaci aniya
「范文程을 秘書院의 수장에 임명한 후, 7년간

simnere de, joriha jurgan be jurcerakū, afabuha weile be mutembi,
(직무를) 살필 때에 지시한 사항을 어기지 않았고 맡겨진 일을 잘 처리했으며

tondo sain seme ilaci jergi jalan i janggin be jai jergi jalan i
충직하고 좋다 하여 3등 잘란 장긴을 2등 잘란 장긴으로

janggin obuha, sirarangge nenehe songkoi sirambi,, 2/3
삼았다. 계승하는 것은 전과 같이 계승한다.」

○ garin si dade bai niyalma bihe, kooli bithe de sindafi,
「가린, 너는 원래 평민이었다. 典籍에 임명한 후

sunjaci aniya bithesi be simnere de tukiyehe niyalma obuha, suduri
5년째 비트허시를 考選할 때 擧人으로 삼았다. 國史院에

yamun de da sindafi, ilaci aniya simnere de, joriha jurgan be
수장으로 임명하여 3년째 考選할 때 지시한 사항을

jurcerakū, afabuha weile be mutembi, kicebe sain seme nirui janggin
어기지 않고, 맡겨진 일을 잘 처리하며 근면해서 좋다 하여 니루의 장긴으로

obuha, dain de buceci sirambi, nimeku de 3/4 buceci sirarakū,,
삼는다. 전투에서 죽으면 계승한다. 병으로 죽으면 계승하지 않는다.」

○ dayaci si dade monggo i urut gurun i minggan beile i
「다야치, 너는 원래 몽고의 우루트 국의 밍간 버일러의

hojihon bihe, minggan beile gurun gajime ubašame jidere de, si
사위였다. 밍간 버일러가 國人을 데리고 이반하여 올 때, 너는

emgi dahame jihe, jai joriha jurgan be jurcerakū, afabuha weile be
함께 따라 왔다. 또 지시한 사항을 어기지 않고 맡겨진 일을

mutembi, kicebe sain seme nirui janggin obuha, jai juwe jergi
잘하며 근면해서 좋다 하여 니루의 장긴으로 삼았다. 또 두 번

sirambi,, 4/5
계승한다.」

○ tasigai kuluk si dade monggo gurun i cahar han i amba
「타시가이 쿨룩, 너는 원래 몽고국의 차하르 한의 大

jaisang bihe, cahar gurun yooni bisire de, gurun i efujere arbun be
자이상이었다. 차하르 국이 온전했을 때 나라가 무너지는 상황을

safi, juse sargan be gajime yaya ci neneme ukame jihe seme
알고 자식들과 부인을 데리고 누구보다 먼저 도망쳐 왔다 하여

ilaci jergi amban janggin obuha, jai juwan juwe jergi sirambi,, 5/6
3등 암반 장긴으로 삼았다. 또 열두 번 계승한다.」

○ ajai weile bahafi nakabufi, deo esei be ineku ialci jergi jalan i
「아자이는 죄를 지어서 그만두게 하고 동생 어서이를 같은 3등 잘란

janggin siraha, jai juwe jergi sirambi,,
장긴을 계승하게 한다. 또 두 번 계승한다.」

○ alai si dade monggo i kalka gurun i niyalma bihe, kalka ci
「알라이, 너는 원래 몽고의 칼카 국의 사람이었다. 칼카로부터

sargan gajime ukame jihe, aru i dureng 6/7 giyūn wang de
부인을 데리고 도망쳐 왔다. 아루의 두렁 군왕에게

elcin takūrafi gurun be dahabuha, jai geli elcin unggihe de, dureng
사신을 보내어 나라를 항복시켰다. 또다시 사신을 보냈을 때 두렁

giyūn wang gurun be gemu gajiha seme darhan i gebu bufi alban
군왕이 國人을 모두 데리고 왔다 하여 다르한이라는 이름을 주고 貢賦를

waliyaha, aru ci dahame jihe moominggan i sunja beile gurun be
면해주었다. 아루로부터 來歸해온 모오밍간의 다섯 버일러가 國人을

gaifi ubašaha manggi, tulergi goloi geren monggo beile se cooha gaifi
이끌고 배반한 뒤에 外藩의 여러 몽고 버일러들이 군대를 이끌고

amcafi bahakū bederehe, alai si tulergi monggo i sunja tanggū cooha be
추격했는데 잡지 못하고 돌아왔다. 알라이 너는 외몽고의 500명의 군사를

7/8 gajifi amcafi ninggun biya yabufi, onon gebungge bira be
이끌고 추격하여 6월에 가서 오논 이라는 강을

doofi agū gebungge bade amcanafi, moominggan i ujulafi genehe
건너고 아구 라는 곳에 이르기까지 추격하여 모오밍간의 앞장서 갔던

duin beile be waha, gurun be gemu baha, encu gisungge kamnigan
4명의 버일러를 죽였다. 國人을 모두 얻었다. 다른 말을 쓰는 캄니간

gurun i ejen yelei beye, jai tanggū niyalma be bahafi gajiha seme
나라의 어전 열러이 본인과 또 100명을 얻어서 데려왔다 하여

uju jergi jalan i janggin obuha, jai ninggun jergi sirambi,, 8/9
1등 잘란 장긴으로 삼았다. 또 여섯 번 계승한다.」

○ batma si dade monggo gurun i cahar han i bai niyalma bihe,
「바트마, 너는 원래 몽고 국의 차하르 한의 평민이었다.

cahar i gurun yooni bisire de, ahūn deo ci fakcafi sargan
차하르 국이 온전했을 때 형과 동생으로부터 떨어져 부인을

gajime yaya ci neneme ukame jihe seme nirui janggin obuha, jai
데리고 누구보다 먼저 도망쳐 왔다 하여 니루의 장긴으로 삼았다. 또

juwe jergi sirambi,,
두 번 계승한다.」

○ ice jakūn de, sahaliyen beile i nimeku ujelehe 9/10 manggi,
초 8일에, 사할리연 버일러의 병이 깊어진 후

ujen cin wang, erke cin wang, fafungga cin wang, geren ambasa
우전 친왕· 어르커 친왕· 파풍가 친왕· 여러 대신들이

acafi, kooli selgiyere bithei yamun i aliha bithei da hife, suduri
모여서 弘文院의 大學士 히퍼· 國史院의

bithei yamun i ashan i bithei da lošo be takūrame, enduringge han
學士 로쇼를 보내어 성스러운 황제가

be generahū seme olhome wesimbumbi, julgei kooli de han niyalma
올까 염려된다 하여 삼가 상주했다. "옛 例에 황제인 자가

enteke jobolon i bade soorin ci 10/11 aššafi genehe kooli akū,
이런 우환이 있는 곳에 옥좌로부터 擧動한 例가 없습니다.

enduringge han te julgei adali akū, amba gebu be gaifi amba soorin
성스러운 황제께서는 이제 예전과 같지 않습니다. 尊號를 취하시어 大位에

de tehe, julgei enduringge han sai kooli be daharakūci ojorakū,
올랐습니다. 예전의 성스러운 황제들의 例를 따르지 않을 수 없습니다.

neneme nimere de, han i gucuse be emdubei siran siran i lakcarakū
먼저 병이 들었을 때 황제의 구추들을 누차 잇달아서 끊이지 않게

tuwanabufi, geli han i beye ududu jergi tuwanahangge, tere doro
보러 가도록 했고, 황제께서도 몸소 여러 번 보러 가신 것은 그 禮가

inu 11/12 ajigen akū, enduringge han seolefi geren i gisun be gaifi,
또한 작지 않습니다. 성스러운 황제께서는 심사숙고하여 여러 사람들의 논의를 취하고

ereci amasi enteke jobolon de beye aššafi genere, ambula gasara
이후로 이와 같은 우환에 몸소 거동해서 매우 비통해하는

be umesi nakaci acambi seme wesimbuhe manggi, enduringge han
것을 분명히 그쳐야 마땅합니다" 라고 상주하니, 성스러운 황제가

hendume, suweni tafularangge gemu mujangga, tuttu bicibe musei
말하기를, "너희가 간한 것은 모두 옳다. 그렇다 해도 우리는

komso gurun i teile banjire de, joboci sasa 12/13 jirgaci sasa
적은 수의 國人만 살았던 시절에 고난도 함께 하고, 기쁨도 함께하며

banjiha, tere anggala geren ahūta deote de banjiha juse gemu mimbe
살았다. 그 뿐만 아니라 여러 형들·동생들에게서 태어난 자식들은 모두 나를

ama arafi banjimbi, bi bicibe inu mini juse seme gūnimbi, jui i
아버지로 여기며 산다. 나도 역시 나의 자식들이라고 생각한다. 아들의

jobolon de ama generakūci ombio, erin akū farhūn dobori oci, bi
우환에 아비가 가지 않을 수 있는가? 때가 아닌 어두운 밤이라면 나

inu generakū gereke manggi genembi, ereci amasi doro de dosikakū
역시 가지 않는다. 밝아진 뒤에 갈 것이다. 이후로 정치에 참여하지 않는

buya juse urusa akū oci, geren suwe mimbe tafula seme 13/14 hese
어린 자식들· 며느리들이 죽으면 여럿 너희는 나를 말리라" 라는 旨를

wasimbuha manggi, ilan wang geren ambasa gemu urgunjehe,,
내리자 3명의 王과 여러 대신들이 모두 기뻐했다.

○ ice uyun i inenggi muduri erinde, enduringge han beile be
초 9일 辰時에, 성스러운 황제가 버일러를

tuwaname genefi, majige tehe bici, sahaliyen beile bederehe manggi,
보러 가서 잠시 머물러 있었는데 사할리연 버일러가 죽자,

han ambula gosiholome songgome nakarakū bisire de, geren wang
황제가 크게 슬퍼하며 눈물을 그치지 못하고 있을 때, 여러 왕이

tafulame booci tucibufi hūwa de majige tefi, 14/15 jai dasame dosifi
말리면서 집에서 데리고 나와 뜰에서 잠시 머물렀고, 또 다시 들어가서

jing gosiholome songgome niyakūrafi ilan hūntahan arki hisalafi
계속해서 슬피 눈물을 흘리며 무릎 꿇고 3잔의 소주를 올리고

nakarakū songgoro de, doronggo ahūn cin wang tafulame booci
끊임 없이 눈물을 흘리자, 도롱고 兄 친왕이 말리면서 집에서

tucibufi, niyakūrafi enduringge han te genggiyen elhe boode bedereki
데리고 나와 무릎 꿇고 "성스러운 황제께서는 이제 淸寧宮에 돌아가시지요"

seme tafulaci, ojorakū marame, duin jergi dosifi nakarakū jing
라며 말려도 듣지 않고 거절하며 네 번 들어가서 그치지 않고 계속

songgoro de, geren wang, gūsai ejete niyakūrafi 15/16 tafulame,
눈물을 흘리니, 여러 왕과 구사의 어전들이 무릎 꿇고 말리면서

enduringge han jifi goidaha, te genggiyen elhe boode bedereci acambi
"성스러운 황제께서 오신지 오래되었습니다. 이제 淸寧宮에 돌아가셔야 마땅합니다"

seme gisun wesimbume tafulaha manggi, morin erinde genggiyen elhe
라고 상언하며 말리자, 午時에 淸寧宮으로

boode jifi, boo de dosikakū hūwa i dolo monggo boo arafi, cai muke
왔는데, 궁에 들어가지 않고 뜰 내에서 몽고 천막을 만들어서 茶와 물을

omirakū tehe be, doronggo ahūn cin wang donjifi, 16/17 enduringge
마시지 않고 있는 것을 도롱고 뫼 친왕이 듣고, 성스러운

han de gisun wesimbume, bi cai muke omiha, han te genggiyen elhe
황제에게 상언하여 "저는 茶와 물을 마셨습니다. 황제께서는 이제 淸寧宮에

boode wesiki seme, amban janggin asan, meiren i janggin turgei be
오르시지요"라면서 암반 장긴 아산· 머이런 장긴 투르거이를

takūraha manggi, enduringge han gisun be gaifi indahūn erinde
보내자, 성스러운 황제는 말을 받아들여 戌時에

genggiyen elhe boode wesike, ilan inenggi gurun i baita be
淸寧宮에 올랐다. 3일 동안 나라의 일을

icihiyahakū, enduringge han i ahūn hošoi doronggo cin wang de
처리하지 않았다. 성스러운 황제의 형 호쇼이 도롱고 친왕에게서

banjiha 17/18 ilaci jui sahaliyen beile, muduri aniya, gūsin ilan se de
태어난 셋째 아들 사할리연 버일러는 辰年(甲辰年. 1604)생이고, 33세로

bederehe, manju monggo nikan ilan gurun i bithe be ambula tacifi,
죽었다. 만주· 몽고· 명 3국의 글을 많이 배웠고

genggiyen sure, dorolon i jurgan be alifi icihiyame enduringge han i
총명하여, 禮部를 맡아 처리하여 성스러운 황제의

doro de ambula aisilaha,,
정무에 크게 도움이 되었다.

○ juwan de, 18/19 enduringge han de ice ingtori benjihe manggi,
10일에, 성스러운 황제에게 햇앵두를 보내오자,

narhūn bithei yamun i aliha bithei da fan wen ceng, suduri bithei
秘書院의 大學士 范文程·

yamun i ashan i bithei da lošo, kooli selgiyere bithei yamun i
國史院의 學士 로쇼· 弘文院의

ashan i bithei da hūkio, dorgi baita icihiyara amban nintahai,
學士 후키오· 內務大臣 닌타하이·

dorolon i jurgan i mujilen bahabukū kicungge be takūrame taimiyoo de
禮部의 啓心郎 키충거를 보내서 "太廟에

dobono, ereci amasi yaya ice tubihe ice 19/20 jeku bahaci, kooli
바치러 가라. 이후로 모든 햇과일과 햇곡식을 얻으면, 例를

ilibume neneme dobonofi jeki sehe,,
세워 먼저 바치고 먹고자 한다"고 했다.

○ ineku tere inenggi, eleken loojin be dabume jakūn niyalma,
같은 그 날, 얼러컨 로오진을 포함한 8명의 사람과

jakūn kutule de, siden i ku i emu minggan yan menggun bufi duka de
8명의 쿠툴러에게 公庫의 1천 량의 은을 주어 邊門에서

hūda unggihe,, 20/21
장사하도록 보냈다.

○ juwan juwe de, jung hungkerere de, buya juse be suwaliyame
12일에, 鐘을 주조할 때에 어린 아이들을 섞어서

hungkerembi seme gurun i niyalma gemu ulan ulan i algindufi,
주조한다고 나라의 사람들에게 모두 차츰 소문이 나서

meni meni juse be booci tuciburakū, duka uce be yaksifi bisire de,
각자 아이들을 집에서 내보내지 않고 문과 방문을 닫고 있을 때,

kooli selgiyere yamun i aliha bithei da hife, narhūn yamun i aliha
弘文院의 大學士 히퍼· 秘書院의

bithei da fan wen ceng, tukiyehe niyalma enggedei donjifi, enteke
大學士 范文程· 擧人 엉거더이가 듣고, "이러한

kooli 21/22 geli bio, yamka ehe jurgan be yabure niyalma holtohobi
例가 또 있겠습니까? 아마도 나쁜 일을 행하는 자가 거짓을 꾸민 것 같습니다"

dere seme enduringge han de gisun wesimbuhe manggi, enduringge
라고 성스러운 황제에게 상주하자, 「성스러운

han i hese, bi jung hungkere seme henduhengge inu akū udu jung
황제의 旨. 나는 鐘을 주조하라고 말한 적도 없고, 비록 鐘을

hungkerere de, buya juse be suwaliyame hungkerere kooli bi sehe
주조하는데 어린 아이들을 섞어 주조하는 例가 있다고 해도

seme, bi geli tenteke ehe jurgan be yabuha doro bio, ere be 22/23
내가 또한 그러한 나쁜 義를 행할 리가 있겠는가? 이를

weilere jurgan i ambasa de hendufi, uthai hūdun baicabu, ereci
工部의 大臣들에게 말해서 즉시 빨리 조사케 하라. 이후

amasi erei adali holtome ehe gisun be algibure niyalma be sahade,
이처럼 거짓으로 나쁜 말을 소문내는 사람을 알게 되면,

urunakū wambi seme hese wasimbuha manggi, bithei niyalma, weilere
반드시 죽이겠다」라고 旨를 내리자, 內院의 사람들은 工部

jurgan i aliha amban ušan, ju ši yen, mujilen bahabukū kamtu be
承政 우샨·祝世廕, 啓心郎 캄투를

suduri yamun de gajifi, gurun de hūla, hūdun baicafi alanju seme
國史院으로 데려와서, "國人에게 크게 읽어라. 빨리 조사해서 보고하라"고

afabuha,, 23/24
명했다.

○ juwan ilan de, han i hesei coohai jurgan i mutebure cin
13일에, "황제의 旨로 兵部의 무터부러 친왕의

wang ni bithe, g'ai jeo de tehe ambasa de unggihe, yasita sini hoton
글을 蓋州에 있는 대신들에게 보낸다. 야시타 너의 성의

i moringga cooha be bahara be tuwame tucibufi, yasita sini beye,
기병을 획득할 것을 살피러 보내고, 야시타 너 자신은

jai manju i duin amban, monggo i emu amban be gaifi, lioi šūn
또 만주인 4명의 대신· 몽고인 1명의 대신을 이끌고 旅順口에

keo de 24/25 tuwaname gene, genere de jidere de mederi dalin be
살피러 가라. 갈 때와 돌아올 때 해안으로

niyalma sindafi, dalin de maktabuha cuwan bisire akū be kimcime
사람을 풀어서, 해안에 방치된 배가 있는지 없는지를 상세히

tuwabu, julergi ergi mederi dalin be hūng dzui ci casi tuwabu,
살피게 하라. 남쪽 해안을 紅嘴에서부터 저쪽으로 살피게 하라.

tucike inenggi ci boode isitala olhoro seremšere babe saikan ginggule,
출발한 날부터 집에 돌아올 때까지 조심하고 경계해야 할 것을 잘 삼가라.

tubade tehe karun be gamafi juleri sinda, juwe ashan de inu
그곳에 주둔하는 哨探을 데려 가서 앞세워 두라. 양측에도

niyalma sinda, juleri juwe ashan de serebe 25/26 ginggun niyalma be
사람을 설치하라. 앞쪽 양측에 조심스럽고 신중한 사람을

sindafi, dalba be baime faksikan i tuwafi, doigonde sabuci, sinde tusa
배치하여 측면을 수색하고 정밀하게 살펴서 미리 알면, 너에게 이익일 것이다.

kai, dobori debure de oci, emu bade dedure arame bifi, farhūn oho
밤에 잠잘 때면 한 곳에서 자는 것처럼 가장하고 있다가, 어두워진

manggi gūwa bade jailafi beri tabufi etuku etuhei dedu, juce be
후 다른 곳으로 피해서 활에 시위를 걸어두고 의복을 입은 채 자라. 초소를

saikan sinda, inenggi budalara bade oci, den ninggude karun saikan
잘 두어라. 낮에 식사하는 장소에서는 3 높은 곳 위에 초탐을 잘

sinda, saikan olho seremše, dulbadarahū, ucaraci weihun jafara
두어라. 잘 조심하고 경계하라. 어리석게 굴까 염려된다. 마주치면 생포하도록

be kice, 26/27 ere bithe be isinahai teile uthai juranu, amasi isinjiha
힘써라. 이 글이 도착하는대로 즉시 일제히 출발하라. 돌아와 도착한

manggi sini emgi genehe emu getuken amban be mejige alanjime
후 너와 함께 갔던 1명의 총명한 대신을 소식을 고해오러

unggi, meiren i janggin lii ši jung, manju i duin amban, monggo i
보내라. 머이런 장긴 lii ši jung· 만주인 4명의 대신· 몽고인

emu amban hoton tuwakiyame te, ume genere, genehe amala tehe
1명의 대신은 성을 지키면서 주둔하라. 나가지 마라. 출발한 후, 주둔한

ambasa saikan olhome seremšeme te,,
대신들은 잘 조심하고 경계하며 주둔하라."

tongki fuka sindaha hergen i dangse

點·圈을 찍은 문자의 檔子

juwan juweci debtelin

12권

wesihun erdemungge i sucungga aniya sunja biya

숭덕 원년 5월

12권, 숭덕 원년 5월

tongki fuka sindaha hergen i dangse,,
點· 圈을 찍은 문자의 檔子

○ juwan duin de, gosin onco hūwaliyasun enduringge han, uheri
14일에, "어질고 관대하고 온화하고 성스러운 황제가 都察院의

be baicara jurgan i geren de tacibume henduhe hese, han ini beyei
여럿에게 가르치며 말한 旨. 황제 스스로의

waka be tafulara jurgan, malhūšame baitalarakū ulin be mamgiyara,
잘못을 간언하는 부서이다. 절약하여 쓰지 말아야 될 재물을 낭비하거나,

gungge amban be wara wasibure, efin sebjen aba de dosifi doro 1/2
功臣을 죽이거나 강등시키거나, 기예· 오락· 몰이사냥에 빠져 정무를

dasarakū, nure boco de dosifi baita icihiyarakū, tondo amban dalibure,
다스리지 않거나, 주색에 빠져 일을 처리하지 않거나 충직한 대신을 폐하고

jalingga amban tukiyebure, weile bisire be wesibure, gungge bisire be
교활한 대신을 등용하거나, 죄 있는 자를 높이고 공 있는 자를

wasibure, ere gese babe saci tafula, jai geren wang sa, beile se,
낮추는, 이와 같은 경우를 알면 간언하라. 또 여러 왕들· 버일러들·

geren ambasa inu afabuha jurgan be heoledeme, nure boco de dosire,
여러 대신들 또한 맡은 직무를 게을리하거나, 주색에 빠지거나,

efin sebjen de urhure, irgen i sain jaka be gaijara, sain hehe be
놀이와 오락에 치우치거나, 백성의 좋은 것을 취하거나, 미녀를

durire gidašara, amba doroi 2/3 bade doro be weihukeleme doroi etuku
빼앗아 능욕하거나, 大禮 제사에서 禮를 경시하여 禮服과

mahala eturakū, yaya doroi bade ocibe, an i yamulara de ocibe,
겨울모자를 착용하지 않거나, 모든 儀禮 제사이든 常例로 아문에 출근해서든

ini gūnin de acarakū ohode, beye nimembi seme siltara, ere gese
자기의 뜻에 맞지 않는다고 몸이 아프다며 핑계를 대는, 이와 같은

babe dorolon i jurgan baicambi, dorolon i jurgan i niyalma dere
경우를 禮部에서 조사한다. 禮部의 사람이 체면을 고려해

banjire dulemšere baicame isinahakū babe, suwe baicafi wesimbu, jai
판단하거나, 소홀히 하거나, 조사하고도 미치지 못한 것을 너희가 조사해서 상주하라. 또

ninggun jurgan i yaya weile be [原檔殘缺] muribure, wajire unde
六部의 여러 가지 잘못을 〔原檔殘缺〕 누명을 씌우거나, 마치지 못했으면서

bime wajiha 3/4 šanggaha seme holtome wesimbure, ere be suwe
마쳤다, 이루었다고 거짓으로 상주하는, 이런 것을 너희는

baicafi wesimbu, yaya weilengge niyalma jurgan de habšafi, jurgan i
조사해서 상주하라. 여러 죄지은 사람이 部에 호소하여, 部의

wang, aliha ambasa weile tuhebume beideme wajire unde de,
왕· 承政들이 죄를 정하고자 심문하기를 마치지 않은 때에

doigomšome suweni jurgan de habšanjici, suweni geren uheri hebešefi
앞서서 너희의 部에 호소해 오면 너희는 여러 사람들과 함께 상의하여,

wesimbuci acarangge be oci, wesimbu, wesimbuci acarakūngge be
상주해야 합당한 것이면 상주하라. 상주하기 합당하지 않은 것이면

oci, suwe hendufi bederebu, nikan i kooli de suweni ere jurgan ulin
너희가 말해서 돌려보내라. 明의 例에서는 너희의 이 部에서 재물을

jembi sere, ere be suwe ishunde 4/5 saikan seremše, jai suweni
받아먹었다고 하니, 이를 너희가 서로 잘 경계하라. 또 너희와

kimungge niyalma be kimuleme beleme wesimbuci, tere gese babe
원한이 있는 사람을 원한을 품고 무고하여 상주하면, 그와 같은 경우를

serebuhe de, suwende weile, ereci tulgiyen, yaya weile be wesimbufi
알게 될 때, 너희에게 죄를 묻겠다. 이 외에 여러 가지 일을 상주하여

inu oci dahambi, tašan oci suwende weile akū, bakcilabufi inu
옳으면 따를 것이다. 오류가 있어도 너희에게 죄가 없다. 대질시키거나

giyangnaburakū, hafan akū fejergi urse, yaya doroi bade endebure
논쟁시키지 않겠다. 관직 없는 아래의 무리가 모든 예를 갖출 곳에서 잘못하거나

calabure ohode, tere be ume wesimbure, musei gurun tuktan deribuhe
실수할 때에, 그것을 상주하지 마라. 우리 나라의 처음 시작한

doro ofi, doro be urere unde, 5/6 suwe tacibume hendufi sinda,,
禮이므로 禮가 성숙하지 않다. 너희가 가르쳐 말해 두라."

○ juwan duin de, gosin onco hūwaliyasun enduringge han i
14일에, 「어질고 관대하고 온화하고 성스러운 황제의

hesei, aniyai inenggi hengkilere doro, han i banjiha inenggi
旨로 元旦에 고두하는 禮와 황제의 생신에

hengkilere doro be toktobuha, aniyai inenggi hengkilere doro, gereme
고두하는 禮를 정했다. 元旦에 고두하는 禮. 날이 밝아

tanggū ging forire de, hošoi cin wang, doroi giyūn wang, doroi beile
百更을 칠 때 호쇼이 친왕· 도로이 군왕· 도로이 버일러들

se ci 6/7 fusihūn, geren bayara ci wesihun, amba dasan i yamun de
이하, 여러 바야라 이상은 大政殿에

faidambi, enduringge han tucifi, hošoi cin wang, doroi giyūn wang,
배열한다. 성스러운 황제가 나와서 호쇼이 친왕· 도로이 군왕

doroi beile se, gūsai beise se, ujulaha ambasa be gaifi tangse de
도로이 버일러들· 구사이 버이서들· 수석 大臣들을 이끌고 堂子에

genefi abka de ilan jergi niyakūrafi uyun jergi hengkilembi, enduringge
가서 하늘에 세 번 무릎 꿇고 아홉 번 고두한다. 성스러운

han tereci genggiyen elhe boode bederembi, hošoi cin 7/8 wang, doroi
황제는 그 후 淸寧宮에 돌아간다. 호쇼이 친왕· 도로이

giyūn wang, doroi beile se, ambasa, amba dasan i yamun de faidahai
군왕· 도로이 버일러들· 대신들은 大政殿에 배열하여

bimbi, enduringge han tucifi soorin de tehe manggi, ujude hošoi cin
있는다. 성스러운 황제가 나와 옥좌에 앉은 후에 먼저 호쇼이 친왕·

wang, doroi giyūn wang, doroi beile se, gūsai beise se, gung se, ilan
도로이 군왕· 도로이 버일러들· 구사이 버이서들· 公들이 세

jergi niyakūrafi uyun jergi hengkilembi, terei sirame gūsai ejete, meni
번 무릎 꿇고 아홉 번 고두한다. 그에 이어서 구사의 어전들은 각각의

meni gūsa be gaifi, ilan jergi 8/9 niyakūrafi uyun jergi hengkilembi,
구사를 이끌고 세 번 무릎 꿇고 아홉 번 고두한다.

juwe ergi ashan de, emu ergi de manju emte, monggo emte, nikan
양 쪽 옆에는 한 쪽에 만주인 1명· 몽고인 1명· 한인

emte, ninggun hūlara niyalma ilifi niyakūra hengkile seme hūlambi,
1명, 6명의 贊禮하는 사람이 서서 무릎 꿇고 고두하라고 외친다.

geren i hengkilere faidame ilire be, uheri be baicara jurgan i
여럿의 고두하려 줄지어 서있는 것을 都察院의

ambasa tuwambi, yaya hafan akū niyalma, hafan ajige niyalma
대신들이 감시한다. 일체의 관위가 없는 사람· 관위가 낮은 사람

seme, gūsa kadalacibe, meiren jalan niru kadalacibe, jurgan de 9/10
으로서 구사를 관할하든지, 머이런· 잘란· 니루를 관할하든지, 部에

sindacibe, tere ilire jergi, afabuha jurgan i jergi de dosimbi, hafan
임직하든지 간에 앉고 서는 등급은 맡은 직무의 등급에 따른다. 관위가

amban, afabuha jurgan i jergi ajigen oci, inu ini hergen i jergi
높은데 맡은 직무의 등급이 낮으면 또한 그 관위의 등급에

de dosimbi, sula hafan ini hergen i jergi bodombi, enduringge han i
따른다. 閑散官 또한 관위의 등급을 헤아린다. 성스러운 황제의

banjiha inenggi hengkilere doro, šun tucire onggolo, hošoi cin
생일에 고두하는 禮. 해가 뜨기 전에 호쇼이 친왕·

wang, doroi giyūn wang, doroi beile se ci fusihūn, nirui janggin ci
도로이 군왕· 도로이 버일러들 이하, 니루 장긴

wesihun, 10/11 abkai hadaha usiha i yamun de isafi faidaha manggi,
이상이 北辰殿에 모여 배열한 후에

enduringge han tucifi soorin de tembi, hošoi cin wang, doroi giyūn
성스러운 황제가 나와 옥좌에 앉는다. 호쇼이 친왕· 도로이 군왕·

wang, doroi beile se ci aname gemu jergi bodome faidafi, neneme
도로이 버일러들로부터 시작하여 모두 등급을 헤아려 정렬하고 먼저

manju, sirame monggo, ilaci de nikan hengkilembi, ilan jergi
만주, 이어서 몽고, 세 번째에 한인이 고두한다. 세 번

niyakūrafi uyun jergi hengkilembi, 11/12 enduringge han de urgun
무릎 꿇고 아홉 번 고두한다. 성스러운 황제에게 경사가

bihede, inu ere songkoi hengkilembi, hošoi cin wang, doroi giyūn
있을 때 또한 이에 따라 고두한다. 호쇼이 친왕· 도로이 군왕·

wang, doroi beile se, gūsai beise se ci fusihūn, nirui janggin ci
도로이 버일러들· 구사이 버이서들 이하, 니루 장긴

wesihun isambi, hiyasa inu aniyai inenggi banjibuha songkoi meni
이상이 모인다. 侍衛들 또한 元旦에 편성된 대로 각각의

meni jergi de dosimbi, yaya biyai ice sunja, tofohon, orin sunja de,
등급에 따른다. 매월 초 5일· 15일· 25일에

hošoi cin wang, doroi giyūn wang, doroi 12/13 beile se ci fusihūn,
호쇼이 친왕· 도로이 군왕· 도로이 버일러들 이하,

nirui janggin ci wesihun, šun tucire onggolo wesihun dasan i yamun
니루 장긴 이상은 해가 뜨기 전에 崇政殿에

de isafi, banjibuha jergi bodome faidame wajiha manggi, enduringge
모이고 편성된 등급을 헤아려 배열하기를 마친 후에 성스러운

han tucifi soorin de tefi, yaya icihiyaha baita, beidehe weile be
황제가 나와 옥좌에 앉고 모든 처리한 일과 심리한 刑獄을

donjimbi,,
듣는다.」

enduringge han i hesei, 13/14 han i fujisa i gebu, sargan jui
「성스러운 황제의 旨로 황제의 푸진들의 칭호· 딸

gege i gebu, hojihon i gebu, hošoi cin wang, doroi giyūn wang,
공주의 칭호· 사위의 칭호와 호쇼이 친왕· 도로이 군왕·

doroi beile, gūsai beise sei sargan i gebu, sargan jui hojihon i
도로이 버일러· 구사이 버이서들의 처의 칭호· 딸과 사위의

gebu be toktobuha, han i genggiyen elhe booi dulimbai amba fujin be
칭호를 정했다. 황제의 淸寧宮 中宮의 大 푸진을

gurun i ejen fujin, dergi hūwaliyasun doronggo booi fujin be
國君 푸진· 東 關雎宮의 푸진을

dergi amba fujin, wargi da gosin i booi fujin be 14/15 wargi amba
東大 푸진· 西 麟趾宮의 푸진을 西大 푸진·

fujin, dergi urgun i booi fujin be dergi ashan i fujin, wargi
東 衍慶宮의 푸진을 東側 푸진· 西

hūturingga booi fujin be wargi ashan i fujin sembi, han i sargan
永福宮의 푸진을 西側 푸진 이라고 한다. 황제의 딸을

jui be gurun i gege, hojihon be gurun i efu sembi, enduringge han,
구룬이 거거, 사위를 구룬이 어푸 라고 한다. 성스러운 황제가

hošoi cin wang, doroi giyūn wang, doroi beile, beise sei sargan jui
호쇼이 친왕· 도로이 군왕· 도로이 버일러· 버이서들의 딸을

be ujifi buci, 15/16 ineku gurun i gege, hojihon be inu gurun i
길러 주면 마찬가지로 구룬이 거거, 사위를 또한 구룬이

efu sembi, hošoi cin wang ni emte da sargan be hošoi fujin, gūwa
어푸 라고 한다. 호쇼이 친왕의 1명의 본처를 호쇼이 푸진, 다른

sargan be asihan fujin, sargan jui be hošoi gege, hojihon be hošoi
처를 小푸진, 딸을 호쇼이 거거, 사위를 호쇼이

efu sembi, doroi giyūn wang ni emte da sargan be doroi fujin,
어푸라고 한다. 도로이 군왕의 1명의 본처를 도로이 푸진,

gūwa sargan be asihan fujin, sargan jui be 16/17 doroi gege, hojihon
다른 처를 小푸진, 딸을 도로이 거거, 사위를

be doroi efu sembi, doroi beile sei emte da sargan be doroi beile i
도로이 어푸라고 한다. 도로이 버일러들의 1명의 본처를 도로이 버일러의

sargan fujin, gūwa sargan be asihan fujin, sargan jui be doroi beile i
처 푸진, 다른 처를 小푸진, 딸을 도로이 버일러의

sargan jui gege, hojihon be doroi beile i hojihon efu sembi, gūsai
딸 거거, 사위를 도로이 버일러의 사위 어푸라고 한다. 구사이

beise sei emte da sargan be gūsai fujin, gūwa sargan be 17/18 asihan
버이서들의 1명의 본처를 구사 푸진, 다른 처를 小

fujin, sargan jui be gūsai gege, hojihon be gūsai efu sembi, hošoi
푸진, 딸을 구사이 거거, 사위를 구사이 어푸라고 한다. 호쇼이

cin wang, doroi giyūn wang, doroi beile se, gūsai beise sei gaifi ujihe
친왕· 도로이 군왕· 도로이 버일러들· 구사이 버이서들이 데려다 기른

sargan jui be, hojihon be, inu ujihe ama be dahame gebulembi,,
딸· 사위를 또한 養父를 따라서 명명한다.」

enduringge han i hesei, 18/19 gurun i ejen fujin de aniyai inenggi
「성스러운 황제의 旨로 國君 푸진에게 元旦에

hengkilere doro, encu gurun de buhe gege sebe okdoro fudere
고두하는 禮· 다른 나라에 시집간 공주들을 맞이하고 배웅하는

doro, jui bure, urun gaijara, yengsi sarin de isara doro be toktobuha,
禮· 아들을 장가보내고 며느리를 맞아 혼례 잔치에 모이는 禮를 정했다.

gurun i ejen fujin, dergi amba fujin, wargi amba fujin, 19/20
國君 푸진· 東大 푸진· 西大 푸진·

dergi ashan i fujin, wargi ashan i fujin, tulergi gurun de buhe antaha
東側 푸진· 西側 푸진이 외국에 시집간 빈객

gege sebe okdocibe fudecibe, cin wang, giyūn wang ni fujisa, doroi
공주들을 맞이하거나 전송할 때 친왕과 군왕의 푸진들· 도로이

beile sei fujisa genembi, gurun i ejen fujin generakū ba oci, cin
버일러들의 푸진들이 간다. 國君 푸진이 갈수 없는 곳이면 친왕·

wang, giyūn wang, doroi beile sei fujisa, dergi hese be tuwame
군왕· 도로이 버일러들의 푸진들이 上의 旨를 살펴보고

genembi, dahara hehesi bahara be 20/21 tuwame gamambi, aniyai
간다. 수행하는 여자들이 지닐 것을 살펴보고 가져간다. 元旦에

inenggi gurun i ejen fujin de acara doro, gurun i gege de sunjata
國君 푸진에게 배알하는 예. 구룬이 거거에게 5명씩의

gucu, hošoi cin wang ni emte da fujin de duite gucu, doroi giyūn
구추, 호쇼이 친왕의 1명의 본처에게 4명씩의 구추, 도로이 군왕의

wang ni emte da fujin de ilata gucu, doroi beile sei emte da fujin
1명의 본처에게 3명씩의 구추, 도로이 버일러들의 1명의 본처에게

de juwete gucu, gūsai beise sei emte da fujin de 21/22 emte gucu,
2명씩의 구추, 구사이 버이서들의 1명의 본처에게 1명씩의 구추,

hošoi gege, doroi gege, doroi beile i jui gege, gūsai gege isaci, inu
호쇼이 거거· 도로이 거거· 도로이 버일러의 딸 공주· 구사이 거거가 모이면 또

meni meni emete i songkoi gucu dahabufi acambi, gūsai ejete i
각각의 모친에 따른 구추를 수행하게 하고 배알한다. 구사의 어전들의

sargan, ninggun jurgan i aliha amban i sargata beyei teile acambi,
부인과 六部의 承政의 부인들은 본인만 배알한다.

ilan jergi hengkilere de, emu jergi de ilata jergi domnofi emte jergi
세 번 고두할 때에는 한 번에 세 번씩 蹲拜하고 한 번씩

hengkilembi, jui bure, urun gaijara bade 22/23 acaci, gucu be ineku
고두한다. 아들을 장가보내고 며느리를 맞는 곳에 모이면 구추를 이와 같이

ere bilaha songko, gūwa dahara hehesi encu bimbi, acara bade
정해진대로 하고, 다른 수행하는 여자들은 따로 있는다. 모이는 곳에

dosirakū, ere be tomilahangge, isara boode šolo akū[1] seme tuttu
들어가지 않는다. 이것을 제한한 것은 모이는 곳에 빈 공간이 없다 하여 이렇게

kemneme tomilahabi,,
줄여서 제한했다.」

enduringge han i hesei, hošoi cin wang, doroi giyūn wang, doroi
「성스러운 황제의 旨로 호쇼이 친왕· 도로이 군왕· 도로이

beile, gūsai beise sei mahala i jingse, 23/24 šerin, umiyesun i jergi,
버일러· 구사이 버이서들의 겨울모자의 頂子· 金佛頭· 요대의 품급과

hošoi fujin, doroi fujin, doroi beile i sargan fujisa i mahala i
호쇼이 푸진· 도로이 푸진· 도로이 버일러의 처 푸진들의 겨울모자의

jingse, šerin, sifikū, monggolikū i jergi be toktobuha, hošoi cin wang
頂子· 金佛頭· 비녀· 목걸이의 품급을 정했다. 호쇼이 친왕의

ni mahala i jingse de jakūn tana, julergi šerin de duin tana, amargi
겨울모자의 頂子에는 8개의 東珠를, 앞쪽 金佛頭에는 4개의 東珠를, 뒤쪽

ilha de ilan tana, duin toohan de duin tana sindaha aisin kubuhe gu i
꽃무늬에는 3개의 東珠를, 4개의 띠돈에 4개의 東珠를 박고 금으로 테를 두른 옥의

umiyesun, doroi giyūn 24/25 wang ni mahala i jingse de nadan
요대를 찬다. 도로이 군왕의 겨울모자의 頂子에는 7개의

---

1 [簽註] gingguleme kimcici, ere šolo akū sere gisun, ainci baktandarakū sere gisun dere,,
삼가 고찰하건대 이 'šolo akū'(빈 공간이 없다)라는 말은 아마도 'baktandarakū(수용하지 못하다)'라는 말일 것이다.

tana, julergi šerin de ilan tana, amargi ilha de juwe tana, duin
東珠를, 앞쪽 金佛頭에는 3개의 東珠를, 뒤쪽 꽃무늬에는 2개의 東珠를 박고, 4개의

toohan de duin uyu sindaha aisin kubuhe gu i umiyesun, doroi
띠돈에 4개의 綠松石을 박아 금으로 테를 두른 옥의 요대를 찬다. 도로이

beile i mahala i jingse de ninggun tana, julergi šerin de juwe tana,
버일러의 겨울모자의 頂子에는 6개의 東珠를, 앞쪽 金佛頭에는 2개의 東珠를,

amargi ilha de emu tana, duin toohan de duin booši sindaha aisin
뒤쪽 꽃무늬에는 1개의 東珠를 박고, 4개의 띠돈에 4개의 보석을 박고 금으로

25/26 kubuhe gu i umiyesun, jingse i kemun, ten be dabume ilan jalan,
테를 두른 옥의 요대를 찬다. 頂子의 규정은 기층을 포함해 세 겹으로

jingse i ninggude gemu booši sindambi, beise sei mahala i
頂子의 위에 모두 보석을 박는다. 버이서들의 겨울모자의

jingse de sunja tana, julergi šerin de emu tana, amargi ilha de emu
頂子에는 5개의 東珠를, 앞쪽 金佛頭에는 1개의 東珠를, 뒤쪽 꽃무늬에는 1개의

tana, duin toohan de duin lamun fiyahan sindaha aisin kubuhe gu i
東珠를, 4개의 띠돈에 4개의 남색 마노를 박고 금으로 테를 두른 옥의

umiyesun, jingse i kemun, ten be dabume juwe 26/27 jalan, jingse i
요대를 찬다. 頂子의 규정은 기층을 포함해 두 겹으로 頂子의

ninggude gemu booši sindambi, hošoi cin wang ni emte da fujin i
위에 모두 보석을 박는다. 호쇼이 친왕의 1명의 본처의

mahala i jingse, amba sifikū, šerin, monggolikū de jakūta tana
겨울모자의 頂子· 큰 비녀· 金佛頭· 목걸이에 8개씩의 東珠를

sindambi, asihan fujisa i mahala i jingse, amba sifikū, šerin,
박는다. 小푸진들의 겨울모자의 頂子· 큰 비녀· 金佛頭·

monggolikū de nadata tana sindambi, doroi giyūn wang ni emte
목걸이에 7개씩의 東珠를 박는다. 도로이 군왕의 1명의

da fujin i mahala i jingse, amba sifikū, šerin, monggolikū de 27/28
본처의 겨울모자의 頂子· 큰 비녀· 金佛頭· 목걸이에

nadata tana sindambi, asihan fujisa i mahala i jingse, amba sifikū,
7개씩의 東珠를 박는다. 小푸진들의 겨울모자의 頂子· 큰 비녀·

šerin, monggolikū de ninggute tana sindambi, doroi beile sei emte
金佛頭· 목걸이에 6개씩의 東珠를 박는다. 도로이 버일러들의 1명의

da fujin i mahala i jingse, amba sifikū, šerin, monggolikū de ninggute
본처의 겨울모자의 頂子· 큰 비녀· 金佛頭· 목걸이에 6개씩의

tana, asihan fujisa i mahala i jingse, amba sifikū, šerin, monggolikū de
동주를 박고, 小푸진들의 겨울모자의 頂子· 큰 비녀· 金佛頭· 목걸이에

sunjata tana sindambi, gūsai beise sei emte da fujin i mahala i
5개씩의 東珠를 박는다. 구사 버이서들의 1명의 본처의 겨울모자의

28/29 jingse, amba sifikū, šerin, monggolikū de sunjata tana, asihan
頂子· 큰 비녀· 金佛頭· 목걸이에 5개씩의 東珠를 박고,

fujisa i mahala i jingse, amba sifikū, šerin, monggolikū de duite
小푸진들의 겨울모자의 頂子· 큰 비녀· 金佛頭· 목걸이에 4개씩의

tana sindambi, mahala i jingse i kemun, jingse i hoho de booši
東珠를 박는다. 겨울모자의 頂子의 규정, 頂子가 늘어지는 곳에 보석을

sindarangge, gemu meni meni eigen i songko, hošoi cin wang, hošoi
박는 것은 모두 각자의 남편에 따르고 호쇼이 친왕과 호쇼이

fujin ci fusihūn, gūsai beise se, gūsai fujin ci wesihun, sunja fun
푸진 이하 구사이 버이서들과 구사이 푸진 이상은 5分

ci wesihun 29/30 tana be ume eture, eture etuku, morin i enggemu,
이상의 東珠를 착용하지 말라. 착용하는 의복· 말의 안장·

hadala, tohoma, siša, enggemu i soforo tohoma be dergi be amcame
고삐· 말다래· 방울· 안장의 깔개와 말다래는 上을 쫓아서

sunja ošoho i muduri, funghūwang, suwayan suje i dabali dagilara be
다섯 발톱의 용· 봉황· 황색 비단을 과분하게 갖추는 것을

gemu naka, suwayan i etuku be ume eture, neneme arahangge
모두 금하라. 황색의 의복을 착용하지 말라. 이전에 지은 것이

bici, gemu efule, enteke hacin be, dergi be amcame 30/31 dergi wesihun
있으면 모두 없애라. 이러한 종류의 것을 上을 따라서 上의 귀한

durun be gaifi alhūdame arara be umesi naka, etuku mahala i giru
모양을 가지고 모방하여 만드는 것을 엄히 금하라. 의복과 겨울모자의 틀과

durun, ulhun i durun, gaijara niyalma oci, durun gaisu,,
견본, 披肩의 견본을 가져갈 사람은 견본을 가져가라.」

enduringge han i hesei, geren ambasa i mahala i jingse, umiyesun i
「성스러운 황제의 旨로 여러 大臣들의 겨울모자의 頂子· 요대의

jergi be toktobuha, jergi ci lakcaha ujui gung, emu tana sindaha
등급을 정했다. 超品一等公은 1개의 東珠를 박은

aisin i jingse, aisin kubume gu i umiyesun, 31/32 siraha gung, gūsai
금 頂子· 금으로 테두리 두른 玉 요대, 계승한 公· 구사의

ejete, amban janggin, ninggun jurgan i aliha amban, yaya boco i
어전들· 암반 장긴· 六部의 承政은 모두 색이 있는

booši sindaha aisin i jingse, muheliyen toohan i aisin i dushuhe
보석을 박은 금 頂子· 둥근 띠돈있는 금을 浮彫한

umiyesun, meiren i janggin, bayarai tui janggin, šui jing sindaha
요대, 머이런 장긴· 바야라의 纛의 장긴은 水晶을 박은

menggun de aisin ijuha jingse, menggun dushuhe aisin ijuha durbejen
은에 금을 입힌 頂子· 은을 浮彫한 금을 입힌 사각형의

toohan umiyesun, jalan i janggin, bayarai jalan i janggin, ninggun
띠돈있는 요대, 잘란 장긴· 바야라의 잘란 장긴· 六部의

jurgan i ashan i 32/33 ambasa, aisin ijuha menggun i jingse, sele i
參政들은 금을 입힌 은 頂子· 철제의

durbejengge foloho aisin ijuha umiyesun, nirui janggin sa, sele i
사각형의 조각한 금 입힌 요대, 니루 장긴들은 철제의

foloho aisin ijuha muheliyen toohan umiyesun, hiyasa, juwan i da
조각하고 금을 입힌 둥근 띠돈있는 요대, 侍衛들· 什長[2]은

funggala hadambi, sele i foloho aisin ijuha juwe toohan i umiyesun,
깃털(翎羽)[3]을 박은 (頂子)· 철제의 조각한 금 입힌 2개의 띠돈있는 요대,

jai uheri be baicara jurgan, monggo jurgan, yaya baita de afafi
또한 都察院· 蒙古衙門· 여러 일을 담당하는

jergi bodohakūngge, jingse umiyesun i jergi be 33/34 dergi hese be
등급을 정하지 않은 자의 頂子와 요대의 등급은 上旨에

tuwambi, jergi ci lakcaha ujui gung de haksan sara emke, yarha i
의한다. 超品一等公은 금색 傘 1개· 표범의

uncehen hūwaitaha gida juwe, kiru ninggun, niyalma jailabure
꼬리를 묶은 창(豹尾槍) 2개· 小旗 6개· 사람을 피하게 하는

fulgiyan mahala etuhe ye bu šeo juwe, buya gung, gūsai ejete, amban
붉은 겨울모자를 쓴 夜不收 2명, 小公· 구사의 어전들· 암반

janggin, aliha amban de haksan i sara emke, kiru ninggun, fulgiyan
장긴· 承政은 금색 傘 1개· 小旗 6개· 붉은

---

2 'juwan i da'는 bayarai juwan i da의 약칭이다. 1634년(天聰8) 기존의 kirui ejen을 bayarai juwan i da로 개칭했다. 1660년(순치17)에 한어명칭 護軍校를 제정했다. 狀大로 음사했다.

3 'funggala'(깃털, 翎羽)는 청대 官員의 모자 위에 지위의 고하를 나타내거나 장식을 하기 위해 박은 새의 깃털이다.

mahala etuhe niyalma jailabure ye bu šeo juwe, meiren i janggin,
겨울모자를 쓰고 사람을 피하게 하는 夜不收 2명, 머이런 장긴·

bayarai tui 34/35 janggin de kiru ninggun, fulgiyan mahala etuhe ye
바야라의 纛의 장긴은 小旗 6개· 붉은 겨울모자를 쓴 夜不收

bu šeo juwe, jalan i janggin de kiru duin, nirui janggin de kiru
2명, 잘란 장긴은 小旗 4개, 니루 장긴은 小旗

juwe, yaya bade tucifi yabuci, ere songkoi gaifi yabumbi, gašan i
2개이다. 어떤 곳에 나가도 이대로 가져 간다. 마을의

giyai de ujui gung de fulgiyan mahala etuhe ye bu šeo juwe, dahara
街路에서는 一等公은 붉은 겨울모자를 쓴 夜不收 2명· 從者

niyalma juwan, buya gung, gūsai ejete, amban janggin, aliha ambasa
10명, 小公· 구사의 어전들· 암반 장긴· 承政들은

de 35/36 fulgiyan mahala etuhe ye bu šeo juwe, dahara niyalma
붉은 겨울모자를 쓴 夜不收 2명· 從者

ninggun, meiren i janggin, tui janggin de fulgiyan mahala etuhe ye
6명, 머이런 장긴· 纛의 장긴은 붉은 겨울모자를 쓴 夜不收

bu šeo juwe, dahara niyalma duin, jalan i janggin de dahara niyalma
2명· 從者 4명, 잘란 장긴은 從者

duin, nirui janggin de dahara niyalma juwe,,
4명, 니루 장긴은 從者 2명이다.」

○ ineku juwan duin de, g'ai jeo ci 36/37 unggihe bithei gisun,
같은 14일에, 蓋州에서 보낸 글의 말.

duin biyai orin duin de, gulu lamun i cirgešen, nikan i jang
「4월 24일에, 正藍의 치르거션과 漢人인 jang

ciyandzung, ere juwe amban, manju sunja nikan sunja juwan niyalma
천총, 이 2명의 大臣이 만주 5명· 한인 5명, 10명을

be gaifi, mederi dalin de ukanju i songko faitame genehe bihe, musei
이끌고 海岸에 도망자의 흔적을 추적하여 갔었습니다. 우리의

nadan ukanju be okdofi gamara cuwan be, muke de cirgešen bi,
7명의 도망자를 맞이하여 데려가는 선박을 향해, 물에서 치르거션 나는

o deri olofi gabtara de, cuwan de 37/38 miyoocan jafaha emu
겨드랑이 깊이를 건너며 활 쏠 때 선박에 조총을 가진 1명의

niyalma, musei dalafi gamara ukanju emke bucehe, ere jafaha
사람과 우리의 우두머리 되어 데려가는 도망자 1명을 죽였습니다. 이때 잡은

beiguwan hendume, šandung de tehe ice iliha yuwanšuwai cen hūng
비어관이 말하기를, "山東에서 주둔하는 新任 元帥 陳洪範이

fan, juwan tumen cooha duin tanggū cuwan gajime lioi šūn keo,
10만의 병사와 400의 선박을 이끌고 旅順口·

be siyūn keo, tung giyang ere ilan ba i hoton de teme jimbi seme
北迅口· 通江, 이 세 곳의 城에 주둔하러 온다" 라고

alambi, ere baha cuwan de 38/39 beiguwan be dabume jakūn niyalma,
고했습니다.」이 획득한 선박에 비어관을 포함하여 8명과

musei ukanju nadan niyalma bihe, juwe niyalma sirdan de goifi
우리의 도망자 7명이 있었다. 2명은 화살에 맞아

bucehe, uheri juwan ilan niyalma benjihe be, coohai jurgan i yamun
죽었고 총 13명을 보내온 것을 兵部의 衙門에서

de alime gaiha,,
받았다.

○ ineku juwan duin de, enduringge han i hesei, neneme amban
같은 14일에, 성스러운 황제의 旨로 이전에 암반

janggin ci fusihūn, bošokū ci 39/40 wesihun, jergi bodome haha
장긴 이하, 보쇼쿠 이상에 등급을 헤아려 장정을

holbofi alban i jeku i teile guwebuhe bihe, hoton hecen buyarame
두배로 하여 公課의 곡식 해당분을 면제해주었는데, 城에서 잡다하게

weilere alban de kemuni weilembihe, enduringge han amba soorin de
공사하는 夫役으로 계속 일하고 있었다. 성스러운 황제는 大 玉座에

tehe doroi, gung, amban janggin ci fusihūn, ajige bošokū, yaya
앉은 禮로, 公· 암반 장긴 이하, 小 보쇼쿠· 모든

bade baitalabuha niyalma, uksin i niyalma ci wesihun, gemu jergi
곳에서 쓰이는 사람들· 갑병의 이상을 모두 등급을

bodome haha holbofi alban de daburakū guwebuhe, 40/41 jergi ci
헤아려 장정을 두배로 하여 夫役에 포함하지 않고 면해주었다. 超品一等公에게는

lakcaha ujui gung de dehi jakūn haha, ilaci jergi gung de dehi haha,
48명의 장정, 三等公에게는 40명의 장정,

amban janggin de gūsin juwe haha, meiren i janggin de orin duin
암반 장긴에게는 32명의 장정, 머이런 장긴에게는 24명의

haha, jalan i janggin de juwan ninggun haha, nirui janggin de jakūn
장정, 잘란 장긴에게는 16명의 장정, 니루 장긴에게는 8명의

haha, hafan bisire niyalma oci, ini hafan i jergi de haha guwehe,
장정, 관직이 있는 사람은 그의 관직의 등급에 따라 장정을 면해주었다.

hafan akū untuhun 41/42 kadalara gūsai ejen, aliha amban, weile
관직이 없는 虛管의 구사의 어전· 承政에게는 죄를

bahakūngge oci uyute haha, weile bahangge oci ninggute haha,
짓지 않은 자이면 9명씩의 장정, 죄를 지은 자이면 6명씩의 장정,

untuhun kadalara meiren i janggin de weile bahakūngge oci ninggute
虛管의 머이런 장긴에게는 죄를 짓지 않은 자이면 6명씩의

haha, weile bahangge oci duite haha, untuhun bime ashan i amban,
장정, 죄를 지은 자이면 4명씩의 장정, 虛管인 參政·

jalan i janggin, nirui janggin de, weile bahakūngge oci duite haha,
잘란 장긴· 니루 장긴에게는 죄를 짓지 않은 자이면 4명씩의 장정,

weile bahangge oci juwete haha, 42/43 bithei ilan yamun i bithei
죄를 지은 자이면 2명씩의 장정, 內三院의

da de ilata haha, bithei turgunde tukiyehe niyalma de duite haha,
수석관에게는 3명씩의 장정, 학문으로 인해 뽑힌 사람(擧人)에게는 4명씩의 장정,

jurgan de dosika bithesi, ajige bošokū, geren nirui ajige bošokū de
部에 들어간 비트허시· 小 보쇼쿠· 여러 니루의 小 보쇼쿠에게는

juwete haha, bayara de inu ajige bošokū i jergi de juwete haha,
2명씩의 장정, 바야라에게도 小 보쇼쿠 등급에게는 2명씩의 장정,

uksin i niyalma, menggun faksi, sele faksi, yaya baita de baitalabuha
갑병· 銀匠· 鐵匠· 여러 일에 쓰이는

niyalma de gemu emte 43/44 haha guwebufi, ai ai alban be
사람들에게는 모두 1명씩의 장정을 면제해주고, 갖가지 夫役을

umesi waliyaha,,
확실히 면제했다.

○ tofohon de, an jeo be halafi neihe hecen i duka sehe,,
15일에, an jeo를 바꾸어서 開城의 門이라고 했다.

— 13函 —

13권 숭덕 원년 5월
14권 숭덕 원년 5월
15권 숭덕 원년 6월
16권 숭덕 원년 6월
17권 숭덕 원년 6월
18권 숭덕 원년 6월

tongki fuka sindaha hergen i dangse
點·圈을 찍은 문자의 檔子

juwan ilaci debtelin
13권

wesihun erdemungge i sucungga aniya sunja biya
숭덕 원년 5월

13권, 숭덕 원년 5월

tongki fuka sindaha hergen i dangse,,
點· 圈을 찍은 문자의 檔子

○ juwan ninggun de, enduringge han i hesei toktobuha, hošoi
16일에, 「성스러운 황제의 旨로 정한다. 호쇼이

cin wang, doroi giyūn wang ni duka be tuwakiyarangge, dorgi yamun
친왕· 도로이 군왕의 門을 지키는 것은 內衙門에서

de idui niyalmai dabala, balai facuhūn bisirakū, gūsai niyalma isaci,
당번인 사람 뿐이어야 무질서가 없을 것이다. 구사의 사람들이 모이면

gemu tulergi duka de isa, aika baita bifi dosire niyalma oci, idui
모두 外門에 모이라. 무슨 일이 있어서 들어오는 자가 있으면 당번인

1/2 niyalma be alabufi, dosi sere be tuwame dosi, gisun be
사람에게 고하게 하고, 들어가라는 말을 보고 들라. 말을

tuwarakū mujilen i dosika de, hūi diyan be tuwame weile arambi,
보지 않고 마음대로 들어갔을 때 會典을 보고 죄를 정한다.

cin wang, giyūn wang ni banjiha inenggi, aniya inenggi hengkilere
친왕· 군왕의 생일· 元旦에 고두하는

doro, cin wang de meni meni gūsai hafasa, gūsai ejen ci fusihūn,
禮는, 친왕에게는 각자 구사의 관원들· 구사의 어전 이하

nirui janggin ci wesihun, gemu isafi juwe jergi 2/3 niyakūrafi ninggun
니루 장긴 이상이 모두 모여서 두 번 무릎 꿇고 여섯 번

jergi hengkilembi, giyūn wang de ini harangga hafasai teile isafi,
고두한다. 군왕에게는 그의 屬下 관원들만 모여서

juwe jergi niyakūrafi ninggun jergi hengkilembi, doroi beile sei duka
두 번 무릎 꿇고 여섯 번 고두한다. 도로이 버일러들의 門을

be tuwakiyarangge, tulergi dukai teile be tuwakiyambi, baita bifi
지키는 것은 外門만을 지킨다. 일이 있어서

dosire niyalma oci, fonjibufi dosi, doroi beile sei banjiha inenggi,
드는 사람이면, 질문을 받고 들라. 도로이 버일러들의 생일·

aniyai inenggi oci, ini harangga hafasai teile isafi, 3/4 emu jergi
元旦이면 그의 屬下 관원들만 모여서 한 번

niyakūrafi ilan jergi hengkilembi, hengkilere de, umai baita akū bime,
무릎 꿇고 세 번 고두한다. 고두할 때에 아무 일이 없이

boode bifi hengkilenjirakū oci weile, cin wang, giyūn wang, beile sei
집에 있으면서 고두하러 오지 않으면 죄이다. 친왕· 군왕· 버일러들의

duka be dulendere de, morin yaluha sejen de tehe niyalma ebufi
門을 지날 때에 말을 타거나 수레에 앉은 자는 내려서

dulenu, tere be baicarangge, duka tuwakiyara idui amban baicambi,
지나라. 그것을 조사하는 것은 문을 지키는 당번인 大臣이 조사한다.

dergici takūraha ambasa hiyasai dosire tucire be, neneme wasimbuha
上으로부터 파견된 대신들과 시위들이 들어오거나 나가는 것은 이전에 내린

4/5 bithe de toktobuhabi,,
글에서 정했다.」

○ juwan nadan de, isinjiha loosa šongkoro baturu, emu tanggū
17일에, 도착한 로오사 숑코로 바투루는 120명의

orin uksin be gaifi, nikan i jasei i jeo i ebergi be dosifi, duin nikan
갑병을 이끌고 明의 경계인 義州의 이쪽을 들어가서 4명의 明人을

bahafi, ilan nikan be waha, emu nikan be gajiha, jidere de jugūn de
잡아서 3명의 明人을 죽였고, 1명의 明人을 데려왔다. 돌아올 때에 길에서

5/6 musei ukaka ilan ukanju be bahafi gajiha,,
우리의 도주한 3명의 도망자를 잡아서 데려왔다.

○ ineku tere inenggi, gabsihiyan coohai janggin suldei, buyan de
같은 그 날, 前鋒의 장긴 숄더이· 부얀에게

emu gūsai juwanta bayara be adabufi, bangsun, dadai be okdome
1개 구사의 10명씩의 바야라를 맡겨서 방순· 다다이를 맞이하러

unggihe, unggire de, suldei, buyan, suwayan i gulugudei be dolo
보냈다. 보낼 때에 숄더이· 부얀· 黃旗의 굴루구더이를 안으로

gamafi henduhe gisun, bangsun, dadai sei genehe songko be gene,
데려와서 한 말. "방순· 다다이 등이 간 흔적대로 가라.

6/7 genere de saikan olhome seremšeme gene, hinggan ci acaha de,
갈 때에 잘 조심하고 대비하며 가라. 힝간 너머에서 만날 때

tesei yaya emu gūsai hūdai menggun, tumen yan ci wesihun
그들의 모든 1개 구사의 매매용 銀이 1만량 이상

funcehe de, gulugudei si tumet i ujui amban i fejergi niyalma be,
남짓이면 굴루구더이 그대는 투메트의 第一 大臣의 아래 사람과

ini menggun i ejen be gamame, huhu hoton de genefi sain i
그의 銀 주인을 데리고 후후 城에 가서 잘

hūdašaci, hūda be aliyafi jio, aikabade hūdašarakū oci, menggun be
매매하고 상품을 기다렸다가 (받아)오라. 만약 매매하지 못하면 은을

werifi jio, jai ganaki, menggun umai 7/8 funcehekū oci,
두고 오라. 다시 (상품을)가지러 가자. 은이 전혀 남지 않았으면

ume genere, aikabade andala acarakū, ten de isinaha ohode, emgi
가지 말라. 만약 도중에 만나지 못하고 목적지에 도착하게 되면 함께

wacihiyame hūdašafi jio, genere jidere de, kemuni gabtara be
끝까지 매매하고 오라. 가고 올 때 항상 활 쏘는 것을

ume onggoro,,
잊지 말라."

○ juwan uyun de, sahaliyen beile de nakabume waliyara de,
19일에, 사할리연 버일러에게 初七日 제사를 지낼 때에

sumargan, tase[1] leose, fodo, fangse, jiha, suhe, dagilaha ai ai jaka be
塔· 褡子· 樓子· 佛花· 幡子· 錢· 紙錁· 준비한 각종 물건을

šurdeme 8/9 lakiyame wajiha manggi, enduringge han, geren wang,
둘레에 걸기를 마친 후, 성스러운 황제· 여러 王·

bithe coohai geren hafasa gemu genefi, juwe ashan de faidame iliha,
문무 여러 관원들이 모두 가서 양측에 배열하여 섰다.

faidame wajiha manggi, enduringge han niyakūrafi, ilan hūntahan
배열하기를 마친 후, 성스러운 황제는 무릎 꿇고 3잔의

nure hisalafi, den jilgan i gosiholome ambula songgofi, enduringge
황주를 올리고 큰 소리로 통곡하고 크게 울고, 성스러운

han, geren wang, geren ambasa gemu niyakūraha manggi, 9/10
황제· 여러 王· 여러 대신들이 모두 무릎 꿇은 후,

sahaliyen beile de amcame hošoi sure cin wang seme fungnehe bithe
사할리연 버일러에게 追封하여 호쇼이 수러 친왕 이라고 封한 글을

be hūlabuha, hūlaha bithei gisun, wesihun erdemungge i sucungga
읽게 했다. 읽은 글의 말. 「崇德 원년

aniya sunja biyai juwan uyun de, han i hese, sahaliyen, si mini
5월 19일에, 황제의 유지. 사할리연, 그대는 나의

---

1 [簽註] gingguleme baicaci, tase sere gisun, manju gisun i buleku bithe, fe manju gisun i bithede gemu ejehekūbi, fe dangse i songkoi sarkiyaha,,
삼가 살펴보니 'tase'라는 말은 『清文鑒』과 『舊清語』에 모두 기록하지 않아서 舊 檔子대로 베껴 썼다.
* 今西春秋는 'tase'를 褡子의 음역으로 보고 '紙錢을 넣는 大袋'로 해석했다. 아래 참조. 今西春秋, 「滿文老檔乾隆付注譯解」, 『東方學紀要』 1, 1959, p.204.

ahūn i jui bihe, emu amba jurgan be alifi doro de aisilame, gurun
형의 아들이었다. 하나의 중요한 部를 맡아서 정치를 돕고 국가를

booi jalin de kiceme hūsun buhe, sini tere gung 10/11 inu ajigen akū,
위해서 성실히 힘을 다했다. 그대의 그 功이 작지 않다.

tuttu ofi, bi julgei kooli be alhūdame, hošoi sure cin wang seme
그래서 나는 옛 例를 본받아서 호쇼이 수러 친왕 이라고

amcame fungnefi, gung gebu be tumen jalan de algimbuha, enduringge
追封하고 功名을 萬世에 떨치게 한다.」 성스러운

han, geli emu jergi gosihon i songgofi, dagilaha ai ai jaka be
황제는 또 한 번 통곡하여 울고, 준비한 각종 물건을

bargiyabume wajiha manggi, enduringge han, geren gemu niyakūrafi
수습하기를 마친 후, 성스러운 황제와 여럿은 모두 무릎 꿇고

jorire bithe be hūlabuha, hūlaha 11/12 bithei gisun, daicing gurun i
지시하는 글을 읽게 했다. 읽은 글의 말. 「대청국의

hošoi sure cin wang sahaliyen, si niowanggiyan muduri aniya sunja
호쇼이 수러 친왕 사할리연, 그대는 甲辰年(1604) 5월

biyai orin sunja de banjiha bihe, fulgiyan singgeri aniya gūsin ilan se
25일에 태어났다. 丙子年(1636) 33세로

de sunja biyai ice uyun i inenggi bederehe, sini han eshen ujihe ama,
5월 초 9일에 죽었다. 그대의 황제 숙부· 길러준 아버지·

geren ahūta deote acafi, ai ai jaka be yooni dagilafi, sunja
여러 형들과 동생들이 모여서 각종 물건을 모두 준비하여 5월

biyai juwan uyun i inenggi hiyoošuntumbi, tereci kiru, sara be
19일에 제사를 지낸다.」 그 후 小旗· 傘을

yamun i dolo 12/13 dosimbufi, gala arame faidaha manggi, hošoi
衙門의 안에 들이고 翼을 만들어 배열한 후, 호쇼이

fafungga cin wang, wakda, nikan, majan, murhu, ere duin beise se
파풍가 친왕· 왁다· 니칸· 마잔· 무르후, 이 네 버이서들은

yaruha morin, aciha temen be yarume emu jergi šurdefi, ūren be
인도하는 말과 짐 실은 낙타를 끌고 한 번 돌고, 位牌를

tucibufi besergen de sindaha manggi, enduringge han, geli gosiholome
내어서 평상에 놓은 후, 성스러운 황제가 또 통곡하고

songgome niyakūrafi, ilan hūntahan nure hisalaha, tuttu duin sunja
울고 무릎 꿇고 3잔의 황주를 올렸다. 그렇게 네댓

jergi gosihon i songgoro de, 13/14 isaha geren niyalma songgohakūngge
번 통곡하고 울 때에 모인 여러 사람이 울지 않은 자가

akū, tereci doronggo ahūn cin wang be gajime jifi, ini boode
없었다. 그 후 도롱고 兄 친왕을 데려 와서 그의 집에

dosimbufi, enduringge han genggiyen elhe boode wesike,,
들어가게 하고 성스러운 황제는 淸寧宮에 올랐다.

○ orin de, enduringge han, hošoi doronggo ahūn cin wang,
20일에, 성스러운 황제는 호쇼이 도롱고 모 친왕과

hošoi mutebure 14/15 cin wang be surumbume, hūn ho bira de nimaha
호쇼이 무터부러 친왕을 위로하려고 渾河에 물고기

hūrhadame genefi, hūrhadame wajiha manggi, baha nimaha be cahar i
그물질하러 가서 그물질하기를 마친 후, 잡은 물고기를 차하르

monggo i ice ambasa, nikan i ice ambasa de gemu salame bufi,
몽고의 새로운 대신들· 漢人의 새로운 대신들에게 모두 분배하여 주고

sarin sarilafi jihe,,
잔치를 베풀고 왔다.

○ ineku tere inenggi, sio yan de tehe 15/16 gulu suwayan i
같은 그 날, 岫巖에 주둔한 正黃의

niyahan, kubuhe lamun i sihan, ini hoton i nadanju niyalma be
니야한· 鑲藍의 시한은 그의 城의 70명을

gamame, mederi baru songko faidame genefi, juwe tanggū nikan be
데리고 바다 쪽으로 흔적을 쫓아 가서, 200명 한인을

ucarafi burulame jihebi, emu niyalma gaibuhabi, erei turgunde
만나서 도주해 왔고 1명이 사로잡혔다. 이 때문에

tanggūta šusiha tantafi oforo šan tokoho, niyahan i nirui janggin be
100대씩 채찍으로 때리고 코와 귀를 뚫었다. 니야한의 니루 장긴을

efulehe, tehe baci amasi gajiha,, 16/17
혁직했다. 주둔한 곳에서 되 데려왔다.

○ orin emu de, genere doroi buhengge, baldaca, dadai, yalgūri,
21일에, 떠나는 예로 보낸 것. 발다차· 다다이· 얄구리,

ere ilan amban de emte morin, gecuheri goksi emte, cuse i
이 3명의 대신에게 1마리씩의 말· 蟒緞 無扇肩朝衣 1벌씩· 紬子

camci fakūri emte, šempi hafiraha gūlha de wase jibsihai emte juru,
短衣와 바지 1벌씩· 綠斜皮를 덧댄 신발에 양말을 겹친 것 1쌍씩·

furdehe akū kamtu mahala emte, necin foloho toohan i umiyesun,
가죽이 없는 氈帽와 겨울모자 1개씩· 음각한 띠돈있는 腰帶에

fungku, fadu yooni 17/18 hūwaitahai emte, niruha enggemu de necin
수건과 자루를 함께 묶은 것 1개씩· 그림 그린 안장에 음각한

foloho hadala kūdarhan, fulgiyan jafu i tohoma de sijiha gidacan,
굴레와 밀치(鞦)· 붉은 모직물 말다래에 꿰맨 안장장식·

suje emte, suje i hūsihan emte, mocin juwanta, kubun tonggo sunjata
비단 1필씩· 비단 치마 1벌씩· 毛靑 10필씩· 綿絲 5타래씩·

haca, ulme susaita, šufa ilata, doko juwete, ijifun, merhe duite,
바늘 50개씩· 두건 3개씩· 안감 2벌씩· 빗과 참빗 4개씩·

hiyase emte, dambagu tofohoto kiyan, necin foloho nadan sara i
상자 1개씩· 담배 15帖씩· 음각한 7개의 철편장식이 있는

jebele de niru sisihai emte, 18/19 weihe emte juru, nikan haha juwete,
화살통에 화살을 꽂은 것 1개씩· 뿔 1쌍씩· 한인 남자 2명씩,

lokida de gecuheri goksi emke, suje i camci, fakūri, šempi hafiraha
로키다에게 蟒緞 無扇肩朝衣 1벌· 紬子의 短衣와 바지· 綠斜皮를 덧댄

gūlha de wase jibsihai, furdehe akū kamtu mahala emke, necin foloho
신발에 양말을 겹친 것· 가죽이 없는 氈帽와 겨울모자 1개· 음각한

toohan i umiyesun de fungku, fadu yooni, niruha enggemu de necin
띠돈있는 腰帶에 수건과 자루 일체· 그림 그린 안장에 음각한

foloho hadala kūdarhan, fulgiyan jafu i tohoma de sijiha gidacan,
굴레와 밀치· 붉은 모직물 말다래에 꿰맨 안장장식·

suje emke, suje i hūsihan emke, mocin 19/20 juwan, kubun tonggo
비단 1필· 비단 치마 1벌· 毛靑 10필· 면사

sunja haca, ijifun, merhe duin, hiyase emke, ulme juwan, šufa ilan,
5타래· 빗과 참빗 4개· 상자 1개· 바늘 10개· 두건 3개·

doko juwe, necin foloho nadan sara i jebele de niru sisihai, weihe
안감 2벌· 음각한 7개의 철편장식이 있는 화살통에 화살 꽂은 것· 뿔

emu juru, dambagu tofohon kiyan, jai jergi jakūn niyalma de,
1쌍· 담배 15첩, 2등의 8명에게

monggorokū sindame suje i sijigiyan emte, samsu i camci, fakūri
테두리 깃이 달린 비단 袍 1벌씩· 翠藍布 短衣와 바지

emte, kamtu mahala emte, necin foloho toohan i 20/21 umiyesun de
1벌씩· 氈帽와 겨울모자 1개씩· 음각한 띠돈있는 腰帶에

fungku, fadu hūwaitahai emte, giyaban gūlha de wase jibsihai emte
수건과 자루를 묶은 것 1개씩· 가죽 신발에 양말을 겹친 것 1쌍씩·

juru, suje emte, suje i hūsihan emte, mocin nadata, ulme susaita,
비단 1필씩· 비단 치마 1벌씩· 毛靑 7필씩· 바늘 50개씩·

tonggo sunjata haca, šufa ilata, doko juwete, ijifun, merhe ilata,
실 5타래씩· 두건 3개씩· 안감 2벌씩· 빗과 참빗 3개씩·

dambagu juwanta kiyan, ilaci jergi dehi jakūn niyalma de, dardan
담배 10첩씩, 3등의 48명에게 粧緞의

monggorokū sindame mocin sijigiyan emte, gahari, fakūri 21/22 emte,
테두리 깃이 달린 毛靑의 袍 1벌씩· 布衫과 바지 1벌씩·

kamtu mahala emte, gincihiyan umiyesun de fungku fadu hūwaitahai
氈帽와 겨울모자 1개씩· 광택있는 요대에 수건과 자루를 묶은 것

emte, suje emte, mocin nadata, dambagu sunjata kiyan, abun de
1개씩· 비단 1필씩· 毛靑 7필씩· 담배 5첩씩, 아분에게

hokton i enggemu de necin foloho hadala, kūdarhan, fulgiyan jafu i
樺木의 안장에 음각한 굴레와 밀치· 붉은 모직물

tohoma de sijiha gidacan, weihe emu juru buhe,, 22/23
말다래에 꿰맨 안장장식· 뿔 1쌍을 주었다.

○ orin ilan de, sio yan de tehe giyamsun, karun i tatan i
23일에, 岫巖에 주둔한 기얌순과 초병의 숙영지의

ejen haida, ilan nikan be bahafi benjihe,,
어전 하이다가 3명의 한인을 잡아 보내왔다.

○ orin duin de, ubali ts'anjiyang si, dade karacin gurun i buyan
24일에, 「우발리 참장 너는 원래 카라친 국의 부얀

beile i harangga niyalma bihe, sini buyan beile, monggo gurun i
버일러의 속민이었다. 너의 부얀 버일러는 몽고국의

23/24 doro wasindara be safi, mimbe dahame banjiki seme, simbe
정치가 쇠퇴하는 것을 보고 나를 따라 살겠다고 너를

takūrame elcin yabufi, mini baru akdulame gashūha, jai dungkui de
파견하여 사신으로 가게 하여 나에게 굳게 맹세했다. 또 둥쿠이로

cooha genehe de, mini hendufi unggihe gisun be jurcehekū, karacin be
출정했을 때 내가 말하여 보낸 말을 어기지 않고 카라친을

gemu boljoho bade gajime jifi acabuha, amala geli sini buyan beile i
모두 약속한 곳으로 데려와 만나게 했다. 이후에 다시 너의 부얀 버일러의

jui birasi taiji beye gurun be gajime umesi dahame jihe seme nirui
아들 비라시 타이지 자신이 국인을 데리고 분명히 투항해 왔다고 하여 니루

janggin obuha, jai 24/25 juwe jergi sirambi,,
장긴으로 삼았다. 또 두 번 계승한다.」

○ ineku tere inenggi, seke i alban benjihe sahaliyan ula i
같은 그 날, 초피 공물을 보내온 흑룡강

goloi amban baldaci efu de, genere doroi šangname buhengge, juwe
지역의 大人 발다치 어푸에게 떠나는 예로 상내려 준 것. 2명의

nikan haha, emu gecuheri etuku, emu šanggiyan samsu i ergume,
한인 남자· 1필의 망단 의복· 1벌의 흰색 翠藍布 朝衣·

juwe suje, mocin samsu orin, foloho jebele de 25/26 beri niru sisihai
2필의 비단· 毛靑布 20필· 조각한 화살통에 활과 화살을 꽂은 것을

buhe,,
주었다.

○ ineku tere inenggi, tunggatu nirui monggo hotoi, nikan de
같은 그 날, 퉁가투 니루의 몽고인 호토이가 明으로

ukame genefi, duici aniya amasi ilan morin gajime ukame jidere de,
달아나 갔다가, 네 번째 해에 다시 3마리 말을 데리고 달아나 올 때

emu morin jugūn de bucehebi, juwe morin gajime isinjiha,, 26/27
1마리 말은 길에서 죽었고 2마리 말은 데리고 도착했다.

○ ineku tere inenggi, ujen cin wang ni mergen hiya i kadalara
같은 그 날, 우전 친왕의 머르건 히야가 관할하는

ding šan tun gebungge gašan i amargi de, cimari erde juwe se i
ding šan tun이라는 마을의 북쪽에 아침 일찍 두 살 된

teyehun[2] buhū jifi iliha be, gašan i niyalma safi, ciyandzung jang ing
터여훈 사슴이 와 서 있는 것을 마을 사람이 보고 천총 jang ing tai와

tai, fan ci u de alanjifi, juwe ciyandzung orin yafahan be gaifi, tere
fan ci u에게 고하니, 두 천총이 20명 보병을 데리고 그

27/28 buhū be kame weihun jafafi, enduringge han de benjihe be,
사슴을 포위하여 생포하고 성스러운 황제에게 보내온 것을,

ujen cin wang de uji seme buhe,,
우전 친왕에게 기르라고 주었다.

○ orin sunja de, enduringge han i hesei, hafan i jurgan i
25일에, 「성스러운 황제의 旨로 吏部의

hošoi mergen cin wang, baita de afabuha hafasai jergi be toktobuha,
호쇼이 머르건 친왕이 일을 맡긴 관원의 등급을 정했다.

28/29 uheri be baicara jurgan i aliha amban, monggo jurgan i aliha
도찰원의 承政· 몽고 아문의 承政·

amban, beki coohai ejen, amban janggin i jergi, bithei ilan yamun i
步兵의 수장은 암반 장긴의 등급이다. 內三院의

da, mukden i hoton tuwakiyara nikan coohai ejen, gabsihiyan coohai
大學士· 성경성을 수비하는 漢軍의 수장· 前鋒의

gala de sindaha amban, meiren i janggin i jergi, uheri be baicara
翼에 임명한 대신 등은 머이런 장긴의 등급이다. 도찰원

---

2 'teyehun'은 '휴식'을 뜻하지만 여기에서는 의미가 불분명하다.

jurgan i ashan i amban, bithei ilan yamun i ashan i da, ninggun
參政· 문관 세 아문의 學士·

jurgan i manju 29/30 mujilen bahabukū, monggo jurgan i ashan i
6部의 만주 啓心郎· 몽고 아문의 參政·

amban, gabsihiyan coohai gūsa de sindaha hafan, beki coohai gala de
前鋒의 구사에 임명한 관원· 步兵의 翼에

sindaha hafan, dara coohai gala de sindaha hafan, jalan i janggin i
임명한 관원· 援兵의 翼에 임명한 관원들은 잘란 장긴의

jergi, beki coohai gūsa de sindaha hafan, dara coohai gūsa de sindaha
등급이다. 步兵의 구사에 임명한 관원· 援兵의 구사에 임명한

hafan, mukden i hoton tuwakiyara manju hafan, 30/31 mukden i
관원· 성경성을 수비하는 만주 관원· 성경성을

hoton tuwakiyara nikan hafan, monggo jurgan i gūsa de sindaha
수비하는 한인 관원· 몽고 아문의 구사에 임명한

hafan, yaya goloi hoton de tehe hafasa, nirui janggin i jergi, ere
관원· 모든 지역의 성에 주둔한 관원 등은 니루 장긴의 등급이다. 이

jergi banjibuha hafasa, ini hafan amba oci, hafan i jergi de oso,
등급에 편제된 관원들은 그의 관이 높으면 관의 등급으로 한다.

hafan ajige ocibe, hafan akū untuhun ocibe, ere banjibuha jergi oso,
관이 낮거나 관이 없는 무등급이어도 이 편제된 등급으로 한다.

ninggun jurgan i nikan mujilen bahabukū, hūlara ninggun niyalma,
六部의 한인 啓心郎과 贊禮하는 6명은

nirui 31/32 janggin i jergi, kiru, dahara niyalma akū, yaya jurgan
니루 장긴의 등급이나 纛과 從者는 없다. 모든 部의

i_ashan i amban, bithei yamun i da, mujilen bahabukū, cooha
參政· 문관의 수장· 啓心郎은 行兵하거나

yabure, tuleri yaya baita de takūrara oci, cooha kadalara hafan
외부의 여러 일에 파견할 때 병사를 관할하는 관원일 경우

oci, ini kadalara jergi bodome kiru gaisu, cooha kadalarakū sula
그가 관할하는 등급을 헤아려 小旗를 취하라. 병사를 관할하지 않는

hafan oci, ini hafan i jergi bodome gaisu, hafan akū oci, kiru
閑散官일 경우 그의 관의 등급을 헤아려 취하라. 관이 아닐 경우 小旗는

akū,, 32/33
없다.

enduringge han i hesei, hafan i jurgan i hošoi mergen cin
성스러운 황제의 旨로, 吏部의 호쇼이 머르건 친왕이

wang, dagilara jergi ci nakabuha hafasa, gulu suwayan i erke
(의장을) 갖추는 등급에서 중지시킨 관원들. 正黃旗의 어르커 다이칭

daicing ilaci jergi amban janggin, ahaliyan ilaci jergi meiren i janggin,
3등 암반 장긴, 아할리얀 3등 머이런 장긴,

hūrhan ilaci jergi jalan i janggin, šangsi nirui janggin, batma nirui
후르한 3등 잘란 장긴, 샹시 니루 장긴, 바트마 니루 장긴,

janggin, kūn nirui hotoho janggin, ganggina nirui janggin, hayu 33/34
쿤 니루 半 장긴, 강기나 니루 장긴, 하유

nirui hontoho janggin, esei ilaci jergi jalan i janggin, ocir ilaci
니루의 半 장긴, 어서이 3등 잘란 장긴, 오치르 3등

jergi meiren i janggin, soolga ilaci jergi jalan i janggin, elbihe
머이런 장긴, 소올가 3등 잘란 장긴, 얼비혀

uju jergi jalan i janggin, urcihai nirui janggin, yahai nirui janggin,
1등 잘란 장긴, 우르치하이 니루 장긴, 야하이 니루 장긴,

šušu nirui janggin, giohoto nirui hontoho janggin, ahai i ama abang
슈슈 니루 장긴, 기오호토 니루 半 장긴, 아하이의 부친 아방

nirui janggin, kenje nirui janggin, ilduci untuhun kadalarangge bayarai
니루 장긴, 컨저 니루 장긴, 일두치 虛官 바야라

jalan i 34/35 janggin, sabi nirui janggin, dumin nirui janggin, algio
잘란 장긴, 사비 니루 장긴, 두민 니루 장긴, 알기오

nirui janggin, niyahan nirui janggin, minggui nirui janggin, sumer
니루 장긴, 니야한 니루 장긴, 밍구이 니루 장긴, 수머르

tabunang nirui janggin, usiyandari nirui janggin, mendu nirui janggin,
타부낭 니루 장긴, 우시얀다리 니루 장긴, 먼두 니루 장긴,

dabahai nirui janggin, dodohoi untuhun nirui janggin, šongningga
다바하이 니루 장긴, 도도호이 虛官 니루 장긴, 숑닝가

funde bošokū weilere jurgan i ashan i janggin, wase ilaci jergi
푼더 보쇼쿠 工部의 副 장긴, 와서 3등

meiren i janggin, sereng nirui janggin boigon i 35/36 jurgan i ashan
머이런 장긴, 서렁 니루 장긴 戶部의 參政.

i amban, kubuhe suwayan i cakani ilaci jergi amban janggin, basita
鑲黃旗의 차카니 3등 암반 장긴, 바시타

ilaci jergi amban janggin, onoi jai jergi jalan i janggin, fuka nirui
3등 암반 장긴, 오노이 2등 잘란 장긴, 푸카 니루

janggin jai emu hontoho, yersu nirui janggin, yatari nirui janggin,
장긴과 半,[3] 여르수 니루 장긴, 야타리 니루 장긴,

gūnadai ilaci jergi meiren i janggin, suran nirui janggin, tungkesen
구나다이 3등 머이런 장긴, 수란 니루 장긴, 퉁커선

nirui janggin, gūnacan baturu nirui janggin, malhūna nirui 36/37
니루 장긴, 구나찬 바투루 니루 장긴, 말후나 니루 장긴,

janggin, sintai ilan ubu sindafi emu ubui hontoho janggin, kūwaktaka
신타이 3분의 1의 半 장긴, 쿠왁타카

ilaci jergi jalan i janggin, daimungga nirui janggin, yarbu nirui
3등 잘란 장긴, 다이뭉가 니루 장긴, 야르부 니루 장긴,

3 '니루 장긴과 半'은 1.5니루 장긴을 의미한다.

janggin, boihon nirui janggin, muktun nirui janggin, anggin nirui
보이혼 니루 장긴, 묵툰 니루 장긴, 앙긴 니루

hontoho janggin, jibcu nirui hontoho janggin, bobong untuhun nirui
半 장긴, 집추 니루 半 장긴, 보봉 虛官 니루 장긴,

janggin, naimadai untuhun nirui janggin, bayar untuhun nirui janggin,
나이마다이 虛官 니루 장긴, 바야르는 虛官 니루 장긴이고

monggo jurgan debi, 37/38 temuru funde bošokū boigon i jurgan i
몽고 아문에 있다. 터무루 푼더 보쇼쿠 戶部 參政 바야라 니루 장긴,

ashan i amban, bayara nirui janggin, sengge nirui janggin, saimbulu
셍게 니루 장긴, 사임불루

nirui janggin, monggūldai nirui janggin, haraltai nirui janggin coohai
니루 장긴, 몽굴다이 니루 장긴, 하랄타이 니루 장긴

jurgan i ashan i amban, gulu fulgiyan i holbon ilaci jergi gung,
兵部 參政. 正紅旗의 홀본 3等公,

erihe nirui janggin, bodisung jai jergi jalan i janggin, ihari baturu
어리허 니루 장긴, 보디숭 2등 잘란 장긴, 이하리 바투루

ilaci jergi jalan i janggin, šanggiyan holo ilaci jergi 38/39 jalan i
3등 잘란 장긴, 샹기얀 홀로 3등 잘란 장긴,

janggin, cuku baturu nirui janggin, tunggatu baturu nirui janggin,
추쿠 바투루 니루 장긴, 퉁가투 바투루 니루 장긴,

heyene nirui janggin, yamašan nirui janggin, fanggin funde bošokū
허여너 니루 장긴, 야마샨 니루 장긴, 팡긴 푼더 보쇼쿠

coohai jurgan i ashan i amban, haishai nirui janggin, sehei nirui
兵部 參政, 하이스하이 니루 장긴, 서허이

hontoho janggin, hoisan untuhun nirui janggin, budan ilan ubu sindafi
니루 半 장긴, 호이산 虛官 니루 장긴, 부단 3분의 2의 半

juwe ubui hontoho janggin kadalarangge bayarai jalan i janggin,
장긴 관할하는 바야라의 잘란 장긴.

kubuhe fulgiyan i yarka 39/40 untuhun nirui janggin boigon i jurgan
鑲紅旗의 야르카 虛官 니루 장긴 戶部 參政,

i ashan i amban, aidagan ilaci jergi jalan i janggin, irahai nirui
아이다간 3등 잘란 장긴, 이라하이 니루

hontoho janggin, hersu nirui hontoho janggin, gentei ilaci jergi jalan
半 장긴, 허르수 니루 半 장긴, 건터이 3등 잘란 장긴,

i janggin, subida nirui janggin, tejin nirui janggin, catahai nirui
수비다 니루 장긴, 터진 니루 장긴, 차타하이 니루 장긴,

janggin, butanggū nirui janggin, antai nirui janggin, uyandai untuhun
부탕구 니루 장긴, 안타이 니루 장긴, 우얀다이 虛官

nirui janggin, mangsur untuhun nirui janggin, gulu 40/41 šanggiyan i
니루 장긴, 망수르 虛官 니루 장긴. 正白旗의

guwangtai ilaci jergi gung, g'arma sengge jai jergi amban janggin,
구왕타이 3等公, 가르마 셍게 2등 암반 장긴,

fulu nirui janggin, kamhū nirui hontoho janggin, fosori nirui hontoho
풀루 니루 장긴, 캄후 니루 半 장긴, 포소리 니루 半 장긴,

janggin, lifana nirui janggin, jingju nirui janggin jai emu hontoho,
리파나 니루 장긴, 징주 니루 장긴과 半,

songgotu nirui janggin, jirgai i eniye gu nirui janggin, šanggitu
송고투 니루 장긴, 지르가이의 모친과 고모 니루 장긴, 샹기투

nirui hontoho janggin, samhatu baturu nirui janggin, baincari nirui
니루 半 장긴, 삼하투 바투루 니루 장긴, 바인차리 니루

41/42 hontoho janggin, solmin nirui janggin, iseku nirui janggin, hairai
半 장긴, 솔민 니루 장긴, 이서쿠 니루 장긴, 하이라이

nirui janggin, argina nirui hontoho janggin, behi nirui hontoho janggin,
니루 장긴, 아르기나 니루 半 장긴, 버히 니루 半 장긴,

hūsita nirui janggin, utai funde bošokū weilere jurgan i ashan i
후시타 니루 장긴, 우타이 푼더 보쇼쿠 工部 參政.

amban, kubuhe šanggiyan i ebilun ilaci jergi amban janggin, ayusi
鑲白旗의 어빌룬 3등 암반 장긴, 아유시

ilaci jergi amban janggin, solgo ilaci jergi jalan i janggin, gasha
3등 암반 장긴, 솔고 3등 잘란 장긴, 가스하

ilaci jergi 42/43 jalan i janggin, dekdeki nirui janggin, doolika nirui
3등 잘란 장긴, 덕더키 니루 장긴, 도올리카 니루 장긴,

janggin, eheliyenggun nirui janggin, loho nirui janggin, badangga nirui
어헐리영군 니루 장긴, 로호 니루 장긴, 바당가 니루 장긴,

janggin, guyeng nirui janggin, jeshuri nirui janggin, ayusi nirui
구영 니루 장긴, 저스후리 니루 장긴, 아유시 니루 장긴,

janggin, soisun nirui hontoho janggin, šoha nirui janggin, toohai
소이순 니루 半 장긴, 쇼하 니루 장긴, 토오하이

untuhun nirui janggin, gulu lamun i seogen nirui janggin, hūsimu
虛官 니루 장긴. 正藍旗의 서오건 니루 장긴, 후시무

nirui janggin, jangsan nirui janggin, abudai 43/44 nirui janggin,
니루 장긴, 장산 니루 장긴, 아부다이 니루 장긴,

sahaliyan nirui janggin, kesitu nirui janggin, norobu nirui hontoho
사할리얀 니루 장긴, 커시투 니루 장긴, 노로부 니루 半 장긴,

janggin, uluka nirui hontoho janggin boigon i jurgan i ashan i
울루카 니루 半 장긴 戶部 參政,

amban, ajitu untuhun nirui janggin, bultan untuhun nirui janggin,
아지투 虛官 니루 장긴, 불탄 虛官 니루 장긴.

kubuhe lamun i othon nirui janggin, wase i jui kitat nirui janggin,
鑲藍旗의 오트혼 니루 장긴, 와서의 아들 키타트 니루 장긴,

manggo i eniye jai jergi jalan i janggin, nadai i sargan nirui
망고의 모친 2등 잘란 장긴, 나다이의 처 니루 장긴,

janggin, cinggiyanu i sargan 44/45 nirui janggin, maktu nirui janggin,
칭기야누의 처 니루 장긴, 막투 니루 장긴,

olika untuhun kadalarangge bayarai jalan i janggin, bušuku untuhun
올리카 虛官 바야라 잘란 장긴, 부슈쿠 虛官

kadalarangge bayarai jalan i janggin, siteku nirui janggin, sirtai
바야라 잘란 장긴, 시터쿠 니루 장긴, 시르타이

nirui janggin, wehe baturu nirui janggin, sunta nirui janggin boigon
니루 장긴, 워허 바투루 니루 장긴, 순타 니루 장긴 戶部 參政,

i jurgan i ashan i amban, tusitun nirui janggin, dayan nirui
투시툰 니루 장긴, 다얀 니루 장긴 3분의 2,

janggin ilan ubu sindafi juwe ubu, ayakta nirui janggin ilan 45/46 ubu
아약타 니루 장긴 3분의 1,

sindafi emu ubu, sibuhai untuhun nirui janggin, lolo funde bošokū
시부하이 虛官 니루 장긴, 롤로 푼더 보쇼쿠

kadalarangge jalan i janggin boigon i jurgan i ashan i amban,
관할하는 잘란 장긴 戶部 參政,

tomišan funde bošokū weilere jurgan i ashan i amban, monggūldai
토미샨 푼더 보쇼쿠 工部 參政, 몽굴다이

funde bošokū kadalarangge bayarai jalan i janggin, menggei untuhun
풍더 보쇼쿠 관할하는 바야라의 잘란 장긴, 멍거이 虛官

nirui janggin, ere nakabuha hafasa, enduringge han, hošoi cin wang,
니루 장긴. 이 의장을 그만두게 한 관원들은 성스러운 황제가 호쇼이 친왕·

doroi giyūn wang, doroi 46/47 beile sede takūrabumbi seme nakabuha
도로이 군왕· 도로이 버일러 들에게 사역된다고 하여 의장을 그만두게 한

hafan oci, hafan be bodorakū takūrabure jergi bodome umiyesun
관원인 경우 관을 헤아리지 않고 사역되는 등급을 헤아려 요대를

umiyele, ajigen seme nakabuha buya juse oci, amba mutufi ton de
매라. 어리다고 하여 의장을 그만두게 한 小子인 경우 자라서 數에

dosika manggi, jergi bodome dagila, sakda yadahūn seme nakabuha
들어온 후에 등급을 헤아려 갖추어라. 늙고 가난하다 하여 의장을 그만두게 한

hafan oci, jingse umiyesun i teile jergi bodome dagila, funde
관원인 경우 頂子와 腰帶만 등급을 헤아려 갖추어라. 풍더

bošokū yaya jurgan de sindaha ashan i amban 47/48 bici, jingse
보쇼쿠로 여러 부서에 임명한 參政일 경우 頂子와

umiyesun i teile dagila, juwan i da seme nakabuha hafan oci,
腰帶만 준비하라. 什長이라 하여 의장을 그만두게 한 관원인 경우

juwan i da i jergi, bayara seme nakabuha hafan oci, bayarai jergi oso,
什長의 등급으로, 바야라라 하여 의장을 그만두게 한 관원인 경우 바야라의 등급으로 하라.

kiru, sara, dahara niyalma nakaha,,
小旗· 양산· 從者는 중지한다.」

tongki fuka sindaha hergen i dangse

點·圈을 찍은 문자의 檔子

juwan duici debtelin

14권

wesihun erdemungge i sucungga aniya sunja biya

숭덕 원년 5월

14권, 숭덕 원년 5월

tongki fuka sindaha hergen i dangse,,
點·圈을 찍은 문자의 檔子

○ orin ninggun de, enduringge han i hesei bithei yamun i bithei da
26일에, 성스러운 황제의 旨로 文官의 大學士

fan wen ceng, hife, garin, ashan i da lošo, jamba, lo sio gin
范文正· 히퍼· 가린, 學士 로쇼· 잠바· 羅繡錦이

genefi, hošoi cin wang, doroi giyūn wang, doroi beile sei duka be
가서 호쇼이 친왕· 도로이 군왕· 도로이 버일러들의 문에서

morin yaluha, sejen de tehe niyalmai ebure babe 1/2 tura tebume
말을 타거나 가마에 앉은 사람이 내리는 곳을 기둥을 세워

toktobuha, hošoi cin wang ni duka be dehite da, doroi giyūn wang ni
정했다. 호쇼이 친왕의 門은 (下馬碑로부터) 40尋씩, 도로이 군왕의

duka be gūsita da, doroi beile sei duka be orita da obuha,,
문은 30尋씩, 도로이 버일러들의 문은 20尋씩으로 했다.

○ ineku orin ninggun de, enduringge han amba soorin de tehe
같은 26일에, 성스러운 황제가 大位에 오른

doroi, gung, amban 2/3 janggin ci fusihūn, nirui janggin ci wesihun,
예로 公· 암반 장긴 이하, 니루 장긴 이상의

hafasa de haha holbofi alban waliyaha seme, geren hafasa
관원들에게 장정을 두배로 公課를 면해주었다고 하여, 여러 관원들이

genggiyen elhe boo i hūwa de dosifi, enduringge han de ilan jergi
淸寧宮의 뜰에 들어와 성스러운 황제에게 세 번

niyakūrafi uyun jergi hengkilehe,,
무릎 꿇고 아홉 번 고두했다.

○ ineku orin ninggun de, enduringge han i hesei bithei ilan
같은 26일에, 성스러운 황제의 旨로, 文館의 세 아문의

yamun i bithei da hife, 3/4 fan wen ceng, garin, lošo, jamba alafi,
대학사 히퍼· 范文程· 가린· 로쇼· 잠바가 보고하여,

dalingho i hafasa be nadan jurgan de aliha amban sindaha, jang
大凌河의 관원들을 7部에 承政으로 임명했다. 張存仁을

ts'un žin be uheri be baicara jurgan de aliha amban, dzu je hūng be
都察院 承政, 祖澤洪을

hafan i jurgan de aliha amban, han dai hiyūn be boigon i jurgan de
吏部 承政, 韓大勳을 戶部 承政,

aliha amban, giyang sin be dorolon i jurgan de aliha 4/5 amban,
姜新을 禮部 承政,

dzu je žun be coohai jurgan de aliha amban, lii yūn be beidere
祖澤潤을 兵部 承政, 李雲을 刑部 承政,

jurgan de aliha amban, pei guwe jeng be weilere jurgan de aliha amban
裵國珍을 工部 承政으로

sindaha,,
임명했다.

○ ineku orin jakūn de, kubuhe suwayan i nomci, jafuni i jergi
같은 28일에, 鑲黃旗의 놈치가 자푸니 일행이

warka de cooha genehe mudan de, 5/6 gidafi gajiha seke, silun,
와르카로 출병했을 때 숨겨 취했던 초피· 스라소니가죽·

solohi, ulhu, elbihe, hailun hūlhafi gajiha be, ini booi yoo pijan
족제비가죽· 灰鼠皮· 너구리가죽· 수달가죽을 몰래 가져온 것을, 그의 집의 yoo 皮匠이

gercileme gajifi fafun de duileci gemu yargiyan ofi, gerci be
고발하러 가져왔다. 法司에서 조사하니 모두 사실이었으므로 고발자를

hokobuha, nomci be jakūnju juwe šusiha tantafi šan tokofi olji faitaha,
離主시켰다. 놈치를 82대 채찍으로 때리고 귀를 뚫고 노획을 삭탈하고,

uyun yan i weile gaiha, nirui bošoro be nakabuha, hafan wesire
9량의 贖을 취하고, 니루의 領催를 그만두게 하고, 관을 승급할 때

jergi de wesiburakū sehe, 6/7 erei jergi de genehe kubuhe lamun i
승급하지 않게 했다. 이 때 출병한 鑲藍旗의

doolan, ini uksin be, kubuhe fulgiyan de goiha hūrha de acibufi,
도올란이 그의 갑옷을 鑲紅旗에 할당된 후르하인에게 싣게 해서

icu, seke be tede jailabume benefi gajire be suweleme genehe
가죽재료와 초피를 그에게 숨겨 보내 가져오는 것을, 수색하러 간

kubuhe fulgiyan i narsai nirui hūsiri bithesi jafafi, fafun de alafi
鑲紅旗의 나르사이 니루의 후시리 비트허시가 체포했다. 法司에 보고하여

duileci, yargiyan ofi, doolan be tanggū šusiha tantafi šan oforo
조사하니 사실이었으므로 도올란을 100대 채찍으로 때리고 귀와 코를

tokoho, niru bošoro be 7/8 nakabuha,,
뚫고 니루를 領催하는 것을 그만두게 했다.

○ ineku orin jakūn de, kubuhe lamun i sirtai, ningguta de
같은 28일에, 鑲藍의 시르타이가 닝구타에

anafu tenefi, ini cisui dahaha niyalmai jui be sargan gaihabi,
戍守하러 가서 그의 마음대로 항복한 사람의 딸을 아내로 취했었다.

mukden de isinjifi, coohai jurgan i niyalma tolome baicara de
성경에 도착해서 병부의 사람이 人數를 세어 조사할 때

alahakū, gulu lamun i ubu de goifi gamara de, 8/9 ini gaiha
보고하지 않았다가 正藍의 몫으로 할당해 데려가려하자 그가 취한

sargan seme durime becunume bithesi be tantahabi, fafun de duileci
아내라며 빼앗으려 서로 싸우다가 비트허시를 때렸다. 法司에서 심리하니

yargiyan ofi, tanggū šusiha tantafi šan tokofi, nirui janggin be
사실이어서 100대 채찍으로 때리고 귀를 찌르고 니루 장긴을

efulehe,,
혁직했다.

○ orin uyun de, enggeder efu nimeme akū ofi, jui erke daicing be
29일에, 엉거더르 어푸가 병사하여 아들인 어르커 다이칭에게

ineku ilaci 9/10 jergi amban janggin siraha, jai juwan juwe jergi
동일한 3등 암반 장긴을 계승시켰다. 또 12번

sirambi, ama i amban janggin be erke daicing de siraha manggi,
계승한다. 부친의 암반 장긴을 어르커 다이칭에게 잇게 한 후

erke daicing ni funde deo soolga be, ineku ilaci jergi jalan i janggin
어르커 다이칭 대신에 동생인 소올가를 같은 3등 잘란 장긴으로

obuha, sirarangge nenehe songkoi,,
삼았다. 계승하는 것은 예전대로 한다.

○ ineku tere inenggi, 10/11 enduringge han de, hošoi cin wang,
같은 그 날, 성스러운 황제께 호쇼이 친왕·

doroi giyūn wang, doroi beile se, sara, kiru, faidan i jaka be buhe
도로이 군왕· 도로이 버일러들이 傘· 小旗 등 의장의 물품을 하사한

doroi, genggiyen elhe boo i hūwa de dosifi ilan jergi niyakūrafi uyun
禮로 淸寧宮의 뜰에 들어가 세 번 무릎 꿇고 아홉 번

jergi hengkilehe, terei sirame geren hafasai hengkilere jalin de,
고두했다. 그 뒤를 이어 여러 관원들이 고두하는 일로 인해

dorolon i jurgan i hafasa, enduringge han de gisun wesimbume,
禮部의 관원들이 성스러운 황제에게 말을 올리기를,

bithe coohai geren hafasa, 11/12 sara kiru doroloro jaka be buhe doroi
"문무 여러 관원들이 傘·小旗의 의례 물품을 하사하신 예로

hengkilembi, gemu genggiyen elhe boo i hūwa de hengkileci, geren
고두할 것입니다. 모두가 淸寧宮 뜰에서 고두하면 많아서

ofi baktandarakū seme wesimbure jakade, ashan de bihe geren wang
다 수용할 수 없습니다"라고 상주했으므로 옆에 있던 여러 왕들이

jabume, baktandarakū mujangga, meiren i janggin ci wesihun
답하기를, "다 수용할 수 없는 것이 사실입니다. 머이런 장긴 이상의

hafasa, dele hengkilenjikini, jalan i janggin ci fusihūn hafasa, daicing
관원들은 御前에 고두하러 오게 하시고 잘란 장긴 이하의 관원들은 大淸門

duka i tule hengkileci antaka, 12/13 enduringge han hese wasimbume,
밖에서 고두하면 어떻겠습니까?" 성스러운 황제가 旨를 내리기를,

daci tenteke jurgan minde acarakū, weile baha niyalma oci, aldangga
「원래 그러한 義는 나와 맞지 않다. 죄를 얻은 사람이라면 먼

tule hengkilembi dere, baktandarakū jalin de daicing duka i tule
바깥에서 고두하겠지만 수용할 수 없다는 이유로 大淸門 밖에서

ainu hengkilebumbi, gemu dolo dosimbufi hengkilebu sehe, tereci
어찌 고두시키겠는가? 모두 안에 들여 고두시키라」고 했다. 그리하여

geren hafasa dosifi uju de gung, amban janggin, aliha amban, meiren
여러 관원들이 들어와 가장 처음으로 公· 암반 장긴· 承政· 머이런

i janggisa, ilan jergi niyakūrafi uyun jergi hengkilehe, jai de jalan
장긴들이 세 번 무릎 꿇고 아홉 번 고두했다. 다음으로 잘란

i janggin, nirui 13/14 janggisa hengkilehe, ilaci de nikan hafasa be
장긴· 니루 장긴들이 고두했다. 세 번째로 한인 관원들을

amban janggin ši ting ju, ma guwang yuwan gaifi inu tere songkoi
암반 장긴 石廷柱· 馬光遠이 이끌고 또한 그대로

hengkilehe,,
고두했다.

○ ineku tere inenggi, gosin onco hūwaliyasun enduringge han i
같은 그 날, 「어질고 관대하고 온화하고 성스러운 황제의

hese, cooha tucifi yabure de, jilgan ume jamarara, tu kiru ci
旨. 출병하여 행군할 때 소란스럽게 하지 말라. 纛· 小旗에서

ume fakcara, 14/15 aciha urhufi dasaci, kiru yooni ilifi dasa, cooha
이탈하지 말라. 짐이 한쪽으로 쏠려 정리하려면 小旗를 모두 정지하고 정돈하라. 군대가

dosika manggi, emu juwe i fakcafi tabcilame yabufi wabuci, terei
들어간 후, 하나 둘 떨어져 약탈하러 가서 살해되면 그의

juse sargan be olji arambi, fafulaha ejen de weile, miyoo ume efulere,
자식과 아내를 포로로 삼는다. 관할한 어전에게 죄를 준다. 廟을 파괴하지 말라.

jai sula yabure niyalma be balai ume wara, iselehengge oci wa,
또 비무장으로 다니는 사람을 함부로 죽이지 말라. 저항하는 자이면 죽이고

dahahangge oci uji, olji niyalmai etuku ume sure, eigen sargan be
항복한 자이면 살려라. 포로인의 옷을 벗기지 말라. 남편과 아내를

ume faksalara, olji araci 15/16 ojorakū niyalma sehe seme, inu
떨어뜨리지 말라. 포로로 삼을 수 없는 사람이라 해도 또한

etuku ume sure, ume necire, hehe ume dedure, olji niyalma be
옷을 벗기지 말라. 침해하지 말라. 여자를 범하지 말라. 포로인으로 하여금

morin ume tuwakiyabure, orho jeku ganara de emu juwe i balai
말〔馬〕을 지키게 하지 말라. 풀과 곡식을 취하러 갈 때 한둘이 함부로

genefi wabuci, fakcafi tabcilaha weile i songko, jai urehe jeku
갔다가 피살되면 이탈해서 약탈한 죄 대로 한다. 또한 익힌 양식을

ume jetere, arki nure ume omire, ume jetere, ume omire serengge,
먹지 말라. 소주와 황주를 마시지 말라. 먹지 말거나 마시지 말라고 하는 것은

neneme musei genehe fonde balai jeke be safi, te gemu 16/17 okto
예전에 우리가 갔었을 때 함부로 먹었던 것을 알고 지금 모두 독약을

sindahabi sere, ere gisun be jurceci fafun i gamambi,,
풀어놓았다고 해서이다. 이 말을 위반하면 법으로 처분한다.」

○ kubuhe šanggiyan i gūsai ejen ilden weile baha manggi,
鑲白의 구사의 어전 일던이 죄를 얻은 후

gūsai ejen be nakabufi turgei be gūsai ejen sindaha, sindara de
구사의 어전을 그만두게 하고 투르거이를 구사의 어전에 임명했다. 임명할 때

enduringge han hese wasimbume, turgei sini ahūn deo ilan niyalma be
성스러운 황제가 旨를 내리기를, 「투르거이 너의 형제 3명을

gūsai ejen sindafi, gemu weile baha 17/18 bihe, te simbe gūsai ejen
구사의 어전에 임명했는데 모두 죄를 얻었었다. 지금 너를 구사의 어전에

sindarangge, sini ahūn deo be bodome sindahangge waka, simbe
임명하는 것은 너의 형제를 생각해서 임명한 것이 아니다. 너를

mutembi seme sindaha, ereci amasi saikan faššarakū oci, gūwa
능력 있다고 임명했다. 이후로 잘 진력하지 않으면 다른

niyalma be sindambi sehe, ilden be meiren i janggin efulefi gūsai
사람을 임명할 것이다.」라고 했다. 일던을 머이런 장긴을 혁직하고 구사

ejen be nakabuha turgun, geren cin wang, giyūn wang, gūsai ejete
어전을 그만두게 한 이유. 여러 친왕· 군왕이 구사의 어전들로

be tu i jalin de, enduringge han de gisun wesimbufi amasi gisun
하여금 纛의 일 때문에 성스러운 황제에게 상언하여 회답을

bederebume geren 18/19 wang de alafi tucime genere de, ilden gūsai
받아 여러 왕에게 고하고 나갈 때에 일던이 구사

ejete i baru hendume, wang ni baita fejile, suweni baita deleo, ainu
어전들을 향해 말하기를, "왕의 일은 아래이고 당신들의 일은 위인가? 왜

etuku sesheme genembi seme henduhebi, jai gūsai ejete daicing duka
옷을 털며 가는가"라고 말했었다. 또 구사의 어전들이 大淸門

i tule tehe bade ilden geli hendume, geren wang, gūsai ejete
밖에 앉은 곳에서 일던이 다시 말하기를, "여러 왕들은 구사의 어전들

suwembe wasibuha, julgei ambasa de isikakūbi sembi seme henduhebi,
당신들을 깔보았다. 예전의 대신들에게 미치지 못한다고 한다"라고 말했었다.

jai 19/20 geren wang, geli tu i jalin yangguri efu, turgei be dele
또 여러 왕들이 다시 纛의 일 때문에 양구리 어푸와 투르거이를 上

enduringge han de gisun wesimbume unggire de, gūsai ejete ilden i
성스러운 황제에게 말을 상주하러 보낼 때에 구사의 어전들이 일던을

baru hendume, sini ahūn weilengge niyalma, geneci acarakū sehe
향해 말하기를, "너의 형(투르거이)은 죄를 지은 사람이다. 가면 안 된다"라고 한

gisun be, ilden geren wang de alame, gūsai ejete turgei be takūraha
말을 일던이 여러 왕들에게 고하길 "구사의 어전들이 투르거이를 보내는 것이

be acarakū sembi seme alahabi, jai 20/21 gūsai ejete dasame wang ni
마땅하지 않다고 합니다"라고 고했었다. 또 구사의 어전들이 다시 왕이 있는

jakade dosika manggi, fafungga cin wang hendume, ilden si sini ama
곳으로 들어가자 파풍가 친왕이 말하기를, "일던, 너는 너의 부친(어이두)에게

i baru eljere be nakaki seme henduhe gisun de, ilden uthai bucehe
반항하는 것을 멈추라"라고 한 말에 일던이 곧 "죽은

ama be ai efiku seme hendufi, tucime genere de, gūsai ejen fiyanggū
부친을 왜 희롱하냐"라고 말하고 나갈 때에 구사의 어전 피양구

age hendume, ilden si akū sembio, asan meni juwe nofi bihe kai 21/22
아거가 말하기를, "일던 너는 아니라고 하는가? 아산과 나 우리 2명이 있었다"

seme hendure jakade, ilden hendume, eimede se suwe gemu weile
라고 말하므로 일던이 말하기를, "얄미운 놈들, 너희는 모두 죄를

araki sere ambasai canggi kai seme henduhebi, ere gisun be gūsai
지으려 하는 대신들일 뿐이다" 라고 말했었다. 이 말을 구사

ejen fiyanggū age, baintu age, tantai, yecen, asan, nikan gūsai ejen
어전인 피양구 아거· 바인투 아거· 탄타이· 여천· 아산, 한인 구사의 어전

ši ting ju habšafi, duileci gemu yargiyan ofi, ilden be si geren
石廷柱가 보고하여 심리하니 모두 사실이어서 일던을 "너는 여러

wang, gūsai ejete be acuhiyadaha seme meiren i 22/23 janggin be
왕들과 구사의 어전들을 헐뜯었다"고 하여 머이런 장긴을

efulefi gūsai ejen be nakabuha, tanggū yan i weile gaiha, jai ilden
혁직하고 구사의 어전을 그만두게 했다. 100량의 贖을 취했다. 또 일던이

gūsai ejete be julgei ambasa de isikakūbi seme wang henduhe sehe
'구사의 어전들을 옛 대신들에 미치지 못한다고 왕이 말했다'고 한

gisun be, darhan efu de fonjici, neneme ilden meni juwe nofi de wang
말을 다르한 어푸에게 물어보니 전에는 "일던과 나 두 사람에게 왕이

henduhe mujangga sehe, amala ilden i tule genehe amala, mini
말했던 것이 사실이다"라고 했다가 나중에 일던이 밖으로 나간 후에 "나

emhun de henduhe seme 23/24 gisun ubaliyaka turgunde, darhan efu
혼자에게만 말했다"고 말을 바꾸었으므로 다르한 어푸에게

de tuhere an i weile araha, jai turgei enduringge han de gisun
처벌할 규정대로 죄를 정했다. 또 투르거이가 성스러운 황제에게 말을

wesimbufi amasi bederere de, ilden alame, gūsai ejete simbe
올리고 되 돌아갈 때에 일던이 고하기를, "구사의 어전들이 당신을

weilengge niyalma, geneci acarakū sembi seme alaha manggi, turgei
죄지은 사람이니 가서는 안된다고 한다" 라고 고하자 투르거이가

hendume, uttu oci sini ere gisun be fafun de gamafi duile
말하기를, "그렇다면 너의 이 말을 法司에 가져가서 심리하라"

sehe turgunde, turgei be si 24/25 weile be badarambume fafun de
라고 한 이유로 투르거이를 "너는 일을 확대시켜 法司에

ainu duile sehe, gūsai ejete simbe fafun de duile seme
왜 심리하라고 했는가? 구사의 어전들이 너를 法司에서 심리하라고

henduhebio seme turgei de susai yan i weile gaiha,,
했었는가?"라고 투르거이에게 50량의 贖을 취했다.

○enduringge han ming gurun be dailame unggime, deyere
성스러운 황제가 명나라를 정벌하러 보내고자 翔鳳樓[1]

---

1 '翔鳳樓'는 盛京 궁궐의 大淸門 뒤의 오른쪽에 있는 전각이다. 翔鳳閣이라고도 했다.

funghūwang ni leose i fejile tefi, hošoi mergen cin wang, 25/26 hošoi
아래에 앉아 호쇼이 머르건 친왕· 호쇼이

erke cin wang, hošoi fafungga cin wang, hošoi mutebure cin wang,
어르커 친왕· 호쇼이 파풍가 친왕· 호쇼이 무터부러 친왕,

cooha de unggire doroi baturu giyūn wang, doroi bayan beile,
출정하는 도로이 바투루 군왕· 도로이 바얀 버일러·

jergi ci lakcaha uju jergi gung yangguri efu, gūsai ejen baintu age,
超品一等公 양구리 어푸· 구사의 어전 바인투 아거·

tantai, yekšu, asan, turgei, fiyanggū age, darhan efu, cooha de
탄타이· 역슈· 아산· 투르거이· 피양구 아거· 다르한 어푸, 출정하지 않는

generakū gūsai ejen ši ting ju, esebe 26/27 gala bodome tecebufi
구사의 어전 石廷柱, 이들을 翼을 헤아려 함께 앉히고

hendume, cooha de genere wang, beile, ambasa, suwe cooha genehe
말하기를, "출정하는 왕· 버일러· 대신들, 그대들은 출정한

bade saikan hebengge i yabu, ume jamarara, ambasa suwe aikabade
곳에서 잘 상의하여 행동하라. 언쟁하지 말라. 대신들 그대들은 만약

bata i efujehe hoton, jai musei neneme genehe de gaiha liyang
적의 무너진 성, 또 우리가 전에 갔었을 때 취한 良鄕·

hiyang, gu an hiyan i jergi hoton be afame gaiki seme ohode,
固安縣 등의 성을 공격해 취하겠다고 할 때

afaci acaci afaki, acarakū oci acarakū seme meni meni 27/28
공격할 만하면 '공격하자', 안되면 '안 된다'고 각자의

gūniha be iletu tob seme uthai hendu, iletu hendurakū amaga inenggi
생각을 공개적으로 정직하게 즉각 말하라. 명확하게 말하지 않고 나중에

jabcarahū seme enggici šušunggiyame gisurere, bi tuttu gisurehe,
질책할까 염려해 뒤에서 속닥거리며 말하거나 '내가 그렇게 말했다.

gisureci mini gisun be dabuhakū seme dabume gisurere niyalma be
말했는데도 나의 말을 듣지 않았다'며 포함하여 말하는 자를

bi daburakū, neneme inu enteke babe umesi nakabuhabi, jai geren
나는 상대하지 않겠다. 이전에도 이러한 것을 분명히 금지시켰었다. 또한 여럿이

gemu hebdefi temšendume toktorakū ba oci, inu baturu giyūn wang
모두 상의하고 논쟁해도 정해지지 않으면 또한 바투루 군왕의

ni gisun be ume marara, yaya bade 28/29 tuwaci, dosime jaka de
말을 거부하지 말라. 어떤 경우를 보아도 진입할 때에

tuktan de olhoro seremšere babe faššambi, damu dubede dubifi
처음에는 신중하게 수비하는 것을 힘쓴다. 그러나 끝에는 익숙해져서

faššarakū ofi ufararahū seme gūnimbi, ubabe jing onggorakū gūnime
힘쓰지 않고 실패할까 걱정이라고 나는 생각한다. 이를 항상 잊지 말고 생각해

yabuha de dule wajiha kai, jai musei gurun de, ice urse
행동하면 잘 될 것이다. 또 우리 나라에 새로운 무리가

jihengge ambula, neneme daitung, siowan fu de genehe de, niru tome
온 것이 많다. 예전에 大同과 宣府에 갔을 때, 니루 마다

haha hehe ihan gaijara de, ambasa ishunde jamarame ofi tondokon
남자과 부녀·소를 취할 때에 대신들이 서로 언쟁하여 공정하게

bahakū, ere foni olji 29/30 ambulakan baha ohode, niru tome ilata
얻지 못했다. 이번에 노획을 좀 많이 얻게 되면 니루 마다 3쌍씩의

juru niyalma juwete ihan gaisu, ere gaijara de, manju i niru de
사람과 2마리씩의 소를 취하라. 이번에 취할 때에 만주 니루에

kamciha monggo beisei monggo i tulergi dorgi niru banjibuha niru
편입한 몽고 버일러들의 몽고 내·외 니루로 편제된 니루도

de gemu gaisu, olji umai baharakū oci ume gaijara, jai geren coohai
모두 취하라. 노획을 전혀 얻지 못하면 취하지 말라. 또 여러 병사가

niyalmai baha jaka be meni meni ejete de sain sabuki seme balai
얻은 물품을 각자의 주인들에게 잘 보이겠다고 함부로

jaka be ume gaijara, genehe be dahame bahakini, gaijara 30/31 jaka
물품을 취하지 말라. 출정한 것에 따라 얻으라. 취할 물품은

serengge, aisin, menggun, defelinggu suje, beyede etuci ojoro sain
금· 은· 완전한 비단· 몸에 입을 수 있는 좋은

ujungga etuku gaisu, jai daitung de genere de, cahar gurun i tuba
일급 의복을 취하라. 또 大同에 갈 때에 차하르 국의 투바

jinong ini harangga niyalma be yooni gaifi bisire be gaime unggihe de,
지농이 그의 속민을 모두 이끌고 있는 것을 데리러 보냈을 때에

baturu giyūn wang suweni genehengge enteheme elhe, ere foni
바투루 군왕 너희가 간 것이 매우 느렸다. 이번에

suwe inu elhešeci 31/32 ojorakū, jai tere tuba i nikan bigan de
너희는 또 늦으면 안 된다. 또한 그곳의 한인이 들판에

tucifi afame ohode, enteheme ja, neneme genehe de monggo ocirsang,
나가 싸운다면 매우 쉬울 것이다. 예전에 갔을 때에 몽고 오치르상·

baturu jan, dorji efu emu udu niyalma siowan fu ci tucike sunja
바투루 잔· 도르지 어푸 몇 사람이 宣府에서 나온 500

tanggū cooha be gidaha, ere be suwende hendurengge, terei durun
군사를 격퇴했다. 이를 너희에게 말하는 것은 그 모범사례를

be bai sakini serengge, (ocirsang serengge, jarut gurun i beise,
그냥 알라고 하는 것이다. (오치르상은 자루트국의 버이서이고

baturu jan serengge, ongniyot gurun i bai niyalma, dorji efu
바투루 잔은 옹니요트국의 평민이며 도르지 어푸는

serengge, monggo gurun i urut i beise, ese be gemu enduringge
몽고국 우루트의 버이서이다. 이들을 모두 성스러운

han hanci takūršambi,,) 32/33 jai amala tucibuhe emu gūsai emte
황제가 가까이에서 부린다.) 또 나중에 출발시킨 1개 구사의 1명씩의

amban, niru tome emte uksin be baha olji gajime jiderengge, nikan
대신이 니루마다 1명씩 갑병을 (이끌고) 얻은 포로를 데려 오는 것은 명의

i tulergi jase be dosifi, šanggiyan jase de isinaha manggi bederebu,
바깥 경계를 들어가 長城에 이른 후 돌아오게 하라.

aikabade olji komso seme bedereburakū ojorahū, udu komso seme
혹 포로가 적다고 돌아오게 하지 않을까 염려된다. 비록 적다고 해도

emu tumen geli baharakū doro bio, musei gurun de emu tumen
1만 또한 얻지 말라는 법이 있겠는가? 우리 나라에 1만의

olji dosinjirengge aibide bi sehe,, 33/34
포로가 들어온 적이 어디에 있는가"라고 했다.

○ gūsin de, enduringge han, doroi baturu giyūn wang ajige,
30일에, 성스러운 황제가 도로이 바투루 군왕 아지거와

doroi bayan beile abatai, jergi ci lakcaha ujui gung yangguri efu,
도로이 바얀 버일러 아바타이, 超品一等公 양구리 어푸,

gūsai ejete uksun i baintu, tantai, yekšu, yecen, asan, turgei, uksun
구사의 어전들인 종실 바인투· 탄타이· 역슈· 여천· 아산· 투르거이, 종실인

i fiyanggū, darhan efu sebe ming gurun be dailame unggime, 34/35
피양구· 다르한 어푸 등을 명나라를 정벌하러 보내러

enduringge han gūlmahūn erinde, hanciki be hairandara duka be tucifi,
성스러운 황제가 卯時에 撫近門을 나가

amba faidan faidafi, laba, bileri fulgiyeme, buren burdeme, tangse de
大 의장을 정렬하고 나팔· 날라리를 불고 法螺를 불며 堂子에서

ilan jergi niyakūrafi uyun jergi hengkilehe, tereci tangse i tule
세 번 무릎 꿇고 아홉 번 고두했다. 그 후 堂子 밖에서

genere bayarai jakūn tu be juleri faidafi, yehere buren, monggo buren
출정하는 바야라의 여덟 纛을 앞에 정렬하고 소라 나팔과 몽고 나팔을

burdeme, abka de ilan jergi niyakūrafi uyun jergi hengkilehe, aliha
불며 하늘에 세 번 무릎 꿇고 아홉 번 고두했다. 驍騎·

35/36 cooha, amba bayara, beki cooha, monggo cooha, ujen cooha,
大 바야라· 步兵· 몽고군· 重軍이

mukden hecen i wargi cooha tuwara yamun i bade hashū ici juwe
盛京城의 서쪽 연무장에서 좌·우 양익으로

gala faidafi iliha, genere doroi baturu giyūn wang, doroi bayan beile
정렬해 섰다. 출정하는 도로이 바투루 군왕과 도로이 바얀 버일러를

be fudeme, enduringge han genere de, faidaha geren ambasa coohai
전송하러 성스러운 황제가 갈 때에 정렬한 여러 대신들과 병사들이

niyalma gemu niyakūrafi dulembuhe, 36/37 han cacari de tefi, cooha
모두 무릎 꿇고 (황제가) 지나가게 했다. 황제가 천막에 앉아 출정하는

genere wang, beile, beise se, gūsai ejete be isabufi, enduringge han
왕· 버일러· 버이서들과 구사의 어전들을 모아서 성스러운 황제의

hese wasimbume, aika onggoho ba bio seme henduhe manggi, genere
지를 내리기를, "어떤 잊은 것이 있는가?"라고 말하자 출정하는

wang, beile gisun wesimbume, umai onggoho ba akū sefi, ilanggeri
왕·버일러가 말을 아뢰기를, "전혀 잊은 것이 없습니다"라고 말하고 세 번

poo sindame amba cooha juraka,,
포를 쏘고 대군이 출발했다.

tongki fuka sindaha hergen i dangse
點·圈을 찍은 문자의 檔子

tofohoci debtelin
15권

wesihun erdemungge i sucungga aniya ninggun biya
숭덕 원년 6월

15권, 숭덕 원년 6월

tongki fuka sindaha hergen i dangse,,
點· 圈을 찍은 문자의 檔子

○ ninggun biyai ice inenggi ci ejehe dangse, enduringge han i hesei,
6월 1일부터 기록한 檔子. 「성스러운 황제의 旨로

taimiyoo de wecere doro, hūturingga munggan de wecere doro be
太廟에 제사지내는 禮와 福陵에 제사지내는 禮를

toktobuha, fe de enduringge han genefi, miyoo de hiyan dengjan
정했다. 除夜에 성스러운 황제가 가서 廟에 향을 피우고 등에

dabume wecembi, ambasa be takūrafi, 1/2 hūturingga munggan de,
불붙여 제사지낸다. 대신들을 파견하여 福陵에서

ihan honin wame wecembi, nadan biyade enduringge han genefi,
소와 양을 죽여서 제사지낸다. 7월에 성스러운 황제가 가서

miyoo tome ihan honin wame wecembi, ambasa be takūrafi hūturingga
廟마다 소와 양을 죽여서 제사지낸다. 대신들을 파견하여 福陵에서

munggan de hiyan dengjan dabume wecembi, hangsi inenggi, han
향을 피우고 등에 불붙여 제사지낸다. 寒食節에 황제가

genefi, hūturingga munggan de ihan honin wame wecembi, ambasa be
가서 福陵에서 소와 양을 죽여서 제사지낸다. 대신들을

takūrafi, 2/3 miyoo de hiyan dengjan dabume wecembi, enduringge
파견하여 廟에서 향을 피우고 등에 불붙여 제사지낸다. 성스러운

han i banjiha inenggi, ambasa be takūrafi hūturingga munggan de
황제의 탄신일에는 대신들을 파견하여 福陵에서

nure tubihe hiyan dengjan dabume wecembi, miyoo de hiyan dengjan
황주와 과일, 향을 피우고 등에 불붙여 제사지내고 廟에서 향을 피우고 등에

dabumbi, taidzu, taiheo i urihe inenggi, enduringge han gulu etuku
불붙인다. 태조와 태후의 忌日에는 성스러운 황제가 素服을

etufi daicing duka de tucimbi, 3/4 tungken can be guwemburakū,
입고 大淸門에 나간다. 북과 銅鑼를 울리지 않고,

kumun mudan be deriburakū, šang erun be yaburakū, ergengge be
음악을 연주하지 않고, 賞罰을 행하지 않고, 살아있는 것을

waburakū, bithe coohai geren hafasa gemu gulu etuku etufi han de
죽이지 않고, 文武의 여러 관원들은 모두 소복을 입고, 황제께

acambi, yaya weile be gisurerakū, cohome emu gungge fe dalaha
알현하고, 모든 사안을 말하지 않고, 특별히 1명의 공이 있는 옛 首席

amban be unggifi, hūturingga munggan de wecembi, damu hiyan
大臣을 보내서 福陵에 제사지내는데 다만 향과

dengjan nure tubihe 4/5 baitalambi, wecere bithei gisun, tere aniya
등, 황주와 과일을 쓴다. 祭文의 말. “모년

tere biya tere inenggi hiyoošungga jui gingguleme ujen hafan be
모월 모일, 효성스런 아들이 삼가 중요한 관원을

takūrafi, abkai hese be alifi forgon be mukdembuhe, gurun i ten be
파견하여, '하늘의 命을 받아 運을 흥성시키고 나라의 기초를

fukjin ilibuha, ferguwecuke gungge, gosin hiyoošungga horonggo
처음 세우고 신묘한 功과 자애로운 효순과 위엄이 있는

enduringge han ama, gosin hiyoošungga doro de akūmbuha, ginggun
성스러운 皇帝'[1] 아버지와 '자애롭고 효성스러운 도리에 힘을 다하고 공손하고

ijishūn, eldengge hūturingga, 5/6 enduringge hūwangheo eniye de,
유순하며 빛나고 복있는 성스러운 皇后'[2] 어머니께

gelhun akū alame hendurengge, mini enduringge han ama, fujin eniye i
감히 고하여 말씀드립니다. 저의 성스러운 황제 아버지, 푸진 어머니께서

urihe inenggi, kesi erdemu be gūnime tuwame alimbaharakū akambi,
붕어하신 날에, 은덕을 생각해 보니 참을 수 없이 슬픕니다.

gingguleme wecehe, ainara, alime gaisu,,
삼가 제사지내니 아무쪼록 받으십시오."」

○ ineku ice de, gulu suwayan i tooji nimeme akū oho, nirui
같은 1일에, 正黃旗의 토오지가 병으로 죽었다. 니루

---

1 한문 칭호는 '承天廣運聖德神功肇紀立極仁孝武皇帝'이다.
2 한문 칭호는 '孝慈昭憲純德眞順成天育聖皇后'이다.

janggin be efulehe turgun, 6/7 ukame jihe gung ni teile ofi, sirara
장긴을 혁직한 이유. 도망 온 功만 있고 계승할

juse akū ofi efulehe, kubuhe lamun i yehe nirui janggin be efulehe
아들들이 없어서 혁직했다. 鑲藍旗의 여허의 니루 장긴을 혁직한

turgun, nimeme akū ofi sirara bade akū seme efulehe, ere juwe i
이유. 병으로 죽고 계승할 사람이 없다고 혁직했다. 이 2개의

ejehe gaiha,,
칙서를 받았다.

○ ineku ice de, 7/8 enduringge han i hesei bithe, talai mujang de
같은 1일에, 「성스러운 황제의 旨를 탈라이의 (아들) 무장에게

buhe, sini ama sakdaka, arki de dosika seme juwe gūsa be emu
준다. 너의 아버지는 늙었고 소주에 빠졌다고 두 구사를 한

gūsa obuha, mujang si ama eme be kunduleme, juwe gūsai bayan
구사로 했다. 무장 너는 부모를 공경하고 두 구사의 부자와

yadara be teksileme alban gaibu, suweni ama jui de ilga akū kai,
빈자에게 공평하게 조세를 받으라. 너희 父子에게 구별은 없다.

ama eme be kunduleraku webe kundulembi, ai jaka be isabuci bahambi
부모를 공경하지 않으면 누구를 공경하겠는가? 어떤 물건도 모을 수 있지만

kai, ama eme be aibide bahambi,, 8/9
부모를 어디에서 얻겠는가?」

○ ineku tere inenggi, uheri be baicara yamun i aliha amban
같은 그 날, 都察院의 承政

jang ts'un žin i wesimbuhe bithei gisun, gosin onco hūwaliyasun
張存仁이 올린 글의 말. 「어질고 관대하고 온화하고

enduringge han de, uheri be baicara yamun i aliha amban jang
성스러운 황제께 都察院의 承政 張存仁이

ts'un žin i wesimburengge, bi dalingho ci ergen banjifi, jurgan be
올립니다. 제가 大凌河에서 목숨이 살아 義를

9/10 halafi han de urgunjeme dahahangge, daci ere gese babe
바꾸어 汗께 기쁘게 투항한 것은 원래부터 이와 같은 것을

gūnimbihe, nikan de, han i dere be bahafi saburakū bihe, nikan gurun
생각했기 때문입니다. 明에서는 황제의 얼굴을 볼 수 없었습니다. 明나라에는

de jalingga koimali ambasa ambula, mini hafan udu fu dzung bing
간사하고 교활한 대신들이 많아 저의 관직이 비록 副總兵官에

guwan de isinacibe, mini gūnin be bahafi neihekū bihe, musei gurun i
이르렀어도 저의 뜻을 펼치지 못했습니다. 우리 나라의

10/11 cooha be mangga, han be sure genggiyen erdemungge
군대는 강하고 황제는 총명하시고 덕이 있으시고

bodohonggo seme donjifi, tuttu gūnin be lashalafi buyeme dahahangge,
책략이 있다고 들어서, 그래서 마음을 결단하고 원해서 투항한 것입니다.

enduringge ejen i fukjin ilibure amba doro de aisilame, mini orin
성스러운 주인께서 처음 세우신 大道를 보좌하여 저의 20년의

aniya i ki be neiki sehengge, tuttu gurun de jiheci ebsi, mujilen de
울분을 펼치고자 한 것입니다. 그래서 나라에 온 이래 마음에

tebufi gūnime, niyalmai sain jalingga weile i yabure yaburakū,
두고 생각하여, 사람의 좋음과 간사함, 일의 행함과 행하지 않음,

giyan i 11/12 aisi obure be yendebure, nungnecun be tucibure be bi
이치대로 이익이 될 것은 흥하게 하고 해로운 것은 제거할 것을 저는

kemuni gūnimbihe, damu han, mimbe baitalahakū ofi, bi soorin ci
항상 생각했었습니다. 다만 황제께서 저를 등용하지 않으셔서 저는 지위보다

dabame balai gisurehekū, te han gosifi gisurere jurgan de obuhabi,
넘어서서 함부로 말하지 않았었는데 지금 황제께서 아끼시어 諫官에 삼으셨습니다.

bi gūnici, han ere yamun be fukjin neime ilibuha, bi inu fukjin
제가 생각하기에 황제께서는 이 아문을 처음 열어 세우셨고 저 또한 처음으로

iliha amban kai, bi ereci amasi 12/13 tondo sijirhūn oci, amaga
임직한 대신입니다. 제가 이후로 정직하면, 후의

niyalma minci geli tondo sijirhūn ningge inu bi, bi miosihon jalingga
사람은 저보다 더욱 정직한 자도 있을 것입니다. 제가 사악하고 간사하면

oci, amaga niyalma minci geli jalingga miosihon ningge inu bi, bi
후의 사람이 저보다 더욱 간사하고 사악한 자도 있을 것입니다. 제가

tondo mujilen i ejen i jalin faššaci, amaga niyalma inu tondo
바른 마음으로 주인을 위해 힘쓰면 후의 사람 또한 바른

mujilen i ejen i jalin faššambi kai, cananggi bi, enduringge han i
마음으로 주인을 위해 힘쓸 것입니다. 전날에 저는 성스러운 황제께서

hese wasimbuha be donjifi, emgeri jobombi, emgeri 13/14 urgunjembi,
유지를 내리신 것을 듣고 한편으론 근심하고 한편으로는 기쁩니다.

mini urgunjerengge, bilha ilenggu i ba be baha, gūnin be neifi
제가 기뻐하는 것은, 喉舌[3]의 지위를 얻어 뜻을 펼쳐서

jabšan de enduringge han i mujilen adali doro acan, gisun be
다행히 성스러운 황제의 마음과 같게 道가 일치하고, 말씀을

donjimbi, hebe be yabumbi seme ya inenggi gung gebu be mutebufi,
듣고 계책을 행한다고 어떤 날 功名을 이루어

gebu be ce bithe de araci, urgun tereci urgun akū, mini joborongge,
이름을 册書에 쓰면, 기쁨으로 그보다 더한 기쁨이 없습니다. 제가 걱정하는 것은

gurun gemu ishunde dahacambi, bi emhun sijirhūn 14/15 murikū, gurun
국인이 모두 서로 迎合하는데 저는 홀로 정직하고 고집있고, 국인은

gemu ishunde dalindumbi, bi emhun gidarakū, geren gemu icakū
모두 서로 감싸고 은폐하는데 저는 홀로 숨기지 않는 것입니다. 여럿 모두는 不當한

---

3 '喉舌'(목구멍과 혀)은 황제를 대변한다는 의미로, 군주의 명을 출납하는 기관을 형용하는 말로 쓰인다.

babe sahade, sahakū donjihakū adali, terei jalin ai jobolon
것을 알면서 알지 못하고 듣지 못하는 것처럼, 그 때문에 어떤 우환과

waka baharahū seme jailandumbi, bi damu yasai faitan feherefi jalan
죄를 얻을까 걱정하여 피합니다. 저는 오직 눈썹을 찌푸리고 세상에

de haldabašame, beyebe yooni obume soorin be karmaci, udu da
아첨하고 몸을 온전히 하고 지위를 지키면 비록 본래의

mujilen be ambula ufararakū bicibe, 15/16 enduringge han i amba
마음을 크게 잃지 않는다 하더라도 성스러운 황제의 큰

gosin be cashūlaha kai seme gūnimbihe, te enduringge han i hese be
인자함을 배반한 것이라고 생각합니다. 지금 성스러운 황제의 유지를

aliha ucuri, aikabade hafumbume gisurerakū geterembume alarakū
받은 때에 만약 전달해서 말하지 않고 분명하게 告하지 않다가

ofi, holkonde mini mujilen be baitalara, mini weile be yabure, niyalma
갑자기 저의 마음을 쓰고 저의 일을 행하거나, 사람들이

olhome gisurerakū be bi gisurere, niyalma olhome halarakū be bi
두려워하여 말하지 않는 것을 제가 말하거나, 사람들이 두려워하여 바꾸지 않는 것을 제가

halara ohode, gurun i geren urunakū mimbe 16/17 tuhebufi beleki
바꾸면 나라의 많은 사람은 반드시 저를 음해하여 해치고자

sembi, enduringge han aikabade šun biya i gese genggiyen i
할 것입니다. 성스러운 황제께서 만약 해와 달 같이 밝게

bahanaci, minde tumen urgun kai, enduringge han aikabade geren i
헤아리시면 제게 천만다행일 것입니다. 성스러운 황제께서 만약 많은 사람의

angga de kenehunjeme, geren gemu uttu gisurembi, jang ts'un žin
입으로 인해 의심하고 "여럿이 모두 이렇게 말하는데 張存仁은

emhun ainahai tuttu ni sehede, geren gemu waka, bi emhun uru
홀로 어찌 그러한가"라고 할 때 여럿이 모두 아니라는데 저만 홀로 옳게

ojoro doro bio, udu 17/18 han gosime warakū bicibe, urunakū
될 도리가 있겠습니까? 비록 황제께서 아껴서 죽이지 않는다 해도 반드시

wasimbumbi kai, tere fonde mini gūnin be bahafi dubemburakū, weile
강등시킬 것입니다. 그 때 저의 뜻을 끝내지 못하고 일을

be bahafi wacihiyarakū, ele beye gebu juwe gemu efujeci, udu
다하지 못하며 더욱이 몸과 이름 둘 모두 훼손되면, 비록

banjicibe inu bucehe gese kai, ere be gūniha de alimbaharakū jobome,
살더라도 역시 죽은 것과 같습니다. 이를 생각할 때 참을 수 없이 걱정되어

fisa i nei eyeme etuku latumbi, mujilen efujeme senggi songgombi,
등의 땀이 흘러 옷이 들러붙고 마음이 상하여 피눈물이 납니다.

aikabade bi geren be dahame, inu 18/19 je seme uru waka be beye de
만약 제가 여럿을 따라, '네'라며 是非를 자신에

goiburakū oci, tere weile dembei ja, jalingga be tucibume, somibuha be
맞지 않게 하면 그 일은 매우 쉽습니다. 간사한 것을 밝혀내고 은폐한 것을

iletuleme, jurgan be jafafi sijirhūn i gisureci, tere weile dembei
드러내고 義를 가지고 直言하면 그 일은 매우

mangga, bi mentuhulehebio, ai turgunde ja be yaburakū, mangga be
어렵습니다. '나는 미련한가? 무슨 이유로 쉬운 것을 행하지 않고 어려운 것을

yabumbini seme, unenggi tuttu ohode, afabuha jurgan be akūmburakū
행하는가'라며 정말 그렇게 했을 때에는 맡은 직무를 다하지 않는

ombi kai, bi te ere jurgan be alifi, mini 19/20 mujilen be tucibume
것입니다. 저는 지금 이 직무를 맡아 저의 마음을 드러내고

silhi sabdabume, enduringge han i jalin emu weile be akūmbure be
膽이 떨어지도록[4] 성스러운 황제를 위해 하나의 일에 진력할 것을

buyembi, ainara, enduringge han ere be urebume gūnire be buyere,
원합니다. 아무쪼록 성스러운 황제께서 이를 깊이 생각하실 것을 바라고

mini beyei ilan jergi bucere be angga aljambi, bi unenggi mujilen i
제 몸이 세 번 죽을 것을 입으로 약속합니다. 제가 誠心으로

jurgan be weilerakū, beyebe daldame saha be gisurerakū heoledeci,
직무를 하지 않고 몸을 사리고 아는 것을 말하지 않고 태만하면,

20/21 han be cashūlaha kai, weile tuhebufi mimbe wa, tere emu,
황제를 배반하는 것입니다. 죄에 처하여 저를 죽이십시오. 그것이 하나입니다.

---

4 '마음을 드러내고 膽이 떨어지도록'은 '披肝瀝膽'(심중을 털어놓다. 충성을 다하다)을 만주어로 고친 것으로 보인다.

bi han i tondo jurgan de aname cisu be yabure, niyaman hūncihin
제가 황제의 바른 義에 기대 사사로운 것을 행하고 친척과

gucuse be dere banire, gurun i dasan be sartabure oci, han be
친구들을 체면을 세워주고 국정을 지체시키면, 황제를

gidašaha kai, weile tuhebufi mimbe wa, tere juwe, bi ulin be nemšeme,
속인 것입니다. 죄에 처하여 저를 죽이십시오. 그것이 둘입니다. 제가 재물을 탐하여

niyalmai ulin be 21/22 gaifi beyebe aisi obure, boo be madabure oci,
남의 재물을 취하고 자신을 이롭게 하고 家産을 증식시키면

ulin gaime šajin be jurcehe kai, weile tuhebufi mimbe wa, tere ilan,
재화를 취하고 법을 위반한 것입니다. 죄에 처하여 저를 죽이십시오. 그것이 셋입니다.

bi aikabade ere ilan weile de tuheneraků, jalingga anggalinggū belere
제가 만약 이 세 죄에 빠지지 않았는데 간사하고 말재주 있는 사람이 모함하는

tuhebure be, enduringge han de serebuci, acuhiyan niyalmai uju be
것이 성스러운 황제께 발각되면 모함하는 사람의 머리를

lashalafi, belere silhidara be ejebukini,, 22/23 enduringge han bithe
斬하시어 모함하고 시기하는 것을 기억하게 하십시오.」 성스러운 황제가 글을

tuwame wajiha manggi, hendume, ere ainci yamaka niyalma be safi
보기를 마친 후, 말하기를, "이는 아마 어떤 사람을 알고

hendumbi, mini yabun daci ehecure belere gisun de akdaraků, mini
말한 것이리라. 나의 행동은 원래부터 비방하고 모함하는 말에 의지하지 않는다. 내

beyei saha babe gisurere dabala, bi heturi belere gisun de dosirakū,
자신이 아는 바를 말할 뿐, 나는 사소한 모함하는 말에 빠지지 않는다.

mini yabun teng seme hūturi ambula, ambasa de geli kesi bisire
나의 행동은 단호하고 복이 많으니 대신들에게도 은혜가 미치면

ohode, udu koimali ehe niyalma bihe seme, we adarame acuhiyadaci
교활하고 악한 사람이 있다 해도 누가 어떻게 모함할 수

23/24 ombi seme henduhe,,
있겠는가?" 라고 말했다.

○ ineku tere inenggi, karacin i burgadu de dai darhan i gebu
같은 그 날, 카라친의 부르가두에게 다이 다르한의 이름을

bufi amban janggin obuha, burgadu dade monggo gurun i karacin i
주어 암반 장긴으로 삼았다. 「부르가두는 원래 몽고국의 카라친의

gūsa ejelehe beile bihe, monggo gurun facuhūraha manggi, sini
구사를 관할하는 버일러였다. 몽고국이 혼란스러워진 후 너의

baci beye neneme dahame jifi, beging de cooha 24/25 genehe mudan
지역에서 자신이 먼저 투항해 왔고, 북경에 군사를 출병한 때에

de, ba jorime gamafi, nikan i jase dosika manggi, ba jorime yabuha
길을 알려주러 데리고 갔고, 명의 경계에 들어간 후, 길을 알려주러 간 것이

sain seme dahaha lo wen ioi hoton be bufi tebuhe de, nikan i u
좋다고 복속한 羅文峪城을 주고 주둔하게 할 때, 명의 吳

fujiyang, ding fujiyang ilan minggan cooha be gaifi afanjime jihe be
副將과 丁(啓明) 副將이 3천의 군사를 이끌고 공격해 온 것을

gidaha, funcehe moringga cooha emu fu de dosika be, jai inenggi
격파했고 남은 기병이 하나의 堡에 들어가 다음 날

afame gaiha, tere gidaha cooha de, ding fujiyang, jai 25/26 sunja hafan
공격하여 취했다. 그 격파한 전쟁에서 丁(啓明) 副將과 5명의 관원을

be jafafi benjihe, jai geli emu fu be afame gaiha, cahar cooha
잡아서 보내왔다. 또 다시 1개의 堡를 공격하여 취했다. 차하르의 군대가

jifi, tumet i sirantu i harangga niyalma, adun be gamara be amcafi
와서 투메트의 시란투의 속하 사람이 목축무리를 끌고 가는 것을 추격해

afafi bethe feye baha, jai sini harangga gurun be gajime dahame
공격하여 발에 상처를 입었다. 또 너의 속하 국인을 데리고 투항해

jihe seme, dai darhan i gebu bufi uju jergi amban janggin obuha,
왔다고 다이 다르한의 이름을 주고 1등 암반 장긴으로 삼았다.

jai juwan duin jergi sirambi,, 26/27
또 열네 번 계승한다.」

○ coshi i ama jolbitai, dade monggo i tumet gurun i beile bihe,
「초스히의 아버지 졸비타이는 원래 몽고의 투메트 국의 버일러였다.

monggo gurun facuhūraha manggi, dahaki seme niyalma
몽고국이 혼란스러워진 후, 투항하겠다고 사람을

takūraha bihe, amala sini ama be cahar jafafi gamaha manggi, si
파견했었다. 이후에 너의 아버지를 차하르가 잡아서 끌고 간 후, 너는

ama be baime genehekū, beging de cooha genere de, juse sargan be
아버지를 찾으러 가지 않았다. 북경에 군대를 출병할 때 아들들과 처를

gaifi dahame jihe seme, jai jergi jalan i janggin obuha, jai 27/28
이끌고 투항해 왔다고 2등 잘란 장긴으로 삼았다. 또

sunja jergi sirambi,,
다섯 번 계승한다.」

○ birasi, sini ama buyan beile, dade monggo gurun i karacin i
「비라시, 너의 아버지 부얀 버일러는 원래 몽고 국의 카라친의

doro jafaha amba beile bihe, monggo gurun facuhūraha manggi,
執政 大 버일러였다. 몽고 국이 혼란스러워진 후,

minde dahaha, sini ama akū oho manggi, birasi si dungkui be
내게 투항했다. 너의 아버지가 죽은 후 비라시 너는 둥쿠이를

sucuha mudan de, sini cooha be gaifi dahame genehe, jai sini 28/29
습격한 때에 너의 군대를 이끌고 종군했다. 또 너의

harangga gurun be gajime dahame jihe seme, ilaci jergi amban
속하 국인을 데리고 투항해 왔다고 3등 암반 장긴으로

janggin obuha, jai juwan juwe jergi sirambi,,
삼았다. 또 열두 번 계승한다.」

○ emelci, dade monggo gurun i karacin i bai niyalma bihe,
「어멀치는 원래 몽고 국의 카라친의 평민이었다.

dai darhan i emgi dahame jihe, jai beging de cooha genehe mudan
다이 다르한과 함께 투항해 왔다. 또 베이징에 군대가 출병했을 때,

de, jebele ergi galai duin gūsai 29/30 cooha de ba jorime yabufi, jase
우익 네 기의 군사에게 길을 알려주러 가서, 경계에

dosika seme nirui janggin obuha, jai juwe jergi sirambi,,
들어갔다고 니루 장긴으로 삼았다. 또 두 번 계승한다.」

○ lask'ab, dade monggo gurun i karacin i gūsa ejelehe beile bihe,
「라스캅은 원래 몽고 국의 카라친의 기를 관할하는 버일러였다.

monggo gurun facuhūraha manggi, si dahafi dungkui be sucuha
몽고국이 혼란스러워진 후, 네가 투항하여 둥쿠이를 습격했을

mudan de, sini cooha be gaifi dahame genehe, jai sini harangga gurun
때에 너의 군대를 이끌고 종군했다. 또 너의 속하 국인을

be gajime dahame 30/31 jihe seme, ilaci jergi meiren i janggin obuha,
데리고 투항해 왔다고 3등 머이런 장긴으로 삼았다.

jai jakūn jergi sirambi,,
또 여덟 번 계승한다.」

○ ice duin de, alai darhan i dahabufi gajiha kamnigan gurun i
초 4일에, 알라이 다르한이 항복시켜 데려온 캄니간 국의

yelei de buhengge, tungšan[5] gecuheri goksi emke, suje i camci fakūri
열러이에게 준 것은 tungšan 蟒緞의 無扇肩朝衣 1벌· 비단 襯衣와 바지·

šempi hafiraha gūlha de wase jibsihai, narhūn sekiyeku boro de
綠斜皮를 덧댄 신발에 양말을 겹친 것· 세밀하게 풀로 짠 여름모자에

31/32 amba sorson, necin foloho umiyesun de fungku fadu hūwaitahai,
큰 모자술(帽纓)[6] · 평평하게 조각한 요대에 수건과 주머니가 달린 것·

emu niruha enggemu hadala fulgiyan jafu i tohoma de
1개의 그림 그린 안장과 굴레와 붉은 모직물 말다래에

sijiha gidacan jibsihai, necin foloho jebele, dashūwan de beri
꿰맨 안장장식을 겹친 것· 평평하게 조각한 화살통· 활집에 활과

niru sisihai, erei juwe sargan de buhengge, gemu eigete i songko,
화살이 꽂힌 것이다. 이 두 아내에게 준 것은 모두 남편과 같다.

terei emu sargan jui de, dardan i monggorokū sindame mocin i
그 1명의 딸에게는 粧緞의 테두리 깃이 달린 毛靑의

jursu sijigiyan emke, jai 32/33 jergi uyun niyalma de, suje i
두겹 袍 1벌, 2등인 9명에게는 비단의

monggorokū sindame suje i jursu sijigiyan emte, samsu i gahari
테두리 깃이 달린 비단의 두겹 袍 1벌씩· 翠藍布 布衫

---

5 'tungšan'은 뜻을 알 수 없다.

6 '풀로 짠 여름모자에 큰 모자술'이란 '큰 모자술(帽纓)이 달린 풀로 짠 여름모자'라는 뜻이다.

fakūri emte, giyaban gūlha de wase jibsihai emte juru, gincihiyan
바지 1벌씩· 가죽신에 양말을 덧댄 것 1쌍씩· 광택이 있는

hitha i umiyesun de fungku fadu hūwaitahai emte, sekiyeku boro de
금박의 腰帶에 수건과 주머니를 묶은 것 1개씩· 풀로 짠 여름모자에

amba sorson, erei jakūn hehe de mocin i teleri, suje i ulhun,
큰 모자술(帽纓), 이들의 8명의 딸에게는 毛靑의 捏摺女朝衣· 비단 披領·

suje i ojin, samsu i gahari fakūri, sekiyeku 33/34 boro de
비단 捏摺女朝褂· 翠藍布 布衫 바지· 풀로 짠 여름모자에

amba sorson, ilaci jergi jakūn niyalma de, dardan i monggorokū
큰 모자술(帽纓), 3등인 8명에게는 粧緞 테두리 깃과 소매를

sindame mocin i jursu sijigiyan emte, samsu i gahari fakūri, giyaban
꿰맨 毛靑의 두겹 袍 1벌씩· 翠藍布 布衫 바지· 말엉덩이가죽

gūlha de wase jibsihai emte juru, sekiyeku boro de amba sorson
長靴에 양말을 덧댄 것 1쌍씩· 풀로 짠 여름모자에 큰 모자술(帽纓)을

hadahai emte, hitha i umiyesun de juwete fungku hūwaitahai
박은 것 1개씩· 금장식 腰帶에 2개씩의 수건을 매단 것을

buhe,, 34/35
주었다.

○ ice sunja de, ming gurun i jase jakarame songko faitame
초 5일에, 明나라의 경계를 따라서 흔적을 찾으러

gabsihiyan coohai amban šongkoro baturu, sudala, nusan, ošo, gūwalca,
前鋒의 大臣 숑코로 바투루· 수달라· 누산· 오쇼· 구왈차·

siteku sebe unggihe, esede adabufi unggihe coohai ton, uheri emu
시터쿠 등을 보냈다. 이들에게 붙여서 보낸 군사의 수는 모두 118명의

tanggū juwan jakūn uksin, hošoi mutebure cin wang, šongkoro baturu,
갑병이었다. 호쇼이 무터부러 친왕이 숑코로 바투루·

sudala, ošo, gūwalca, siteku be dele gamafi, 35/36 enduringge
수달라· 오쇼· 구왈차· 시터쿠를 황상에게 데려가니, 성스러운

han dulimbai genggiyen elhe booi fa i besergen de tefi, hese
황제는 중앙의 淸寧宮의 창문의 침상에 앉아서 旨를

wasimbume hendume, nikan gurun, musei cooha genehe be donjiha de,
내려 말하기를, "明나라는 우리 군사가 간 것을 들으면

songko faitame jasei tule urunakū jimbi, suwe saikan faksikan i
흔적을 찾아 경계 밖에 반드시 올 것이다. 너희는 잘 교묘하게

šanggiyan omo be, sira tala be, aohan i hoton i julergi be, subudi
샹기얀 호수를, 시라 들판을, 아오한 城의 남쪽을 (거쳐) 수부디

dureng ni hoton de isitala genefi, tubaci casi gūwalca, siteku de
두렁의 성에 이르기까지 가고, 그곳에서 저쪽으로 구왈차· 시터쿠에게

niyalma 36/37 adabufi, cagan hoton de tuwanggime unggi, suweni
사람을 붙여서 차간 城으로 살피러 가도록 보내라. 너희가

genere de tulesi genehe songko be fehubuhede tere songko be tuwame
갈 때, 밖으로 갔던 흔적을 밟아갈 때 그 흔적을 살피러

teisulebume niyalma tucibufi, erebe si dahalame genefi, bahacibe,
(敵의 數에) 맞추어 사람을 내보내고, 「이를 너는 은밀히 가서, 얻었든

baharakūcibe, si tere tubade acanju seme ba boljofi unggi, yaya
얻지 않았든, 너는 某處에서 만나자」 하고 장소를 약속하고 보내라. 모든

enteke bade genehe niyalma bata be ucaraci, da facabuha baci uthai
이런 곳에 갔던 사람이 적을 조우하면 처음 흩어진 곳에서 곧

ainu bederembi, da facabuha baci terei genere ici be tuwafi, dobori
어찌 돌아가겠는가? 처음 흩어진 곳에서 그 갈 방향을 살피고, 밤을

37/38 dulime goro genefi, geneci acara jugūn be tosoho de, terei inenggi
새워 멀리 가고, 가야 마땅한 길을 가로막으면, 그들이 낮에

genere be urunakū ucarafi jafambi kai, amasi bedereme jidere de,
가는 것을 반드시 만나서 잡을 것이다. 되 돌아 올 때,

genehe songkoi amargi be jio, jai suweni genere jidere de, suwe
갔던 흔적의 북쪽으로 오라. 또한 너희가 가고 올 때, 너희가

inenggi jabduha manggi, bata ucaraha seme suwende olhoro ba akū,
낮에 여유를 번 후에는 적을 조우했다 해도 너희가 두려울 것은 없다.

damu aikabade inenggi morin sindafi tehe ucuri afanjiha de, jai
다만 혹시라도 낮에 말을 방목하고 있는 틈에 공격해 올 때, 또한

dobori dulbadafi afanjiha de, aikabade guwelke seme 38/39 olhombi,
밤에 소홀하여 공격해 올 때, 혹시 움츠러들까 두렵다.

ere ubabe mutebure cin wang, si bithe arafi jafabufi unggi sehe,
이러한 것을 무터부러 친왕 너는 글을 써서 쥐여주고 보내라"고 했다.

jai sudala i baru hendume, si weile baha niyalma kai, yaya weile
또한 수달라를 향해 말하기를, "너는 죄를 지은 사람이다. 누구라도 죄를

baha niyalma afaburakū be gasambi dere, afabuci, geli afabuha babe
지은 사람은 임무를 맡기지 않는 것을 원망할 것이다. 임무를 맡기면 또한 맡은 것을

kiceme faššaki serakū, si neneme genehe de, gūwa gūsai morin umai
근면하게 수행하겠다고 하지 않는다. 너는 먼저 갈 때, 다른 구사의 말이 전혀

bucehekū bade, sini juwe gūsai morin orin isime abalafi bucehebi,
죽지 않은 곳에서 너의 두 구사의 말 20마리 정도가 사냥하다가 죽었다.

yali de ambula doosi, neneme 39/40 emgeri ši fang sy de, tarhūn bigan
고기를 크게 탐냈다. 먼저 한 번 十方寺에 살찐 멧돼지를

i ulgiyan wafi benjihekū jekengge, tereci geli doosi bio, erei
죽이고 보내지 않고 먹은 것, 그보다 더 탐욕스러운 것이 있는가? 이

siden udu goro, mini ere hendurengge, gemu sini jalin de kai sehe,
거리가 얼마나 먼가? 내가 이렇게 말한 것은 모두 너 때문이다"라고 했다.

bederehe manggi, hošoi mutebure cin wang, šongkoro baturu de arafi
돌아온 후, 호쇼이 무터부러 친왕이 숑코로 바투루에게 써서

buhe bithei gisun, suweni genere jugūn, jidere jugūn marire be olhoro
준 글의 말. 「너희가 가는 길과 오는 길, 주위를 경계하고

seremšere babe, 40/41 enduringge han i henduhe songkoi oso, jai
지킬 것을 성스러운 황제께서 말씀하신 대로 하라. 또한

suweni fe yabuha an bi, damu mini hendure gisun, dobori dedure bade
너희가 예전에 행했던 例가 있다. 다만 내가 할 말은 밤에 묵을 곳은

oci, šun bisire ebsihe budalafi, dedure arame bifi, farhūn ome
해가 있는 동안에 식사를 하고 잘 듯이 꾸미고 있다가, 어두워지면

budalaha baci juwan ba i dubede jailafi dedu, ere ubabe bame,
식사한 곳에서 10里 앞으로 피해서 묵어라. 이것을 태만히 하여

ubade ainaha bata isinjimbi seme, šun bisire de ebuhe bade dedurahū,
이곳에 어떤 적이 오겠냐고 하며 해가 있을 때 下馬한 곳에서 숙박하지 말라.

dobori oci, beri 41/42 ume cirgere, etuku ume sure, morin i
밤이 되면 활 시위를 풀거나 옷을 벗지 말라. 말의

enggemu tohohoi sinda sehe,,
안장을 채운 채 방목하라」고 했다.

tongki fuka sindaha hergen i dangse

點·圈을 찍은 문자의 檔子

juwan ningguci debtelin

16권

wesihun erdemungge i sucungga aniya ninggun biya

숭덕 원년 6월

16권, 숭덕 원년 6월

tongki fuka sindaha hergen i dangse,,
點·圈을 찍은 문자의 檔子

○ ice ninggun de, hošoi cin wang, gūsai beise se, bithe coohai
초 6일에, 호쇼이 친왕· 구사이 버이서들· 文武의

geren hafasa doroi etuku etufi daicing duka be dosifi hashū ici gala
모든 관원들이 禮服을 입고 大淸門을 들어가 左右翼을

arame faidaha manggi, enduringge han wesihun dasan i yamun de
만들어 도열한 후에, 성스러운 황제가 崇政殿에

tucifi tehe, hošoi erke cin wang be dorolon i jurgan de sindaha,
나와 앉았다. 호쇼이 어르커 친왕을 禮部에 임명하고,

hošoi 1/2 fafungga cin wang be boigon i jurgan de sindaha seme,
호쇼이 파풍가 친왕을 戶部에 임명했다고

juwe wang ilan jergi niyakūrafi uyun jergi hengkilehe, enduringge
두 왕이 세 번 무릎 꿇고 아홉 번 고두했다. 성스러운

han hese wasimbume, wang sa, geren ambasa gemu tece seme tebufi,
황제가 旨를 내려서, 왕들과 모든 대신들에게 모두 앉으라고 하여 앉히고,

bithei da hife, garin be hūlafi, ambasa be gurun i aika weile baita
學士 히퍼·가린을 불러서 대신들을 나라의 어떤 일과 용건이

bici wesimbu sehe, geren ambasa wesimbure weile akū seme jabuha
있으면 上奏하라고 했다. 여러 대신들이 상주할 일이 없다고 답하니,

manggi, tereci 2/3 enduringge han genggiyen elhe boode wesike,,
그러자 성스러운 황제는 清寧宮에 올랐다.

○ ineku ice ninggun de, enduringge han i hese, musei gurun
같은 초 6일에, 성스러운 황제의 旨. 「우리 나라는

kooli sarkū fonde, gisun hese ocibe, bithe aracibe, dergi fejergi
전례를 알지 못할 때, 말로 지시하든 글을 쓰든, 상하

wesihun fusihūn be ilgarakū bihe, te julgei kooli be tuwaci, dergi ci
귀천을 구별하지 못했다. 지금 옛날의 전례를 살피니 위에서

hendure, fejergi ci jabure be, gemu encu encu ilgahabi, te dergi 3/4
말하거나 아래에서 답하는 것을 모두 별도로 구분했다. 지금 상하를

fejergi be ilgame toktoburengge, ereci amasi bithe arafi habšara
구분하여 정한다. 이후로 글을 써서 호소하는

niyalma, han de oci, enduringge han de wesimbumbi sembi, cin
사람이 황제에게는, '성스러운 황제에게 올린다'고 한다. 친왕·

wang, giyūn wang, beile se de oci, habšambi sembi, ambasa de
군왕· 버일러들에게는, '호소한다'고 한다. 대신들에게는

oci, alambi sembi, han i gisun be bithe de aracibe, bai gisurecibe,
'고한다'고 한다. 황제의 말은 글로 쓰든, 그냥 말하든

han i hese sembi, han aika gisun gisurehe de, hese wasimbuha
'황제의 旨'라고 한다. 황제가 무슨 말을 할 때에는 '旨를 내린다'고

sembi, fejergi niyalma, han i baru fonjicibe jabucibe, gisun
한다. 아랫 사람이 황제 쪽으로 묻거나 답하는 것을 '말을

wesimbumbi sembi, yaya ku be 4/5 menggun i ku, ulin i ku, jeku
올린다'고 한다. 모든 庫를 'menggun i ku'(銀庫), 'ulin i ku'(財庫), 'jeku

i ku sembi, kiyoo be hūdai ba, puseli be hūdai boo sembi, yaya bade
i ku'(穀庫)라고 한다. '橋'[1]를 'hūdai ba', 店鋪를 'hūdai boo'라고 한다. 모든 곳에서

baitalara ulha be boigon i jurgan i ujire adun sembi, giyoocan be
기르는 가축을 '戶部가 기르는 목축떼' 라고 한다. '教場'을

cooha tuwara yamun sembi, šajin serengge, fucihi šajin, ereci amasi
'cooha tuwara yamun'(演武場)이라고 한다. 'šajin'이라는 것은 佛法이다. 이후로

šajin seme ume hendure, musei gurun i gisun i fafun seme hendu,
'šajin'이라고 말하지 말라. 우리 나라의 말로 'fafun'이라고 말하라.

ambasa be hergengge seme ume hendure, hafasa seme hendu,
대신들을 'hergengge'라고 말하지 말고 'hafasa'(관원들)라고 말하라.

doorambi serengge, monggo gisun, ereci amasi bithe de 5/6 aracibe,
'doorambi'(본받다)라는 것은 몽고의 말이다. 이후로 글로 적든

1 'kiyoo'(橋)는 盛京의 八門 앞의 大街를 부르는 한어 명칭이다. 『淸太宗實錄稿本』, 遼寧大學出版社, 1978, p.8.

bai gisun de ocibe, doorambi sere be umesi naka, gemu alhūdambi
그냥 말로 하든 'doorambi'라고 하는 것을 확실히 그만둬라. 모두 'alhūdambi'라고

se, tulergi dahaha monggo i elcin be elcin serakū, morin ulin
하라. 바깥의 복종한 몽고의 사신을 'elcin'(사신)이라 하지 말고, 말과 재물을

benjime jici, morin ulin benjime hengkileme jihe sembi, habšame
보내러 오면, '말(馬)과 재물을 보내고 고두하러 왔다'고 말하라. 호소하러

jici, gisun wesimbume jihe sembi, dorgi tulergi hošoi cin wang, doroi
오면, '말(言)을 올리러 왔다'고 한다. 안과 밖의 호쇼이 친왕· 도로이

giyūn wang, doroi beile se, ishunde yabure elcin be elcin sembi, cin
군왕· 도로이 버일러들이 서로 보낸 사신을 '사신'이라고 하라. 친왕·

wang, giyūn wang, fejergi beile se, beise sede elcin unggici, inu 6/7
군왕· 아래의 버일러들, 버이서들에게 사신을 보내면, 역시

elcin sembi, wang de dosikakū amba ajige beile se, beise sei elcin, cin
'사신'이라고 하라. 왕에 들지 않는 大小 버일러들· 버이서들의 사신이 친왕·

wang, giyūn wang de aika benjime jici, elcin serakū, benjime jihe
군왕에게 무엇을 보내러 오면, 사신이라고 부르지 않고, '보내러 온

niyalma sembi,,
사람'이라고 한다.

enduringge han deyere funghūwang ni leose de jirgaha bici,
성스러운 황제가 翔鳳樓에서 주무시고 있는데,

tolgin de gurun i ejen fujin i emgi šun dekdere baru geneci, emu
꿈에서 國君 푸진과 함께 동쪽으로 가니 한

yamun bi, yamun i dolo 7/8 han, ini ahūn hošoi doronggo ahūn cin
아문이 있었다. 아문의 안에 황제가 그의 형 호쇼이 도롱고 묘 친왕의

wang ni jui sure cin wang ni emgi tehebi, han, hošoi sure cin wang be
아들 수러 친왕과 함께 앉아있었다. 황제는 호쇼이 수러 친왕을

sabufi dolo gūnime, ere bederehe niyalma, bi ubade bici
보고 마음속으로 생각하기를, '이는 서거한 사람이다. 나는 이곳에 있으면

ojorakū seme eimeme, mukden hecen i baru jici, jugūn i juwe ergi
안 된다'고 염려하며 묵던성 쪽으로 오니, 길의 두 갈래의

dalbade doroi faidan be faidahabi, amargi ci emu niyalma amcame
옆에 儀仗을 정렬했다. 뒤에서 한 사람이 쫓아

jifi baime hendume, enduringge han ejen de sure cin wang ihan
와서 청하여 말했다. "성스러운 황제 폐하께 수러 친왕이 소

emken gaji 8/9 seme baimbi, han hese wasimbume, tuttu oci ihan
1마리를 달라고 청합니다." 황제가 旨를 내려 "그렇다면 소를

bure sefi, tereci han majige genehe bici, amargi ci šoto age
주라"고 하고, 그 후 황제가 조금 갔는데, 뒤에서 쇼토 아거가

amcame jifi geli hendume, mimbe sure cin wang, han de ihan baisu
쫓아와서 또한 말하기를, "저를 수러 친왕이 황제께 소를 청하라고

seme unggihe sehe manggi, han, geli ihan bure sehe, tereci
하며 보냈습니다"고 하니, 황제가 다시 소를 주라고 했다. 그 후

geteci, tolgin, han tere tolgin be bithei da hife, garin, jamba, hūkio
깨어나니 꿈이었다. 황제가 그 꿈을 學士 히퍼· 가린· 잠바· 후키오에게

de 9/10 fonjire jakade, jabume, ere tolgin ainci han jing gūnime
물어보니 답했다. "이 꿈은 아마 황제께서 항상 생각하며

dedufi tolgihabi dere, han hendume, tuttu waka, bi umai seme
잠드셔서 꿈에 나타났을 것입니다." 황제가 말하기를, "아니다. 나는 전혀

gūnihakū, ere tolgin asuru getuken sehe manggi, bithei da sa kooli
생각하지 않았다. 이 꿈은 매우 분명하다"라고 한 후에, 學士들이 典例의

bithe be tuwaci, hūi diyan i bithede, cin wang bederehe de, sucungga
글을 살피니, 「會典」의 글에 친왕이 서거했을 때 初祭의

doro de han i hesei cin wang de emu ihan wame wecembi, bithei da sa
禮에서 황제가 旨로 친왕에게 1마리 소를 죽여서 제사지낸다고 했다. 學士들이

ambula ferguweme kooli be sarkū ofi sucungga doro de 10/11
크게 놀라서, 典例를 알지 못하고 初祭의 禮로

ihan wame wecehekū ofi, han cohome ere tolgin de bitubuhabi kai
소를 죽여 제사를 지내지 않아서 황제가 특별히 이 꿈에서 본 것이라고

seme, enduringge han de gisun wesimbure jakade, enduringge han
성스러운 황제에게 말을 올리자, 성스러운 황제가

ambula ferguweme, jurgan i hafan de hese wasimbufi, wecere ihan be
크게 놀라서 部의 관원에게 旨를 내려서 제사지낼 소를

belhefi ambasa be takūrame, tolgin be sume ninggun biyai juwan
준비하고, 대신들을 보내서 꿈을 풀고자 6월 11일에

emu de sure cin wang de sahaliyan ihan wame wecehe, tere wecehe
수러 친왕에게 검은 소를 잡아서 제사지냈다. 그 제사지낸

11/12 bithei gisun, daicing gurun i enduringge han i hese, hošoi
글의 말. 「大淸國의 성스러운 황제의 旨. 호쇼이

sure cin wang si udu bederecibe sini sure mujilen kemuni ofi, minde
수러 친왕 그대는 비록 서거했지만 그대의 총명한 마음은 여전하여, 나에게

ihan gaji seme baime tolgimbuha, bi gūnifi julgei kooli be tuwaci,
소를 가져오라고 청하러 꿈에 나타났다. 나는 생각하여 옛 典例를 살피니,

cin wang bederehe de, sucungga doro de ihan sindara kooli bi, neneme
친왕이 서거했을 때에 初祭의 禮로 소를 바치는 例가 있다. 이전에

kooli be sahakū ofi sindahakū bihe, te tolgin de 12/13 tolgimbure,
例를 알지 못하고 바치지 않았었다. 이제 꿈에 나타나고

kooli de bisire jakade, ambula ferguweme, cohome ambasa be takūrafi,
例에 있으니 크게 신묘하여 특별히 대신들을 보내서

sini gūnin de acabume ihan sindame wecembi,,
그대의 마음에 부합하고자 소를 바쳐 제사지낸다.」

○ ineku ice ninggun de, juwe gūsade ejen arafi hūrha de cooha
같은 초 6일에, 두 구사의 어전으로 삼아 후르하에 출정을

unggihe usitei, kubuhe šanggiyan i ilgai, kūniyakda, gulu šanggiyan
보낸 우시터이가 鑲白의 일가이· 쿠니약다, 正白의

i baishal, gulu lamun i dayangga, ere duin amban de usitei werihe
바이스할, 正藍의 다양가 이 4명의 대신에게 우시터이가 남겨둔

cooha emu 13/14 tanggū nadanju, werihe amban ehe, cooha komso
군사는 170명이었다. 남겨둔 대신이 나쁘고 군사는 적었기

turgunde, olji hūrha ilan tanggū gūsin, jai oowan de baha gašan i
때문에, 노획한 후르하人 330명(이 탈출했고), 또 오오완에서 획득한 촌락의

da cuikuru emu haha jui be, g'aig'ari gašan i giocana de buhe,
수령 추이쿠루와 1명의 남자 아이를 가이가리 촌락의 기오차나에게 주었는데

erei ama tucikebi, noroi jarcin i gašan de baha juwe haha jui, emu
그의 아버지가 탈출했다. 노로의 자르친 촌락에서 획득한 2명의 남자 아이와 1명의

hehe be, g'aig'ari de bisire tunio booi aha de niyaman hūncihin seme
여자를 가이가리에 있는 투니오의 家奴에게 친척이라고

baibi buhe, banahai 14/15 ahūn i sargan be, eigen, ilan juse ci
이유없이 주었다. 바나하이의 형의 아내를 남편과 세 자식들로부터

faksalafi wandušan de buhe, hehe i eigen be waha, usitei ini emu
떼어서 완두샨에게 주었고, 여자의 남편을 죽였다. 우시터이는 그의 1벌의

honci jibca, olji de baha ilan mocin, emu mocin i etuku bufi,
양 가죽옷· 노획으로 얻은 3필의 毛靑· 1벌의 毛靑 의복을 주고

wandušan i emu sekei etuku hūlašame gaihabi, musei niyalma be
완두샨의 1벌의 담비가죽 의복을 바꾸어 취했다. 우리의 사람을

wafi genere bata be, usitei, holdo ilan indeme tefi amcahakū unggihe
죽이고 가는 적을 우시터이와 홀도가 3일을 쉬면서 머물고 추격하지 않아서 보냈다고

seme fulhene, weihene, hadao, ilbana, uca, ere sunja niyalma fafun de
풀허너· 워이허너· 하다오· 일바나· 우차, 이 5명이 法司에

15/16 alafi duileci, usitei, holdo, tanggio, hūsintai, mandai gemu inu
보고하여 조사하니, 우시터이· 홀도· 탕기오· 후신타이· 만다이가 모두 옳다고

seme alime gaiha, erei turgunde usitei be tanggū šusiha tantafi šan
하면서 받아들였다. 이 때문에 우시터이를 100번 채찍으로 때리고 귀와

oforo tokofi nirui janggin be efulefi boigon be talafi, usitei eigen
코를 뚫고 니루 장긴을 혁직하고 家戶를 몰수하고, 우시터이 부부를

sargan be aha arafi hošoi erke cin wang de buhe, booi aha, ulha
노복으로 삼고 호쇼이 어르커 친왕에게 주었다. 家奴와 가축과

ulin ai ai jaka be ini nirui yadara niyalma de hošoi erke cin wang
재산과 각종 물품을 그의 니루의 가난한 사람들에게 호쇼이 어르커 친왕이

be 16/17 tuwame bu sehe, holdo be tanggū šusiha tantafi šan
헤아려 주라고 했다. 홀도를 100번 채찍으로 때리고 귀와

oforo tokofi boigon talaha bihe, dzun hūwa i hoton de afaha sain
코를 뚫고 家戶를 몰수했으나, 遵化城에서 공격을 잘 했다고

seme amasi buhe, niru bošoro be nakabuha, tanggio be nirui janggin
되돌려 주었고 니루 관리를 그만두게 했다. 탕기오를 니루 장긴을

be efulefi tanggū šusiha tantafi šan oforo tokoho, hūsintai, mandai be
혁직하고 100번 채찍으로 때리고 귀와 코를 뚫었다. 후신타이와 만다이를

tanggūta šusiha tantafi šan oforo tokofi niru bošoro be nakabuha,
100번씩 채찍으로 때리고 귀와 코를 뚫고 니루 관할을 그만두게 했다.

hūrha de 17/18 cooha genefi baha ilan tanggū gūsin hūrha be, sunja
후르하에 출정해서 얻은 330명의 후르하人을 5곳의

loo de horifi, kubuhe šanggiyan i ilgai, kūniyakda, gulu šanggiyan
감옥에 가두고, 鑲白의 일가이와 쿠니약다, 正白의

i baishal, gulu lamun i dayangga de emu tanggū nadanju uksin
바이스할, 正藍의 다양가에게 170명의 갑병을

adabufi akdulame tuwakiya seme usitei henduhe gisun be jurceme,
맡겨서 굳게 지키라고 우시터이가 한 말을 어기고,

kūniyakda susai uksin be gaifi orin duin hūrha be gamame morin
쿠니약다는 50명의 갑병을 이끌고 24명의 후르하人을 데리고 말을

ulebume genehebi, jai ninju ninggun uksin be 18/19 faksalafi, abai age
먹이러 갔다. 또 66명의 갑병을 떼어서 아바이 아거의

i nirui hoihoci bošokū be ejen arafi, loo de horiha hūrha i eigen
니루의 호이호치 보쇼쿠를 어전으로 삼고, 감옥에 가둬둔 후르하人으로 남편이

bisire susai hehe, eigen akū gūsin hehe, juwan juwe haha be faksalafi,
있는 50명의 여자와 남편이 없는 30명의 여자, 12명의 남자를 떼어서

bele niohubume unggihebi, erei amala ilgai ini tolgin ehe seme ini
곡식을 찧게 하러 보냈다. 이 뒤 일가이가 그의 꿈자리가 사납다고 그가

tuwakiyara loo de dosifi, emu hūrha saman be guwangse sufi
지키는 감옥에 들어가 한 후르하 무당을 족쇄를 풀고

tuwabuhabi, jai 19/20 geli emu loo de dosifi, emu saman be guwangse
점보게 했다. 또 다시 한 감옥에 들어가, 한 무당을 족쇄를

sufi tuwabure sidende, neneme suhe saman loo i dorgi jafaha hūrha
풀고 점보게 하는 사이에, 앞서 풀어준 무당이 감옥의 안에 잡혀있던 후르하人의

i guwangse be gemu sufi, uthai tucifi ilgai i beye, loo tuwakiyaha
족쇄를 전부 풀고, 곧장 나와서 일가이 본인과 감옥을 지키던

coohai niyalma be gemu wafi, dayangga, baishal i tuwakiyara loo be
군사를 모두 죽이고, 다양가와 바이스할이 지키는 감옥을

gidanafi, dayangga i beye, jai tofohon uksin i niyalma wabuhabi,
습격하러 가고, 다양가 본인과 또 15명의 갑병이 피살당했다.

baishal beri 20/21 jafame jabdufi afahai ilan feye bahafi burulame
바이스할은 활을 잡도록 시간을 벌고 싸우면서 3곳의 상처를 입고 도주하여

bele niohunehe hoihoci bošokū i jakade genefi, neneme bele niohubume
곡식을 찧으러 갔던 호이호치 보쇼쿠 쪽으로 가서, 앞서 곡식을 찧게 하러

gamaha juwan juwe hūrha be wahabi, baishal, dayangga i emgi
데려갔던 12명의 후르하人을 죽였다. 바이스할· 다양가와 함께

loo tuwakiyaha tofohon uksin i niyalma burulame tucifi, morin
감옥을 지키던 15명의 갑병이 도주하여 나와서, 말을

ulebume genehe kūniyakda de acanafi, sunja loo i ilan tanggū
먹이러 갔던 쿠니약다에게 만나러 가서, "5곳의 감옥의 300명의

hūrha gemu nukcifi, musei tuwakiyaha amban coohai 21/22 niyalma
후르하人이 모두 도주하고, 우리의 지키던 대신과 군사들은

gemu wabuha seme alara jakade, kūniyakda ini emgi gamaha orin
모두 피살당했다"라고 알렸기 때문에, 쿠니약다는 그와 함께 데려갔던 24명의

duin haha be gemu wahabi, nukcike hūrha ini tubabe bireme genere
남자를 모두 죽였다. 도주한 후르하人이 그의 그곳을 돌파해가는 것을

be, kūniyakda acafi afahakū, susai uksin be gaifi bele niohure
쿠니약다는 만나서 싸우지 않고, 50명의 갑병을 이끌고 곡식을 찧으러 간

hoihoci i jakade jailame genehebi, erei turgunde ilgai, dayangga be,
호이호치 쪽으로 달아나 갔다. 이 때문에 일가이· 다양가를

suwe usitei i gisun be jurceme susai hehe be eigen ci 22/23 faksalafi,
"너희가 우시터이의 말을 어기고 50명의 여자를 남편에게서 떼어놓고,

eigen akū gūsin hehe, juwan juwe haha be bele niohubume unggihe,
남편이 없는 30명의 여자와 12명의 남자를 곡식을 찧게 하러 보냈다.

werihe cooha be mamgiyame ba bade takūrafi, suweni heoledehe
남겨둔 군사를 낭비하여 곳곳에 보내고, 너희가 게으른

turgunde beye bucehe, coohai niyalma wabuha, baha hūrha gemu
까닭에 자신도 죽었고 군사들도 피살당했고 획득한 후르하人이 모두

nukcike seme ilgai, dayangga i giran be soha, ilgai i boigon be
도주했다"라며 일가이· 다양가의 시신을 뿌렸다. 일가이의 家戶를

talafi booi aha ulin ulha ai ai jaka be ini nirui yadara niyalma de
몰수하고 가노와 재산과 가축과 각종 물품을 그의 니루의 가난한 사람들에게

23/24 hošoi mergen cin wang be tuwame bu sehe, dayangga i
호쇼이 머르건 친왕이 헤아려 주라고 했다. 다양가의

boigon be talafi booi aha ulin ulha ai ai jaka be gemu ini
家戶를 몰수하고 가노와 재산과 가축과 각종 물품을 모두 그의

nirui yadara niyalma de hošoi fafungga cin wang be tuwame bu
니루의 가난한 사람들에게 호쇼이 파풍가 친왕이 헤아려 주라고

sehe, baishal, kūniyakda be beye be wame boigon talame beidefi,
했다. 바이스할· 쿠니약다를 당사자는 죽이고 家戶는 몰수하기로 심리하고,

gala bethe de ilata sele futa hūwaitafi ilan 24/25 biya eruleme asarafi
팔과 다리에 3개씩의 쇠사슬을 묶고 3개월을 벌하며 가두어서

nadan biyai orin jakūn de beidere jurgan i ashan i amban gunggun,
7월 28일에 刑部의 參政 궁군·

ihida, bahana, enduringge han de wesimbuhe manggi, enduringge han
이히다· 바하나가 성스러운 황제에게 상주하니, 성스러운 황제가

hese wasimbume, ceni ehe i turgunde eruleme ilan biya asaraha,
旨를 내려서, 그들의 악함 때문에 벌하며 3개월을 가두었으니

beye be wara boigon talara be nakabufi, baishal, kūniyakda be nirui
당사자를 죽이고 家戶를 몰수하는 것을 그만두게 하고, 바이스할과 쿠니약다의 니루

janggin be efulehe, gulu šanggiyan i abai age nirui hoihoci be 25/26
장긴을 혁직했다. 正白의 아바이 아거의 니루의 호이호치를

hūrha de cooha unggire uksin i ton de unggihebi, genehe ambasa
후르하에 출정하는 갑병의 數로 보냈는데 갔던 대신들이

gūsa de bošokū sindahabi, dailafi baha boigon araha eigen bisire gūsin
구사에 보쇼쿠로 삼았다. 정벌하여 얻어서 戶로 편제한 남편 있는 30명의

hehe be, eigen ci faksalafi bele niohume gamara de, hehe i eigete
여자를 남편과 떼어놓고 곡식을 찧으러 데려갈 때, 여자들의 남편들이

meni sargata be weri, manggai gamaci, seke dobihi bure seci,
"우리의 아내들을 남겨둬라. 억지로 데려가려면 貂皮와 여우가죽을 주겠다"고 하는데도

ojorakū gamahabi, terei amala loo i niyalma be gemu 26/27
하지 않고 데려갔다. 그 뒤에 감옥의 사람들이 모두

hoihoci de korsoho seme hūlame nukcifi, musei coohai niyalma be wafi
호이호치에게 분개했다고 외치며 도주하여 우리의 군사들을 죽이고

genehebi, tereci loo i niyalma tucike seme donjifi, ini gamaha
갔다. 그 후 감옥의 사람들이 나갔다고 한 것을 듣고, 그가 데려간

juwan juwe hūrha be wahabi, jai jurafi jidere de, deji hehesi be
12명의 후르하人을 죽였다. 또 출발하고 올 때에, 헌상할 여자들을

hoihoci ini tatan de bibuhebi, usitei safi ilanggeri yordohobi,
호이호치 그의 숙소에 남겨두었다. 우시터이가 알고 세 번 鳴鏑을 쏘았다.

ere ilan weile i turgunde hoihoci be wame beidefi, 27/28 enduringge
이 3가지 죄 때문에 호이호치를 죽이기로 심리하고, 성스러운

han de wesimbure jakade, wara be nakabufi tanggū šusiha tantafi
황제에게 상주하자, 죽이기를 그만두고 100번 채찍으로 때리고

oforo šan tokofi, hoihoci eigen sargan booi aha morin ihan ai ai
코와 귀를 뚫고, 호이호치 부부와 家奴와 마소와 각종

jaka be, gemu abai age de umesi singgekini aha buhe,,
물품을 모두 아바이 아거에게 분명히 사적으로 소유하라고 奴僕으로 주었다.

○ kubuhe fulgiyan i niyenioke warka de cooha genefi, dailafi
鑲紅의 니여니오커는 와르카에 출정하고, 정벌하고

baha boigon be loo arafi susai 28/29 uksin be gaifi tuwakiyambihebi,
얻은 家戶를 감옥을 짓고 50명의 갑병을 이끌고 지키고 있었다.

niyenioke orin ninggun uksin be morin ulebume unggihebi, jai orin
니여니오커가 26명의 갑병을 말을 먹이러 보냈고, 또 24명의

duin uksin be gaifi tuwakiyame, niyenioke loo i tofohon haha be ini
갑병을 이끌고 지키는데, 니여니오커가 감옥의 15명의 남자를 그의

jakade sula gaifi bihebi, loo i dorgi niyalmai gala bethe de sangse
곁에 풀어 데리고 있었다. 감옥 안의 사람들의 팔과 다리에 수갑과

guwangse sideri etubuhekū sula bihebi, musei hūsun komso be tule
족쇄와 발고랑을 채우지 않고 풀어 두고 있었다. 우리의 병력이 적은 것을 밖에

bihe tofohon hūrha 29/30 safi, dorgi niyalma de alafi loo i niyalma
있던 15명의 후르하人이 알고, 안의 사람들에게 알려 감옥의 사람들이

tucifi, niyenioke i beyebe dabume juwan uksin i niyalma be wafi
나오고, 니여니오커 본인을 포함해 10명의 갑병을 죽이고

genehebi, erei turgunde niyenioke i giran be soha, sargan juse
갔다. 이 때문에 니여니오커의 시신을 뿌리고 처와 자식들과

booi aha ulin ulha ai ai jaka be yooni gaifi, mutebure cin wang
家奴와 재산과 가축 각종 물품을 모두 가지고, 무터부러 친왕이

si ini nirui akū yadahūn niyalma de tuwame bu sehe, gulu
그의 니루의 가진 것 없이 빈곤한 사람에게 살펴서 주라고 했다.

fulgiyan i fanggin warka de cooha genefi, 30/31 gulu suwayan i
正紅의 팡긴은 와르카에 출정했는데, 正黃의

noimori ini ahūn deo bi seme juwan uksin i niyalma be noimori
노이모리가 그의 형제가 있다고 하며 10명의 갑병을 노이모리가

gamame genefi, hūrha be bahafi gajire de heoledefi, noimori i beye,
데리고 가서 후르하人을 얻고 끌고 오기를 게을리하여, 노이모리 본인과

ninggun uksin i niyalma wabuhabi, erei turgunde fanggin si enculeme
6명의 갑병이 피살되었다. 이 때문에 "팡긴 너는 별도로

ejen arafi ainu unggihekū, noimori de afabufi ainu unggihe seme
어전으로 삼아서 어찌 보내지 않고, 노이모리에게 맡겨 어찌 보냈는가?"라며

fanggin be olji faitaha, uyun yan i weile gaiha, kubuhe 31/32
팡긴의 노획물을 박탈했고, 9량의 贖을 취했다. 鑲黃의

suwayan i temuru akūli golo de baha emu tanggū dehi haha be loo
터무루는 아쿨리 지역에서 얻은 140명의 남자를 감옥에

de horifi tuwakiyahabi, heoledeme tuwakiyafi hūrha nukcime genere de,
가두고 지켰는데, 태만하게 지켜서 후르하人이 도주해 갈 때에

musei juwe niyalma wabuha, temuru de faitabufi ninju niyalma
우리의 2명이 피살되었다. 터무루에게 끊겨서 60명이

loo ci tucikekūbi, tucike niyalma be amcafi dulga be bahafi wahabi,
감옥에서 나가지 못했다. 나간 사람을 추격해서 절반을 잡아 죽였으며,

tabcilafi geli dulga bahafi gajihabi, jui be jorime genehe makta
약탈하고 또 절반을 잡아 데려왔다. 아들을 정혼시키러 갔던 막타의

i 32/33 sargan i ahūn be, tabcin de genefi bahafi gajiha ninggun
처의 오빠가 약탈하러 가서 잡아 데려온 6명의

haha de boo icihiyahakū, kubuhe lamun i sehei de anahūnjaha, ere
남자에게 집을 마련해주지 않고 鑲藍의 서허이에게 미루었다. 이

juwe weile i turgunde temuru be tanggū šusiha tantaha, sehei be
2가지 죄 때문에 터무루를 100대 채찍으로 때렸다. 서허이는

makta i ahūn de boo icihiyahakū temuru de anahūnjaha, makta
막타의 (처의)오빠에게 집을 마련해주지 않고 터무루에게 미루었다. 막타는

ice ninggun niyalma be gaifi jafuni, tomišan i jakade baime genere de,
새로이 6명의 사람을 이끌고 자푸니와 토미샨이 있는 부근으로 찾으러 갈 때

gucu adabufi 33/34 unggihekū ofi, makta, jafuni, tomišan i jakade
구추를 붙여서 보내지 않아서, 막타가 자푸니와 토미샨이 있는 부근에

isinahabi, ice ninggun niyalma ukakabi, erei turgunde sehei be
이르자 새로이 6명의 사람이 도주했다. 이 때문에 서허이를

tanggū šusiha tantaha, kubuhe fulgiyan i hūsi warka de cooha
100대 채찍으로 때렸다. 鑲紅의 후시는 와르카에 출정하여

genefi, baha olji be emu loo de dehi haha, emu loo de juwan ninggun
얻은 노획을, 1곳의 감옥에 40명의 남자를, 1곳의 감옥에 16명의

haha be horifi tuwakiyara de, emu loo i dehi haha nukcifi genere
남자를 가두고 지킬 때, 1곳의 감옥의 40명의 남자가 도주해 가는

be, anangga nirui niyamnio duin 34/35 niyalma be gaifi amcafi juwe
것을 아낭가 니루의 니얌니오가 4명의 사람을 이끌고 뒤쫓아서 2명의

hūrha be wahabi, tabcin genehe fulata nirui kipai uyun uksin be
후르하人을 죽였다. 약탈하러 갔던 풀라타 니루의 키파이는 9명의 갑병을

gaifi fargame genefi, niyamnio de acanafi, nukcike dehi haha be
이끌고 추격하여 가서, 니얌니오를 만나서, 도주한 40명의 남자를

yooni bahafi gajihabi, hūsi juwan ninggun haha i loo be
전부 잡아 데려왔다. 후시는 16명의 남자의 감옥을

tuwakiyame, jai emu loo i nukcike dehi haha be amcahakūbi, erei
지키며, 또 1곳의 감옥의 도주한 40명의 남자를 뒤쫓지 않았다. 이

turgunde hūsi be amban bime juwan ninggun 35/36 haha be
때문에 후시를 대신인데도 16명의 남자를

tuwakiyame, nukcike dehi haha be ainu amcahakū seme boigon talafi
지키며 도주한 40명의 남자를 어찌 뒤쫓지 않았냐고 家戶를 몰수하고

tanggū šusiha tantafi oforo šan tokoho, niru bošoro be nakabuha,
100번 채찍으로 때리고 코와 귀를 뚫었으며 니루를 관리하는 것을 그만두게 했다.

eigen sargan be elehun beile i boode aha dosimbuha, anangga nirui
부부를 얼러훈 버일러의 집에 奴僕으로 들여보냈다. 아낭가 니루의

niyamnio, fulata nirui kipai, ere juwe niyalma amcame genefi
니얌니오· 풀라타 니루의 키파이, 이 두 사람은 뒤쫓아 가서

nukcike hūrha be gemu bahafi gajiha sain seme, hūsi i boigon i
도주한 후르하人을 모두 획득하고 데려왔으니 좋다고, 후시의 家戶의

36/37 ulin ulha be gaifi salibume, niyamnio, kipai de tanggūta yan,
재물과 가축을 가지고 환산하여 니얌니오· 키파이에게 100량씩,

esei emgi bihe ninggun niyalma de tofohoto yan šangnaha, bithei
이들과 함께 있었던 6명의 사람에게 15량씩을 상으로 주었다. 글을 아는

haha be booi ton i haha seme ineku elehun beile i boode buhe,,
남자를 家丁이라며 같은 얼러훈 버일러의 집에 주었다.

tongki fuka sindaha hergen i dangse
點·圈을 찍은 문자의 檔子

juwan nadaci debtelin
17권

wesihun erdemungge i sucungga aniya ninggun biya
숭덕 원년 6월

17권, 숭덕 원년 6월

tongki fuka sindaha hergen i dangse,,
點· 圈을 찍은 문자의 檔子

○ ice jakūn de, warka de cooha genehe ambasa be, yabuha sain
초 8일에, 와르카에 출병한 대신들의 행한 것의 좋고

ehe be ilgafi yabuha sain olji ambula baha seme šangname buhengge,
나쁨을 구별하여, 행한 것이 좋고 노획을 많이 얻었다 하여 상으로 준 것.

ubahai de ninju sunja seke, gūsin mocin, hehe emke, sargan jui emke,
우바하이에게 65장의 초피· 30필의 毛靑布· 여자 1명· 여자 아이 1명,

dojiri de susai seke, gūsin mocin, hehe emke, sargan 1/2 jui emke,
도지리에게 50장의 초피· 30필의 毛靑布· 여자 1명· 여자아이 1명,

jafuni de dehi sunja seke, orin mocin, hehe emke, sargan jui emke,
자푸니에게 45장의 초피· 20필의 毛靑布· 여자 1명· 여자아이 1명,

coboi, memeri, bursahai, oton, ere duin amban de dehi sunjata seke,
초보이· 머머리· 부르사하이· 오톤, 이 4명의 대신에게 45장씩의 초피·

orita mocin, emte hehe, anggin de dehi seke, orin mocin, hehe emke,
20필씩의 毛靑布· 1명씩의 여자, 앙긴에게 40장의 초피· 20필의 毛靑布· 여자 1명,

ilibu, tomišan, seose, yarkan, ere duin amban de gūsita seke, orita
일리부· 토미샨· 서오서· 야르칸 이 4명의 대신에게 30장씩의 초피· 20필씩의

mocin, emte 2/3 hehe buhe, ba jorime gaifi yabuha sain seme
毛靑布· 1명씩의 여자를 주었다. 길을 가리켜 데리고 간 것을 잘했다고

šangnahangge, uju jergi de mafuta nirui tukio de juwe hehe, emu
상으로 준 것은 1등에 마푸타 니루의 투키오에게 2명의 여자· 1명의

sargan jui, gūsin seke, emu morin, juwe ihan, dabišakū[1] etuku emke,
여자아이· 30장의 초피· 1마리의 말· 2마리의 소· dabišakū 의복 1벌·

orin mocin, unca nirui cisina de orin sunja seke, emu suje, orin
20필의 毛靑布, 운차 니루의 치시나에게 25장의 초피· 1필의 비단· 20필의

mocin, emu hehe, mucengge nirui inuka de dade 3/4 ini booi aha
毛靑布· 1명의 여자, 무청거 니루의 이누카에게 원래 그의 집에 노예로

bihe seme juwe haha, emu hehe, šangnara jergi de orin sunja
있었던 2명의 남자· 1명의 여자, 상을 내리는 등급으로 25장의

seke, suje etuku emke, orin mocin, emu hehe, nertei nirui hadoo de
초피· 비단옷 1벌· 20필의 毛靑布· 1명의 여자, 너르터이 니루의 하도오에게

orin sunja seke, orin mocin, emu suje, emu hehe, ulemu nirui tubišan
25장의 초피· 20필의 毛靑布· 1필의 비단· 1명의 여자, 울러무 니루의 투비샨에게

de orin sunja seke, orin mocin, emu suje, emu hehe buhe, 4/5 jai
25장의 초피· 20필의 毛靑布· 1필의 비단· 1명의 여자를 주었다. 2등에게

---

1 [簽註] gingguleme baicaci, fe manju gisun i bithe, manju gisun i buleku bithede, gemu dabišakū sere gisun akū, baicame bahakū ofi da songkoi sarkiyaha,,
삼가 찾아보니 『舊清語』와 『清文鑑』에 모두 'dabišakū'라는 말이 없다. 찾을 수 없어서 원래대로 베껴 썼다.

jergi de buhengge, ubahai nirui dorgina, mucengge nirui funderi,
준 것은 우바하이 니루의 도르기나· 무청거 니루의 푼더리·

nertei nirui weihene, daimungga nirui jibcu, ere duin niyalma de
너르터이 니루의 워이허너· 다이뭉가 니루의 집추, 이 4명에게

orita seke, juwanta mocin, emte suje, ilaci jergi de fosori nirui aidu,
20장씩의 초피· 10필씩의 毛靑布· 1필씩의 비단이고, 3등에 포소리 니루의 아이두·

omina nirui walica, oton nirui uluri, mafuta nirui furun, lolokū nirui
오미나 니루의 왈리차· 오톤 니루의 울루리· 마푸타 니루의 푸룬· 롤로쿠 니루의

jangnu, jenduri, ihida nirui cangcari, nertei nirui 5/6 unca, buyan
장누· 전두리· 이히다 니루의 창차리· 너르터이 니루의 운차· 부얀

nirui dulju, ere uyun niyalma de sunjata seke, juwanta mocin,
니루의 둘주, 이 9명에게 5장씩의 초피· 10필씩의 毛靑布·

emte suje etuku, ningguta de tehe lefu, omina nirui ilduna, ere juwe
1벌씩의 비단옷을, 닝구타에 거주하는 러푸· 오미나 니루의 일두나, 이 2명에게

niyalma de ninggute mocin, emte suje etuku buhe,,
6필씩의 毛靑布· 1벌씩의 비단옷을 주었다.

○ juwan emu de, wasimbuha bithei gisun, 6/7 enduringge han i
11일에, 내린 글의 말. 「성스러운 황제의

hesei dorolon i jurgan i hošoi erke cin wang toktobuha, enduringge
勅旨로 禮部의 호쇼이 어르커 친왕이 정한다. 성스러운

han, hecen i šurdeme tucifi yabure de, hošoi cin wang, doroi giyūn
황제가 성의 주위에 出行할 때 호쇼이 친왕· 도로이 군왕·

wang, doroi beile se, jugūn de ucaraha de, faidan be amasi jailabufi,
도로이 버일러들은 길에서 마주칠 때 儀仗을 뒤로 피하게 하고

beye morin ci ebufi dulembufi, amargi ci han i ashan de adanambi,
자신은 말에서 내려 지나가게 하여 뒤쪽에서 황제의 곁에서 따라서 간다.

hošoi cin wang, doroi giyūn 7/8 wang be doroi beile se ucaraha de,
호쇼이 친왕· 도로이 군왕을 도로이 버일러들이 마주칠 때

faidan be amasi jailabufi, jugūn i dalba be anabume yabumbi, jergici
儀仗을 뒤로 피하게 하고 길의 옆으로 양보하고 간다. 超品

lakcaha ujui gung ucaraha de, morin tatafi jugūn i dalbade dayame
一等公이 마주칠 때, 말고삐를 당겨 길의 옆에 가까이

ilifi, morin i ninggude enggelefi dulembumbi, gūsai ejen ci fusihūn,
서서 말의 위에서 몸을 구부리고 지나가게 한다. 구사의 어전 이하는

gemu morin ci ebufi jugūn i dalbade ilifi dulembumbi,
모두 말에서 내려 길의 옆에 서서 지나가게 한다.

doroi beile sebe, gung ucaraha de, 8/9 jugūn i dalba be anabume
도로이 버일러들을 公이 마주칠 때, 길의 옆으로 양보하고

yabumbi, gūsai ejen, amban janggin, aliha ambasa ucaraha de, morin
간다. 구사의 어전· 암반 장긴· 承政들이 마주칠 때 말을

tatafi jugūn i dalbade dayame ilifi dulembumbi, meiren i janggin
끌어 길의 옆에 가까이 서서 지나가게 한다. 머이런의 장긴

ci fusihūn, gemu morin ci ebufi, jugūn i dalbade ilifi dulembumbi,
이하는 모두 말에서 내려 길의 옆에 서서 지나가게 한다.

beise se, gung be, gūsai ejen, amban janggin, aliha ambasa ucaraha de,
버이서들· 公을 구사의 어전· 암반 장긴· 承政들이 마주칠 때

jugūn i dalba be anabume yabumbi, meiren i janggin, 9/10 jalan
길의 옆으로 양보하고 간다. 머이런 장긴· 잘란

i janggin ucaraha de, morin tatafi jugūn i dalbade dayame ilifi
장긴이 마주칠 때 말고삐를 당겨 길의 옆에 가까이 서서

dulembumbi, nirui janggin ci fusihūn, morin ci ebufi dulembumbi, gūsai
지나가게 한다. 니루 장긴 以下는 말에서 내려 지나가게 한다. 구사

ejen, amban janggin, aliha ambasa be, meiren i janggin ucaraha de,
어전· 암반 장긴· 承政들을 머이런 장긴이 마주칠 때

jugūn i dalba be anabume yabumbi, jalan i janggin, nirui janggin
길의 옆으로 양보하고 간다. 잘란 장긴· 니루 장긴이

ucaraha de, morin tatafi jugūn i dalbade ilifi dulembumbi, meiren i
마주칠 때 말고삐를 당겨 길의 옆에 서서 지나가게 한다. 머이런

janggin be, 10/11 jalan i janggin ucaraha de, jugūn i dalba be
장긴을 잘란 장긴이 마주칠 때 길의 옆으로

anabume yabumbi, nirui janggin morin tatame ilifi dulembumbi, jalan
양보하고 간다. 니루 장긴은 말고삐를 당겨 서서 지나가게 한다. 잘란

i janggin be, nirui janggin ucaraha de, jugūn be anabume yabumbi,
장긴을 니루 장긴이 마주칠 때 길을 양보하고 간다.

bošokū ci fusihūn geren irgen, meiren i janggin ci wesihun hafasa
보쇼쿠 이하의 여러 民은 머이런 장긴 이상의 관원들에게

de, morin ci ebufi dulembumbi, jalan i janggin de, morin tatame
말에서 내려 지나가게 한다. 잘란 장긴에게 말고삐를 당겨

ilifi dulembumbi, nirui janggin de, 11/12 jugūn anabume yabumbi,
서서 지나가게 한다. 니루 장긴에게 길을 양보하고 간다.

hafan akū bai beyese niyalma dahabuki seci, emte niyalma dahabu,
관원이 아닌 평민이 사람을 수행시키려면 1명을 수행시키고

fulu ume dahabure, enduringge han i hesei bithe, han i takūraha
그보다 많은 수는 수행시키지 말라. 성스러운 황제의 旨· 황제가 보낸

ebuhu baita, han i kesi šang be benere niyalma, abka wecere, 12/13
긴급한 업무· 황제의 恩賞을 보내는 사람· 하늘에 제사지내거나

taimiyoo wecere de baitalara jaka be gamame genere hafasa, yaya
太廟에 제사지낼 때 사용할 물건을 가지고 가는 관원들은 모든

wang ni duka de eburakū, jugūn de ucaraha seme eburakū, jugūn be
王의 문 앞에서 내리지 말고 길에서 마주쳤다 해도 내리지 말며 길을

jurceme yabumbi, hošoi cin wang ci fusihūn, gūsai beise se ci
엇갈려 간다. 호쇼이 친왕 이하로부터 구사이 버이서들

wesihun, šerin amargi ilha hadambi, jergi ci lakcaha gung ci fusihūn,
이상은 金佛頭 뒤의 꽃을 박는다. 超品公 이하는

šerin amargi ilha hadarangge gemu naka, cin wang, giyūn
金佛頭 뒤의 꽃을 박는 것을 모두 그만두어라. 친왕· 군왕을

wang ni 13/14 dahara gucuse, meni meni ejen be dahame yabuci,
수행하는 구추들은 각각 주인을 수행하여 가면

yaya wang ni duka de eburakū, doroi beile sei dahara gucuse, hošoi
모든 왕의 문 앞에서 내리지 않는다. 도로이 버일러들을 수행하는 구추들은 호쇼이

cin wang, doroi giyūn wang ni duka de ebumbi, doroi beile sei beye
친왕· 도로이 군왕의 문 앞에서 내린다. 도로이 버일러들 자신은

eburakū, beye mehufi katarame dulembi, hošoi fujisa, doroi fujisa,
내리지 않고, 몸을 구부린채 빠르게 지나간다. 호쇼이 푸진들· 도로이 푸진들은

cin wang, giyūn wang ni duka de jalan bodome ebu, 14/15 tereci
친왕· 군왕의 문 앞에 항렬을 헤아려 내린다. 그 외에

gūwa duka de ume ebure, fujin eburakū oci, dahara hehesi inu ume
다른 문 앞에 내리지 않는다. 푸진이 내리지 않으면 수행하는 여자들 또한

ebure, doroi beile sei fujisa, cin wang, giyūn wang ni duka de
내리지 않는다. 도로이 버일러들의 푸진들은 친왕· 군왕의 문 앞에

ebu,,
내린다.」

○ ineku juwan emu de, hošoi sure cin wang ni amba jui adali be,
같은 11일에, 호쇼이 수러 친왕의 큰 아들 아달리에게

ce doron 15/16 bume doroi giyūn wang fungnehe, fungnehe doroi
册과 印章을 주어 도로이 군왕에 봉했다. 봉한 예로

genggiyen elhe booi hūwa de dosifi, enduringge han de ilan jergi
淸寧宮의 뜰에 들어가 성스러운 황제에게 세 번

niyakūrafi uyun jergi hengkilehe,,
무릎 꿇고 아홉 번 고두했다.

○ juwan ilan de, asidarhan nakcu be, uheri be baicara jurgan de
13일에, 아시다르한 낙추를 都察院의

aliha amban sindaha, nikan be, tulergi golo be dasara jurgan de
承政으로 임명했다. 니칸을 理藩院의

aliha 16/17 amban sindaha,,
承政으로 임명했다.

○ ineku juwan ilan de, dalingho de dahaha hafasa de ejehe bithe
같은 13일에, 大凌河에서 항복한 관원들에게 勅書를

buhe,
주었다.

○ dzu je žun si dade ginjeo i fujiyang bihe, sini ama dzu
祖澤潤, 너는 원래 錦州의 副將이었다. 너의 아버지 祖(大壽)

dzung bing guwan i emgi dalingho hoton be dasame jihe manggi,
總兵官과 함께 大凌河城을 수리하러 온 후

bi cooha genefi 17/18 dalingho hoton be kara jakade, dzu dzung bing
내가 출병하여 大凌河城을 포위하자, 祖 總兵官과

guwan i emgi dahaha, daharakū marara taidz taifu fujiyang ho k'o
함께 항복했다. 항복하지 않겠다고 고집하는 太子太傅 副將 何可剛을

g'ang be, dzu dzung bing guwan i gisun i jafafi gajifi waha seme
祖 總兵官의 命으로 잡아서 데려와 죽였다 하여

ilaci jergi amban janggin obuha, jai juwan juwe jergi sirambi,,
3등 암반 장긴으로 삼았다. 또 열두 번 계승한다.

○ dzu k'o fa si dade ginjeo i fujiyang bihe, 18/19 dzu dzung
祖可法, 너는 원래 錦州의 副將이었다. 祖 總兵官과

bing guwan i emgi dalingho hoton be dasame jihe manggi, bi cooha
함께 大凌河城을 수리하러 온 후 내가 출병하여

genefi dalingho hoton be kara jakade, dzu dzung bing guwan i emgi
大凌河城을 포위하자 祖 總兵官과 함께

dahaha seme uju jergi meiren i janggin obuha, jai juwan jergi
항복했다 하여 1등 머이런 장긴으로 삼았다. 또 열 번

sirambi,,
계승한다.

○ dzu je hūng si dade ginjeo i fujiyang bihe, 19/20 sini amji
祖澤洪, 너는 원래 錦州의 副將이었다. 너의 伯父

dzu dzung bing guwan i emgi dalingho hoton be dasame jihe
祖 總兵官과 함께 大凌河城을 수리하러 온

manggi, bi cooha genefi dalingho hoton be kara jakade, dzu dzung
후 내가 출병하여 大凌河城을 포위하자 祖

bing guwan i emgi dahaha seme uju jergi meiren i janggin obuha,
總兵官과 함께 항복했다 하여 1등 머이런 장긴으로 삼는다.

jai juwan jergi sirambi,,
또 열 번 계승한다.

○ jang dzun žin si dade ning yuwan i fujiyang 20/21 bihe, dzu
張存仁, 너는 원래 寧遠의 副將이었다. 祖

dzung bing guwan i emgi dalingho hoton be dasame jihe manggi,
總兵官과 함께 大凌河城을 수리하러 온 후

bi cooha genefi dalingho hoton be kara jakade, dzu dzung bing guwan
내가 출병하여 大凌河城을 포위하자 祖 總兵官과

i emgi dahaha seme uju jergi meiren i janggin obuha, jai juwan
함께 항복했다 하여 1등 머이런 장긴으로 삼았다. 또 열 번

jergi sirambi,,
계승한다.

○ sun ding liyoo si dade ginjeo i fujiyang 21/22 bihe, dzu dzung
孫定遼, 너는 원래 錦州의 副將이었다. 祖 총병관과

bing guwan i emgi dalingho hoton be dasame jihe manggi, bi cooha
함께 大凌河城을 수리하러 온 후 내가 출병하여

genefi dalingho hoton be kara jakade, dzu dzung bing guwan i emgi
大凌河城을 포위하자 祖 총병관과 함께

dahaha seme jai jergi meiren i janggin obuha, jai uyun jergi
항복했다 하여 2등 머이런 장긴으로 삼았다. 또 아홉 번

sirambi,,
계승한다.

○ han dai hiyūn si dade ning yuwan i fujiyang 22/23 bihe,
韓大勳, 너는 원래 寧遠의 副將이었다.

dzu dzung bing guwan i emgi dalingho hoton be dasame jihe manggi,
祖 총병관과 함께 大凌河城을 수리하러 온 후

bi cooha genefi dalingho hoton be kara jakade, dzu dzung bing guwan
내가 출병하여 大凌河城을 포위하자 祖 총병관과

i emgi dahaha seme jai jergi meiren i janggin obuha, jai uyun
함께 항복했다 하여 2등 머이런 장긴으로 삼았다. 또 아홉 번

jergi sirambi,,
계승한다.

○ ts'oo gung ceng si dade ginjeo i fujiyang 23/24 bihe, dzu
曹恭誠, 너는 원래 錦州의 副將이었다. 祖

dzung bing guwan i emgi dalingho hoton be dasame jihe manggi,
총병관과 함께 大凌河城을 수리하러 온 후

bi cooha genefi dalingho hoton be kara jakade, dzu dzung bing guwan
내가 출병하여 大凌河城을 포위하자 祖 총병관과

i emgi dahaha seme jai jergi meiren i janggin obuha, jai uyun
함께 항복했다 하여 2등 머이런 장긴으로 삼았다. 또 아홉 번

jergi sirambi,,
계승한다.

○ pei guwe jeng si dade ginjeo i fujiyang 24/25 bihe, dzu
裵國珍, 너는 원래 錦州의 副將이었다. 祖

dzung bing guwan i emgi dalingho hoton be dasame jihe manggi,
총병관과 함께 大凌河城을 수리하러 온 후

bi cooha genefi dalingho hoton be kara jakade, dzu dzung bing guwan
내가 출병하여 大凌河城을 포위하자 祖 총병관과

i emgi dahaha seme ilaci jergi meiren i janggin obuha, jai jakūn
함께 항복했다 하여 3등 머이런 장긴으로 삼았다. 또 여덟 번

jergi sirambi,,
계승한다.

○ deng cang cūn si dade ciyan tun wei i fujiyang 25/26 bihe,
鄧長春, 너는 원래 前屯衛의 副將이었다.

dzu dzung bing guwan i emgi dalingho hoton be dasame jihe
祖 총병관과 함께 大凌河城을 수리하러 온

manggi, bi cooha genefi dalingho hoton be kara jakade, dzu dzung
후 내가 출병하여 大凌河城을 포위하자 祖

bing guwan i emgi dahaha seme ilaci jergi meiren i janggin obuha,
총병관과 함께 항복했다 하여 3등 머이런 장긴으로 삼는다.

jai jakūn jergi sirambi,,
또 여덟 번 계승한다.

○ cen bang siowan si dade ginjeo i fujiyang 26/27 bihe, dzu
陳邦選, 너는 원래 錦州의 副將이었다. 祖

dzung bing guwan i emgi dalingho hoton be dasame jihe manggi,
총병관과 함께 大凌河城을 수리하러 온 후

bi cooha genefi dalingho hoton be kara jakade, dzu dzung bing guwan
내가 출병하여 大凌河城을 포위하자 祖 총병관과

i emgi dahaha seme ilaci jergi meiren i janggin obuha, jai jakūn
함께 항복했다 하여 3등 머이런 장긴으로 삼았다. 또 여덟 번

jergi sirambi,,
계승한다.

○ lii yūn si dade ginjeo i fujiyang 27/28 bihe, dzu dzung bing
李雲, 너는 원래 錦州의 副將이었다. 祖 총병관과

guwan i emgi dalingho hoton be dasame jihe manggi, bi cooha
함께 大凌河城을 수리하러 온 후 내가 출병하여

genefi dalingho hoton be kara jakade, dzu dzung bing guwan i emgi
大凌河城을 포위하자 祖 총병관과 함께

dahaha seme ilaci jergi meiren i janggin obuha, jai jakūn jergi
항복했다고 3등 머이런 장긴으로 삼았다. 또 여덟 번

sirambi,,
계승한다.

○ siowei dai hū si dade dzun hūwa i fujiyang 28/29 bihe,
薛大湖, 너는 원래 遵化의 副將이었다.

dalingho hoton be kaha mudan de, cooha gaifi jang dooli i emgi
大凌河城을 포위했을 때 군대를 이끌고 張(春) 道吏와 함께

dalingho de dame jihe be jafafi ujifi, jai jergi jalan i janggin
大凌河에 도우러 온 것을 잡아서 살려주고 2등 잘란 장긴으로

obuha, dain de buceci sirambi, nimeku de buceci sirarakū,
삼았다. 전장에서 죽으면 계승한다. 병으로 죽으면 계승하지 않는다.

○ giyang sin si dade lio giya ing ni ts'anjiyang bihe, dalingho hoton be
姜新, 너는 원래 劉家營의 참장이었다. 大凌河 성을

kaha mudan de, cooha 29/30 gaifi jang dooli i emgi dalingho de
포위했을 때 군대를 이끌고 張(春) 道吏와 함께 大凌河에

dame jihe be jafafi ujifi, dzu dzung bing guwan i jakade amasi
도우러 온 것을 잡아서 살려주고 祖 총병관의 곁에서 왕래하며

julesi takūraha seme jai jergi jalan i janggin obuha, dain de buceci
파견업무를 했다 하여 2등 잘란 장긴으로 삼았다. 전장에서 죽으면

sirambi, nimeku de buceci sirarakū,,
계승한다. 병으로 죽으면 계승하지 않는다.

○ tofohon de, enduringge han, wesihun dasan i yamun de
15일에, 성스러운 황제가 崇政殿에

tucifi, soorin de 30/31 tehe manggi, dalingho i hafasa jergi wesibufi
나와 옥좌에 앉자, 大凌河의 관원들이 등급을 승진시킨

ejehe buhe doroi, ilan jergi niyakūrafi, uyun jergi hengkilehe, tereci
칙서를 사여한 예로, 세 번 무릎 꿇고 아홉 번 고두했다. 그 후

han i hesei manju i hūlara hafan, gurun i aika wesimbure baita
황제의 旨로써 만주 贊禮郎이 "나라의 어떤 상주할 일이

bici wesimbu sehe manggi, beidere jurgan i aliha amban langkio,
있으면 상주하라"고 하자, 刑部 承政 랑키오가

gulu šanggiyan i moodase i weile be wesimbuhe, wesimbuhe weile i
正白旗의 모오다서의 죄를 상주했다. 상주한 죄의

turgunde moodase, furdan i emgi 31/32 ombu cūhur i ukanju
이유는 모오다서가 푸르단과 함께 옴부 추후르의 도망자를

fargame genefi, ukanju be bahakū turgunde, genehe ambasa be baicame
추격하러 가서 도망자를 잡지 못했기 때문으로, 갔던 대신들을 심문한

fonjire de, moodase jabume, bi genehekū bihe, unenggi genefi akū
때에 모오다서가 대답하기를, "나는 가지 않았었다. 진실로 가놓고 아니라고

seci, minde weile dere seme jabuha, ukanju fargaha ambasa be
한다면 나의 죄이다"라고 답했다. 도망자를 추격했던 대신들을

ejeme araha dangsede tuwaci, moodase i gebu bi, erei turgunde,
기록한 檔子를 보니, 모오다서의 이름이 있었다. 이 때문에

enduringge han be holtoho seme, tanggū šusiha tantafi, niru 32/33
성스러운 황제를 속였다 하여, 100대 채찍으로 때리고, 니루를

bošoro be nakabume, bai niyalma obume beidehebi seme wesimbuhe
領催하는 것을 그만두게 하고, 평민으로 삼도록 심리했다고 상주하자,

manggi, enduringge han hese wasimbume, suweni beidehe songkoi
성스러운 황제가 旨를 내려 "너희가 심리한 대로

okini sehe, tere isara de, enduringge han be tuwakiyara baturu
하라"고 했다. 그 집결한 때에, 성스러운 황제를 지키는 바투루

jan, erke daicing tuwakiyara babe funtuhulefi jihekū, amala jihe
잔과 어르커 다이칭이 지키는 곳을 비워두고 오지 않고, 나중에 오자,

manggi, uheri be baicara jurgan i aliha amban asidarhan, dorji
都察院 承政 아시다르한과 도르지

darhan 33/34 noyan safi, enduringge han i juleri, suwe han be
다르한 노얀이 알고, 성스러운 황제의 앞에서 "너희는 황제를

tuwakiyara niyalma kai, tuwakiyara jurgan be jurceme, ainu amala
지키는 사람들이다. 지키는 직무를 저버리고 왜 나중에

jihe seme dere efuleme gene seme daicing duka be tucibume unggifi,
왔는가?"라며 정색하고 "가라"라며 大淸門을 나가도록 보내고,

weile gisure seme beidere jurgan de benefi weile tuhebufi, 34/35
"죄를 논하라"며 刑部에 보내서 죄를 정하여

enduringge han de wesimbufi, enduringge han i hesei tacibume
성스러운 황제에게 상주하자, 성스러운 황제가 旨로 타일러

hendufi weile waliyaha,,
말하고 죄를 면해주었다.

○ juwan ninggun de, ioi hūng jiyan nimeme akū ofi, jui ioi
16일에, ioi hūng jiyan이 병으로 죽어서 아들 ioi

tiyan ceng be, ineku nirui janggin siraha, jai ilan jergi sirambi,, 35/36
tiyan ceng이 같은 니루 장긴을 계승했다. 또 세 번 계승한다.

○ ineku juwan ninggun de, enduringge han i hese, ombu cūhur
같은 16일에, 성스러운 황제는 旨로, "옴부 추후르

simbe gebu buki seme jio sehe bihe, bisan bisafi jici ojorakū
너에게 이름을 주겠다고 오라고 했다. 홍수가 나서 오지 못할 것이

mujangga, te jidere be nakafi, sini hūdašara bade hūdun gene, simbe
분명하다. 지금 오는 것을 멈추고, 네가 장사하는 곳으로 서둘러 가라. 너를

ebšeme unggire turgun, musei ere fonji genehe amba cooha urunakū
급하게 보내는 이유는, 우리의 이번에 간 대군이 반드시

šanggiyan jase be dosimbi, 36/37 tubaci takūrara medege, ba goro ofi
長城을 진입하는데, 그곳에서 보내올 소식은 지역이 멀어서

hūdun isinjirakū, simbe beye genefi dorgideri yargiyan mejige gaifi
빨리 도착하지 못한다. 네가 직접 가서 몰래 진실한 소식을 얻어서

hūdun alanjikini seme tuttu ebšeme unggimbi, si jabduci,
빨리 고하러 오라고 그렇게 급하게 보내는 것이다. 너는 여유가 있으면

ere biyai orin i onggolo gene, jabdurakū oci, orin de juranu, simbe
이 달 20일 이전에 가라. 여유가 없으면 20일에 출발하라. 네가

bedereme jihe manggi, gebu buki sehe,,
돌아 온 후에 이름을 주겠다"고 했다.

○ ineku juwan ninggun de, 37/38 enduringge han dulimbai
같은 16일에, 성스러운 황제가 중앙의

genggiyen elhe boode tefi bisire de, uheri be baicara jurgan i aliha
清寧宮에 앉아 있을 때, 都察院 承政

manju amban asidarhan, monggo amban dorji darhan, nikan amban
만주 대신 아시다르한과 몽고 대신 도르지 다르한, 漢人 대신

dzu k'o fa, jang ts'un žin se niyakūrafi gisun wesimbume,
祖可法과 張存仁 등이 무릎 꿇고 상주하기를,

emu niyalma ejen be gercilefi, gerci uru seme tucibufi tere niyalma be
"한 사람이 주인을 고발했는데 고발자가 옳다 하고 빼내서 그 사람을

gūwa de aha buhebi seme wesimbure jakade, 38/39 han hese hendume,
다른 사람에게 노예로 주었습니다"라고 상주한 까닭에, 황제가 旨로 말했다.

ere gese weile be wesimburengge inu giyan, ambasa suwe ereci amasi
"이 같은 일을 상주하는 것 또한 도리이다. 대신들 너희는 이후로

ere gese buya weile i anggala, mini ufaraha endebuhe ba, jai cin wang,
이 같은 작은 일뿐만 아니라, 내가 잘못한 것, 또 친왕·

giyūn wang ci fusihūn geren ambasai fudasihūn yabure, irgen be
군왕 이하 여러 대신들이 패역을 행하여 백성을

gidašara, doro be weihukelere, fafun be facuhūrara tenteke weile,
능멸하거나 정사를 경시하며 법을 어지럽히는 그러한 일,

jai yaya niyalma beye be šu arafi bithe tuwara, saman seme holtome
또 여러 사람 중에 자신을 術者로 꾸미고 점을 치거나, 무당이라며 몰래

irgen be 39/40 eiterere, bušuku jafambi seme holtoro, tenteke gurun
백성을 속이거나, 악령을 잡는다고 속이는 등 그처럼 國人을

be eiterere niyalma be saci, uthai wesimbu, fejergi buya niyalmai
속이는 사람을 알면, 즉시 상주하라. 아래 小民의

weile be wesimbure, dergi ursei weile be wesimburakū oci, tondo
일을 상주하고 위 무리의 일을 상주하지 않으면 올바른

jurgan waka kai, manju amban asidarhan jabume, enduringge han i
義가 아니다." 만주 대신 아시다르한이 대답했다. "성스러운 황제의

hese inu, be neneme meni beyebe tondo arame dasarakū oci,
旨가 옳습니다. 저희가 먼저 저희의 몸을 바르게 세워 다스리지 않으면,

niyalma be adarame gisureci 40/41 ombi, han ejen i afabuha weile be
타인을 어찌 언급할 수 있겠습니까? 황제 폐하가 맡긴 일을

alifi, donjiha saha babe gidaha doro bio, nikan amban dzu k'o fa
맡아서, 듣고 아는 바를 숨길 리가 있겠습니까?" 漢人 대신 祖可法이

jabume, damu han de gelembi dere, tereci gūwa de gelehe doro
대답했다. "다만 황제께 두려워할 뿐, 그 외에 다른 것을 두려워할 리가

bio, yaya niyalmai ehe fudasihūn be beye saci beye saha, ulame
있겠습니까? 모든 사람의 나쁜 패역을 몸소 알면 몸소 알았다, 전해

donjici ulame donjiha 41/42 seme urunakū gisun wesimbuki, nikan
들으면 전해 들었다고 반드시 상주하겠습니다." 漢人

amban jang ts'un žin jabume, tere gisun waka, fudasihūn be tafulara,
대신 張存仁이 대답했다. "그 말은 잘못되었습니다. 패역을 간언하거나

waka be gisurere de, doroi jalin de tondo jurgan be yabure ambasa,
죄를 논할 때, 도리를 위해서 올바른 義를 행하는 대신들이

enduringge han ejen sehe seme ainu gelembi, han ejen de gelerakū
성스러운 황제 폐하라고 해서 어찌 두려워하겠습니까? 황제 폐하께 두려워하지

oci, jai gūwa de gelehe doro bio, ehe waka be saci ainu gidambi,
않으면 또한 다른 것을 두려워할 리가 있겠습니까? 악행을 알고도 어찌 숨기겠습니까?"

42/43 han hese hendume, mujangga kai, yaya niyalma tondo jurgan
황제가 旨로 말하기를, "옳다. 모든 사람들이 올바른 義를

be yabuci, tere be abka fucihi seme acinggiyame baharakū kai, han
행하면 그것을 하늘이나 부처라 해도 동요시키지 못할 것이다. 황제

ejen seme adarame necici ombi, julgei henduhengge, tondo jurgan be
어전이라고 해서 어찌 범할 수 있겠는가? 옛날에 말하기를, '올바른 義를

yabuci, abkai erin seme acinggiyame muterakū, erin kūbulika seme
행하면 天時라 해도 동요시키지 못하고, 때가 바뀌었다 해도

forgošome baharakū sehengge, erebe kai sehe,, 43/44
돌리지 못한다'고 한 것이 이것인 것이다"라고 했다.

○ ineku juwan ninggun de, enduringge han amba soorin de tehe
같은 16일에, 성스러운 황제가 大 玉座에 앉은

doroi, taimiyoo de yaya aniya ice tubihe ice jeku baha manggi,
禮로, 太廟에 매해 햇과일과 햇곡식을 얻은 후

taimiyoo de dobonombi seme toktobufi, ninggun biyai juwan ninggun
太廟에 바친다고 정하여서, 6월 16일에

de, ashan i bithei da hūkio, dorolon i jurgan i mujilen bahabukū
學士 후키오· 禮部의 啓心郎

kicungge be takūrafi ice hengke foyoro dobonoho,, 44/45
키충거를 보내서 햇참외와 햇자두를 바쳤다.

○ ineku juwan ninggun de, enduringge han guwan de tucifi,
같은 16일에, 성스러운 황제가 館(馬館)에 나가서

geren wang beise sei morin sabe, orin ba ci feksibuhe, juwan jergi
여러 왕과 버이서들의 말들을 20里로부터 달리게 했다. 10등급으로

banjibufi, uju jergi tucike morin de juwan gin dambagu, uju jergi
편성해서, 1등급을 낸 말에게 10근의 煙草를, 1등급

morin ci emte gin eberembume dubei juwanci jergi morin de 45/46
말부터 1근씩 감해서 마지막 10등급의 말에

isitala buhe, morin feksihe niyalma de juwete mocin šangnaha,,
이르기까지 주었다. 말을 달린 사람에게 2필씩 毛靑布를 상주었다.

○ ineku juwan ninggun de, daitung ni ša ho de hūda unggihe
같은 16일에, 大同의 沙河에 거래하러 보낸

bangsun, dadai be okdome genehe suldei, buyan, hūdai niyalma be
방순· 다다이를 맞이하러 갔던 술더이와 부얀이 거래하는 사람을

acafi gurun i dubede werifi, juleri mejige alanjime isinjiha,,
만나서 나라의 경계에 남겨두고, 먼저 소식을 고하러 와서 도착했다.

tongki fuka sindaha hergen i dangse

點·圈을 찍은 문자의 檔子

juwan jakūci debtelin

18권

wesihun erdemungge i sucungga aniya ninggun biya

숭덕 원년 6월

18권, 숭덕 원년 6월

tongki fuka sindaha hergen i dangse,,
點· 圈을 찍은 문자의 檔子

○ juwan jakūn de, enduringge han i hesei tangse wecere,
18일에, 성스러운 황제의 旨로 堂子에서 제사지내거나

enduri wecere be toktobuha, neneme gurun ajigen kooli sarkū fonde,
신께 제사지내는 것을 정했다. "예전에 나라가 작고 例를 모르던 때는

tangse wecere, 1/2 enduri wecere de, beyebe bolgomirakū balai ton
堂子에서 제사지내거나 신께 제사지낼 때 몸을 재계하지 않고 함부로 수시로

akū wecenembihe, te abka gosifi doro amba oho, julgei amba kooli
제사지내러 갔다. 지금 하늘이 아껴서 道가 크게 되었다. 예전의 大典을

be alhūdame abka de weceme deribuhe, te gūnici, abka serengge,
본받아서 하늘에 제사지내기를 시작했다. 지금 생각하면, 하늘이라는 것은

dergi amba ejen, abka wecere, 2/3 enduri wecerengge inu encu akū,
위의 큰 주인이고, 하늘에 제사지내거나 신께 제사지내는 것은 또한 다름이 없다.

abka, enduri be wecere de, beyebe bolgomirakū balai ton akū
하늘과 신을 제사지낼 때, 몸을 재계하지 않고 함부로 수시로

weceneci acarakū, ereci amasi, yaya biyade gūsai beise se ci
제사지내러 가면 합당하지 않다. 이후로 매달 구사 버이서들

wesihun, boo tome emte niyalma be emu inenggi bolgomibufi, jai
이상은 집마다 한 사람씩을 하루 재계시키고 다음날

cimari ice inenggi, tangse, 3/4 enduri de efen nure dobome jiha
아침 초 1일에 堂子와 신에게 떡과 황주를 바치고 紙錢을

lakiyame unggi, niyengniyeri bolori siltan tukiyeme wecere de, gūsai
걸도록 보내라. 봄과 가을에 솟대를 세우고 제사지낼 때, 구사

beise se, gūsai fujisa ci wesihun wecenekini, tere wecenere de inu
버이서들과 구사 푸진들 이상은 제사지내러 가라. 그들이 제사지내러 갈 때에도

beyebe bolgomifi genembi, jai erei dabala buyarame hetu balai
몸을 재계하고 간다. 또 이 뿐으로, 자질구레하게 함부로

wecenere be umesi naka, dorolon i jurgan saikan ulhibume selgiye,, 4/5
제사지내러 가는 것을 확실히 그만두라. 禮部는 잘 알려주어 전하라."

○ juwan uyun de, mafuta, muhu de, emu gūsai emte funde bošokū
19일에, 마푸타 · 무후에게 1개 구사마다 1명씩의 푼더 보쇼쿠를,

emu nirui emte uksin be adabufi, solho de neneme hūdašaha
1개 니루의 1명씩의 갑병을 붙여서, 조선에서 앞서 교역의

eden i jalin de i jeo de orhoda benebume unggihe,,
부족분 때문에 義州에 인삼을 보내게 하도록 보냈다.

○ ineku juwan uyun de nomtu, hūmise, jakūn 5/6 booi emu booi
같은 19일에, 놈투 · 후미서가 8家에서 家에

ilata niyalma, gūsa tome emte monggo be gaifi, emu booi emte
3명씩의 사람과 구사마다 1명씩의 몽고인을 이끌고, 1家에 1천량씩의

minggan yan menggun gamame, tumet i ombu cūhur i emgi hūda
은을 가지고 투메트의 옴부 추후르와 함께 장사하러

genehe,,
갔다.

○ orin juwe de, enduringge han gašan i dubede tucifi, suwayan
22일에, 성스러운 황제가 촌락의 경계에 나가서 황색

cacari de tehe, 6/7 geren wang sa, beise sei morisa be orin baci
천막에 앉아, 여러 왕들과 버이서들의 말들을 20里로부터

feksibuhe, juwan jergi banjibufi, uju jergi tucike morin de juwan gin
달리게 했다. 10등급으로 편성해서, 1등급을 낸 말에게 10근의

dambagu, uju jergi morin ci emte gin eberembume, dubei juwanci
煙草를, 1등급 말부터 1근씩 감해서 마지막 10등급의

jergi morin de isitala buhe, morin feksihe niyalma de juwete mocin
말에 이르기까지 주었다. 말을 달린 사람에게 2필씩 毛靑布를

šangnaha, tereci hošoi erke cin wang, 7/8 enduringge han be guwan
상주었다. 그 후 호쇼이 어르커 친왕이 성스러운 황제를 館(馬館)으로

de gamafi, ihan honin wafi amba sarin sarilaha,,
모셔가서 소와 양을 잡아 큰 잔치를 열었다.

○ ineku orin juwe de, daiming gurun i ša hū duka de hūda
같은 22일에, 대명국의 殺胡口에 장사하러

unggihe cagan lama, erdeni nangsu, dadai, aisunggū, bangsun
보낸 차간 라마· 어르더니 낭수· 다다이· 아이숭구· 방순이

isinjiha,, 8/9
도착했다.

○ orin duin de, ubahai, amala ele yoose, ehe kuren i golo de
24일에, 우바하이가 그 뒤에 얼러 요오서와 어허 쿠런 지역에

juwe gūsai cooha be gaifi genefi, niyalma ambula bahafi boigon arafi
2개 구사의 병사들을 이끌고 가서 사람들을 많이 잡고 戶로 편제하여

gajiha, cooha gaifi yabuha sain seme, uju jergi jalan i janggin be
데려왔다. 병사들을 이끌고 행군을 잘 했다 하여 1등 잘란 장긴을

ilaci jergi meiren i janggin obuha, jai juwe jergi nonggifi jakūn
3등 머이런 장긴으로 삼았다. 또 두 번 더하여 여덟 번

jergi sirambi,, 9/10
계승한다.

○ oton, si dade hafan efujefi untuhun bihe, ele yoose, ehe
오톤, 너는 원래 관직에서 면직되어 일이 없이 살았다. 얼러 요오서와 어허

kuren i golo de ubahai i emgi cooha genefi yabuha sain seme nirui
쿠런 지역에 우바하이와 함께 병사들을 이끌고 행군을 잘 했다 하여 니루

janggin obuha, jai juwe jergi sirambi,,
장긴으로 삼았다. 또 두 번 계승한다.

○ ineku orin duin de, 10/11 enduringge han de uheri be baicara
같은 24일에, 성스러운 황제에게 都察院의

yamun i geren wesimburengge, beidere jurgan i lang wei ulin de
여럿이 상주한 것. 「형부의 郎位는 재물에

doosi, hehe de hayan, enteke jurgan be yaburakū ujui ehe be hūdun
탐욕스럽고 여자에 음란합니다. 이처럼 직무를 수행하지 않는 가장 악한 자를 속히

tucibuhe de, gurun i hešen iletu ombikai, lang wei i yabuha weile be
내보낼 때 나라의 기강이 분명해질 것입니다. 郎位가 행한 죄를

amala yargiyalame arahabi, kubuhe šanggiyan i jeo sin ioi i
이하에 명백하게 기록했습니다. 鑲白旗의 jeo sin ioi의

weile be beidere de, juwan ninggun 11/12 yan menggun gaiha, jui
죄를 심리할 때 16량의 은을 취했고 아들

jeo ma se de orin yan menggun gaiha, jeo sin ioi booi meng wan i
jeo ma se에게서 20량의 은을 취했습니다. jeo sin ioi의 가노 meng wan의

weile be beidere de, juwan yan menggun gaiha, gulu šanggiyan i
죄를 심리할 때 10량의 은을 취했습니다. 正白旗의

šusai wang žin ts'ung ni weile be beidere de, ninju yan menggun
秀才 wang žin ts'ung의 죄를 심리할 때 60량의 은을

gaiha, amala geli juwan yan menggun nonggime gaiha, kubuhe
취했습니다. 후에 다시 10량의 은을 더하여 취했습니다. 鑲白旗의

šanggiyan i lo 12/13 šusai, dai ciyandzung ni weile be beidere de,
lo 秀才· dai 千總의 죄를 심리할 때

uheri gūsin yan menggun gaiha, kubuhe šanggiyan i faidan i da
모두 30량의 은을 취했습니다. 鑲白旗의 長史

ts'oo jin yan i weile be beidere de, orin yan menggun gaiha, geli
ts'oo jin yan의 죄를 심리할 때 20량의 은을 취했습니다. 다시

bithe benefi juwen gaji seme tofohon yan menggun gaiha, ioi
서신을 보내고 빌려간다고 하면서 15량의 은을 취했습니다. ioi

janggin i weile be beidere de, orin yan menggun gaiha, gulu
장긴의 죄를 심리할 때 20량의 은을 취했습니다.

suwayan i meiren i 13/14 janggin dzu je žun i emu hehe be holtome
正黃旗의 머이런 장긴 祖澤潤의 한 여자를 속여서

gaiha, meiren i janggin dzu k'o fa i emu hehe be holtome gaiha,
취했습니다. 머이런 장긴 祖可法의 한 여자를 속여서 취했습니다.

ini ahūn lang šusai sargan de latufi i sargan gaiha, ini uksun i
그의 형 郎 秀才의 처와 간통하고 그 처로 취했습니다. 그 일족의

ahūn lang wan yen i asihan sargan lio ši de latufi ini boode
형 郎 wan yen의 측실 lio 氏와 간통하고 그의 집에

gamafi dobori dedubume bihe, ini ama i asihan sargan de 14/15
데려가서 밤새워 잤습니다. 그 아버지의 측실을

ergeleme latufi i sargan gaiha, ere be fafun de benjifi duileci, lang wei
강간하고 그 처로 취했습니다.」 이를 法司에 보내 심리하니 郎位가

latuha, menggun gaiha yargiyan ofi, lang wei be wame beidefi,
간통하고 은을 취한 것이 사실이어서 郎位를 죽이도록 판결하여

enduringge han de wesimbuhe, enduringge han hese wasimbufi, wara be
성스러운 황제에게 상주했다. 성스러운 황제가 旨를 내려 죽이는 것을

nakabufi, jalan i janggin be efulefi irgen obuha, beyei jalin de
멈추게 하고 잘란 장긴을 혁직하여 民으로 삼았다. 그 자신에 대해

15/16 tanggū yan, weile beidere de gaiha juwe tanggū emu yan, uheri
100량과 죄를 심리했을 때 취한 201량 모두

ilan tanggū emu yan weile gaiha, lang wei weile i jalin de sun de
301량의 贖을 취했다. 郎位의 죄 때문에 孫得功을

gung be gajifi fonjici, sun de gung bi sarkū sehe, dergi hesei
데려와 물으니 孫得功이 "저는 모릅니다"라고 했다. 上의 旨로

k'odo de fonjici, k'odo i alarangge, boo janggin, g'ao janggin de sun
k'odo에게 물으니 k'odo가 고하기를 "鮑 장긴과 高(鴻中) 장긴에게

de gung alaha sehe, 16/17 g'ao janggin, boo janggin de fonjici, sun de
孫得功이 고했습니다"라고 했다. 高(鴻中) 장긴과 鮑 장긴에게 물으니 孫得功이

gung alaha mujangga, g'ao janggin si neneme sun de gung ni akū
고한 것이 사실이었다. "高(鴻中) 장긴 너는 이전에 孫得功이 모른다고

sere de henduhe mujangga, si ainu akū sembi seme jabuhakū,
할 때에 '말한 것이 맞는데 너는 왜 아니라고 하는가' 라고 답하지 않고

k'odo de fonjiha manggi, mujangga seme jabuha turgunde, g'ao
k'odo에게 물은 후에 '옳다'라고 답했는가." 그 이유로 高(鴻中)

janggin de susai yan i weile, kubuhe šanggiyan i faidan i da ts'oo jin yan,
장긴에게 50량의 벌은을 부과했다. 鑲白旗의 長史 ts'oo jin yan은

17/18 menggun buhekū sehe turgunde, jakūnju šusiha, ioi janggin i
은을 주지 않았다고 한 이유로 80대 채찍질했다. ioi 장긴은

beye bucefi weile akū, ioi janggin i menggun buhe be sambi sehe,
죽었으니 죄가 없다. ioi 장긴이 은을 준 것을 안다고 했는데

sun de gung sarkū seme ubaliyame jabuha turgunde, jakūnju šusiha,
孫得功이 알지 못한다고 바꾸어 답했다는 이유로 80대 채찍질했다.

wajiha weile be enduringge han de wesimbufi alara de, sun de gung
마치고 죄목을 성스러운 황제께 상주하여 고할 때 孫得功의

ni weile be, 18/19 enduringge han i hesei k'odo de fonji sere jakade,
죄를 성스러운 황제의 旨로 k'odo에게 물으라고 하여

k'odo de fonjici, lang wei menggun gaimbi seme, be lama, boo
k'odo에게 물으니 郞位가 은을 취했다고 버 라마· 鮑 장긴·

janggin, g'ao janggin de sun de gung alaha yargiyan ofi sun de
高(鴻中) 장긴에게 孫得功이 고한 것이 사실이었고 孫得功에게

gung de dacilame fonjici, sun de gung bi alahakū seme gisun
조사하여 물으니 孫得功이 "나는 고하지 않았습니다"라고 말을

ubaliyaka turgunde, sun de gung de susai yan i weile, lio ši de
바꾸었다는 이유로 孫得功에게 50량을 벌은으로 부과했다. lio 氏와

latuha be, 19/20 kubuhe fulgiyan i lang šoo jeng sambi sehengge be
간통한 것을 鑲紅旗의 郎紹正이 안다고 한 것을

fonjici, sarkū sehe turgunde, gūsin yan i weile gaiha,,
물어보니 모른다고 했기 때문에 30량의 벌은을 취했다.

○ ineku orin duin de, kubuhe fulgiyan i nirui janggin g'o žu ji,
같은 24일에, 鑲紅旗의 니루 장긴 g'o žu ji가

ini morilafi genere jugūn de, gulu šanggiyan i faidan i da ts'oo
그가 말 타고 가던 길에 正白旗의 長史 ts'oo ši jiyoo가

ši jiyoo i 20/21 kadalara hiya šusai be ucarafi, jailahakū seme šusai
관할하는 히야 秀才를 조우했는데 피하지 않았다고 秀才의

dere be šasihalaha turgunde, g'o žu ji be si dorolon i jurgan i
얼굴을 때린 이유로 g'o žu ji에게 "너는 예부의

ashan i amban, sambime fafun be jurceme ainu šasihalaha seme,
參政으로 알고도 법도를 어겨서 어찌 때렸는가" 라고 하며

g'o žu ji be weile araha,,
g'o žu ji를 처벌했다.

○ orin sunja de, enduringge han wesihun dasan i yamun de
25일에, 성스러운 황제가 崇政殿에

tucifi, soorin de 21/22 tehe manggi, morin temen ulin alban benjime
나와 옥좌에 앉자 말· 낙타· 재물· 공물을 보내며

hengkileme jihe tumet gurun i ambasa, guluge cūhur, amba norbu,
고두하러 온 투메트 國의 대신들, 굴루거 추후르· 암바 노르부·

hanggū, hatan, ajige norbu, togo baksi, tumei lung, beki, buyandai,
항구· 하탄· 아지거 노르부· 토고 박시· 투메이 룽· 버키· 부얀다이·

sereng, karcahai, esen baturu hiya, dorji tabunang taiji, tobok dalai,
서렁· 카르차하이· 어선 바투루 히야· 도르지 타부낭 타이지· 토복 달라이·

joo i ubasanca, bilik togo, dalai corji, darca, baidulai tungse, ere
조오의 우바산차· 빌릭 토고· 달라이 초르지· 다르차· 바이둘라이 通事, 이

juwan uyun niyalma 22/23 ujulafi alban benjihe morin temen ulin be
19명을 우두머리로 하여 공물로 보낸 말· 낙타· 재물을

faidafi, enduringge han de ilan jergi niyakūrafi uyun jergi hengkilefi
정렬하고 성스러운 황제에게 세 번 무릎 꿇고 아홉 번 고두하며

benjihe jaka be tuwabuha, benjihe jaka i ton, tongmok gurun i
보낸 물건을 보였다. 보낸 물건의 수, 통목 國의

enggemu hadala tohohoi emu morin, sula morin gūsin nadan, temen
안장과 굴레를 얹은 1마리의 말· 맨등말 37마리· 낙타

ilan, gecuheri orin ninggun, gecuheri etuku 23/24 emke, hacin hacin i
3마리· 蟒緞 26필· 蟒緞 의복 1벌· 각종

amba suje nadanju duin, aisin emu yan nadan jiha, šuru erihe emke,
큰 비단 74필· 금 1량 7錢· 산호 염주 1개·

hūba erihe emke, hūba juwe, sung lo cai gūsin boose, bai cai emu
琥珀 염주 1개· 琥珀 2개· 松羅茶 30包· 보통 茶 1,100包·

minggan emu tanggū boose, yendahūn emke, tongmok gurun i beri
개 1마리· 통목 國의 활

juwe, gurun i ejen fujin de, guluge cūhur i sargan i alban 24/25
2개. 國君 푸진에게 굴루거 추후르의 부인이 공물로

benjihengge, junggin emke, puse noho yacin suje emke, sondor[1] emke,
보낸 것. 비단 1필· 흉배가 있는 청색 비단 1필· 유리 염주 1개·

sese jakūn boose, fun juwe boose, fiyan juwe boose, tobok dalai i
金絲 8包· 粉 2包· 연지 2包. 토복 달라이의

sargan, šuru erihe emke, aisin i monggolikū emke, gecuheri emke,
부인이(보낸 것), 산호 염주 1개· 금 목걸이 1개· 蟒緞 1필.

---

1 [簽註] gingguleme baicaci, monggo gisun de ori be sondor sembi,,
삼가 찾아보니 몽고어에서 '유리 염주'를 'sondor'이라고 한다.

enduringge han de ordos gurun i alban benjihengge, erincen jinong
성스러운 황제에게 오르도스 國이 공물로 보낸 것은 어린천 지농이

ni emu temen, emu gecuheri, emu suje, 25/26 erincen jinong ni eme
1마리 낙타· 1필의 蟒緞· 1필의 비단, 어린천 지농의 어머니가

emu gecuheri, cai dehi boose, guru i emu temen, emu gecuheri
1필의 蟒緞· 茶 40包, 구루가 1마리 낙타· 1필의 蟒緞

etuku, cai ninju boose jafaha bihe, enduringge han tuwafi, tumet
의복· 茶 60包를 바쳤다. 성스러운 황제가 보고 투메트

gurun i gajiha orin nadan morin, ordos gurun i emu temen gaiha,
國에서 가져온 27마리의 말· 오르도스 國의 1마리의 낙타를 취했다.

gecuheri alha suje ulin be, dele etuci acara be tuwame komsokon
蟒緞· 閃緞· 비단· 재물은 上께서 입기에 적당한 것을 보아 약간만

gaifi, tereci gemu 26/27 bederebuhe,,
취했고 그 외에는 모두 돌려보냈다.

○ ineku orin sunja de, morin ulin benjime hengkileme jihe
같은 25일에, 말과 재물을 보내며 고두하러 온

tumet gurun i guluge cūhur sei jergi ambasa be, enduringge han,
투메트 國의 굴루거 추후르 등의 대신들을 성스러운 황제가

genggiyen elhe booi hūwa i dolo dosimbufi, sarin sarilaha, tumet i
清寧宮 뜰의 안에 들이고 잔치를 베풀었다. 투메트의

guluge cūhur sei jergi ambasa be, 27/28 enduringge han i booi
굴루거 추후르 등의 대신들을 성스러운 황제의 宮에서

sarilaha songkoi jakūn boo šurdeme dorolome amba sarin sarilaha,,
잔치한 대로 八家가 돌아가면서 예를 갖추어 큰 잔치를 베풀었다.

○ ineku orin sunja de, enduringge han i wesihun dasan i
같은 25일에, 성스러운 황제의 崇政殿에

yamun de, geren i isara jergi de jihekū šoto beise amala jihe,
여럿이 모였을 때 오지 않은 쇼토 버이서가 나중에 왔고

tuncika beise boro de jingse akū, fafun be jurcehe 28/29 seme, uheri
툰치카 버이서의 여름모자에 頂子가 없어 법도에 위배된다 하여 都察院의

be baicara yamun i hafasa, enduringge han de wesimbufi, enduringge
大臣들이 성스러운 황제에게 상주했고 성스러운

han i hesei fafun de benefi duileci, gemu yargiyan ofi, šoto beise,
황제의 旨로 法司에 보내 심리하자 모두 사실이어서 쇼토 버이서와

tuncika beise de susaita yan i weile tuhebufi, enduringge han de
툰치카 버이서에게 50량씩의 죄를 정했다. 성스러운 황제에게

wesimbuhe manggi, enduringge han hese wasimbufi weile
상주한 후에 성스러운 황제가 旨를 내려 죄를

waliyaha,, 29/30
면해주었다.

○ ineku orin sunja de, gulu šanggiyan i gūsai tung san nirui
같은 25일에, 正白旗 구사의 佟三 니루의

šusai lio ki ioi, lio hūng ioi, kesi be baime wesimburengge, meni ahūn
秀才 劉奇遇와 劉弘遇가 은혜를 구하며 상주한 말. 「저희 형제는

deo dade nikan i bade šusai bihe, dzu dzung bing guwan i fejile
원래 한인의 땅에서 秀才였습니다. 祖 총병관의 휘하

ts'an mo ofi bisire de, han i gosin erdemu amban, saisa mergese
참모가 되어 있을 때에 황제의 인자함과 덕이 크시어 智者와 賢者를

be baitalara be 30/31 donjifi, be booi niyalma lio ma se be gaifi,
등용하신다는 것을 듣고 저희의 家人 劉麻子를 데리고

erdemu be buyeme dahame jime, san ca ho de han i wasihūn dailara
덕을 바라며 항복하러 와서 三岔河에서 황제의 서쪽을 토벌할

amba cooha be ucarafi, taidzu de cooha morin i ton be alaha, afara
대군을 마주치고는 太祖에게 (명의)병사와 말의 수를 고했습니다. 공격하고

tuwakiyara mudan be han de alara jakade, obondoi be takūrafi meni
수비할 때를 황제에게 고하자 오본도이를 보내어 우리를

baru 31/32 hendume, aikabade guwangning be baha de, hafan obure
향해 말하기를, "만약 廣寧을 얻게 되면 관원으로 삼겠다"고

sehe, uthai hoton be bahara jakade, dahaha hafasa be wesibufi
했습니다. 곧 성을 얻게 되니 투항한 관원들을 승진시켜

hafan buhe, mende damu juse sargan be baicame bufi, tung san be
관직을 주었습니다. 우리에게 다만 자식들과 부인들을 찾아 주었고 佟三을

dahame bisu sehe, tere fonde kesi be baiki seci, dahame jihe
따라서 (속해)있으라고 했습니다. 그 때에 은혜를 구하고자 했지만 투항해 온

gung ajigan ofi, gelhun akū wesimbuhekū, amala mini 32/33 deo jui
공이 작아 감히 상주하지 않았습니다. 후에 저의 아우와 아들

ilan nofi be dangse de dosimbufi, alban de dabuhabi, te funiyehe i
세 명을 檔子에 들이도록 하시고 부역에 종사하게 하셨습니다. 지금은

gese guweci ojorakū ofi, alimbaharakū jobombi, alban de daci
추호도 면할 수 없게 되었으니 참을 수 없이 괴롭습니다. 부역에 종사해야

acara giyan mujangga, damu boo yadahūn eture jeterengge baharakū,
마땅한 이치가 맞습니다. 다만 집이 가난하여 입을 것과 먹을 것을 얻지 못했습니다.

geren i jergi de alban buci, yargiyan i hamirakū, tere anggala,
여러 사람들과 동등하게 부역에 종사하면 실로 감당할 수 없습니다. 그 뿐만 아니라

dain de baha hafan, šusai de usin tokso niyalma 33/34 ulha bufi, alban
전쟁에서 얻은 관원과 秀才에게 밭· 장원· 사람· 가축을 주고 부역

akū jiramin ujimbikai, meni dahame jihengge udu jilakan akū bicibe,
없이 두텁게 기릅니다. 저희가 투항해 온 것이 비록 가련한 것은 아니지만

dahara unde goroki niyalma fesin ararahū[2] seme olhombi, han
투항하지 않은 먼 곳의 사람들이 구실로 삼을까 하여 두렵습니다. 황제께서

yadahūn joboro be gosifi alban guwebuci, hafan buhe ci dele kai,
가난하고 괴로운 것을 불쌍히 여겨 부역을 면해주면 관직을 준 것보다 더 높을 것입니다.

faršame wesimbuhe, han bithe be tuwafi, bithei da fan wen ceng,
목숨을 걸고 주청드립니다.」 황제는 글을 보고 대학사 范文程·

hife, garin sede 34/35 suwe lio ki ioi, lio hūng ioi ahūn deo be, ehe
히퍼· 가린 등에게 "너희는 劉奇遇· 劉弘遇 형제가 무능한지

sain be cendeme tuwa seme afabufi, ilan bithei da deo lio hūng ioi be
유능한지를 살펴보라"하며 위임하니 3명의 대학사는 동생 劉弘遇를

bithe de baitalaci ombi seme wesimbufi, kooli selgiyere yamun de
문관직에 등용할만 하다고 상주하여 例를 선포하는 아문(內弘文院)에

aisilakū sindaha, ahūn deo de beye be dabume ilata haha alban
副官으로 임명했다. 형제에게 본인을 포함하여 3명씩 丁役을

guwebuhe,, 35/36
면해주었다.

○ orin nadan de, enduringge han i hesei bithei ilan yamun i
27일에, 성스러운 황제의 旨로 문서의 三衙門의

---

2 [簽註] gingguleme baicaci, fe manju gisun i bithede, fesin arafi gisurembi sere gisun, uthai fesin obufi gisurembi sere gisun inu sehebi,,
삼가 찾아보니 『舊淸語』에서 'fesin arafi gisurembi'(구실을 삼아 말하다)라는 말을 곧 'fesin obufi gisurembi'(구실을 삼아 말하다)는 말이라고 했다.

bithei da tukiyehe niyalma šusai, uheri be baicara yamun i ashan i
學士· 舉人· 秀才, 都察院의 參政,

amban, ninggun jurgan i mujilen bahabukū, hūlara hafan, jeku i
六部의 啓心郎· 贊禮郎, 곡식

ku jafaha šusai, hūdai cifun gaijara šusai sebe ilgafi, duin jergi banjibufi,
창고를 관장하는 秀才[3] · 商稅를 징수하는 秀才[4]들을 구분하여 4등급으로 편제하고

ceni boode bisire haha, hehe, ihan be dabume, 36/37 uju jergi de
그들의 집에 있는 남성과 여성과 소를 포함하여, 1등급으로

suduri yamun i bithei da lo sio gin, kooli selgiyere yamun i
國史院 學士 羅繡錦, 弘文院

bithei da wang wen kui uheri be baicara yamun i ashan i amban
學士 王文奎, 都察院 參政

u ging doo, wang jy je, ere duin niyalma de ninggute juru niyalma,
吳景道· 王之哲, 이 4명에게 6쌍의 사람·

emte losa, juwete ihan, emte eihen, jai jergi de suduri yamun i
1마리씩의 노새· 2마리씩의 소· 1마리씩의 당나귀를, 2등급으로 國史院의

liyang jeng da, yang 37/38 fang hing, kooli selgiyere yamun i ci
梁正大· 楊方興, 弘文院의 齊國儒·

---

3 '곡식 창고를 관장하는 秀才'는 『淸太宗實錄』 30권 숭덕 원년 6월 27일조에 '管倉生員'으로 기록되어 있다.

4 '商稅를 징수하는 秀才'는 『淸太宗實錄』 30권 숭덕 원년 6월 27일조에 '稅課生員'으로 기록되어 있다.

guwe žu, ma guwe ju, narhūn yamun i lei hing, lii si fung,
馬國柱, 秘書院의 雷興· 李棲鳳,

hafan i jurgan i jiyoo an min, tung tiyan gi, boigon i jurgan i
吏部의 焦安民· 董天機, 戶部의

ju guwe ju, g'ao ši jiyūn, dorolon i jurgan i u yan dzu, sun ing ši,
朱國柱· 高士俊, 禮部의 武延祚· 孫應時,

coohai jurgan i jao fu hing, ding wen šeng, beidere jurgan i 38/39
兵部의 趙福星· 丁文盛, 刑部의

šen coo gi, wang ting siowan, weilere jurgan i ma ming pei, wang
申朝紀· 王廷選, 工部의 馬鳴佩· 王來用,

lai yung, ere juwan jakūn niyalma de sunjata juru niyalma, juwete
이 18명에게는 5쌍씩의 사람· 2마리씩의

ihan, emte eihen, ilaci jergi de suduri yamun i icengge, selgiyere
소· 1마리씩의 당나귀를, 3등급으로 國史院의 이청거, 弘文院의

yamun i wang do, narhūn yamun i hede, hūlara hafan sioi bang
王鐸, 秘書院의 赫德, 贊禮郎 徐邦才·

ts'ai, hing ceng dzu, ere sunja niyalma de duite 39/40 juru niyalma,
邢成祚, 이 5명에게는 4쌍씩의 사람·

juwete ihan, emte eihen, duici jergi de suduri yamun i jang ing kui,
2마리씩의 소· 1마리씩의 당나귀를, 4등급으로 國史院의 張應魁,

jeku i ku jafaha šusai gin i fung, wang lai gin, wang ting yung,
곡식 창고를 관장하는 秀才 金一鳳· 王來覲· 王廷用·

sun moo lan, lio ši yuwan, jeo ši ing, wang yūn šeng, jang min wang,
孫茂蘭· 劉世元· 周士英· 王允昇· 張民望,

hūdai cifun gaijara šusai ceng da ye, lii cūn k'ai, liyang 40/41
商稅를 징수하는 秀才 成大業· 李春開· 梁柄·

bing, cen hing, cen fu sin, ts'ui guwang ciyan, lio wan i, u guwe dzu,
陳興· 陳復新· 崔光前· 劉萬鎰· 吳國祚,

ere juwan nadan niyalma de ilata juru niyalma, juwete ihan,
이 17명에게는 3쌍씩의 사람· 2마리씩의 소·

emte eihen šangnaha, jai jergi, ilaci jergi niyalma de neneme
1마리씩의 당나귀를 상 내렸다. 2등급과 3등급의 사람은 이전에

šangnara de, morin bahakū niyalma de emte losa buhe, morin baha
상내릴 때에 말을 얻지 못한 자에게는 1마리씩의 노새를 주고, 말을 얻은

niyalma de losa buhekū, aha 41/42 ulha šangnaha doroi geren
자에게는 노새를 주지 않았다. 노예와 가축을 상 내린 禮로 여러

siyang gung, šusai se enduringge han i genggiyen elhe booi hūwa de
相公과 秀才들은 성스러운 황제의 淸寧宮의 뜰에

dosifi, ilan jergi niyakūrafi uyun jergi hengkilehe,,
들어가 세 번 무릎 꿇고 아홉 번 고두했다.

○ orin uyun de, enduri de, tangse de jiha lakiyara jalin de
29일에, 神과 堂子에 紙錢을 거는 일 때문에

wecere niyalma de tacibuha, 42/43 enduri de jiha lakiyara de hendure
제사지내는 사람을 가르쳤다. "神에게 紙錢을 걸 때에 말하는

gisun, abkai juse, šangsi enduri, fe biya be wajiha, ice biya be aliha
말. 「하늘의 아들들과 샹시 神[5]이시여. 묵은 달을 마치고 새 달을 맞이하여

seme, tere aniya osohon beyei jalin amsun be dagilafi, jiha lakiyanjiha,
某年生의 미천한 저를 위해 供物을 준비하고 紙錢을 걸었습니다.

tere aniya osohon beye be ele[6] taifin i eršeki, urgun sain i
某年生의 미천한 저를 평안하도록 돌보시고 행복을

wehiyeki, tangse de jiha lakiyara de hendure gisun, 43/44
도와주소서.」堂子에 紙錢을 걸 때에 말하는 말.

niohon taiji, uduben beise, fe biya be wajiha, ice biya be aliha seme,
「니오혼 타이지· 우두번 버이서시여. 묵은 달을 마치고 새 달을 맞이하여

tere aniya osohon beyei weile i jalin amsun be dagilafi jiha
某年生의 미천한 저의 일 때문에 供物을 준비하고 紙錢을

lakiyanjiha, tere aniya osohon beyei weile be ele[7] taifin i eršeki,
걸었습니다. 某年生의 미천한 저의 일을 평안하도록 돌보시고

---

5 'šangsi enduri'는 농업의 신으로 tangse(堂子)의 동남쪽 亭子에서 제사지낸다.
6 'ele'는 'elhe'의 誤記로 보인다.
7 'ele'는 'elhe'의 誤記로 보인다.

urgun sain i wehiyeki,,
행복을 도와주소서.」"

— 14函 —

19권 숭덕 원년 7월
20권 숭덕 원년 7월
21권 숭덕 원년 7월
22권 숭덕 원년 7월
23권 숭덕 원년 7월
24권 숭덕 원년 8월
25권 숭덕 원년 8월

tongki fuka sindaha hergen i dangse

點·圈을 찍은 문자의 檔子

juwan uyuci debtelin

19권

wesihun erdemungge i sucungga aniya nadan biya

숭덕 원년 7월

19권, 숭덕 원년 7월

tongki fuka sindaha hergen i dangse,,
點·圈을 찍은 문자의 檔子

○ nadan biyai ice de, enduringge han i hesei toktobuha, gurun i
7월 1일에, 성스러운 황제의 旨로 정했다. 國君

ejen fujin be dahara hehesi, fulgiyan lamun niowanggiyan yaya
푸진을 따르는 여자들은 紅·藍·綠의 모든

boco i booši sindaha aisin i jingse, dergi amba fujin, wargi amba
색의 보석을 박은 금 頂子, 東大 푸진·西大 푸진을

fujin be dahara hehesi, šanggiyan šui ging sindaha 1/2 aisin i jingse,
따르는 여자들은 白水晶을 박은 금 頂子,

dergi ashan i fujin, wargi ashan i fujin be dahara hehesi, bai aisin
東側 푸진·西側 푸진을 따르는 여자들은 장식없는 금

i jingse, ere dahara hehesi hafan akū hehesi oci, ere joriha jergi
頂子이다. 이 따르는 여자들이 관직이 없는 여자들이면 이 지시한 등급으로

wajiha, amba hafan bifi, booši šui ging sindaha jingse eture jergi
됐다. 大官이어서 보석이나 수정을 박은 頂子를 착용하는 등급의

hehe oci, inu ini hafan i jergi booši sindaha aisin i jingse
여자이면, 또한 그녀의 관직 등급의 보석이나 수정을 박은 금 頂子를

etumbi, hošoi 2/3 fujin, doroi fujin be dahara hehesi, bai aisin i
착용한다. 호쇼이 푸진과 도로이 푸진을 따르는 여자들은 장식없는 금

jingse etu, dahara hehesi, hafan akū hehe oci, ere joriha jergi
頂子를 착용하라. 따르는 여자들이 관직이 없는 여자이면 이 지시한 등급으로

wajiha, hafan amban booši šui ging sindaha jingse eture hehe oci,
됐다. 관직이 높아서 보석이나 수정을 박은 頂子를 착용하는 여자이면

ini hafan i jergi jingse etu, doroi beile i sargan fujin be dahara
그녀의 관직 등급의 頂子를 착용하라. 도로이 버일러의 처 푸진을 따르는

hehesi, gūsai fujisa be dahara hehesi, hafan akū hehe oci, jingse
여자들· 구사이 푸진을 따르는 여자들은 관직이 없는 여자이면 頂子를

ume eture, hafan bifi jingse eture hehe oci, ini 3/4 hafan i jergi
착용하지 말라. 관직이 있고 頂子를 착용하는 여자이면 그녀의 관직 등급의

jingse etu, dahara hehesi manju oci, manjurame etu, monggo oci
頂子를 착용하라. 따르는 여자들이 만주인이면 만주식으로 착용하라. 몽고인이면

monggorome etu, hafasai sargata, meni meni eigete i songkoi
몽고식으로 착용하라. 관원들의 妻들은 각자의 남편들에 따라

jingse etu, jingse akū hafan i sargan oci, ume eture, ilan sargan
頂子를 착용하라. 頂子가 없는 관원의 처는 착용하지 말라. 3명의 처,

juwe sargan bisire hafan i sargan oci, emu sargan etu, yaya
2명의 처가 있는 관원의 처는 1명의 처가 착용하라. 모든

hehesi, dergi ci buhe etuku oci etu, meni meni cisui dergi be
여자들은 위에서 준 옷이면 입어라. 각자 마음대로 위를

amcame dabali ume 4/5 dagilara, ere bithe be, dorolon i jurgan
쫓아서 분수넘게 준비하지 말라. 이 글을 禮部는

geren de wacihiyame wasimbu, tulergi goloi wang sa, beise sede buhe
衆人에게 모두 하달하라. 外藩의 王들과 버이서들에게 시집간

gurun i gege, hošoi gege, doroi gege, gūsai gege se, etuku mahala
구룬이 거거· 호쇼이 거거· 도로이 거거· 구사이 거거들이 옷과 겨울모자를

eturengge, ini doroi cihalahai etumbi, gurun i dorgi de buhe
입는 것은 그곳의 禮에 따라 마음대로 입는다. 國內에서 시집간

gurun i gege oci, hošoi fujin i jergi de etu, hošoi gege oci,
구룬이 거거는 호쇼이 푸진의 등급으로 입어라. 호쇼이 거거는

doroi fujin i jergi de etu, doroi gege oci, doroi beile i 5/6
도로이 푸진의 등급으로 입어라. 도로이 거거는 도로이 버일러의

sargan fujin i jergi de etu, doroi beile i sargan jui gege oci,
妻 푸진의 등급으로 입어라. 도로이 버일러의 딸 거거는

gūsai fujin i jergi de etu, gūsai gege oci, jergi ci lakcaha gung ni
구사이 푸진의 등급으로 입어라. 구사이 거거는 超品公의

sargan i jergi de etu, gurun i efu, jergi ci lakcaha gung ni
처의 등급으로 입어라. 구룬이 어푸는 超品公의

jergi de etu, hošoi efu, amban janggin i jergi de etu, doroi
등급으로 입어라. 호쇼이 어푸는 암반 장긴의 등급으로 입어라. 도로이

efu, meiren i janggin i jergi de etu, doroi beile i hojihon efu,
어푸는 머이런 장긴의 등급으로 입어라. 도로이 버일러의 사위 어푸는

6/7 jalan i janggin i jergi de etu, gūsai efu, nirui janggin i
잘란 장긴의 등급으로 입어라. 구사이 어푸는 니루 장긴의

jergi de etu, hafan akū efu oci, ere joriha jergi wajiha,
등급으로 입어라. 관직이 없는 어푸는 이 지시한 등급으로 됐다.

amba hafan bici, ini hafan i jergi de etukini, gurun i gege, hošoi
大官이면 그의 관직의 등급대로 입어라. 구룬이 거거· 호쇼이

gege, doroi gege i dahaha hehesi, yaya wang ni duka de ume ebure,
거거· 도로이 거거를 따르는 여자들은 모든 王의 門에서 내리지 말라.

dahaha hahasi ebu, doroi beile i jui gege, gūsai gege beyei teile
따르는 남자들은 내려라. 도로이 버일러의 자식 거거· 구사이 거거 본인에 한정하여

ume ebure, dahara 7/8 haha hehe gemu ebu, doroi beile i duka de
내리지 말라. 따르는 남자와 여자는 모두 내려라. 도로이 버일러의 門에서

doroi beile i jui gege, gūsai gege i dahara hehesi ume ebure,
도로이 버일러의 자식 거거· 구사이 거거를 따르는 여자들은 내리지 말라.

dahaha hahasi ebu, cin wang, giyūn wang be jugūn de gurun i gege
따르는 남자들은 내려라. 친왕· 군왕을 길에서 구룬이 거거가

ucaraci, ishunde anahūnjafi, dergi jalan be neneme aššabufi, jugūn
만나면 서로 양보하고, 윗 세대를 먼저 가게 하고, 길을

jurceme yabu, hošoi gege ci fusihūn, gūsai gege ci wesihun, ucaraci,
엇갈려 가라. 호쇼이 거거 이하 구사이 거거 이상이 만나면

sejen be ilibufi dulembu, doroi beile, gurun i 8/9 gege be ucaraci,
수레를 멈추고 통과시켜라. 도로이 버일러가 구룬이 거거를 만나면

doroi beile jugūn anabume yabu, doroi beile be, hošoi gege, doroi
도로이 버일러는 길을 양보하고 가라. 도로이 버일러를 호쇼이 거거· 도로이

gege, doroi beile i jui gege ucaraci, ineku anahūnjafi jugūn jurceme
거거· 도로이 버일러의 자식 거거가 만나면 마찬가지로 양보하고 길을 엇갈려

yabu, gūsai gege ucaraci, sejen be ilibufi dulembu, gūsai beise, gurun
가라. 구사이 거거가 만나면 수레를 멈추고 통과시켜라. 구사이 버이서가 구룬이

i gege be ucaraci, morin tatame ilifi dulembu, hošoi gege, doroi
거거를 만나면 말을 당겨 멈추고 통과시켜라. 호쇼이 거거· 도로이

gege be, gūsai beise ucaraci, jugūn anabume yabu, gūsai beise be,
거거를 구사이 버이서가 만나면 길을 양보하고 가라. 구사이 버이서를

9/10 doroi beile i jui gege, gūsai gege ucaraci, ineku anahūnjafi
도로이 버일러의 자식 거거· 구사이 거거가 만나면 마찬가지로 양보하고

jugūn jurceme yabu, gurun i gege, hošoi fujin i tere sejen, fulgiyan i
길을 엇갈려 가라. 구룬이 거거· 호쇼이 푸진이 타는 수레는 붉은색

oyo, fulgiyan i fajiran, oyo i duin hošo be yacin i kubu, yacin i
덮개· 붉은색 휘장· 덮개의 네 모서리를 청색으로 테두르고 청색

ulhun sinda, hošoi gege, doroi fujin i tere sejen, fulgiyan i oyo,
처마를 설치하라. 호쇼이 거거· 도로이 푸진이 타는 수레는 붉은색 덮개·

fulgiyan i fajiran, oyo i duin hošo be lamun i kubu, lamun i
붉은색 휘장· 덮개의 네 모서리를 남색으로 테두르고 남색

ulhun sinda, doroi gege, doroi beile i sargan fujin i 10/11 sejen,
처마를 설치하라. 도로이 거거· 도로이 버일러의 처 푸진의 수레와

jui gege, gūsai fujin i sejen, lamun i oyo, lamun i fajiran, fulgiyan
자식 거거· 구사이 푸진의 수레는 남색의 덮개· 남색의 휘장· 붉은색

i ulhun sinda, gūsai gege, lamun i oyo, lamun i fajiran, fulgiyan de
처마를 설치하라. 구사이 거거는 남색의 덮개· 남색의 휘장· 붉은색에

yacin kubume ulhun sinda, jergi ci lakcaha gung ni sargan, yacin
청색 테두른 처마를 설치하라. 超品一等公의 妻는 청색

sejen, yacin i ulhun, buya gung, gūsai ejen, aliha amban, amban
수레· 청색의 처마. 小公· 구사의 어전· 承政· 암반

janggin i sargan i sejen, yacin i oyo, 11/12 lamun i fajiran, yacin
장긴의 처의 수레는 청색의 덮개· 남색의 휘장· 청색의

i ulhun, meiren i janggin, tui janggin i sargan, lamun sejen, lamun
처마. 머이런 장긴· 纛 장긴의 처는 남색 수레· 남색의

i ulhun, jalan i janggin i sargan i sejen, lamun i oyo, šanggiyan
처마. 잘란 장긴의 처의 수레는 남색의 덮개· 흰색의

i fajiran, lamun i ulhun, nirui janggin i sargan, šanggiyan de
휘장· 남색의 처마. 니루 장긴의 처는 흰색에

lamun kubure sejen, lamun i ulhun, ebure jailarangge gegese de
남색을 테두른 수레· 남색의 처마. 下車하고 回避하는 것은 거거들은

oci, ini jergi be tuwambi, hafasai sargata de oci, eigete i
그녀의 등급에 따른다. 관원들의 처들은 남편들에

songko, wesihun sejen de tere gegese ocibe, hafasai sargata ocibe,
따른다. 상급의 수레를 타는 거거들이거나 관원들의 妻들이라도

12/13 joriha jergi sejen de terakū, fejergi sejen de tefi, niyalma
지시한 등급의 수레에 타지 않고 하급의 수레에 타고 사람을

jailabure ebuhekū seme gisurere oci, inde amasi weile, sinagan
피하게 하거나 下車하지 않았다고 말하는 경우 그녀가 도리어 罪이다. 喪을

bisire niyalma oci, kemuni joriha sejen de te, sejen i ninggu i
당한 사람이면 이전대로 지시한 수레에 타라. 수레의 위의

jingse gaisu,,
頂子를 떼어라.

○ ineku ice de, loosa šongkoro baturu, sudala, ošo siteku, nusan,
같은 1일에, 로오사 숑코로 바투루· 수달라· 오쇼· 시터쿠· 누산·

gūwalca siteku se isinjiha, 13/14 ese daiming gurun i leng keo duka
구왈차 시터쿠 등이 도착했다. 이들은 대명국의 冷口 門에

de genefi, nikan i songko faitame jihe karun i juwan duin niyalma be
가서 漢人의 흔적을 쫓아서 온 초소의 14명을

ucarafi, ilan niyalma be waha, emu niyalma be weihun jafafi
조우하여 3명을 죽였고, 1명을 생포하여

gajiha, tofohon morin baha, ceni baha morin be loosa šongkoro
데려왔다. 15마리 말을 얻었다. 그들이 획득한 말을 로오사 숑코로

baturu de emu morin, sudala, ošo, siteku, nusan, gūwalca siteku, ere
바투루에게 1마리 말, 수달라· 오쇼· 시터쿠· 누산· 구왈차 시터쿠, 이

sunja 14/15 amban de acan emu morin, kubuhe suwayan i unggai
5명 대신에게 합하여 1마리 말, 鑲黃의 웅가이

nirui bahai be, juwe niyalma jafaha sain seme juwe morin buhe,
니루의 바하이에게는 2명을 잡은 것이 좋다하여 2마리 말을 주었다.

tereci funcehe juwan emu morin be, geren gabsihiyan cooha de buhe,,
그 후 나머지 11마리 말을 여러 前鋒에게 주었다.

○ ineku ice de, sibedei be ejen arafi, 15/16 emu gūsai emte
같은 1일에, 시버더이를 主將으로 삼아 1개 구사에서 1명씩의

monggo i bayara, tulergi monggo i barin, ongniyot i jakūnju
몽고인 바야라와 外藩蒙古의 바린· 옹니요트의 80명을

niyalma be adabufi, cegen de anafu tebume unggihe,,
붙여서 처건에서 戍守하도록 보냈다.

○ ineku ice de, buyan, suldei, ere juwe amban de, emu gūsai
같은 1일에, 부얀· 술더이, 이 두 대신에게 1개 구사에서

emte siliha bayara, neihe hecen i tulergi de tehe ilan karun be
1명씩의 정예 바야라와 開城의 밖에서 거주하는 3명의 哨探을

16/17 adabufi, guwangning be dosifi, helen jafa seme unggihe,,
붙여서 廣寧에 들어가서 정보제공포로를 잡으라고 보냈다.

○ ice juwe de, enduringge han de, ordos gurun i tuba taiji
초 2일에, 성스러운 황제에게 오르도스 국의 투바 타이지

eigen sargan, tuba taiji deo i eigen sargan, juwan morin, juwan
부부와 투바 타이지의 동생 부부가 10마리 말· 10마리

temen, juwan suje, ilan tanggū cai alban benjime hengkileme jihe,
낙타· 10필의 비단· 300包의 茶를 貢物로 보내고 고두하러 왔다.

benjihe jaka be 17/18 gaihakū gemu bederebufi, genggiyen elhe booi
보내 온 물건을 취하지 않고 모두 돌려주고 淸寧宮의

hūwa de dosimbufi sarin sarilaha,,
뜰에 들여서 잔치를 베풀었다.

○ ice ilan de, solho i i jeo de neneme hūdašaha eden i
초 3일에, 조선의 義州에서 이전의 교역의 부족분

jalin de, orhoda benehe mafuta, muhu isinjiha,, 18/19
때문에 인삼을 보낸 마푸타· 무후가 도착했다.

○ ineku ice ilan de, tung san nirui šusai lio ci ioi, lio hūng ioi de
같은 초 3일에, 佟三 니루의 秀才 劉奇遇· 劉弘遇에게

haha guwebuhe turgun, guwangning ci ahūn deo i beye teile
丁役을 면제해준 이유. 廣寧으로부터 형제 자신만

ukame jihe manggi, juse sargan de acabufi, tung san be uji seme
도망쳐 온 후, 자식들· 처와 합쳐서 佟三에게 기르라고

buhebi, ini ukame jihe be amala habšara jakade, hafan i jurgan i
주었다. 그가 도망쳐 온 것을 나중에 호소하는 까닭에 吏部의

aliha amban tanggūdai, sele, lii yan geng, 19/20 dzu je hūng
承政 탕구다이· 설러· 李延庚· 祖澤洪이

akdulame fonjifi, ukame jihe yargiyan seme, enduringge han de
엄중하게 물어서 도망쳐 온 것이 사실이라고 하여 성스러운 황제에게

wesimbufi, ceni beye be dabume ilata haha guwebufi, tung san ci
상주하여, 그들 자신을 포함하여 3명씩의 丁役을 면제하고 佟三으로부터

hokobufi irgen de acabuha,,
떨어뜨려서 民에 합쳤다.

○ ice duin de, korcin i ilduci beile i sargan jui be, hošoi
초 4일에, 코르친의 일두치 버일러의 딸을 호쇼이

fafungga cin wang de sargan 20/21 benjime jimbi seme donjifi, hošoi
파풍가 친왕에게 처로 보내러 온다고 듣고, 호쇼이

fafungga cin wang okdome genehe,,
파풍가 친왕이 맞이하러 갔다.

○ ineku ice duin de, enduringge han, weilere jurgan i aliha
같은 초 4일에, 성스러운 황제가 工部의 承政들에게

ambasa de hese wasimbume, amba giyai kuru ba oci bikini,
旨를 내려, 「큰 길에서 (지대가) 높은 곳은 그대로 두고

nuhaliyan sangga be jalukiyame necihiye sehe babe, 21/22 hese be
낮은 웅덩이는 메워서 평평하게 하라」고 한 것을 旨를

jurceme boihon ambula muhaliyame juwebufi, kuru sangga be bireme
어기고 흙을 많이 쌓도록 운반시켜 높은 곳과 웅덩이를 모두

necihiyere be, enduringge han morin feksibume guwan de genere de
평평하게 한 것을, 성스러운 황제가 말을 경주시키러 館에 갈 때

safi, geren wang sa, ambasai baru hese wasimbume, ere weilere
보고, 여러 왕들과 대신들에게 旨를 내려 「이 工部의

jurgan i ambasa daci sitabumbi, surhūn akū, mini hese be jurceme
대신들은 원래 느리고 어리석다. 나의 旨를 어기고

uttu geli gurun i hūsun be cukubume jobobuha kooli bio seme
이렇게 또 백성의 힘을 피곤하고 수고롭게 한 예가 있는가」 라고

gasaha,, 22/23
개탄했다.

○ ineku ice duin de, enduringge han, hošoi geren cin wang,
같은 초 4일에, 성스러운 황제는 여러 호쇼이 친왕·

doroi giyūn wang, beise sei morisa be feksibume guwan de tucifi,
도로이 군왕· 버이서 들의 말을 경주시키러 館에 나가

gūsin ba i dubeci feksibuhe, juwanci jergi de isinjiha morin be
30里 끝에서 달리게 하고 10등으로 도착한 말까지

dabuha, tereci gūwa tutaha morin be dabuhakū, tucike juwan
수에 넣고, 그 외에 뒤쳐진 말은 수에 넣지 않았다. 나간 10마리

morin de 23/24 gemu emu adali emte juru beri weihe buhe, feksihe
말에게 모두 똑같이 1쌍씩의 활과 角을 주었다. 달린

niyalma de juwete mocin buhe, jai tofohon baci emu jergi feksibuhe,
騎手에게 2쌍씩의 말을 주었다. 또 15里로부터 한 번 달리게 했다.

ineku juwanci jergi de isinjiha morin be dabuha, uju jergi tucike
마찬가지로 10등으로 도착한 말까지 수에 넣었다. 1등으로 나간

morin de orin kiyan dambagu, tereci ilhi ilhi eberembume juwanci
말에게 20첩의 담배, 그로부터 차례로 감하여 10등

jergi dubei morin de juwan kiyan dambagu buhe, 24/25 morin
마지막 말에게 10첩의 담배를 주었다. 경주하러

feksibume tucike doroi, hošoi mergen cin wang, enduringge han be
나간 예로 호쇼이 머르건 친왕은 성스러운 황제를 위해

amba sarin sarilaha,,
큰 잔치를 열었다.

○ ice sunja de, geren hošoi cin wang, doroi giyūn wang, geren
초 5일에, 여러 호쇼이 친왕· 도로이 군왕·

beise, bithe coohai geren ambasa, wesihun dasan i yamun de juwe
버일러들· 여러 문무 대신들이 崇政殿에 兩翼을

25/26 gala arame faidame dasame wajiha manggi, enduringge han
만들어 정렬하여 정돈하기를 마치니, 성스러운 황제가

soorin de tehe manggi, hūlara hafan, baita bici wesimbu sehe
자리에 앉은 후 贊禮官이 "일이 있으면 아뢰어라" 라고 말하니,

manggi, beidere jurgan i aliha amban gioroi langkio se gisun
刑部 承政 기오로의 랑키오 등이

wesimbume, jalan i janggin dojiri, ginggun ijishūn wang, gūnin
상주하여, "잘란 장긴 도지리는 '恭順王· 懷順王 등이

ijishūn wang se mederi doome ubašame jidere de, bata i amcanjiha
바다를 건너 달아나 올 때 적의 추격하러 온

cuwan i cooha be amasi gidafi, ilan cuwan 26/27 baha, tereci bata i
水軍을 되돌아 격파하고 3척의 배를 획득했다. 그때부터 적의

cuwan i cooha bederefi, jai latunjihakū seme gung baiha, saha
水軍이 물러나 다시 침범하러 오지 않았다' 라며 功을 구했습니다. 본

niyalma de fonjici, emu cuwan baha mujangga, jai juwe cuwan be
사람에게 물으니 '1척의 배를 획득한 것은 사실이다. 다른 2척의 배는

sahakū sembi, bata jai sabuhakū serengge tašan, bata kemuni
모른다'고 합니다. 적이 다시 나타나지 않았다고 한 것은 거짓입니다. 적은 여전히

enggelceme sabumbihebi, holtoho weile be, hūi diyan i bithe de
분수를 모르고 나타났습니다. 거짓말을 한 죄는 會典의 글에

tuwaci, emu jergi hergen ekiyembumbi sehebi, tuttu ofi emu
보면 '1등 職을 감한다'고 했습니다. 그러므로 1등의

jergi 27/28 hergen be efuleme, dojiri jalan i janggin be nirui janggin
職을 혁직하여 도지리 잘란 장긴을 니루 장긴으로

obume beidehebi seme, enduringge han de gisun wesimbuhe manggi,
삼도록 심의했습니다"라고 성스러운 황제에게 상주하니,

enduringge han hese wasimbume, tuhere an i weile gaisu sehe,,
성스러운 황제가 旨를 내려 「처벌할 규정대로 贖을 취하라」고 했다.

○ ineku ice sunja de, enduringge han wesihun dasan i yamun de
같은 초 5일에, 성스러운 황제가 崇政殿으로

tucike de, badun 28/29 darhan joriktu, corgol, balgūn se, ilan jergi
나가니, 바둔 다르한 조릭투· 초르골· 발군 등이 세 번

niyakūrafi uyun jergi hengkileme acara de, juwe morin jafaha bihe,
무릎 꿇고 아홉 번 고두하며 만날 때 2마리 말을 바쳤다.

enduringge han tuwafi gaihakū amasi bederebuhe,,
성스러운 황제가 보고 취하지 않고 되 돌려보냈다.

○ ineku ice sunja de, monggo i non i korcin i ilduci beile
같은 초 5일에, 몽고 논 코르친의 일두치 버일러

eigen sargan, ini sargan jui be 29/30 hošoi fafungga cin wang de
夫婦가 그의 딸을 호쇼이 파풍가 친왕에게

sargan benjime jidere de, hošoi mergen cin wang, hošoi erke cin
처로 보내러 오니, 호쇼이 머르건 친왕· 호쇼이 어르커 친왕·

wang, hošoi mutebure cin wang, geren ambasa be gaifi, juwan ba i
호쇼이 무터부러 친왕이 여러 대신들을 데리고 10리

dubede okdofi, dorolome amba sarin sarilaha,,
앞에서 맞이하고 예로써 큰 잔치를 열었다.

○ ineku ice sunja de, dunggalai, arantai, borhoi, 30/31 dartai,
같은 초 5일에, 둥갈라이· 아란타이· 보르호이· 다르타이,

ere duin amban de, emu gūsai juwanta bayara be adabufi, gahai de
이 네 대신에게 1개 구사에서 10명씩 바야라를 맡기고 가하이에서

anafu tebume unggihe,,
戍守하라고 보냈다.

tongki fuka sindaha hergen i dangse

點·圈을 찍은 문자의 檔子

orici debtelin

20권

wesihun erdemungge i sucungga aniya nadan biya

숭덕 원년 7월

20권, 숭덕 원년 7월

tongki fuka sindaha hergen i dangse,,
點·圈을 찍은 문자의 檔子

○ ice nadan de, monggo i non i korcin i ilduci beile eigen
초 7일에, 몽고의 논 코르친의 일두치 버일러 부부가

sargan, ini sargan jui be hošoi fafungga cin wang de sargan benjime
그의 딸을 호쇼이 파풍가 친왕에게 처로 주러

jihe doroi enduringge han i genggiyen elhe booi hūwa i dolo dosifi
온 예로, 성스러운 황제의 淸寧宮의 中庭에 들어와

han de acara de, ilduci beile ilan jergi niyakūrafi uyun 1/2 jergi
황제와 만날 때, 일두치 버일러는 세 번 무릎 꿇고 아홉 번

hengkilehe, ini sargan fujin ineku eigen i songkoi hengkilehe, ceni
고두했다. 그의 부인도 마찬가지로 남편과 같이 고두했다. 그들이

gajiha anju arki be han de angga isibuha manggi, han karu amba
가져온 안주와 소주를 한에게 입에 대게 한 다음, 한이 답례로 큰

sarin sarilaha, tereci ilduci beile eigen sargan tucifi daicing dukai
잔치를 베풀었다. 그 후 일두치 버일러 부부는 나와서 大淸門

tule tefi, ini gajiha seke i hayaha jibca emke, ojin teleri
밖에 앉아서 그가 가져온 貂皮로 테두른 가죽옷 1벌· 捏褶女朝褂와 捏褶女朝衣 1쌍·

emu juru, seke i dahū ninggun, emu temen, 2/3 juwan nadan morin
초피 털가죽외투 6벌· 1마리 낙타· 17마리 말을

jafaha bihe, han tuwafi juwe seke i dahū ilan morin gaiha, tereci
바쳤다. 황제가 보고 2벌의 초피 털가죽외투와 3마리 말을 취하고

jai gūwa be gemu bederebuhe, ilduci beile eigen sargan be enduringge
그 외에는 모두 돌려주었다. 일두치 버일러 부부를 성스러운

han i sarilaha songkoi jakūn boo šurdeme amba sarin sarilaha,,
황제가 잔치한 것과 같이 八家가 번갈아 크게 잔치했다.

gurun i ejen fujin, dergi amba fujin, 3/4 wargi amba fujin, dergi
國君 푸진· 東大 푸진· 西大 푸진· 東側 푸진

ashan i fujin, wargi ashan i fujin be fungnehe doro, nadan biyai
西側푸진을 책봉한 禮. 7월

juwan de sain inenggi, geren hošoi cin wang, doroi giyūn wang,
10일 吉日에 여러 호쇼이 친왕· 도로이 군왕·

gūsai beise se, bithe coohai geren hafasa, wesihun dasan i yamun de
구사이 버이서들· 여러 文武 대신들이 崇政殿에

isafi jergi jergi faidaha manggi, 4/5 enduringge han tucifi wesihun
모여 차례로 배열한 후, 성스러운 황제가 나와 崇政殿의

dasan i yamun de soorin de tehe, bithei ilan yamun i hafasa, gurun
옥좌에 앉았다. 內三院의 관원들이 "國君 푸진을

i ejen fujin be fungnere ce, doron, faidan i jaka be belheme dasame
책봉하는 冊· 印章· 儀仗品을 갖추어 준비하기를

wajiha seme, enduringge han de gisun wesimbuhe, han hese
마쳤습니다"라고 성스러운 황제에게 아뢰었다. 황제가 旨를

wasimbume, fungnere doroi jaka be bene sehe manggi, gurun i
내려 「책봉하는 禮의 물건을 보내라」고 하니, 國君 푸진을

ejen fujin be fungnere ce, doron be, dere i 5/6 ninggude hashū ergide
책봉하는 책과 인장을, 탁자 위 왼쪽에는

ce, ici ergide doron sindafi, juleri juwe niyalma jiyei yarume ce doron
책을, 오른쪽에 인장을 놓고, 앞에서 2명이 節로 인도하고 책과 인장을

be tukiyefi, faidan i jaka be gamame genggiyen elhe booi juleri
받들고 의장품을 가지고 淸寧宮 앞에

isinaha manggi, gurun i ejen fujin, geren fujisa gemu iliha, bithei
이르니, 國君 푸진과 여러 푸진들이 모두 일어났다. 內院의

hafan fungnere ce be dere ci gaifi, dergi ashan i dere de sindafi,
관리가 책봉하는 冊을 탁자에서 가져가 동쪽 탁자에 놓고

wasihūn forome ilifi ce de 6/7 araha manju monggo nikan ilan gurun
서쪽을 향하여 서서 책에 쓴 만주· 몽고· 한문 세 나라의

i gisun be gemu hūlaha, tere ce i gisun, abkai hesei forgon be aliha
글을 모두 읽었다. 그 冊의 말. 「하늘이 命한 運을 받은

gosin onco hūwaliyasun enduringge han i hese, abka na salgabuha
어질고 관대하고 온화하고 성스러운 황제의 旨. 天地가 정해진

ci ebsi, emu forgon be aliha han bici, urunakū doro de aisilakini
이래 1명의 時運을 받은 황제라면 반드시 道를 도우라고

seme salgabufi holboho mujilen niyaman i gese hanci fujin bi,
하늘이 정하여 배필로 삼은 심장과 간담과 같이 가까운 부인이 있다.

teci ilici juru, 7/8 gung erdemu tucici sasa, bayan wesihun be
앉을 때나 일어설 때나 짝이 되고, 공덕을 이루면 함께 하며, 부귀를

bahaci acan ningge, julgeci ebsi jihe kooli, ilan hešen sunja enteheme
얻으면 함께 하는 것이 예부터 전해온 常例이다. 三綱五常을

be akdun obuhangge, nendehe enduringge han sai toktobuha amba
굳게 지키는 것은 과거 聖王들이 정해둔 大道이다.

doro, te bi amba soorin de tefi, nendehe enduringge han sai toktobuha
지금 내가 옥좌에 앉아 과거 聖王들이 정한

amba doro be alhūdame, fulingga hesebufi ucaraha fujin monggo i
大道를 모범으로 삼아, 天命을 내려주시어 만난 푸진 몽고

korcin gurun i <u>borjigit hala</u>,[1] sinde temgetu ce doron bume geren
코르친 國의 보르지기트 씨 그대에게 증표로 책과 인장을 주어 여러

---

1 [簽註] hese be dahame sarkiyame arara de, da ejehe gurun i ejen fujin i gebu be gaifi, damu hala be arahabi,,
칙지에 따라 베껴쓸 때 원래 기록한 'gurun i ejen fujin'(國君 푸진)의 이름을 지우고 姓만 적었다.

fujisa ci 8/9 colgorome tukiyefi, dulimbai genggiyen elhe booi gurun
푸진들보다 탁월하게 높여 中央 淸寧宮의 國君

i ejen fujin obuha, si hanja bolgo ginggun ujen gosin hiyoošun
푸진으로 삼았다. 그대는 淸廉과 敬重과 仁孝와

kundulere doroloro jurgan be, geren fujisa de yarhūdame tacibu, sini
恭禮의 뜻을 여러 푸진들에게 앞장서서 가르치라. 그대의

mergen erdemu tacihiyan be abkai fejergi hehesi be gemu alhūdabu,
智德의 가르침을 천하의 여자들이 모두 모범으로 삼게 하라.

mini ujen gūnin be ume jurcere,, tuttu ce hūlame wajiha manggi,
나의 중한 뜻을 저버리지 말라.」 그렇게 册을 읽기를 마친 후

hūlaha bithei hafan ce bithe be tukiyeme jafafi 9/10 hehe hafan de
읽은 內院의 관리가 책문을 받들어 잡고 女官에게

alibume buhe, geli emu bithei hafan doron be tukiyeme jafafi geli
건네주었다. 다시 1명의 內院의 관리가 인장을 받들어 잡고 다시

emu hehe hafan de alibume buhe, juwe hehe hafan gemu niyakūrafi
1명의 女官에게 건네주었다. 2명의 女官이 모두 무릎 꿇고

alime gaifi, gurun i ejen fujin de alibume bure de, fujin niyakūrafi
받아 國君 푸진에게 건네줄 때, 푸진은 무릎 꿇고

emke emken i alime gaifi, juwe ergi ashan de iliha hehe hafan de
하나씩 받아 양측에 서 있는 女官에게

alibume bure de, hehe 10/11 hafan inu niyakūrame alime gaifi, juleri
건네줄 때, 女官 역시 무릎 꿇고 받아서 앞에

sindaha suwayan wadan i dere de sindaha, tereci aisin i ise mulan
놓은 황색의 천을 덮은 탁자에 놓았다. 그 후 금색 의자와 걸상 등

faidan i jaka be gemu faidame wajiha manggi, gurun i ejen fujin
의장품을 모두 배열하기를 마친 후 國君 푸진은

ise de tehe, gurun i ejen fujin be fungnere doro wajiha manggi,
의자에 앉았다. 國君 푸진을 책봉하는 禮가 끝난 후

bithei hafasa jiyei be juleri sindafi, wesihun dasan i 11/12 yamun de
內院의 관리가 節을 앞에 놓고 崇政殿으로

jifi niyakūrafi gurun i ejen fujin be fungnere doro wajiha seme gisun
와서 무릎 꿇고 "國君 푸진을 책봉하는 예가 끝났습니다"라고 말을

wesimbuhe, enduringge han i hesei sirame duin fujin be fungnere ce
아뢰었다. 성스러운 황제의 旨로 이어서 4명의 푸진을 책봉하는 册文을

bithe be sasa tukiyefi, ineku juwe niyalma juleri jiyei yarume
함께 받들어 그 2명이 앞에서 節로 길을 안내하고

genggiyen elhe booi juleri isinaha manggi, bithei hafasa neneme 12/13
淸寧宮 앞에 이르니, 內院의 관리가 먼저

dergi amba fujin be fungnere manju monggo nikan ilan gurun i
東大 푸진을 책봉하는 만주· 몽고· 한문 세 나라의

gisun i araha ce bithe be dere de sindafi siran siran i hūlaha, tere
글로 쓴 책문을 탁자에 놓고 차례로 읽었다. 그

ce de araha gisun, abkai hesei forgon be aliha gosin onco hūwaliyasun
책에 쓴 말. 「하늘이 명한 運을 받은 어질고 관대하고 온화하고

enduringge han i hese, abka na salgabuha ci ebsi, emu forgon be
성스러운 황제의 旨. 天地가 정해진 이래 1명의 時運을

aliha han 13/14 bici, urunakū ashan de aisilakini seme salgabufi
받은 황제가 있으면 반드시 옆에 도우라고 하늘이 정하여

ucaraha fujisa bi, han wesihun amba soorin de tehe manggi, fujisai
만난 푸진들이 있다. 황제가 높고 큰 옥좌에 앉은 후 푸진들의

gebu jergi be toktoburengge, julgei enduringge han sai toktobuha
호칭과 등급을 정하는 것은 과거 聖王들이 정한

amba doro, te bi amba soorin de tefi, nendehe enduringge han sai
大道이다. 지금 나는 큰 옥좌에 앉아 과거 聖王들이

toktobuha amba doro be alhūdame, minde hesebufi ucaraha fujin
정한 大道를 모범으로 삼아 나에게 하늘이 주시어 만난 푸진

monggo i korcin gurun i borjigit hala,[2] sinde temgetu ce bume 14/15
몽고 코르친 국의 보르지기트 씨 그대에게 증표로 冊을 주고

---

2 [簽註] hese be dahame sarkiyame arara de, da ejehe hanciki amba fujin i gebu be gaifi, damu hala be arahabi,, 칙지에 따라 베껴쓸 때 원래 기록한 'hanciki amba fujin'(宸妃 大 푸진)의 이름을 지우고 姓만 적었다.
* hanciki amba fujin(宸妃 大 푸진)은 敏惠恭和元妃 보르지기트氏 하이란주(hairanju, 海蘭珠, 1609~1641)이다. 코르친부 버일러 호쇼이 忠親王 자이상의 딸이고, 孝端文皇后 보르지기트氏 저저의 조카이며 孝莊文皇后 붐부타이와는 자매 사이이다. 關雎宮 宸妃(dergi hūwaliyasun doronggo booi hanciki amba fujin)라고도 했다.

dergi hūwaliyasun doronggo booi hanciki amba fujin obuha, si hanja
東 關雎宮의 宸大 푸진으로 삼았다. 그대는 淸廉과

bolgo ginggun ujen gosin hiyoošungga kundulere doroloro jurgan be
敬重과 仁孝와 恭禮의 뜻에

akūmbu, gurun i ejen fujin i tacibure be dahame gingguleme yabu,
진력하라. 國君 푸진의 가르침을 따르고 공경하여 행하라.

mini ujen gūnin be ume jurcere,, tuttu dergi hanciki amba fujin be
나의 중한 뜻을 저버리지 말라.」 그렇게 東宸 大 푸진을

fungnere ce be hūlame wajiha manggi, hūlaha bithei hafan ce be 15/16
봉하는 冊을 낭독하기를 마친 후, 낭독한 문관이 冊을

tukiyeme jafafi hehe hafan de alibume buhe, hehe hafan niyakūrame
받들어 잡고 女官에게 건네주었다. 여관이 무릎 꿇고

alime gaifi, gamafi dergi hanciki amba fujin de alibume bure de,
받아 가져가서 東宸 大 푸진에게 건네줄 때에

fujin niyakūrafi alime gaifi, ashan de iliha hehe hafan de alibume
푸진이 무릎 꿇고 받아서 옆에 서있던 여관에게 건네

bure de, hehe hafan inu niyakūrame alime gaifi, juleri sindaha dere
주자 여관도 무릎 꿇고 받아서 앞에 놓은 탁자에

de sindaha, tuttu 16/17 dergi hanciki amba fujin be fungnere doro
놓았다. 그렇게 東宸 大 푸진을 봉하는 예가

wajiha manggi, bithei hafan sirame wargi wesihun amba fujin be
끝나자 문관이 이어서 西貴 大 푸진[3]을

fungnere ce be hūlaha, ce de araha gisun, abkai hesei forgon be aliha
봉하는 책을 낭독했다. 冊에 쓴 말. 「하늘의 명으로 운을 받은

gosin onco hūwaliyasun enduringge han i hese, abka na salgabuha
어질고 관대하고 온화하고 성스러운 황제의 旨. 天地가 정해진

ci ebsi, emu forgon be aliha han 17/18 bici, urunakū ashan de
이래 1명의 時運을 받은 황제가 있으면 반드시 옆에서

aisilakini seme salgabufi ucaraha fujin bi, han wesihun amba soorin
보필하라고 하늘이 정해주어 만난 푸진이 있다. 황제가 높고 큰 옥좌에

de tehe manggi, fujisai gebu jergi be toktoburengge, julgei enduringge
앉은 후 푸진들의 칭호의 등급을 정하는 것은 옛 성스러운

han sai toktobuha amba doro, te bi amba soorin de tefi, nendehe
황제들이 정한 大道이다. 지금 내가 大位에 앉아 예전

enduringge han sai toktobuha amba doro be alhūdame, minde
성스러운 황제들이 정한 大道를 본받아서 나와

hesebufi ucaraha fujin monggo i aru i amba tumen gurun i
천명을 받아 만난 푸진인 몽고의 아루의 大 투먼 국의

---

3 'wargi wesihun amba fujin'(西貴 大 푸진)은 懿靖大貴妃 보르지기트氏 남종(娜木種, ?~1674)을 가리킨다. 남종은 아바가部의 군왕 어치거 노얀의 딸이고, 차하르부 릭단 칸의 황후로서 릭단이 사망한 후 낭낭태후(囊囊太后)라고 불렸다. 릭단 칸과의 사이에 아들 아부나이를 낳았다. 후금에 투항한 후 홍 타이지에게 재가했다. wargi da gosin i booi wesihun amba fujin(西麟趾宮 貴大 푸진)이라고도 했다.

borjigit hala,[4] sinde 18/19 temgetu ce bume wargi da gosin i booi
보르지기트씨, 그대에게 증표로 冊을 주어 서측의 麟趾宮의

wesihun amba fujin obuha, si hanja bolgo ginggun ujen gosin
貴大 푸진으로 삼았다. 그대는 淸廉과 敬重과 仁孝와

hiyoošungga kundulere doroloro jurgan be akūmbu, gurun i ejen
恭禮의 뜻에 진력하라. 國君

fujin i tacibure be dahame ginggulеme yabu, mini ujen gūnin be
푸진의 가르침을 따르고 공경하여 행하라. 나의 중한 뜻을

ume jurcere,, tuttu wargi wesihun amba fujin be fungnere ce be
저버리지 말라.」 그렇게 서측의 貴大 푸진을 봉하는 冊을

hūlame wajiha manggi, hūlaha bithei hafan ce be 19/20 tukiyeme
낭독하기를 마친 후 낭독한 문관이 冊을 받들어

jafafi hehe hafan de alibume buhe, hehe hafan niyakūrame alime
잡고 女官에게 건네주었다. 여관이 무릎 꿇고 받아

gaifi, gamafi wesihun amba fujin de alibume bure de, fujin
취해 가져가 貴大 푸진에게 건네줄 때에 푸진이

niyakūrame alime gaifi, ashan de iliha hehe hafan de alibume bure de,
무릎 꿇고 받아서 옆에 서있던 여관에게 건네주자

---

4 [簽註] hese be dahame sakiyame ararade, da ejehe wesihun amba fujin i gebu be gaifi, damu hala be arahabi,,
칙지를 따라 베껴 쓸 때에, 원래 기록한 wesihun amba fujin(貴大 푸진)의 이름을 지우고 단지 姓만을 적었다.
* 懿靖大貴妃 보르지기트氏 남종(?~1674)을 가리킨다. 앞의 각주 참조.

hehe hafan inu niyakūrame alime gaifi, juleri sindaha dere de
여관도 무릎 꿇고 받아서 앞에 놓은 탁자에

sindaha, tuttu 20/21 wesihun amba fujin be fungnere doro wajiha
놓았다. 그렇게 貴大 푸진을 봉하는 예가 끝난 후

manggi, bithei hafan sirame dergi ashan i ijishūn fujin be fungnere
문관이 뒤이어 東側 淑푸진[5]을 봉하는

ce be hūlaha, ce de araha gisun, abkai hesei forgon be aliha gosin
冊을 낭독했다. 冊에 쓴 말. 「하늘의 명으로 운을 받은 어질고

onco hūwaliyasun enduringge han i hese, abka na salgabuha ci
관대하고 온화하고 성스러운 황제의 旨. 天地가 정해진

ebsi, emu forgon be aliha han 21/22 bici, urunakū ashan de aisilakini
이래, 1명의 時運을 받은 황제가 있으면 반드시 옆에서 보필하라고

seme salgabufi ucaraha fujisa bi, han wesihun amba soorin de tehe
하늘이 정해주어 만난 푸진들이 있다. 황제가 높고 큰 옥좌에 앉은 후

manggi, fujisai gebu jergi be toktoburengge, julgei enduringge han
푸진들의 칭호의 등급을 정한 것은 옛 성스러운 황제들이

sai toktobuha amba doro, te bi amba soorin de tefi, nendehe
정한 大道이다. 지금 내가 大位에 앉아 예전

---

5 'dergi ashan i ijishūn fujin'(東側 淑푸진)은 康惠淑妃 보르지기트氏 바트마 조오(巴特瑪璪, ?~1670)를 가리킨다. 바트마 조오는 아바가部의 보디사이 추후르 타부낭의 딸이다. 차하르부 릭단 칸과 결혼하여 투먼 푸진(竇土門福晉)으로 불렸다. 후금에 투항한 후 홍 타이지에게 재가했다.

enduringge han sei toktobuha amba doro be alhūdame, minde hesebufi
성스러운 황제들이 정한 大道를 본받아서 나와 천명으로

ucaraha fujin monggo i aru i amba tumen gurun i abagai bodisai
만난 푸진 몽고의 아루의 대 투먼 국 아바가의 보디사이

cūhur tabunang ni sargan jui,[6] sinde 22/23 temgetu ce bume dergi
추후르 타부낭의 딸, 그대에게 증표로 冊을 주어 東側의

ashan i urgun i booi ijishūn fujin obuha, si hanja bolgo ginggun
衍慶宮의 淑 푸진으로 삼았다. 그대는 清廉과 敬重과

ujen gosin hiyoošungga kundulere doroloro jurgan be akūmbu, gurun
仁孝와 恭禮의 뜻에 진력하라. 國君 푸진의

i ejen fujin i tacibure be dahame ginggule‍me yabu, mini ujen gūnin
가르침을 따르고 공경하도록 하라. 나의 중한 뜻을

be ume jurcere,, tuttu dergi ashan i ijishūn fujin be fungnere ce be
배반하지 말라.」 그렇게 東側 淑 푸진을 봉하는 冊을

hūlame wajiha manggi, hūlaha bithei hafan ce be 23/24 tukiyeme
낭독하기를 마친 후, 낭독한 문관이 冊을 받들어

jafafi hehe hafan de alibume buhe, hehe hafan niyakūrame alime
잡고 女官에게 건네주었다. 女官이 무릎 꿇고 받아서

---

6 [簽註] hese be dahame sarkiyame arara de, da ejehe ijishūn fujin i gebu be gaifi, damu bodisai cūhur tabunang ni sargan jui seme arahabi,,
칙지를 따라 베껴 쓸 때에, 원래 기록한 淑푸진의 이름을 지우고 단지 '보디사이 추후르 타부낭의 딸' 이라고만 적었다.
* 康惠淑妃 보르지기트氏 바트마 조오(巴特瑪璪, ?~1670)를 가리킨다. 앞의 각주 참조.

gaifi, gamafi dergi ashan i ijishūn fujin de alibume bure de,
가져가 東側 淑 푸진에게 건네줄 때에

fujin niyakūrame alime gaifi, ashan de iliha hehe hafan de alibume
푸진이 무릎 꿇고 받아서 옆에 서있던 女官에게 건네

bure de, hehe hafan inu niyakūrame alime gaifi, juleri sindaha dere
주자 女官도 무릎 꿇고 받아서 앞에 놓은 탁자에

de sindaha, tuttu 24/25 dergi ashan i ijishūn fujin be fungnere
놓았다. 그렇게 東側 淑 푸진을 봉하는

doro wajiha manggi, bithei hafan sirame wargi ashan i jingji fujin
예가 끝난 후, 문관이 뒤이어 西側 莊 푸진[7]을

be fungnere ce be hūlaha, ce de araha gisun, abkai hesei forgon be
봉하는 冊을 낭독했다. 冊에 쓴 말. 「하늘의 명으로 운을

aliha, gosin onco hūwaliyasun enduringge han i hese, abka na
받은 어질고 관대하고 온화하고 성스러운 황제의 旨. 天地가

salgabuha ci ebsi, emu forgon be aliha han 25/26 bici, urunakū
정해진 이래, 1명의 時運을 받은 황제가 있으면 반드시

ashan de aisilakini seme salgabufi ucaraha fujin bi, han wesihun
옆에서 보필하라고 하늘이 정해주어 만난 푸진이 있다. 황제가 높고

---

7 'wargi ashan i jingji fujin'(서측의 莊 푸진)은 孝莊文皇后 보르지기트氏 붐부타이(布木布泰, 1613~1688)를 가리킨다. 코르친부 호쇼이 忠親王 자이상의 딸로 호쇼이 다르한 친왕 만주시리, 조릭투 친왕 욱샨, 元妃 하이란주와 형제이다. 홍 타이지의 측실 푸진으로 永福宮 莊妃(hūturingga booi jingji fujin)로 불렸는데 아들인 풀린(fulin, 福臨)이 황위를 계승해서 황태후가 되었다. 시호는 昭聖慈壽恭簡安懿章慶敦惠溫莊康和仁宣弘靖太皇太后이다.

amba soorin de tehe manggi, fujisai gebu jergi be toktoburengge,
큰 옥좌에 앉은 후 푸진들의 칭호 등급을 정하는 것은

julgei enduringge han sai toktobuha amba doro, te bi amba soorin de
옛 성스러운 황제들이 정한 大道이다. 지금 내가 大位에

tefi, nendehe enduringge han sai toktobuha amba doro be alhūdame,
앉아 예전 성스러운 황제들이 정한 大道를 본받아서

minde hesebufi ucaraha fujin monggo i korcin gurun i borjigit
나와 천명으로 만난 푸진 몽고의 코르친국의 보르지기트

hala,[8] sinde temgetu ce bume 26/27 wargi ashan i hūturingga booi
씨, 그대에게 증표로 冊을 주어 西側의 永福宮의

jingji fujin obuha, si hanja bolgo ginggun ujen gosin hiyoošungga
莊푸진으로 삼았다. 그대는 淸廉과 敬重과 仁孝와

kundulere doroloro jurgan be akūmbu, gurun i ejen fujin i tacibure
恭禮의 뜻을 다하라. 國君 푸진이 가르치는 것을

be dahame gingguleme yabu, mini ujen gūnin be ume jurcere,, tuttu
따르고 공경하여 행하라. 나의 중한 뜻을 저버리지 말라.」 그렇게

wargi ashan i jingji fujin be fungnere ce be hūlame wajiha manggi,
서측의 莊푸진을 봉하는 冊을 낭독하기를 마친 후,

---

8 [簽註] hese be dahame sarkiyame arara de, da ejehe jingji fujin i gebu be gaifi, damu hala be arahabi,,
칙지를 따라 베껴 쓸 때에, 원래 기록한 莊푸진의 이름을 지우고 단지 姓을 적었다.
* 孝莊文皇后 보르지기트氏 붐부타이(1613~1688)를 가리킨다. 앞의 각주 참조.

hūlaha bithei hafan ce be 27/28 tukiyeme jafafi hehe hafan de
낭독한 문관이 冊을 받들어 잡고 女官에게

alibume buhe, hehe hafan niyakūrame alime gaifi, gamafi wargi
건네주었다. 여관이 무릎 꿇고 받아 가져가서 서측의

ashan i jingji fujin de alibume bure de, fujin niyakūrame alime
莊푸진에게 건네줄 때에 푸진이 무릎 꿇고 받아

gaifi, ashan de iliha hehe hafan de alibume bure de, hehe hafan inu
취해 옆에 서있던 여관에게 건네주자 여관도

niyakūrame alime gaifi, juleri sindaha dere de sindaha, tuttu 28/29
무릎 꿇고 받아서 앞에 놓은 탁자에 놓았다. 그렇게

fujisa be fungnere doro wajiha manggi, bithei hafasa fujisa be
푸진들을 봉하는 예가 끝나자 문관들이 푸진들을

fungnere doro wajiha seme, enduringge han de gisun wesimbuhe,
봉하는 예가 끝났다고 성스러운 황제에게 말을 아뢰었다.

gurun i ejen fujin gebu fungnehe doroi juwe amba fujin, juwe ashan
國君 푸진이 칭호를 봉한 예로 2명의 大 푸진· 2명의 側 푸진·

i fujin, gurun i gungju se, hošoi fujisa, doroi fujisa, ujulaha
구룬이 공주들· 호쇼이 푸진들· 도로이 푸진들· 우두머리

ambasai sargata be gaifi, genggiyen 29/30 elhe boo ci tucifi wesihun
대신들의 아내들을 이끌고 淸寧宮에서 나가 崇政殿에서

dasan i yamun de jergi jergi faidafi, enduringge han de ninggun
등급대로 정열하고 성스러운 황제에게 여섯

jergi domnofi ilan jergi hengkilehe, fujisa niyakūrara doro wajifi,
번 蹲拜하고 세 번 고두했다. 푸진들이 무릎 꿇는 예를 마치고

gurun i ejen fujin, genggiyen elhe booi juleri suwayan cacari de
國君 푸진이 淸寧宮의 앞 황색 천막에

tehe manggi, juwe amba fujin, juwe 30/31 ashan i fujin, gurun i
앉은 후, 2명의 大 푸진과 2명의 側 푸진이 구룬이 공주들·

gungju se, hošoi fujisa, doroi fujisa, ujulaha ambasai sargata be gaifi
호쇼이 푸진들· 도로이 푸진들· 우두머리 대신들의 아내들을 이끌고

ninggun jergi domnofi ilan jergi hengkilehe, tereci gurun i gungju se,
여섯 번 蹲拜하고 세 번 고두했다. 그 후 구룬이 공주들·

hošoi fujisa, doroi fujisa, ujulaha ambasai sargata be gaifi, juwe
호쇼이 푸진들· 도로이 푸진들이 우두머리 대신들의 아내들을 이끌고 2명의

amba fujin, juwe ashan i fujisa de duite jergi domnofi juwete 31/32
大 푸진과 2명의 側 푸진들에게 네 번씩 蹲拜하고 두 번씩

jergi hengkilehe, juwe amba fujin, juwe ashan i fujin, gebu fungnehe
고두했다. 2명의 大 푸진과 2명의 側 푸진이 칭호를 봉한

urgun i doroi ishunde juwete jergi domnofi emte jergi hengkilehe,
기쁨의 예로 서로 두 번씩 蹲拜하고 한 번씩 고두했다.

tuttu fujisa hengkilere doro wajiha manggi, enduringge han de hošoi
그렇게 푸진들이 고두하는 예가 끝난 후 성스러운 황제에게 호쇼이

cin wang, doroi giyūn wang sa, bithe coohai geren hafasa be gaifi,
친왕과 도로이 군왕들이 문무의 여러 관원들을 이끌고

32/33 gurun i ejen fujin be fungnehe urgun i doroi manju bithe
國君 푸진을 봉한 기쁨의 예로 만주 글을

wesimbume, hūlara hafan faida seme hūlaha manggi, geren gemu
상주하니 贊禮官이 "정렬하라"고 외치자 사람들이 모두

faidaha, ibe seme hūlaha manggi, geren gemu ibehe, niyakūra seme
정렬했다. "나아가라"고 외치자 사람들이 모두 나아갔다. "무릎 꿇으라"고

hūlaha manggi, hošoi mergen cin wang urgun i doroi wesimbure
외치자 호쇼이 머르건 친왕이 기쁨의 예로 상주하는

bithe be juwe galai wesihun tukiyeme jafafi niyakūraha, geren hošoi
글을 두 손으로 높이 받들어 잡고 무릎 꿇었다. 여러 호쇼이

cin wang, doroi giyūn 33/34 wang, bithe coohai geren hafasa gemu
친왕· 도로이 군왕· 문무의 여러 신하들이 모두

sasa niyakūraha, enduringge han i ici ergi ashan de iliha manju
일제히 무릎 꿇었다. 성스러운 황제의 오른쪽 옆에 서있던 만주인

bithei hafan okdome ganafi, gajifi enduringge han i juleri
문관이 맞이하여 받아서 가져가 성스러운 황제의 앞에

niyakūrafi tukiyeme jafafi hūlaha, tere hūlaha bithei gisun, geren
무릎 꿇고 받들어 잡고 낭독했다. 그 낭독한 글의 말. 「여러

hošoi cin wang, doroi giyūn wang, bithe coohai geren ambasa be
호쇼이 친왕과 도로이 군왕이 문무의 여러 신하들을

gaifi, 34/35 urgun i doroi wesimbure gisun, gosin onco hūwaliyasun
이끌고 기쁨의 예로 상주하는 말. 어질고 관대하고 온화하고

enduringge han ejen, erdemu be selgiyefi dorgi tulergi be dasara
성스러운 황제 폐하는 덕을 선유하시고 내외를 다스리시므로

jakade, tumen irgen buyeme gūnire de, abka na inu acabume wehiyefi,
萬民이 바라여 생각하매 天地도 부응하여 돕고

daicing gurun i doro wesihun, enduringge han i gung gebu amba
대청국의 도가 높아 성스러운 황제의 功名이 크게

ofi, te 35/36 gurun i ejen fujin i amba doro be toktobume ce doron
되어 지금 國君 푸진의 大禮를 정해 册과 인장을

bume fungnehengge, ere inu gurun booi amba hūturi, tumen jalan de
주어 봉했으니 이 또한 국가의 큰 복이며 萬世에

enteheme algindara gebu, tuttu ofi, meni geren alimbaharakū
영원히 떨칠 이름입니다. 그리하여 우리 모두는 더할 나위 없이

urgunjeme urgun i doroi gingguleme bithe wesimbumbi, bithe hūlame
기뻐 기쁨의 예로 삼가 글을 올립니다.」 글을 낭독하기를

wajiha manggi, hūlara hafan hūlame, geren hošoi cin wang, doroi
마친 후 贊禮官이 외쳐 여러 호쇼이 친왕과 도로이

giyūn wang sa, bithe 36/37 coohai geren hafasa be gaifi, ilan jergi
군왕들이 문무의 여러 신하들을 이끌고 세 번

niyakūrafi uyun jergi hengkilehe, terei sirame gurun i efu ejei
무릎 꿇고 아홉 번 고두했다. 그 뒤를 이어 구룬이 어푸 에제이가

ujulafi geren monggo i ambasa be gaifi, gurun i ejen fujin be
필두가 되어 여러 몽고의 대신들을 이끌고 國君 푸진을

fungnehe doroi urgun i monggo i bithe be wesimbume, hūlara
봉한 예로 기쁨의 몽고문을 상주하니 贊禮官이

hafan faida seme hūlaha manggi, geren gemu faidaha, ibe seme
"정렬하라"라고 외치자 사람들이 모두 정렬했다. "나아가라"라고

hūlaha manggi, geren gemu ibehe, niyakūra seme 37/38 hūlaha
외치자 사람들이 모두 나아갔다. "무릎 꿇으라"고 외친

manggi, gurun i efu ejei urgun i doroi wesimbure bithe be juwe
후, 구룬이 어푸 에제이가 기쁨의 예로 상주하는 글을 두

galai wesihun tukiyeme jafafi geren monggo i ambasa gemu sasa
손으로 높이 받들어 잡자 여러 몽고의 대신들이 모두 일제히

niyakūraha, enduringge han i ici ergi ashan de iliha monggo bithei
무릎 꿇었다. 성스러운 황제의 오른쪽 옆에 서있던 몽고인 문관이

hafan okdome ganafi, gajifi enduringge han i juleri niyakūrafi
맞이하여 받아서 가져가 성스러운 황제의 앞에 무릎 꿇고

tukiyeme jafafi hūlaha, bithe hūlame wajiha manggi, hūlara hafan
받들어 잡고 낭독했다. 글을 낭독하기를 마친 후, 贊禮官이

hūlame, gurun i efu 38/39 ejei geren ambasa be gaifi, ilan jergi
외쳐서, 구룬이 어푸 에제이가 여러 대신들을 이끌고 세 번

niyakūrafi uyun jergi hengkilehe, terei sirame amban janggin ši ting
무릎 꿇고 아홉 번 고두했다. 그 뒤를 이어 암바 장긴 石廷柱가

ju geren nikan hafasa be gaifi, gurun i ejen fujin be fungnehe
여러 한인 관원들을 이끌고 國君 푸진을 봉한

doroi urgun i nikan bithe be wesimbume, hūlara hafan faida seme
예로 기쁨의 한문 글을 상주하니 贊禮官이 "정렬하라"고

hūlaha manggi, geren gemu faidaha, ibe seme hūlaha manggi, geren
외치자 사람들이 모두 정렬했다. "나아가라"고 외치자 사람들이

gemu ibehe, niyakūra seme 39/40 hūlaha manggi, amban janggin ši
모두 나아갔다. "무릎 꿇으라"고 외치자 암반 장긴 石廷柱가

ting ju urgun i doroi wesimbure bithe be juwe galai wesihun
기쁨의 예로 상주하는 글을 두 손으로 높이

tukiyeme jafafi niyakūraha, geren nikan hafasa gemu sasa
받들어 잡고 무릎 꿇었다. 여러 한인 관원들이 모두 일제히

niyakūraha, enduringge han i hashū ergi ashan de iliha nikan bithei
무릎 꿇었다. 성스러운 황제의 왼쪽 옆에 서있던 한인 문관이

hafan okdome ganafi, gajifi enduringge han i juleri niyakūrafi
맞이하여 받아서 가져가 성스러운 황제의 앞에서 무릎 꿇고

tukiyeme jafafi hūlaha, bithe hūlame wajiha manggi, hūlara hafan
받들어 잡고 낭독했다. 글을 낭독하기를 마친 후 贊禮官이

hūlame, amban janggin 40/41 ši ting ju geren hafasa be gaifi, ilan
외쳐 암반 장긴 石廷柱가 여러 관원들을 이끌고 세 번

jergi niyakūrafi uyun jergi hengkilehe, tuttu hengkilere doro wajiha
무릎 꿇고 아홉 번 고두했다. 그렇게 고두하는 예가 끝난

manggi, urgun i doroi amba sarin sarilaha, gurun i ejen fujin i
후, 기쁨의 예로 큰 연회를 베풀었다. 國君 푸진의

juleri faidarangge, sejen juwe, mudangga fesin i suwayan sara emke,
앞에 진열한 것. 가마 2량· 굽은 손잡이의 黃傘 1개·

tondo fesin i suwayan sara juwe, šun dalikū juwe, morin yalure
곧은 손잡이의 黃傘 2개· 해 가리개 부채 2개· 말을 타는

aisin i mulan emke, aisin i ise emke, bethe fehurengge 41/42 emke,
금 걸상 1개· 금 의자 1개· 발 디딤대 1개·

cifelere moro emke, tampin emke, mukei tamse emke, fengse emke,
唾具 1개· 술병 1개· 작은 물단지 1개· 동이 1개·

hiyan daburengge juwe, teburengge juwe, gudu maitu juwe, u jang
향로 2개· 香盒 2개· 骨朶 2개· 吾杖棍

mukšan duin, ioi boo cuwang juwe, fulgiyan cecike i cuwang juwe,
4개· 油寶扇 2개· 朱雀扇 2개·

derhuwe bošokū juwe, niyalma jailabure tu juwe, hūng jang duin,
파리채 2개· 사람을 回避시키는 纛 2개· 紅杖 4개·

lo emu juru, tungken emu juru, ihan buren juwe, 42/43 dzeng juwe,
징〔鑼〕 1쌍· 북 1쌍· 號筒[9] 2개· 징〔鉦〕 2개·

jang tungken juwe, hetu ficakū juwe, carki juwe, ajige jaidakū emu juru,
杖鼓 2개· 橫笛 2개· 扎板[10]과 小鈸 1쌍·

ajige can emke, teišun i amba can juwe, tongkišakū emke, bileri juwe,
小金[11] 1개· 황동 大金 2개· 雲鑼[12] 1개· 날라리 2개·

laba juwe,,
나팔 2개.

---

9 'ihan buren'(號筒)은 구리로 만든 취주 악기로서 軍中에서 불어 호령을 전달하는 데 쓴다.

10 'carki'(扎板)는 만주족 무당이 쓰는 타악기의 일종으로, 청대 궁정과 민간의 만주족이 많이 썼다. 배나무·紫檀·黃楊木을 재료로 나무패 형태를 만들고 두 개에서 아홉 개를 끈으로 연결했다. 제사 때에도 썼다.

11 'can'(金, 鈸)은 銅鑼와 유사한 타악기이다.

12 'tongkišakū'(雲鑼)는 작은 징 여러 개를 나무틀에 매달고 치는 악기이다. geren fila라고도 한다.

tongki fuka sindaha hergen i dangse

點·圈을 찍은 문자의 檔子

orin emuci debtelin

21권

wesihun erdemungge i sucungga aniya nadan biya

숭덕 원년 7월

21권, 숭덕 원년 7월

tongki fuka sindaha hergen i dangse,,
點· 圈을 찍은 문자의 檔子

○ ineku juwan de, bithei da hife, bušai sebe takūrame, hošoi
같은 10일에, 學士 히퍼와 부샤이 등을 보내 호쇼이

mutebure cin wang ni sargan gaire sargan jui be tuwana seme, aru
무터부러 친왕의 아내로 맞을 여자를 살피라고, 아루의

i beise de elcin unggifi tuwafi jihe,, 1/2
버일러들에게 사신으로 보내 살피고 왔다.

○ juwan emu de non i korcin i ilduci beile i sargan jui be,
11일에, 논의 코르친의 일두치 버일러의 딸을

hošoi fafungga cin wang sargan gaijara de, geren hošoi cin wang,
호쇼이 파풍가 친왕의 아내로 맞을 때에, 여러 호쇼이 친왕·

doroi giyūn wang, gūsai beise se, bithe coohai geren hafasa gala
도로이 군왕· 구사이 버이서들· 문무의 여러 대신들이 翼을

arame faidaha manggi, enduringge han, wesihun dasan i yamun de
지어 도열한 후, 성스러운 황제는 崇政殿으로

tucifi soorin de tehe, hošoi fafungga cin wang sargan gaijara 2/3
나와 옥좌에 앉았다. 호쇼이 파풍가 친왕이 아내를 맞는

doroi enduringge han de ilan jergi niyakūrafi uyun jergi hengkilehe,
예로 성스러운 황제에게 세 번 무릎 꿇고 아홉 번 고두했다.

terei sirame hošoi fafungga cin wang ni sargan, ninggun jergi
그것에 뒤이어 호쇼이 파풍가 친왕의 아내가 여섯 번

domnofi ilan jergi hengkilehe, tereci yengsi doroi ilduci beile be amba
蹲拜하고 세 번 고두했다. 그 후 筵席의 禮로 일두치 버일러에게 큰

sarin sarilaha,, 3/4
잔치를 베풀었다.

○ ineku juwan emu de, hošoi mergen cin wang, gūsa tome ilata
같은 11일에, 호쇼이 머르건 친왕이 구사 마다 3명씩의

amban, emu nirui emte bayara be gaifi, taimyoo de wecere buhū
대신, 1개 니루의 1명씩의 바야라를 이끌고, 太廟에 제사지낼 사슴과

gūlmahūn baime ilan dedume abalafi bahafi gajiha,,
토끼를 구하러 3일 밤을 묵으며 사냥하고 잡아서 가져왔다.

○ ineku juwan emu de, gulugedei isinjiha, cagan 4/5 lama,
같은 11일에, 굴루거더이가 도착했다. 차간 라마·

erdeni darhan nangsu, dadai, bangsun, aisunggū se, nikan i šurgei
어르더니 다르한 낭수· 다다이· 방순· 아이숭구 등이 명의 殺胡口에

duka de hūda genefi, hūdašame funcehe menggun be gajime jidere be
장사하러 가서, 장사하고 남은 은을 가지고 오는 것을

okdome genehe gulugedei, enduringge han i hesei funcehe menggun
영접하러 간 굴루거더이가 성스러운 황제의 旨로 남은 은을

be amasi gamafi, huhu hoton de genefi, šurgei duka de hūdašaki
되돌아 가지고 가서, 후후 城에 가서 殺胡口에서 장사하려고

serede, nikan, tumet gurun i emgi hūdašara be gūwaliyapi, 5/6
하는데, 明이 투메트 國과 함께 장사하려는 것을 변심하고

tobok dalai be šang bure seme jalidame gamafi waha be donjifi,
토복 달라이를 상을 주겠다고 속이고 데리고 가서 죽인 것을 듣고,

gulugedei hūdai niyalma be gajime amasi bedereme jihe,,
굴루거더이가 장사꾼들을 이끌고 되 돌아 왔다.

○ juwan ilan de, nikan i daiming gurun de helen jafame
13일에, 漢人의 대명국으로 정보제공 포로를 잡으러

genehe suldei, buyan isinjiha, guwangning be dosifi, tai de bihe emu
간 술더이· 부얀이 도착했다. 廣寧에 들어가서, 臺에 있던 1명의

nikan bahafi 6/7 gajiha, tere nikan be sun janggin de afabufi šang
漢人을 잡아서 데리고 왔다. 그 漢人을 孫 장긴에게 맡겨서 尙陽堡에

yang pu de unggihe,,
보냈다.

○ juwan duin de, enduringge han, bithei da hife, garin, fan wen
14일에, 성스러운 황제가 學士 히퍼· 가린· 范文程

ceng sei baru hendume, korcin i tusiyetu efu i hanggai gebungge
등을 향해 말하기를, "코르친의 투시예투 어푸의 항가이 라는

sain morin de, museingge juwan uksin bure seci, buhekū bihe,
좋은 말에 대해 우리 쪽의 10벌의 갑옷을 주겠다고 해도 주지 않았었다.

tere be 7/8 monggo i cahar han gaji seme, durire ton i gaifi,
그것을 몽고의 차하르 한이 가져오라고 하여 빼앗는 數로 취하고

damu emu saca buhebi, tereci uthai korcin i beise i mujilen
단지 1개의 투구를 주었다. 그 후 곧 코르친의 버일러들의 마음이

aldangga oho, jai ini emu saca be aru i jinong de unggifi
멀어지게 되었다. 또한 그의 1개의 투구를 아루의 지농에게 보내어

minggan morin gaji sehe manggi, aru i jinong hendume, emu
1천마리 말을 가져오라고 하니, 아루의 지농이 말하기를, '1개의

saca geli minggan morin saliha doro bio, ere muse de baibi fiktu
투구가 또한 1천마리 말의 가치일 리가 있는가? 이는 우리에게 빌미를

baime latunjihabi kai, burakūci ojorakū seme sunja 8/9 tanggū
찾아서 쳐들어오겠다는 것이다. 주지 않을 수 없다'고 500마리

morin buhebi, tereci aru i beise i mujilen aldangga oho, jai
말을 주었다. 그 후 아루의 버일러들의 마음이 멀어졌다. 또한

korcin i joriktu cin wang ni deyere todo be heturi uthai okdome
코르친의 조릭투 친왕의 날아가는 기러기를 옆으로 곧장 맞이하여

jafara sain giyahūn be gaji seme elcin takūraha manggi, joriktu
잡는 좋은 매를 가져오라고 사신을 보낸 후 조릭투

cin wang burakū ojoro jakade, tusiyetu efu jombufi bubuhebi, tere
친왕이 줄 수 없다고 했기 때문에, 투시예투 어푸가 권유하여 주게 했다. 그

giyahūn be gaifi umai buhekū, benehe niyalma be hono acabuhakūbi,
매를 취하고는 전혀 준 것이 없었고 보낸 사람조차 만나주지 않았다.

tuttu oci, niyalmai mujilen adarame dahambi, 9/10 te ba ba i
그러면 사람들의 마음이 어찌 따르겠는가? 지금 곳곳의

monggo jihe dari ambula šangnara gosime bure be dahame, fakcafi
몽고가 올 때 마다 크게 상을 내려 아껴 주기 때문에, 나뉘어

genere mujilen akū narahūnjame genembi, tuttu be dahame, monggo
가려는 마음 없이 연연해하며 간다. 그러므로 몽고

gurun gemu bayan elgiyen elhe sula banjimbi, tere be bodoci, horon
國 모두 부유하고 풍성하고 평화롭고 한가하게 산다. 그것을 헤아리건대 위협으로

i dahaburengge ci niyalmai mujilen be urgunjeburengge dele sehe
복종시키는 것보다 사람의 마음을 기쁘게 하는 것이 낫다"고 하니,

manggi, bithei da hife se jabume, erdemu i dasahangge hūwaliyambi,
學士 히퍼 등이 답하기를, "덕으로 다스리는 것은 화평하고,

erun i dasahangge efujembi serengge 10/11 tere kai sehe,,
刑으로 다스리는 것은 무너진다고 하는 것이 그것입니다"라고 했다.

○ ineku juwan duin de, hūda genehe nomtu de unggihe bithei
같은 14일에, 장사하러 간 놈투에게 보낸 글의

gisun, enduringge han i hese, nomtu sede wasimbuha, ninggun biyai
말. 「성스러운 황제의 旨. 놈투 등에게 내린다. 6월

orin sunja de, nikan, tumet tobok dalai be šang bure seme jalidame
25일에, 明이 투메트의 토복 달라이를 상을 주겠다고 속이고

gamafi wafi, daitung ni cooha 11/12 tucifi, šurgei dukai jase de
데려 가서 죽였다. 大同의 군사가 나와서 슈르거이(殺胡口) 문의 경계에서

hūdašame tehe tumet i ehe sain niyalma be amba dulin wahabi,
장사하며 머무는 투메트의 나쁘고 좋은 사람을 (불문하고) 태반을 죽였다.

komso dulin burulame tucikebi, tumet i niyalma ahūn deo dulga
절반 미만이 도주하여 빠져나갔다. 투메트의 사람은, 형제의 반은

nikan de bi, dulga tumet de bisire be dahame, nikan, šurgei
明에 있고, 반은 투메트에 살기 때문에, 明이 殺胡口

niyalma de donjibuci, tumet i niyalma de ulame alambi seme, tuttu
사람에게 듣게 하면 투메트의 사람에게 전하여 고한다고 하여, 그래서

šurgei niyalma de donjiburakū holkonde tucifi wahabi, nomtu suwe
殺胡口 사람에게 듣게 하지 않고 갑자기 출병해서 죽였다. 놈투 너희는

saikan seremše, 12/13 hūdai jalin de neneme jasiha songko,,
잘 방비하라. 교역에 대해서는 먼저 서신 보낸 대로 하라.」

enduringge han i hesei toktobuha, abka wececibe, taimiyoo
「성스러운 황제의 旨로 정했다. 하늘에 제사지내거나 太廟에

wececibe, enduringge han, enduri soorin i dergi ashan de ilifi gala
제사지낼 때, 성스러운 황제는 神位의 동측에 서서, 손을

oboho manggi, 13/14 enduri soorin de wecere jaka be gemu dobome
씻은 다음, 神位에 제사지낼 물건을 모두 바치고

wajiha manggi, jorire hafan jorime gamafi, sucungga acara doroi
나서, 인도하는 관원이 인도하여 이끌고 가고, 처음 만나는 예로,

hūlara hafan faida seme hūlaha manggi, geren gemu faidambi, hūlara
찬례관이 "도열하라"고 외치면 여러 사람들은 모두 도열한다. 찬례관이

hafan ibe seme hūlaha manggi, enduringge han, tob dulimba de
"나아가라"고 외치면, 성스러운 황제는 정중앙에서

amasi forome ilimbi, geren gemu ibembi, hūlara hafan i niyakūra
북쪽을 향해 선다. 여러 사람들이 모두 나아간다. 찬례관이 "무릎 꿇고

hengkile seme 14/15 hūlara be tuwame emu jergi niyakūrafi ilan jergi
고두하라"고 외치는 것을 살펴서 한 번 무릎 꿇고 세 번

hengkilembi, hūlara hafan ili seme hūlaha manggi, enduringge han,
고두한다. 찬례관이 "일어서라"고 외치면, 성스러운 황제와

geren gemu ilimbi, hūlara hafan hiyan dabu seme hūlaha manggi,
여러 사람이 모두 일어선다. 찬례관이 "향을 태워라"고 외치면

geren gemu ilihai bimbi, enduringge han, dergi ashan i tafukū be
여러 사람이 모두 일어선 채로 있는다. 성스러운 황제는 동쪽 측면의 계단을

wesifi, enduri soorin i juleri niyakūrafi hiyan i hose be wesihun
올라서, 神位의 앞에 무릎 꿇고 향 그릇을 위로

gingnefi, 15/16 ilifi ilan jergi hiyan dabufi, wargi ashan i tafukū be
바치고, 일어서서 세 번 향을 태우고 서쪽의 계단을

wasifi, ineku tob dulimba de amasi forome ilimbi, hūlara hafan
내려와, 같은 정중앙에서 북쪽을 향하여 선다. 찬례관이

niyakūra seme hūlaha manggi, enduringge han, geren gemu
"무릎을 꿇어라"고 외치면 성스러운 황제와 여러 사람들 모두

niyakūrambi, tereci enduringge han i galai gingneme, ashan de
무릎을 꿇는다. 그 후 성스러운 황제가 손수 (공물을) 바치며, 옆에

iliha hafasa de alibume, suje nure be 16/17 enduri soorin de dobofi,
선 관원들에게 건네고, 비단과 황주를 神位에 바치고

bithe hūlara hafan wecere bithe be hūlame wajiha manggi, hūlara
글을 낭독하는 관원이 祭文을 낭독하는 것이 끝나면, 찬례관이

hafan hūlame, amba doroi ilan jergi niyakūrafi uyun jergi
외쳐서, 大禮로 세 번 무릎 꿇고 아홉 번

hengkilembi, doboho jaka be heteme wajiha manggi, bederere doroi
고두한다. 바친 물건을 거두는 것이 끝나면, 돌아가는 예로

hūlara hafan hūlame, emu jergi niyakūrafi ilan jergi hengkilembi,
찬례관이 외쳐서, 한 번 무릎 꿇고 세 번 고두한다.

hūturingga munggan de wecere de, hengkilere doro inu ere songko,,
福陵에 제사할 때, 고두하는 예 또한 이대로 한다.

17/18 mafari miyoo de wecere doro, hūlara hafan faida seme hūlaha
祖廟에 제사지내는 禮. 찬례관이 "도열하라"고 외치면,

manggi, geren gemu faidambi, hūlara hafan ibe seme hūlaha manggi,
여러 사람 모두 도열한다. 찬례관이 "나아가라"고 외치면

enduringge han, tob dulimba de amasi forome ilimbi, geren gemu
성스러운 황제는 정중앙에서 북쪽을 향해 선다. 여러 사람 모두

ibembi, hūlara hafan i niyakūra hengkile seme hūlara be tuwame,
나아간다. 찬례관이 "무릎을 꿇고 고두하라"고 외치는 것을 살펴서,

acara doroi emu jergi niyakūrafi ilan jergi hengkilembi, hūlara hafan
만나는 예로 한 번 무릎 꿇고 세 번 고두한다. 찬례관이

ili 18/19 seme hūlaha manggi, enduringge han, geren gemu ilimbi,
"일어서라"고 외치면, 성스러운 황제와 여러 사람들 모두 일어선다.

hūlara hafan hiyan dabu seme hūlaha manggi, geren gemu ilihai
찬례관이 "향을 태워라"고 외치면, 여러 사람 모두 일어선 채로

bimbi, enduringge han, dergi ashan i tafukū be wesifi, geren mafari
있는다. 성스러운 황제는 동쪽 측면의 계단을 올라가서, 여러 조상의

enduri soorin i juleri niyakūrafi, hiyan i hose be wesihun gingnefi
神位의 앞에 무릎 꿇고, 향 그릇을 위로 바치고

hiyan dabufi, wargi ashan i tafukū be wasifi, ineku tob dulimba de
향을 태우고, 서쪽 측면의 계단을 내려와서, 같은 정중앙에

amasi forome 19/20 ilimbi, hūlara hafan niyakūra seme hūlaha manggi,
북쪽을 향하여 선다. 찬례관이 "무릎을 꿇어라"고 외치면,

enduringge han, geren gemu niyakūrambi, tereci enduringge han i
성스러운 황제와 여러 사람 모두 무릎을 꿇는다. 그 후 성스러운 황제가

galai gingneme, ashan de iliha hafasa de alibume, suje nure be geren
손수 (공물을) 바쳐, 옆에 서 있는 관원에게 건네고, 비단과 황주를 여러

mafari enduri soorin de dobofi, bithe hūlara hafan wecere bithe be
조상의 神位에 바치고, 글을 낭독하는 관원이 祭文을

hūlame wajiha manggi, hūlara hafan hūlame, emu jergi niyakūrafi
낭독하는 것을 끝내면, 찬례관이 외쳐서, 한 번 무릎 꿇고

ilan jergi 20/21 hengkilembi, doboho jaka be heteme wajiha manggi,
세 번 고두한다. 바쳤던 물건을 거두는 것이 끝난 후

bederere doroi hūlara hafan hūlame, emu jergi niyakūrafi ilan jergi
돌아가는 예로 찬례관이 외쳐서, 한 번 무릎 꿇고 세 번

hengkilembi,, tuttu taimiyoo, hūturingga munggan de wecere doro be
고두한다.」 그렇게 太廟와 福陵에 제사지내는 禮를

toktobufi, enduringge han, geren hošoi cin wang, doroi giyūn wang,
정하고, 성스러운 황제· 여러 호쇼이 친왕· 도로이 군왕·

gūsai beise se, bithe coohai geren hafasa, ilan 21/22 inenggi beyebe
구사이 버이서들· 文武의 여러 관원은 3일간 재계하고

bolgomifi, ice bolori oho doroi nadan biyai tofohon de sain inenggi
새로 가을이 된 예로 7월 15일에 좋은 날

gūlmahūn erinde, enduringge han, hanciki be hairandara duka be
卯時에 성스러운 황제는 撫近門을

tucifi, sunja mafari enduri soorin de sahaliyan ihan honin wafi,
나와서, 5명의 조상의 神位에 검은 소와 양을 잡고,

buhū gūlmahūn i yali, baitalara efen tubihe dagilafi, dobome wajiha
사슴과 토끼의 고기· (제사에) 쓸 떡· 과일을 준비하고, 바치는 것이 끝난

manggi, 22/23 enduringge han i galai hiyan dabufi, suje nure
후 성스러운 황제가 손수 향을 태우고, 비단과 황주를

gingneme dobofi ginggguleme dorolome wecehe, wecehe bithei gisun, da
바쳐서 드리고 공경하여 예를 다하여 제사지냈다. 제사지낸 글의 말.

da mafa hūturi neihe wang, dergi mafa fulingga werihe wang, unggu
「始祖 澤王[1] · 高祖 慶王[2] · 曾祖

1 '澤王'은 홍 타이지의 7대조 mentemu(孟特穆. 肇祖原皇帝)를 가리킨다.
2 '慶王'은 홍 타이지의 고조부 fuman(福滿. 興祖直皇帝)을 가리킨다.

mafa ba badarambuha wang, banin mafa hūturi werihe wang, uksun i
昌王[3]· 祖父 福王[4]· 일족의

mafa baturu gung ni giyūn wang, 23/24 geren mafari enduri miyoo i
조상 武功郡王[5] 여러 조상의 神廟의

soorin i juleri, soorin be aliha hiyoošungga omolo niyakūrafi
자리 앞에서, 자리를 이어받은 孝孫이 무릎 꿇고

wesimbure gisun, te ice bolori oho doroi erin de acabume cohome
올리는 말. 지금 새로운 가을이 된 禮로 때에 맞추어서 특별히

bolgomifi, wecere jaka be dagilafi gingguleme wecembi,, taidzu, taiheo i
재계하고, 제사지낼 물건을 준비해서 삼가 제사 드립니다.」 太祖와 太后의

enduri soorin de ineku sahaliyan ihan honin wafi, buhū gūlmahūn i
神位에 마찬가지로 검은 소와 양을 잡고, 사슴과 토끼의

yali, baitalara hacin hacin i efen 24/25 tubihe dagilafi dobome
고기· (제사에) 쓸 여러 가지의 떡· 과일을 준비하고 바치는 것이

wajiha manggi, enduringge han i galai hiyan dabufi, suje nure
끝나고 성스러운 황제가 손수 향을 태우고, 비단과 황주를

gingneme dobofi gingguleme dorolome wecehe, wecehe bithei gisun,
바쳐서 드리고, 공경하여 예를 다하여 제사지냈다. 제사지낸 글의 말.

---

3 '昌王'은 홍 타이지의 증조부 giocangga(覺昌安. 景祖翼皇帝)를 가리킨다.
4 '福王'은 홍 타이지의 조부 taksi(塔克世. 顯祖宣皇帝)를 가리킨다.
5 '武功郡王'은 홍 타이지의 큰할아버지 lidun(禮敦. 右穆武功郡王)을 가리킨다.

ama dergi taidzu, abkai hese be alifi forgon be mukdembuhe, gurun i
「아버지 上 太祖 하늘의 명을 받아 運을 흥성시키고 나라의

ten be fukjin ilibuha, ferguwecuke gungge, gosin hiyoošungga
기초를 처음 세우고 신묘한 功과 자애로운 효순과

horonggo enduringge hūwangdi, eniye dergi taiheo, gosin hiyoošungga
위엄이 있는 성스러운 皇帝[6], 어머니 上 太后 인자하고 효성스러우며

doro de akūmbuha, ginggun 25/26 ijishūn hūturingga eldengge
도리를 다하고 공손하고 순종하고 복있고 빛나고

enduringge hūwangheo i enduri miyoo i soorin i juleri, soorin be
성스러운 皇后[7]의 神廟의 神位 앞에서, 大位를

siraha hiyoošungga jui niyakūrafi wesimbure gisun, te ice bolori
이은 孝子가 무릎 꿇고 올리는 말. 지금 새로 가을이

oho doroi erin de acabume cohome bolgomifi, wecere jaka be
된 예로, 때에 맞추어서 특별히 재계하고, 제사지낼 물건을

dagilafi gingguleme wecembi,, hūturingga munggan de, bolori oho
준비하여 삼가 제사 드립니다.」 福陵에 가을이 된

ice tubihe baha doroi bithe coohai ujulaha ambasa be unggifi hiyan
햇과일을 수확한 예로 文武의 우두머리 대신들을 보내고 향과

6 한문 명칭은 '太祖承天廣運聖德神功肇紀立極仁孝武皇帝'이다.

7 한문 명칭은 '太后孝慈昭憲純德眞順成天育聖武皇后'이다.

dengjan dabume, hacin hacin i tubihe dagilafi dere 26/27 dasafi nure
등잔에 불을 붙이며, 각종 과일을 준비하고 상을 차리고 황주를

gingneme dorolome wecebuhe, wecehe bithei gisun, ama dergi taidzu,
받잡아 올리며 예를 갖추어 제사하게 했다. 제사한 글의 말. 「아버지 上 太祖

abkai hese be alifi forgon be mukdembuhe, gurun i ten be fukjin
하늘의 命을 받아 運을 흥성시키고 나라의 기초를 처음

ilibuha, ferguwecuke gungge gosin hiyoošungga horonggo enduringge
세우고 신묘한 공과 자애로운 효순과 위엄이 있는 성스러운

hūwangdi, eniye dergi taiheo, gosin hiyoošungga doro de akūmbuha,
황제,[8] 어머니 上 太后 인자하고 효성스러우며 도리를 다하고

ginggun ijishūn hūturingga eldengge enduringge hūwangheo i
공손하고 순종하고 복있고 빛나고 성스러운 황후[9]의

hūturingga munggan i juleri, soorin be siraha hiyoošungga jui
福陵의 앞에, 大位를 이은 孝子가

niyakūrafi 27/28 wesimbure gisun, te ice bolori oho doroi erin de
무릎 꿇고 올리는 말. 지금 새로 가을이 된 예로 때에

acabume cohome bolgomifi, ambasa be beyei funde takūrafi hiyan
맞추어 특별히 재계하고, 대신들을 저 대신 보내어 향과

8 한문 명칭은 '太祖承天廣運聖德神功肇紀立極仁孝武皇帝'이다.
9 한문 명칭은 '太后孝慈昭憲純德眞順成天育聖武皇后'이다.

dengjan dabume, nure tubihe wecere jaka be dagilafi gingguleme
등잔에 불을 붙이고, 황주와 과일과 제사지낼 물건을 준비하여 삼가

wecembi,,
제사드립니다.」

○ juwan nadan de, monggo i jurgan i ambasa be goloi cooha be
17일에, 몽고의 部院의 대신들을 지역의 군사를

fideme takūraha, 28/29 enduringge han hese wasimbume, daiming
동원하러 보냈다. 성스러운 황제가 旨를 내리기를, 「대명국을

gurun i baru cooha aššambi, tulergi goloi monggo beise sei cooha,
향해 군사를 움직인다. 外藩 몽고의 버이서들의 군사는

emu gūsa de emte tanggū tucibufi, boljohon i bade amba cooha de
1개 구사에서 100명씩 내고, 약속한 장소에서 대군에

acanju seme aisunggū be korcin de cooha fideme unggihe,,
합류하라」라고 아이숭구를 코르친에 군사를 동원하러 보냈다.

○ juwan nadan de, lobi be aohan, naiman, 29/30 jarut, urat de
17일에, 로비를 아오한· 나이만· 자루트· 우라트에

cooha fideme unggihe,,
군사를 동원하러 보냈다.

○ juwan jakūn de, sibedei be aru i duin juse i talai ongniyot,
18일에, 시버더이를 아루의 四子의 탈라이. 옹니요트·

barin, esede cooha fideme unggihe,,
바린, 이들에게 군사를 동원하러 보냈다.

○ juwan jakūn de, hošoi sure cin wang de 30/31 amba nadan
18일에, 호쇼이 수러 친왕에게 사십구재를

waliyara de, geren hošoi cin wang, doroi giyūn wang, gūsai beise se,
지낼 때에, 여러 호쇼이 친왕· 도로이 군왕· 구사이 버이서들·

bithe coohai geren hafasa genefi dorolome waliyaha,,
文武의 여러 관원들이 가서 예를 갖추어 조문했다.

○ ineku juwan jakūn de, siteku, sudala de emu gūsai emte
같은 18일에, 시터쿠· 수달라에게 1개 구사의 1명씩의

bayara, amba karun i susai nadan niyalma be adabufi, nikan i
바야라와 큰 哨探 57명을 붙여서, 한인의

daiming gurun i 31/32 baru helen jafabume unggihe,,
대명국을 향해 정보제공포로를 잡아오게 보냈다.

tongki fuka sindaha hergen i dangse

點·圈을 찍은 문자의 檔子

orin juweci debtelin

22권

wesihun erdemungge i sucungga aniya nadan biya

숭덕 원년 7월

22권, 숭덕 원년 7월

tongki fuka sindaha hergen i dangse,,
點·圈을 찍은 문자의 檔子

○ juwan uyun de, nikan i ming gurun be dailame cooha
19일에, 한인의 명나라를 정벌하러

genehe doroi baturu giyūn wang, doroi bayan beile i takūraha
출병한 도로이 바투루 군왕과 도로이 바얀 버일러가 파견한

suduri yamun i ashan i bithei da lošo, bithesi jasuka mejige
國史院의 學士 로쇼·비트허시 자수카가 소식을

alanjime isinjiha, esei gajiha bithei gisun, gosin onco hūwaliyasun
고해오러 도착했다. 이들이 가져 온 글의 말. 「어질고 관대하고 온화하고

enduringge han de, geren cooha be 1/2 alifi genehe baturu giyūn
성스러운 황제께 여러 군사를 맡아서 갔던 바투루 군왕이

wang bithe jafaha, ninggun biyai orin nadan de jase dosika, juwe
글을 바칩니다. 6월 27일에 경계에 들어갔습니다. 兩

suwayan bayan dem be dosika, juwe šanggiyan, gulu lamun kundu be
黃은 바얀 뎀으로 들어갔고, 兩白과 正藍은 쿤두로

dosika, juwe fulgiyan, kubuhe lamun da bayan be dosika, dosika
들어갔고, 兩紅과 鑲藍은 다 바얀으로 들어갔습니다. 들어가서

jakūci inenggi, yan king jeo de acaha, baha olji be neneme unggiki
8일째에, 延慶州에서 합류했습니다. 잡은 노획을 먼저 보내라고

sehe 2/3 bihe, nikan neneme musei cooha tucike mejige be donjifi,
했었으나, 명이 먼저 우리의 군대가 나온 소식을 듣고,

ba bade bithe wasimbume, alin holo dung de bihede weile seme
곳곳에 글을 내리며, 산골짜기와 동굴에 있으면 죄를 준다고 하며

fafulafi hoton de bargiyahabi, jai musei neneme cooha dosika de, ba
금지하고 성으로 수습했습니다. 또 우리의 앞선 군사가 들어갈 때, 땅이

manafi olji oyombume bahakū, komso olji de komso cooha unggici,
황폐해서 노획을 거의 얻지 못했습니다. 소수의 노획에 소수의 군사를 보내면,

jugūn de olhocuka, cooha ambula unggici, hūsun fayabumbi seme
행로에 우려가 되고, 군사를 많이 보내면, 병력을 소모시킨다고 하여

unggihekū, jai 3/4 nikan be jafafi fonjici, boolara bithe be bahafi
보내지 않았습니다. 또 한인을 잡아 물어보니, 보고하는 글을 얻어서

tuwaci, damu hoton be akdulame tuwakiya, manju i tucire de,
보니, "다만 성을 굳게 지키고, 만주가 나갈 때,

ferguwecuke arga be deribufi, eici dulimba be, eici uncehen be gida
신묘한 계책을 일으키고, 혹은 중앙을, 혹은 후미를 공격하라"

sehebi, basaha dosika jai inenggi, c'y ceng ni moringga yafahan
라고 했습니다. 바사하는 들어간 다음 날, 赤城의 騎兵과 步兵

juwe tanggū cooha tucike be, hoton i baru gidafi orin isime niyalma
200명의 군사가 나온 것을, 성 쪽으로 격파하여 20명에 이르는 사람을

waha, 4/5 duin morin baha, alai yūn jeo ci gūsin isime cooha tucike
죽였고, 4마리 말을 얻었습니다. 알라이는 雲州에서 30명에 이르는 군사가 나온

be gidafi jakūn morin baha, haraldai, ayusi dosika ningguci inenggi,
것을 격파하고 8마리 말을 얻었습니다. 하랄다이와 아유시는 들어가서 6일째에,

hūwai lai baru dosime genere susai funceme morin yafahan i cooha
懷來 쪽으로 진입하러 가는 50명 남짓의 騎兵과 步兵을

be gidafi juwe niyalma waha, nadan morin baha, jebele galai
격파하고 2명을 죽였으며, 7마리 말을 얻었습니다. 右翼의

gabsihiyan cooha jase dosika jai inenggi, siowan fu i 5/6 cooha duin
前鋒이 경계로 들어간 다음 날, 宣府의 군사

tanggū tucike be gidafi gūsin funceme niyalma waha, orin ilan morin
400명이 나온 것을 격파하고 30명 남짓의 사람을 죽였으며, 23마리의 말을

baha, suna efu, be ho i cooha susai isime tucike be, buksiha baci
얻었습니다. 수나 어푸는 白河의 군사 50명 가까이가 나온 것을, 매복한 곳에서

tucifi gidafi juwan juwe niyalma waha, juwe niyalma jafaha, suna efu
나와서 격파하고 12명을 죽였으며, 2명을 사로잡았습니다. 수나 어푸가

i karun unggihe ukci, cang ping ci tucike gūsin moringga karun be
哨探으로 보냈던 욱치는 昌平에서 나온 30명의 말을 탄 哨兵을

gidafi nadan niyalma 6/7 waha, emu niyalma jafaha, ninggun morin
격파하고 7명을 죽였으며, 1명을 사로잡고, 6마리 말을

baha, asan juwe hoton gaiha, emu hoton i gebu diyoo o, ede emu
얻었습니다. 아산은 두 성을 취했는데, 하나의 성은 이름이 鵰鶚으로, 여기에는 1명의

fang šeo hafan bihe, jai emu hoton i gebu cang an ling, ede emu
防守官이 있었고, 또 하나의 성은 이름이 長安嶺으로, 여기에는 1명의

šeobei bihe, jase dosika nadaci inenggi, siowan fu i lii dzung bing,
守備가 있었습니다. 경계를 들어가고 7일째에, 宣府의 李 總兵이

sunja minggan cooha gaifi tucike be gidafi duin 7/8 tanggū orin
5천명의 군사를 이끌고 나온 것을 격파하고 426명을

ninggun niyalma waha, emu tanggū morin baha, nadan biyai ice
죽였으며, 100마리의 말을 얻었습니다. 7월 초

nadan de šanggiyan jase dosimbi, tantai gūsai olji, niyalma emu
7일에 長城에 들어갔습니다. 탄타이 구사의 노획은 사람

tanggū gūsin ninggun, morin duin, losa gūsin nadan, ihan susai
136명· 말 4마리· 노새 37마리· 소 57마리·

nadan, eihen ninju uyun, honin juwe tanggū, uheri sunja tanggū ilan,
나귀 69마리· 양 200마리, 총 503이며,

booi niyalmai baha olji, niyalma juwan 8/9 jakūn, losa duin, ihan
家人이 얻은 노획은 사람 18명· 노새 4마리· 소

ninju juwe, eihen ninju, uheri emu tanggū dehi duin, adai gūsai olji,
62마리· 나귀 60마리, 총 144입니다. 아다이 구사의 노획은

niyalma ilan tanggū orin ninggun, morin ninggun, losa juwan nadan,
사람 326명· 말 6마리· 노새 17마리·

ihan ninju ninggun, eihen emu tanggū jakūnju uyun, honin sunja
소 66마리· 노새 189마리· 양 500마리,

tanggū, uheri emu minggan emu tanggū nadan, baintu gūsai olji,
총 1,107입니다. 바인투 구사의 노획은

niyalma emu tanggū 9/10 jakūnju duin, morin ilan, losa duin, ihan
사람 184명· 말 3마리· 노새 4마리· 소

emu tanggū, eihen juwe tanggū, uheri duin tanggū uyunju emu, ulai
100마리· 나귀 200마리, 총 491입니다. 울라이

gūsai olji, niyalma emu tanggū jakūn, morin susai juwe, ihan emu
구사의 노획은 사람 108명· 말 52마리· 소 156마리·

tanggū susai ninggun, eihen emu tanggū emu, honin emu minggan
나귀 101마리· 양 1,586마리,

sunja tanggū jakūnju ninggun, uheri juwe minggan ilan, yekšu gūsai
총 2,003입니다. 역슈 구사의 (노획은)

10/11 niyalma ilan tanggū, morin ninggun, losa uyunju, ihan juwe
사람 300명· 말 6마리· 노새 90마리· 소 290마리·

tanggū uyunju, eihen duin tanggū susai, honin juwe minggan, uheri
나귀 450마리· 양 2천마리, 총

ilan minggan emu tanggū gūsin ninggun, enggetu gūsai niyalma
3,136입니다. 엉거투 구사의 (노획은) 사람

jakūnju, morin juwan, losa gūsin ninggun, ihan juwe tanggū dehi,
80명· 말 10마리· 노새 36마리· 소 240마리·

eihen juwe tanggū susai, honin duin tanggū susai, uheri uyun tanggū
나귀 250마리· 양 450마리, 총 966입니다.

11/12 ninju ninggun, yecen gūsai niyalma sunja tanggū, morin ilan
여천 구사의 (노획은) 사람 500명· 말 330마리·

tanggū gūsin, ihan duin tanggū ninju, eihen nadan tanggū, honin
소 460마리· 나귀 700마리· 양

emu minggan ilan tanggū, uheri ilan minggan juwe tanggū uyunju,
1,300마리, 총 3,290입니다.

buyandai gūsai niyalma ilan tanggū orin ninggun, morin uyun, losa
부얀다이 구사의 (노획은) 사람 326명· 말 9마리· 노새

gūsin ninggun, ihan emu tanggū susai, eihen juwe tanggū ninju, 12/13
36마리· 소 150마리· 나귀 260마리·

honin juwe tanggū susai, uheri emu minggan gūsin emu, asan gūsai
양 250마리, 총 1,031입니다. 아산 구사의 (노획은)

niyalma duin tanggū dehi sunja, morin juwan uyun, losa susai uyun,
사람 445명· 말 19마리· 노새 59마리·

ihan uyunju emu, eihen emu tanggū nadanju sunja, uheri nadan
소 91마리· 나귀 175마리, 총 789입니다.

tanggū jakūnju uyun, ibai gūsai niyalma juwe tanggū uyunju nadan,
이바이 구사의 (노획은) 사람 297명·

morin ilan, losa gūsin emu, ihan jakūnju 13/14 nadan, eihen emu
말 3마리· 노새 31마리· 소 87마리· 나귀 153마리·

tanggū susai ilan, honin duin tanggū, uheri uyun tanggū nadanju
양 400마리, 총 971입니다.

emu, turgei gūsai niyalma susai sunja, morin juwe, ihan orin, eihen
투르거이 구사의 (노획은) 사람 55명· 말 2마리· 소 20마리· 나귀

juwan emu, uheri jakūnju jakūn, suna efu gūsai niyalma emu tanggū
11마리, 총 88입니다. 수나 어푸 구사의 (노획은) 사람 140명·

dehi, morin juwan emu, losa juwan ninggun, ihan emu tanggū emu,
말 11마리· 노새 16마리· 소 101마리·

eihen gūsin, honin 14/15 nadan tanggū, uheri uyun tanggū uyunju
나귀 30마리· 양 700마리, 총 998입니다.

jakūn, darhan efu gūsai niyalma emu tanggū juwan duin, morin
다르한 어푸 구사의 (노획은) 사람 114명· 말

juwan, losa juwan, ihan gūsin emu, eihen emu tanggū, honin juwe
10마리· 노새 10마리· 소 31마리· 나귀 100마리· 양 200마리,

tanggū, uheri duin tanggū ninju sunja, dalai gūsai niyalma susai
총 465입니다. 달라이 구사의 (노획은) 사람

uyun, emu morin, losa juwe, ihan nadan, eihen uyun, uheri nadanju
59명· 1마리 말· 노새 2마리· 소 7마리· 나귀 9마리, 총 78입니다.

15/16 jakūn, fiyanggū age gūsai niyalma emu tanggū nadanju, morin
피양구 아거의 구사의 (노획은) 사람 170명· 말

nadan, losa orin juwe, ihan juwe tanggū ilan, eihen juwe tanggū ilan,
7마리· 노새 22마리· 소 203마리· 나귀 203마리·

honin sunja tanggū juwan, uheri emu minggan emu tanggū tofohon,
양 510마리, 총 1,115입니다.

hūsibu gūsai niyalma emu tanggū susai, morin jakūn, losa orin nadan,
후시부 구사의 (노획은) 사람 150명· 말 8마리· 노새 27마리·

ihan emu tanggū ninju nadan, eihen ilan 16/17 tanggū dehi jakūn,
소 167마리· 나귀 348마리,

uheri nadan tanggū, ši ting ju gūsai olji, uheri juwan nadan, juwan
총 700입니다. 石廷柱 구사의 노획은 총 17입니다. 17개의

nadan gūsai baha olji, niyalma ilan minggan duin tanggū juwan
구사가 얻은 노획은 사람 3,418명·

jakūn, morin losa jakūn tanggū nadanju sunja, ihan juwe minggan
말과 노새 875마리· 소 2,292마리·

juwe tanggū uyunju juwe, eihen ilan minggan ilan tanggū jakūn,
나귀 3,308마리·

honin duin minggan uyunju ninggun, uheri 17/18 olji ton, emu tumen
양 4,096마리, 총 노획의 수는 13,999입니다.

ilan minggan uyun tanggū uyunju uyun, gurun i efu i monggo i
구룬이 어푸의 몽고의

olji, niyalma nadan, karacin i jasagūn dureng ni olji, niyalma emu
노획은 사람 7명입니다. 카라친의 자사군 두렁의 노획은 사람 140명·

tanggū dehi, morin uyun, losa tofohon, ihan nadanju, eihen jakūnju
말 9마리· 노새 15마리· 소 70마리· 나귀 83마리·

ilan, gūsin honin, uheri ilan tanggū dehi nadan, sereng tabunang ni
30마리의 양으로 총 347입니다. 서렁 타부낭의

olji, niyalma duin, morin ilan, losa 18/19 duin, ihan orin duin, eihen
노획은 사람 4명· 말 3마리· 노새 4마리· 소 24마리· 나귀

susai, uheri jakūnju sunja, hiya noyan i olji, niyalma susai ilan,
50마리, 총 85입니다. 히야 노얀의 노획은 사람 53명·

morin emke, losa emke, eihen juwe, uheri susai nadan, tumet i gumu
말 1마리· 노새 1마리· 나귀 2마리, 총 57입니다. 투메트의 구무

taiji i olji, niyalma dehi, ihan nadan, eihen juwan juwe, uheri susai
타이지의 노획은 사람 40명· 소 7마리· 나귀 12마리, 총 59입니다.

uyun, wang lama i olji, niyalma juwan ilan, ihan emke, eihen emke,
왕 라마의 노획은 사람 13명· 소 1마리· 나귀 1마리,

uheri 19/20 tofohon, gulu suwayan de kamciha ice cahar i olji,
총 15입니다. 正黃에 편입한 새로운 차하르의 노획은

niyalma gūsin, morin sunja, losa juwan, ihan emu tanggū juwan
사람 30명· 말 50마리· 노새 10마리· 소 117마리·

nadan, eihen emu tanggū juwan emu, honin gūsin, uheri ilan tanggū
나귀 111마리· 양 30마리, 총 303입니다.

ilan, kubuhe suwayan de kamciha ice cahar i olji, niyalma juwan
鑲黃에 편입한 새로운 차하르의 노획은 사람 12명·

juwe, ihan dehi emu, eihen gūsin ilan, honin susai, uheri 20/21 emu
소 41마리· 나귀 33마리· 양 50마리, 총 136입니다.

tanggū gūsin ninggun, gulu fulgiyan i ice cahar i olji, niyalma
正紅의 새로운 차하르의 노획은 사람

juwan ninggun, morin juwe, losa juwan emu, ihan orin uyun, eihen
16명· 말 2마리· 노새 11마리· 소 29마리· 나귀

susai, uheri emu tanggū jakūn, kubuhe fulgiyan de kamciha ice cahar
50마리, 총 108입니다. 鑲紅에 편입한 새로운 차하르의

i olji, niyalma juwan emu, morin duin, losa duin, ihan uyun, eihen
노획은 사람 11명· 말 4마리· 노새 4마리· 소 9마리· 나귀

orin juwe, uheri susai, gulu 21/22 šanggiyan i ice cahar i olji,
22마리, 총 50입니다. 正白의 새로운 차하르의 노획은

niyalma uyun, eihen juwan, uheri juwan uyun, kubuhe šanggiyan i
사람 9명· 나귀 10마리, 총 19입니다. 鑲白의

ice cahar i olji, niyalma duin, ihan nadan, eihen duin, uheri tofohon,
새로운 차하르의 노획은 사람 4명· 소 7마리· 나귀 4마리, 총 15입니다.

gulu lamun i ice cahar i olji, morin juwe, ihan duin, eihen jakūn,
正藍의 새로운 차하르의 노획은 말 2마리· 소 4마리· 나귀 8마리,

uheri juwan duin, kubuhe lamun i ice cahar i olji, niyalma juwan,
총 14입니다. 鑲藍의 새로운 차하르의 노획은 사람 10명·

eihen juwan emu, ihan 22/23 juwe, uheri orin ilan, cahar, karacin,
나귀 11마리, 소 2마리, 총 23입니다. 차하르· 카라친·

tumet i baha olji, niyalma ilan tanggū dehi sunja, morin losa
투메트의 획득한 노획은 사람 345명· 말과 노새

nadanju emu, ihan ilan tanggū juwan emu, eihen ilan tanggū uyunju
71마리· 소 311마리· 나귀 397마리·

nadan, honin emu tanggū juwan, uheri olji ton,
양 110마리, 총 노획의 수는

emu minggan juwe tanggū gūsin duin,, 23/24
1,234입니다.」

○ ineku juwan uyun de, donggo gege, turgei i sargan gege,
같은 19일에, 동고 거거와 투르거이의 부인 거거·

gurbusi efu i sargan gege, abtai nakcu i sargan gege be,
구르부시 어푸의 부인 거거· 압타이 낙추의 부인 거거를

enduringge han dulimbai genggiyen elhe boo de dosimbufi, dorolome
성스러운 황제가 중앙의 淸寧宮에 들어오게 하고, 예를 갖춰

sarin sarilafi, donggo gege de gecuheri emke, suje duin, fulgiyan jafu
잔치를 베풀고, 동고 거거에게 蟒緞 1필· 비단 4필· 붉은 모직물

emke, turgei i sargan gege, gurbusi efu i sargan gege, abtai nakcu
1장을, 투르거이의 부인 거거와 구르부시 어푸의 부인 거거와 압타이 낙추의

i 24/25 sargan gege de gecuheri emte, suje ilata, fulgiyan jafu emte
부인 거거에게 蟒緞 1필씩· 비단 3필씩· 붉은 모직물 1장씩을

buhe,,
주었다.

enduringge han i hesei dergi hanciki amba fujin, wargi wesihun
성스러운 황제의 旨로 東宸 大 푸진· 西貴

amba fujin, dergi ashan i ijishūn fujin, 25/26 wargi ashan i jingji
大 푸진· 東側 淑푸진· 西側 莊 푸진·

fujin, hošoi fujisa, doroi fujisa, doroi beile i sargan fujisa, gūsai
호쇼이 푸진들· 도로이 푸진들· 도로이 버일러의 처 푸진들· 구사이

fujisa, gurun i gungju se, hošoi gungju se, hošoi gege se, doroi
푸진들· 구룬이 공주들· 호쇼이 공주들· 호쇼이 거거들· 도로이

gege se, doroi beile i jui gege se, gūsai gege sede jergi bodome
거거들· 도로이 버일러의 딸인 거거들· 구사이 거거들에게 등급을 헤아려

faidan i jaka be toktobuha, dergi hanciki amba fujin, wargi wesihun
의장의 물품을 정했다. 東宸 大 푸진· 西貴

amba fujin i juleri faidarangge, sejen emke, 26/27 tondo fesin i
大 푸진의 앞에 정렬하는 것은 수레 1대· 곧은 손잡이의

suwayan sara juwe, šun dalikū juwe, morin yalure menggun de aisin
황색 傘 2개· 日傘 2개· 말 타는데 쓰는 은에 금을

ijuha mulan emke, menggun de aisin ijuha ise emke, bethe
입힌 걸상 1개· 은에 금을 입힌 의자 1개· 脚踏

fehurengge emke, cifelere moro emke, muke tebure tamse emke,
1개· 唾具 1개· 물 담는 단지 1개·

fengse emke, u jang juwe, hūng jang juwe, ioi boo cuwang juwe,
동이 1개· 吾杖 2개· 紅杖 2개· 油寶扇 2개·

derhuwe bošokū juwe, niyalma jailabure tu juwe, 27/28 dergi ijishūn
파리채 2개· 사람을 회피시키는 纛 2개. 東淑

fujin, wargi jingji fujin i juleri faidarangge, sejen emke, suwayan
푸진과 西莊 푸진의 앞에 정렬하는 것은 수레 1대· 황색

sara emke, yacin muheliyen šun dalikū emke, cifelere moro emke,
傘 1개· 푸른 원형의 日傘 1개· 唾具 1개·

muke tebure fengse emke, u jang juwe, hūng jang juwe, derhuwe
물 담는 동이 1개· 吾杖 2개· 紅杖 2개· 파리채

bošokū juwe, niyalma jailabure tu juwe, hošoi fujin de sejen emke,
2개· 사람을 회피시키는 纛 2개. 호쇼이 푸진에게는 수레 1대·

aisin okto latubuha fulgiyan sara 28/29 emke, yacin muheliyen šun
황금 안료를 붙인 붉은색 傘 1개· 푸른 원형의 日傘

dalikū emke, cifelere moro emke, muke tebure fengse emke, u jang
1개· 唾具 1개· 물 담는 동이 1개· 吾杖

juwe, hūng jang juwe, derhuwe bošokū juwe, niyalma jailabure kiru
2개· 紅杖 2개· 파리채 2개· 사람을 회피시키는 小旗

juwe, doroi fujin de sejen emke, aisin okto latubuha fulgiyan sara
2개. 도로이 푸진에게는 수레 1대· 황금 안료를 붙인 붉은색 傘

emke, yacin šun dalikū emke, muke tebure fengse emke, u jang juwe,
1개· 푸른 日傘 1개· 물 담는 동이 1개· 吾杖 2개·

derhuwe bošokū juwe, 29/30 niyalma jailabure kiru juwe, doroi beile
파리채 2개· 사람을 회피시키는 小旗 2개. 도로이 버일러의

i sargan fujin de sejen emke, aisin okto latubuha fulgiyan sara
부인인 푸진에게는 수레 1대· 황금 안료를 붙인 붉은색 傘

emke, hūng jang juwe, derhuwe bošokū juwe, gūsai fujin de sejen
1개· 紅杖 2개· 파리채 2개. 구사이 푸진에게는 수레

emke, aisin okto latubuha yacin sara emke, hūng jang juwe, gurun i
1대· 황금 안료를 붙인 푸른색 傘 1개· 紅杖 2개. 구룬

gungju de sejen emke, aisin okto latubuha fulgiyan sara emke, yacin
공주에게는 수레 1대· 황금 안료를 붙인 붉은색 傘 1개· 푸른

muheliyen šun dalikū 30/31 emke, cifelere moro emke, muke tebure
원형의 日傘 1개· 唾具 1개· 물 담는

fengse emke, u jang juwe, hūng jang juwe, derhuwe bošokū juwe,
동이 1개· 吾杖 2개· 紅杖 2개· 파리채 2개·

niyalma jailabure kiru juwe, hošoi gungju de sejen emke, aisin okto
사람을 회피시키는 小旗 2개. 호쇼이 공주에게는 수레 1대· 황금 안료를

latubuha fulgiyan sara emke, yacin muheliyen šun dalikū emke, muke
붙인 붉은색 傘 1개· 푸른 원형의 日傘 1개· 물

tebure fengse emke, u jang juwe, hūng jang juwe, derhuwe bošokū
담는 동이 1개· 吾杖 2개· 紅杖 2개· 파리채

juwe, hošoi gege de 31/32 sejen emke, aisin okto latubuha fulgiyan
2개. 호쇼이 거거에게는 수레 1대· 황금 안료를 붙인 붉은색

sara emke, yacin šun dalikū emke, u jang juwe, derhuwe bošokū
傘 1개· 푸른 日傘 1개· 吾杖 2개· 파리채

juwe, doroi gege de sejen emke, aisin okto latubuha fulgiyan sara
2개. 도로이 거거에게는 수레 1대· 황금 안료를 붙인 붉은색 傘

emke, hūng jang juwe, derhuwe bošokū juwe, doroi beile i jui gege
1개· 紅杖 2개· 파리채 2개. 도로이 버일러의 딸인 거거에게는

de sejen emke, aisin okto latubuha yacin sara emke, hūng jang juwe,
수레 1대· 황금 안료를 붙인 푸른색 傘 1개· 紅杖 2개.

gūsai gege de 32/33 sejen emke, hūng jang juwe, faidan i jaka be
구사이 거거에게는 수레 1대· 紅杖 2개. 의장의 물건을

dagila seme hošoi fujisa, gurun i gungju sede jakūnjuta yan
준비하라고 호쇼이 푸진들· 구룬이 공주들에게 80량씩의

menggun, doroi fujisa, hošoi gungju sede ninjute yan, doroi beile i
은을, 도로이 푸진들· 호쇼이 공주들에게 60량씩을, 도로이 버일러의

sargan fujisa de dehite yan buhe,,
처 푸진들에게 40량씩을 주었다.

tongki fuka sindaha hergen i dangse

點·圈을 찍은 문자의 檔子

orin ilaci debtelin

23권

wesihun erdemungge i sucungga aniya nadan biya

숭덕 원년 7월

23권, 숭덕 원년 7월

tongki fuka sindaha hergen i dangse,,
點· 圈을 찍은 문자의 檔子

○ orin juwe de, kubuhe lamun i lii guwang guwe i nirui
22일에, 鑲藍旗의 lii guwang guwe의 니루의

janggin be efulehe turgun, enduringge han i hesei hafan i jurgan i
장긴을 혁직한 이유. 성스러운 황제의 旨로 吏部의

hošoi mergen cin wang, aliha ambasa, nikan i sakda yadahūn
호쇼이 머르건 친왕과 承政들이 漢人의 늙고 가난한

hafasa be isabufi ilgara de, lii guwang guwe mini boo yadahūn, morin
관원들을 모아서 구분할 때, lii guwang guwe는 "나의 집이 가난하여 말을

udaci baharakū seme maraha 1/2 manggi, geren hafasa erei boo bayan
사서 얻지 못했다" 라며 거절한 뒤에 여러 관원들이 "이 자의 집은 부유하다"

seme alaci, inu marame jabuha, jai ini gūsai bithesi tohotoi alame,
라고 고했는데, 또 거절하며 답했다. 또 그의 구사의 비트허시 토호토이가 고하기를,

erei boo bayan aha ihan ambula bi, ere cooha yabure be bame
"이 자의 집은 부유하여 노예와 소가 많습니다. 이번에 出征하는 것을 싫어하여

bulcambi, inde dasame fonjici, boo bayan mujangga ofi, aliha amban
회피하려는 것입니다." 그에게 다시 물으니, 집이 부유한 것이 사실이어서 承政

tanggūdai, sele, lii yan geng, dzu je hūng, boigon i jurgan i 2/3
탕구다이· 설러· 李延庚· 祖澤洪, 戶部의

aliha amban inggūldai, enduringge han de wesimbufi lii guwang guwe i
承政 잉굴다이가 성스러운 황제에게 상주하여 lii guwang guwe의

nirui janggin be efulefi irgen obuha,,
니루의 장긴을 혁직하고 평민으로 삼았다.

○ ineku orin juwe de, enduringge han, morin ulin benjime
같은 22일에, 성스러운 황제가 말과 재물을 보내고

hengkileme jihe tumet gurun i ambasa de buhengge, guluge cūhur
고두하러 온 투메트 국의 대신들에게 내린 것. 굴루거 추후르에게

de menggun 3/4 ninggun tanggū gūsin yan, seke i doko hayaha
銀 630량· 초피로 안감 입히고 테두른

jibca emke, hūrha seke i hayaha ulhu i doko pengduwan de puse
가죽옷 1벌· 후르하 초피로 테두르고 灰鼠皮로 안감 입힌 彭緞에 흉배

ten ifiha burgiyen i jibca emke, hūrha seke i dahū emke, icehe
끝을 꿰맨 겉감의 가죽옷 1벌· 후르하 초피의 털가죽외투 1벌· 염색한

seke i mahala emke, foloho umiyesun de fungku fadu hūwaitahai
초피의 겨울모자 1개· 조각한 요대에 수건과 주머니를 묶은 것

emke, šempi hafiraha sarin gūlha de suje i wase jibsihai emu juru,
1개· 綠斜皮를 끼운 가랑이가죽 신발에 비단 양말을 겹친 것 1쌍·

sain uksin 4/5 aisin dosimbuha saca galaktun, narhūn foloho enggemu
좋은 갑옷과 금으로 象嵌한 투구와 갑옷소매· 가늘게 조각한 말안장에

de tohoma kamcihai emke, sarin soforo enggemu de tohoma kamcihai
말다래를 겹친 것 1개· 가랑이가죽 깔개 있는 안장에 말다래를 겹친 것

emke, hokton i enggemu de tohoma kamcihai emke, foloho loho
1개· 참나무 안장에 말다래를 겹친 것 1개· 조각한 腰刀

emke, foloho jebele de beri niru sisihai emke, guluge cūhur i sargan
1개· 조각한 화살집에 활과 화살을 꽂은 것 1개, 굴루거 추후르의 妻에게

de sahalca seke juwan, hanggū hatan janggin de menggun tanggū
黑貂皮 10장, 항구 하탄 장긴에게 銀 100량·

yan, hūrha seke i hayaha ulhu i 5/6 doko pengduwan de puse ten
후르하 초피로 테두르고 灰鼠皮로 안감 입힌 彭緞에 흉배 끝을

ifiha burgiyen i jibca emke, icehe seke i mahala emke, foloho
꿰맨 겉감의 가죽옷 1벌· 염색한 초피 겨울모자 1개· 조각한

umiyesun de fungku fadu hūwaitahai emke, šempi hafiraha sarin i
요대에 수건과 주머니를 묶은 것 1개· 綠斜皮를 끼운 가랑이가죽

gūlha de suje i wase jibsihai emu juru, uksin emke, foloho loho
신발에 비단 양말을 겹친 것 1쌍· 갑옷 1벌· 조각한 腰刀

emke, foloho jebele de beri niru sisihai emke, hokton i enggemu de
1개· 조각한 화살집에 활과 화살을 꽂은 것 1개· 참나무 안장에

tohoma kamcihai emke, sahalca 6/7 seke juwan, toho janggin de juwe
말다래를 겹친 것 1개· 흑초피 10장, 토호 장긴에게 225량의

tanggū orin sunja yan menggun, hūrha seke i hayaha honci doko
銀· 후르하 초피로 테두르고 양가죽으로 안을 입힌

pengduwan de puse ten ifiha burgiyen i jibca emke, sahalca seke i
彭緞에 흉배 끝을 꿰맨 겉감의 가죽옷 1벌· 흑초피의

dahū emke, icehe seke i mahala emke, foloho umiyesun de fungku
털가죽외투 1벌· 염색한 초피 겨울모자 1개· 조각한 요대에 수건과

fadu hūwaitahai emke, šempi hafiraha sarin i gūlha de suje i wase
주머니를 묶은 것 1개· 綠斜皮를 끼운 가랑이가죽 신발에 비단 양말을

jibsihai emu juru, 7/8 foloho jebele de beri niru sisihai emke, foloho
겹친 것 1쌍· 조각한 화살집에 활과 화살을 꽂은 것 1개· 조각한

loho emke, acinggiyame foloho enggemu de tohoma kamcihai emke,
腰刀 1개· 움직이는 듯 조각한 말안장에 말다래를 겹친 것 1개·

hokton i enggemu de tohoma kamcihai emke, uksin emke, behi
참나무 안장에 말다래를 겹친 것 1개· 갑옷 1벌, 버히

janggin de menggun nadanju yan, hūrha seke i hayaha honci doko
장긴에게 銀 70량· 후르하 초피로 테두르고 양가죽으로 안을 입힌

pengduwan de puse ten ifiha burgiyen i jibca emke, sahalca seke
彭緞에 흉배 끝을 꿰맨 겉감의 가죽옷 1벌· 흑초피

tofohon, icehe seke i mahala 8/9 emke, foloho umiyesun de fungku
15장· 염색한 초피 겨울모자 1개· 조각한 요대에 수건과

fadu hūwaitahai emke, šempi hafiraha sarin i gūlha de suje i wase
주머니를 묶은 것 1개· 緣斜皮를 끼운 가랑이가죽 신발에 비단 양말을

jibsihai emu juru, foloho jebele de beri niru sisihai emke, foloho loho
겹친 것 1쌍· 조각한 화살집에 활과 화살을 꽂은 것 1개· 조각한 腰刀

emke, foloho enggemu de tohoma kamcihai emke, hokton i enggemu
1개· 조각한 말안장에 말다래를 겹친 것 1개· 참나무 안장에

de tohoma kamcihai emke, uksin emke, tobok dalai eigen sargan de
말다래를 겹친 것 1개· 갑옷 1벌, 토복 달라이 夫婦에게

menggun emu tanggū 9/10 susai yan, hūrha seke i dahū emke, ajige
銀 150량· 후르하 초피의 털가죽외투 1벌, 아지거

norbu janggin de menggun emu tanggū yan, hūrha seke i hayaha
노르부 장긴에게 銀 100량· 후르하 초피로 테두르고

honci doko pengduwan de puse ten ifiha burgiyen i jibca emke,
양가죽으로 안감 입힌 彭緞에 흉배 끝을 꿰맨 겉감의 가죽옷 1벌·

icehe seke i mahala emke, foloho umiyesun de fungku fadu
염색한 초피 겨울모자 1개· 조각한 요대에 수건과 주머니를

hūwaitahai emke, šempi hafiraha gūlha de suje i wase jibsihai emu
묶은 것 1개· 緣斜皮를 끼운 신발에 비단 양말을 겹친 것 1쌍·

juru, foloho jebele de 10/11 beri niru sisihai emke, foloho enggemu
조각한 화살집에 활과 화살을 꽂은 것 1개· 조각한 말안장

emke, hokton i enggemu de tohoma kamcihai emke, seleme emke,
1개· 참나무 안장에 말다래를 겹친 것 1개· 단도 1개,

amba norbu de menggun susai yan, hūrha seke i hayaha honci doko
암바 노르부에게 銀 50량· 후르하 초피로 테두르고 양가죽으로 안을 입힌

pengduwan de puse ten ifiha burgiyen i jibca emke, icehe seke i
彭緞에 흉배 끝을 꿰맨 겉감의 가죽옷 1벌· 염색한 초피

mahala emke, foloho umiyesun de fungku fadu hūwaitahai emke,
겨울모자 1개· 조각한 요대에 수건과 주머니를 묶은 것 1개·

šempi hafiraha gūlha de 11/12 suje i wase jibsihai emu juru, foloho
緣斜皮를 끼운 신발에 비단 양말을 겹친 것 1쌍· 조각한

jebele de beri niru sisihai emke, hokton i enggemu de tohoma
화살집에 활과 화살을 꽂은 것 1개· 참나무 안장에 말다래를

kamcihai emke, seleme emke, buyandai janggin de menggun susai yan,
겹친 것 1개· 단도 1개, 부얀다이 장긴에게 銀 50량·

hūrha seke i hayaha honci doko pengduwan de puse ten ifiha
후르하 초피로 테두르고 양가죽으로 안감 입힌 彭緞에 흉배 끝을 꿰맨

burgiyen i jibca emke, icehe seke i mahala emke, foloho umiyesun
겉감의 가죽옷 1벌· 염색한 초피 겨울모자 1개· 조각한 요대에

de fungku fadu hūwaitahai emke, šempi 12/13 hafiraha gūlha de suje
수건과 주머니를 묶은 것 1개· 綠斜皮를 끼운 신발에 비단

i wase jibsihai emu juru, foloho jebele de beri niru sisihai emke,
양말을 겹친 것 1쌍· 조각한 화살집에 활과 화살을 꽂은 것 1개·

hokton i enggemu de tohoma kamcihai emke, tumei lung de
참나무 안장에 말다래를 겹친 것 1개, 투머이 룽에게

menggun nadanju yan, hūrha seke i hayaha honci doko pengduwan
銀 70량· 후르하 초피로 테두르고 양가죽으로 안감 입힌 彭緞에

de puse ten ifiha burgiyen i jibca emke, icehe seke i mahala emke,
흉배 끝을 꿰맨 겉감의 가죽옷 1벌· 염색한 초피 겨울모자 1개·

foloho umiyesun de fungku fadu 13/14 hūwaitahai emke, šempi
조각한 요대에 수건과 주머니를 묶은 것 1개· 綠斜皮를

hafiraha gūlha de suje i wase jibsihai emu juru, foloho jebele de
끼운 신발에 비단 양말을 겹친 것 1쌍· 조각한 화살집에

beri niru sisihai emke, foloho enggemu de tohoma kamcihai emke,
활과 화살을 꽂은 것 1개· 조각한 말안장에 말다래를 겹친 것 1개·

hokton i enggemu de tohoma kamcihai emke, sahalca seke juwan,
참나무 안장에 말다래를 겹친 것 1개· 흑초피 10장,

buhu lama i ahūn šulengge de menggun dehi yan, hūrha seke i
부후 라마의 형 슐렁거에게 銀 40량· 후르하 초피로

hayaha honci doko pengduwan de puse 14/15 ten ifiha burgiyen i
테두르고 양가죽으로 안감 입힌 彭緞에 흉배 끝을 꿰맨 겉감의

jibca emke, icehe seke i mahala emke, foloho umiyesun de fungku
가죽옷 1벌· 염색한 초피 겨울모자 1개· 조각한 요대에 수건과

fadu hūwaitahai emke, šempi hafiraha gūlha de suje i wase jibsihai
주머니를 묶은 것 1개· 綠斜皮를 끼운 신발에 비단 양말을 겹친 것

emu juru, foloho jebele de beri niru sisihai emke, hokton i enggemu
1쌍· 조각한 화살집에 활과 화살을 꽂은 것 1개· 참나무 안장에

de tohoma kamcihai emke, esen de menggun dehi yan, sereng de
말다래를 겹친 것 1개, 어선에게 銀 40량, 서렁에게

menggun jakūnju yan, teji de 15/16 menggun nadanju yan, bilik de
銀 80량, 터지에게 銀 70량, 빌릭에게

menggun emu tanggū yan, tuktuma uksin emke, nadan sara i jebele
銀 100량· 속미늘갑옷 1벌· 7개의 금속장식이 있는 화살집

emke, jursu toohan umiyesun emke, foloho loho emke, beri emke,
1개· 二重의 띠돈이 있는 요대 1개· 조각한 腰刀 1개· 활 1개,

bidulai de menggun gūsin yan, ubasanca de menggun gūsin yan,
비둘라이에게 銀 30량, 우바산차에게 銀 30량·

sahalca seke juwan, dalai corji de menggun dehi yan, sahalca seke
흑초피 10장, 달라이 초르지에게 銀 40량· 흑초피

sunja, darca de 16/17 menggun dehi yan, umiyesun emke, loho emke,
5장, 다르차에게 銀 40량· 요대 1개· 腰刀 1개·

beri emke, oboni de menggun orin yan, buhu lama de menggun
활 1개, 오보니에게 銀 20량, 부후 라마에게 銀

juwan yan, kesitu de menggun orin yan buhe, esei gucuse uyun
10량, 커시투에게 銀 20량을 주었다. 이들의 구추들 9명에게

niyalma de juwanta yan, susai ninggun niyalma de sunjata yan
10량씩, 56명에게 5량씩

menggun buhe, ordos gurun i erincin jinong de foloho enggemu
銀을 주었다. 오르도스 구룬의 어린친 지농에게 조각한 말안장

emke, umiyesun emke, 17/18 seleme emke, sahalca seke juwan, erincin
1개· 요대 1개· 단도 1개· 흑초피 10장, 어린친

jinong ni eme de sahalca seke juwan, guru de sahalca seke juwan
지농의 母親에게 흑초피 10장, 구루에게 흑초피 10장을

buhe, cekcemu de hūrha seke i dahū emke, gecuheri monggorokū
주었다. 척처무에게 후르하 초피의 털가죽외투 1벌· 蟒緞의 옷깃

sindame suje i sijigiyan emke, suje i camci fakūri, emu morin de
달린 비단 袍 1벌· 비단 속저고리와 바지· 1마리 말에

enggemu hadala tohohoi, cekcemu i eme de sain suje i ulhun
말안장과 굴레를 채운 것, 척처무의 모친에게 좋은 비단 披領이

sindame šanggiyan samsu i teleri, kamkū i 18/19 ojin, samsu i
달린 하얀 翠藍布의 捏摺女朝衣· 帽緞의 捏摺女朝褂· 翠藍布의

gahari fakūri buhe, cekcemu i gucu dasamu, basatai, kitat, sonom,
布衫 바지를 주었다. 척처무의 구추 다사무· 바사타이· 키타트· 소놈,

ere duin niyalma de suje i monggorokū sindame šanggiyan samsu i
이 4명에게 비단의 테두리 깃이 달린 하얀 翠藍布의

sijigiyan emte, lamun i gahari fakūri emte, boroldoi, coi, siberce,
袍 1벌씩· 남색의 布衫 바지 1벌씩, 보롤도이· 초이· 시버르처,

ere ilan niyalma de samsu i sijigiyan emte, samsu i gahari fakūri
이 3명에게 翠藍布의 袍 1벌씩· 翠藍布의 布衫 바지

emte, jai ilan hehe de suje i monggorokū sindame mocin i golmin
1벌씩, 또 3명의 여자에게 비단 옷깃이 달린 毛靑의 긴

sijigiyan emte, 19/20 samsu i gahari fakūri emte buhe, bufi genere
袍 1벌씩· 翠藍布의 布衫 바지 1벌씩을 주었다. 주고 가는

doroi genggiyen elhe booi hūwa de dosimbufi amba sarin sarilaha,,
禮로 清寧宮의 뜰에 들어오게 하여 크게 잔치를 베풀었다.

○ ineku orin juwe de, cotung nirui janggin nimeme akū ofi,
같은 22일에, 초통 니루의 장긴이 병으로 죽었는데,

jui baisha be ineku nirui janggin siraha,, 20/21
아들 바이스하에게 그 니루의 장긴을 잇게 했다.

○ ineku orin juwe de, gahai de anafu tenehe dunggalai,
같은 22일에, 가하이에서 防戍하던 둥갈라이·

arantai, dardai isinjiha,,
아란타이· 다르다이가 도착했다.

○ orin ilan de, morin ulin alban benjime hengkileme jihe
23일에, 말과 재물, 貢賦을 보내고 고두하러 온

tumet i guluge cūhur sei jergi ambasa genere de, bošoktu han i
투메트의 굴루거 추후르 등의 여러 대신들이 갈 때, 보쇽투 한의

jui, bošoktu 21/22 han i šūn i wang doron be guluge cūhur de
아들과 보쇽투 한의 順義王 印章을 굴루거 추후르에게

afabume bufi unggihe, esei emgi erdeni, darhan, nangsu de emu gūsai
맡겨 주어 보냈다. 이들과 함께 어르더니 다르한 낭수에게 1개 구사의

juwete niyalma be adabufi unggihe,,
2명씩의 사람을 붙여서 보냈다.

○ orin duin de, daitung, siowan fu i golo de cooha genehe
24일에, 大同· 宣府 지방에 出征한

baci mejige alanjime jidere be 22/23 aliyame cegen de tenehe sibedei
곳에서 소식을 고하고자 오는 것을 기다리며 처건에 주둔한 시버더이가

isinjiha, lošo, jasuka sei mejige alanjime jidere de, cooha genehe baci
도착했다. 로쇼· 자수카 등이 소식을 고하고자 올 때, 출정한 곳으로부터

doroi baturu giyūn wang, doroi bayan beile se, ping g'o, ša g'o sere
도로이 바투루 군왕· 도로이 바얀 버일러 등이 蘋果(사과)· 沙果(능금)라는

juwe hacin i tubihe be, enduringge han de emu losa de acifi unggihe
두 종류의 과일을 성스러운 황제에게 1마리의 노새에 실어 보냈었다.

bihe, enduringge han angga isire onggolo encu gurun i ice tubihe
성스러운 황제는 입에 대기 전에 다른 구룬의 새로운 과일

seme 23/24 taimiyoo de niyalma takūrafi dobonoho,,
이라 하여 太廟에 사람을 파견하여 올렸다.

○ orin sunja de, karacin i ombu cūhur de menggun emu tanggū
25일에, 카라친의 옴부 추후르에게 銀 100량,

yan, ubade tehe juwe sargan de ifiha ojin teleri juwe
여기에 있는 2명의 妻에게 수놓은 捏摺女朝褂와 捏摺女朝衣

juru, icehe seke jakūn, tubade tehe ilan sargan de juwan seke
2쌍· 염색한 초피 8장, 그곳에 있는 3명의 妻에게 10장의 초피를

buhe,, 24/25
주었다.

○ ineku orin sunja de, geren hošoi cin wang, doroi giyūn wang,
같은 25일에, 여러 호쇼이 친왕· 도로이 군왕·

gūsai beise se, bithe coohai geren hafasa wesihun dasan i yamun de
구사이 버이서들· 文武의 여러 관원들이 崇政殿에

isafi juwe gala arame faidaha manggi, enduringge han tucifi soorin
모여서 두 翼으로 정렬한 후에 성스러운 황제가 나와서 옥좌에

de tehe, hūlara hafan hūlame, wesimbure baita bici wesimbu sehe,
앉았다. 贊禮郞이 외치기를, "상주할 일이 있으면 상주하라"고 했다.

jurgan i geren 25/26 ambasa jabume, wesimbure baita akū sehe
部의 여러 대신들이 대답하기를, "상주할 일이 없습니다" 라고 한

manggi, enduringge han soorin ci julesi ibeme tefi hese wasimbume,
뒤에 성스러운 황제는 옥좌로부터 앞으로 나아가서 앉고 旨를 내리기를,

geren suwe gemu ibe, suwende bi emu ajige weile be alara
"여러 너희는 모두 나와라. 너희에게 내가 하나의 작은 일을 말하겠다"

sefi, babuhai be hūlafi juleri niyakūrabufi, hendume, ere babuhai
하고, 바부하이를 불러서 앞에 무릎 꿇게 하고 말하기를, "이 바부하이는

mini duka yamun de tondokon yamularakū, yamulaha seme dosobume
나의 문의 아문에 제대로 登廳하지 않고, 登廳했다고 해도 오래

terakū, aldasi sargan be kidume 26/27 boode genembi, cara aniya
머물지 않고 도중에 처를 그리워하여 집으로 갔다. 작년에

dung ging ni mafari miyoo de weceme gene seme abai age, babuhai be
東京(遼陽)의 祖廟에 제사지내러 가라고 아바이 아거· 바부하이를

unggihe bihe, babuhai emgi genehe abai age be aliyahakū ebšeme
보냈었다. 바부하이는 함께 간 아바이 아거를 기다리지 않고 서둘러

juleri genefi, weceme gamara ihan an i waliyara uyun i inenggi be
앞서 가서 제사에 쓸 소를 평소의 제사대로 9일을

aliyahakū, gūwa i ihan be jafame gaifi, jakūn i inenggi wame
기다리지 않고 다른 사람의 소를 잡아서 취하고, 8일째 되는 날에 죽여서

wecefi, uthai tere inenggi dobori dulime jihebi, tereci abai age
제사지내고 바로 그 날 밤을 새워 돌아왔다. 그 후 아바이 아거가

amala 27/28 isinafi, ihan i ejen de gamaha ihan be toodame buci,
나중에 도착하여 소의 주인에게 가져간 소를 배상해 주었지만

ihan i ejen ajigen seme gaihakūbi, jai ihan i ejen jurgan i
소의 주인이 작다고 하여 취하지 않고 또 소의 주인이 部의

yamun de alanjifi, fafun i ambasa beideme babuhai de weile
아문에 고해오니, 法司의 대신들이 審理하여 바부하이에게 죄를

tuhebufi gūsin yan i weile, ihan toodabume ihan i dele juwan yan
정해서 30량의 贖과 소를 배상하도록 소에 더하여 10량의

menggun bume beidehebi, fafun be jurceme ilan aniya otolo ihan
銀을 주라고 판정했다. 법을 어기고 3년이 되도록 소를

toodahakūbi, weile inu buhekūbi, ihan i ejen geli habšanjire jakade,
배상하지 않았고 贖 또한 주지 않았다. 소의 주인이 다시 소송해왔기 때문에

fafun i ambasa 28/29 beideme jursu weile tuhebufi, holbome ninju
法司의 대신들이 審理하여 二重의 죄를 정해서 곱절로 60

yan i weile, juwe ihan holbohon orin yan menggun bu seme beidehe
량의 贖과 2마리의 소에 대한 20량의 은을 주라 하여 판정내린

be, babuhai geli marame alime gaijarakū, dahime ini beyebe
것을, 바부하이가 다시 거부하고 받아들이지 않고 다시 그 자신이

guwebume abai age de weile tuhebume minde gisun wesimbuhe
면하기 위해 아바이 아거에게 죄를 씌우고자 나에게 말을 올리니

manggi, bi erei budun ehelinggu be ferguweme wajirakū ofi, geren
나는 그의 우매하고 용렬함에 놀라기를 금할 수 없다. 여러

suwembe donjikini serengge, yala bahanara niyalma oci, ere weile be
너희에게 들으라고 하는 것은, 정말 지각있는 사람이면 이 일을

29/30 fejergi deri wajiki, dele donjirahū seme hūdun bure giyan
아래에서 끝내겠다, 위에서 들을까 염려된다 하고 속히 주는 것이 마땅한

kai, nememe dahirengge ereci geli farhūn budun bio, suwembe
것이다. 도리어 다시 반복했으니 이보다 더 어리석고 우매함이 있겠는가? 너희를

ahūta deote akdun seme beyei funde takūraha kai, mafari de
형제들이라 믿을 수 있다고 하여 나 대신 파견한 것이다. 조상에게

hiyoošulame waliyaki serakū, hese be jurceme ebšeme waliyafi dobori
효도하도록 제사지내려고 하지 않고, 旨를 어기고 서둘러 제사지내고 밤을

dulime jihengge sinde ai baita bi, sargan de eterakū boode emu sula
새워 돌아왔으니 너에게 무슨 일이 있는가? 妻를 이기지 못하여 집에 1명의 시녀·

hehe derhuwe bošoro sargan jui hono emken biburakū, inenggidari
파리 쫓는 어린 여자아이조차 하나도 두지 못하여 날마다

30/31 jampan cafi bimbi sere, ini meye tajan hendume, mini efu
장막을 치고 있다고 하니, 그의 妹弟 타잔이 말하기를, '나의 처남과

gege i jakade yaburengge mangga, juleri niyalma takūrafi genere
거거가 있는 곳에 왕래하기 어렵습니다. 먼저 사람을 보내어 가보도록

dabala, uthai geneci ojorakū gicuke sembi, ya de eigen sargan akū,
할 뿐, 직접 갈 수 없어 부끄럽습니다' 라고 한다. 어느 누가 남편과 아내가 없는가?

tereci geli gicukengge bio, enteke hehe be geren suwe ainu
이보다 더 부끄러운 것이 있는가? 이런 여자를 여러 너희는 어찌

warakū, babuhai i sargan minde aika kimun bio, yangguri efu
죽이지 않는가? 바부하이의 처가 나와 무슨 원한이 있겠는가? 양구리 어푸는

serengge, mini gosire amban kai, ere emhun be 31/32 waka, yaya
내가 아끼는 대신이다. 이 한 사람 뿐만 아니라 누구라

sehe seme ere gese weile minde daci acarakū seme ambula gasaha
하더라도 이와 같은 일은 나와 원래 맞지 않는다" 라며 크게 비통해 한

manggi, geren wang sa jabume, budun i uju babuhai de mohohobi,
뒤에 여러 왕들이 대답하기를, "우매함의 필두는 바부하이에게서 극에 달합니다.

erei girure anggala meni geren inu gemu giruha seme jabuha
그 자신은 말할 것도 없고 우리 여럿 또한 모두 부끄럽습니다"라고 대답한

manggi, enduringge han hese wasimbume, ere weile, te emgeri
뒤에 성스러운 황제는 旨를 내리기를 "이 일은 지금 이미

wajiha, erei budun be geren i juleri girukini sehengge sehe,, 32/33
끝났다. 그의 우매함을 여러 사람의 앞에서 부끄러우라고 말한 것이다"라고 했다.

enduringge han hese wasimbume, geren gūsai beise sei baru suwe
성스러운 황제는 旨를 내려서 여러 구사이 버이서들에게 "너희는

gingguleme donji, nenehe dergi taidzu i fonde, meni jergingge
삼가 들으라. 선대 上 太祖의 시기에 우리의 세대는

cimaha abalambi seci, inenggi giyahūn maktambi, mumuhu
내일 아침에 몰이사냥을 한다 하면, 그날은 매를 놓고 공을

feshelembi, aba de gamarakū ohode, songgome dahambihe, te i
찬다. 몰이사냥에 데려가지 않으면 울면서 명을 따랐다. 지금의

juse be tuwaci, hūdai ba be šurdeme hokorakū yabumbi, efin sebjen
자제들을 보면, 시장을 돌며 벗어나지 않고 다닌다. 기예와 음악에

de dosikabi, nenehe 33/34 jalan i amban asihan yadara joboro fonde,
빠졌다. 이전 세대의 대신과 소민은 가난하고 괴로울 때

aba cooha sehe manggi amtangga, kutule bisirengge komso, meni
사냥과 전쟁이라 하면 즐거워하며, 쿠툴러가 있는 자가 적어서 각자

meni morin be tuwakiyame buda bujume tohoma be sekteme
말을 지키고 밥을 지으며 말다래를 깔고

yabumbihe, tuttu jobocibe meni meni ejete de kemuni lakcarakū
갔었다. 그렇게 괴로워도 각자 주인들에게 늘 끊임없이

hūsun bumbihe, tuttu faššahai jalan wesikengge wakao, te i juse
힘을 주었다. 그렇게 힘써 一代가 흥성한 게 아니겠는가? 지금의 자제들은

aba cooha tucimbi sehede, mini jui sargan nimembi, mini boode
사냥과 전쟁에 나간다고 하면, '제 아들과 아내가 아픕니다', '제 집에

baita bi serengge 34/35 labdu bi, aba cooha de yabuki julesi faššaki
일이 있습니다'라고 하는 자가 많이 있다. 사냥과 전쟁에 나가겠다, 앞장서 힘쓰겠다고

serakū, boo sargan be narame tehei jalan wasirengge tere wakao
하지 않는다. 집과 아내를 사랑하며 앉았으니 一代가 쇠락하는 그것이 아니겠는가?"

seme henduhe manggi, geren wang sa ambasa jabume, enduringge
라고 말하자, 여러 왕들과 대신들이 답하기를, "성스러운

han i hese ambula mujangga kai, mende karu jabure gisun akū
황제의 旨는 매우 틀림없는 것입니다. 저희에게 대답할 말이 없습니다"

sehe, tereci enduringge han genggiyen elhe boo de wesike,, 35/36
라고 했다. 그 후 성스러운 황제가 淸寧宮에 올랐다.

○ ineku orin sunja de, gosin onco hūwaliyasun enduringge han de
같은 25일에, 어질고 관대하고 온화하고 성스러운 황제에게

uheri be baicara jurgan i hafasai wesimburengge, be medege
都察院의 관원들이 상주한 것. 「저희가 정보를

gaici hafan i jurgan i lii yan geng niyalma be baitalara de dere
얻어보니, 吏部의 李延庚은 사람을 임용할 때 체면을

tuwambi, niyalma be wesibure de ulin gaimbi, ere weile be kemuni
봐주고, 사람을 승진시킬 때 재물을 취합니다. 이런 일을 항상

donjiha, terei 36/37 emu juwe weile be wesimbumbi, yaya baita de
들었습니다. 그의 한 두 일을 상주합니다. 모든 일에

ini fejergi takūrara niyalma be funde bošokū ajige bošokū obume
그의 수하의 부리는 사람을 푼더 보쇼쿠· 아지거 보쇼쿠로 삼아

ambula baitalahabi, yang cun hūwa be hafan sirara de susai yan
자주 기용했습니다. 楊春華가 官을 계승할 때 50량의

menggun gaiha, geli bayan šusai jang ceng yen de guculefi dere
은을 취했습니다. 또 부유한 秀才 張昌應과 교제하며 체면을

tuwame duleke aniya tucibufi dorolon i jurgan de benehe bihe, 37/38
봐주어서 작년에 천거하여 禮部에 보냈는데

baitalara unde ofi hafan i jurgan de mujilen bahabukū obuki seme
임용되지 않아서 吏部에 啓心郎으로 삼으려고

gamaha be, jeku ku i hafan cifun i hafan gisurere jakade nakaha,
처리한 것을, 穀庫의 官과 稅의 官이 거론하자 그만두었습니다.

geli gin ioi ho de hebe arafi ishunde juse deote be wesibume, han i
또 金玉和와 모의하여 서로 자식과 동생을 승진시켜, 황제의

hafan be cisui dere gaimbi, lii yan geng tucire gisun yargiyan akū,
官을 마음대로 체면을 봐줍니다. 李延庚이 발설한 말은 진실함이 없고,

argangga jalingga niyalma, 38/39 gurun i jalin de faššara mujilen
교활하고 사악한 사람으로, 나라를 위해서 힘쓰는 마음이

umai akū, damu beye booi aisi be gūnimbi, hafan i jurgan aibe,
전혀 없습니다. 단지 자기 집안의 이익을 생각합니다. 吏部가 어째서

tondo akū fafun be yaburakūngge be wesibumbi, han seole seme
올바르지 않고 法度를 행하지 않는 자를 승진시키겠습니까? 황제께서 고려해주십시오」라고

wesimbufi, fafun de benjifi duileci yargiyan i ba, lii yan geng
상주하여, 法司에 보내와서 조사해보니, 진실한 것은, 李延庚의

ni deo sotai be sain, takūraci ombi seme hafan i jurgan de gin 39/40
동생 소타이를 "좋다. 보내면 된다"라고 吏部로 金玉和가

ioi ho benehe, gin ioi ho i jui ujici be dorolon i jurgan de lii yan
보낸 것과, 金玉和의 아들 우지치를 禮部로 李延庚이

geng benehe yargiyan, erei turgunde lii yan geng, gin ioi ho be
보낸 것이 사실이었다. 이러한 이유로 李延庚· 金玉和를

wame beidefi, borhoi, gunggun, bahana, enduringge han de
死罪로 심문하자고 보르호이· 궁군· 바하나가 성스러운 황제에게

wesimbure jakade, enduringge han hese wasimbume, wara be nakabufi,
상주했기 때문에, 성스러운 황제가 旨를 내려서 死刑을 면하게 하고,

lii yan 40/41 geng be hafan i jurgan ci nakabufi jalan i janggin be
李延庚을 吏部에서 그만두게 하고 잘란 장긴을

efulefi nirui janggin obufi tanggū yan i weile, gin ioi ho be dorolon
혁직하고 니루 장긴으로 하며 100량의 贖으로, 金玉和를 禮部에서

i jurgan ci nakabufi meiren i janggin be efulefi jalan i janggin
그만두게 하고 머이런 장긴을 혁직하고 잘란 장긴으로

obufi susai yan i weile gaiha,,
하며 50량의 贖을 취했다.

○ orin jakūn de, hošoi fafungga cin wang ni 41/42 sargan
28일에, 호쇼이 파풍가 친왕의 처를

benjime jihe ilduci beile eigen sargan de enduringge han i buhengge,
보내 온 일두치 버일러 부부에게 성스러운 황제가 하사한 것.

ilduci beile de lamun suje de sese ifiha etuku juwe, suwayan suje i
일두치 버일러에게 남색 비단에 금실을 재봉한 옷 2벌· 황색 비단의

ergume emke, seke kubuhe silun i dahū emke, ajige jursu toohan
朝衣 1벌· 貂皮로 테두른 스라소니 털가죽외투 1벌· 작은 이중의 띠돈 있는

umiyesun de fungku fadu hūwaitahai emke, cekemu gūlha de ifiha
요대에 수건과 주머니를 묶은 것 1개· 倭緞 신발에 재봉한

soboro suje i wase jibsihai emu juru, deresu boro emke, 42/43 erei
담황색 비단 양말을 겹친 것 1쌍· 玉草 여름모자 1개를, 이

sargan de ifiha ojin teleri emu juru, gecuheri ojin
부인에게 재봉한 捏摺女朝褂와 捏摺女朝衣 1쌍· 蟒緞 捏摺女朝褂와

suwayan juwangduwan i teleri emu juru, sahalca seke i dahū
황색 粧緞 捏摺女朝衣 1쌍· 흑초피 털가죽외투

emke, šuru erihe emke, narhūn foloho enggemu de seke i soforo
1벌· 산호 염주 1개· 세밀하게 조각한 안장에 貂皮 안장깔개와

silun i tohoma tohohoi morin emke, suje i gūlha juwe juru,
스라소니가죽 말다래를 맨 말 1마리· 비단 신발 2쌍·

fulgiyan gecuheri emke, lamun gecuheri emke, fulgiyan dabisikū
붉은 蟒緞 1필· 남색 蟒緞 1필· 붉은 dabisikū

emke, meilun[1] cekemu emke, 43/44 pengduwan ilan, yangduwan ilan,
1필· meilun 倭緞 1필· 彭緞 3필· 洋緞 3필·

cuse ilan, kamkū ilan, solho šanggiyan fangse juwe, mocin samsu
명주 3필· 帽緞 3필· 조선 흰 紡絲 2개· 毛青布

juwan, foloho enggemu emke, tuktuma uksin emke, hilteri uksin
10필· 조각한 안장 1개· 속미늘갑옷 1개· 겉미늘갑옷

emke, ši cing latubuha tampin emke, fa lan latubuha tampin emke,
1개· 石靑을 칠한 술병 1개· 琺瑯을 칠한 술병 1개·

---

1 [簽註] gingguleme baicaci, dabisikū meilun sere juwe gisun, manju gisun i buleku bithe, fe manju gisun i bithede gemu ejehekūbi, fe dangse i songkoi sarkiyaha,,
삼가 찾아보니 'dabisikū'와 'meilun'이라는 두 말은 『清文鑑』과 『舊淸語』에 모두 기록되지 않았다. 舊檔子대로 베껴 썼다.

ši cing latubuha hūntahan taili emu juru, menggun i bethe noho
石靑을 칠한 술잔과 잔받침 1쌍· 銀製의 다리가 있는

cara emke, oljei, haira, mada, ere ilan 44/45 niyalma de gecuheri
술잔 1개를, 올저이· 하이라· 마다, 이 3명에게 蟒緞

goksi emte, sonom de haksan lingse i gecuheri ulhun i goksi
無扇肩朝衣 1벌씩을, 소놈에게 금색 綾子의 蟒緞과 披肩이 있는 無扇肩朝衣

emke, erei gucu juwe hehe de gecuheri ojin ifiha teleri emte juru,
1개씩을, 이 구추의 2명의 여자에게 蟒緞 捏摺女朝褂와 재봉한 捏摺女朝衣 1쌍씩·

haksan teleri ifiha ojin emte juru, ninggun haha de
금색 捏摺女朝衣와 재봉한 捏摺女朝褂 1쌍씩을, 6명의 남자에게

juwangduwan i ulhun šanggiyan samsu i ergume emte buhe, bufi
粧緞의 披肩이 있는 흰 翠藍布의 朝衣 1개씩을 주었다. 주고

fudere doroi genggiyen elhe booi hūwa de dosimbufi amba 45/46
전송하는 예로 淸寧宮 뜰에 들여서 큰

sarin sarilaha,,
잔치를 베풀었다.

○ gūsin de, daiming gurun de helen jafame genehe sudala,
30일에, 대명국에 정보제공포로를 잡으러 갔던 수달라와

siteku isinjiha, ese i jeo hoton i teisu dosifi emu nikan be jafafi
시터쿠가 도착했다. 이들은 義州城으로 향해 들어가서 1명의 漢人을 잡아서

gajiha, tere nikan de daiming gurun i hecen hoton dasara dagilara
데려 왔다. 그 漢人에게 대명국이 성곽을 수리하거나 대비하는 것을

be gisun fonjifi waha,,
묻고 죽였다.

tongki fuka sindaha hergen i dangse

點·圈을 찍은 문자의 檔子

orin duici debtelin,

24권

wesihun erdemungge i sucungga aniya jakūn biya,,

숭덕 원년 8월

24권, 숭덕 원년 8월

tongki fuka sindaha hergen i dangse,,
點·圈을 찍은 문자의 檔子

○ jakūn biyai ice de, non i korcin i ilduci beile eigen sargan
8월 초 1일에, 논 코르친의 일두치 버일러 부부가

genehe, genere doroi fudeme hošoi erke cin wang, hošoi fafungga cin
갔다. 가는 예로 전송하여, 호쇼이 어르커 친왕· 호쇼이 파풍가 친왕이

wang sunja ba i dubede genefi sarin sarilafi fudehe,,
5里 앞에 가서 잔치를 베풀고 전송했다.

○ ice ilan de, 1/2 enduringge han de uheri be baicara jurgan i
초 3일에, 성스러운 황제에게 都察院의

geren i wesimburengge, han i gosin onco be donjifi, ba ba i gurun
여럿이 상주한 것. 「황제의 자애로움과 관대함을 듣고, 곳곳의 國人이

gemu dahame jihe, jihe gurun be gosime šang, boo burengge, amba
모두 투항해 왔습니다. 來附한 國人을 아껴서 상이나 집을 준 것은 커다란

gosin kai, be donjici, weilere jurgan i niyalma, jihe gurun de gaifi buhe
자애입니다. 저희가 들으니, 工部의 사람이 來附한 國人에게 취하여 준

booi jalin de toodame arafi bure boo hūwa be, han i hese akū, da boo
집을 대신해서 보상으로 만들어 줄 집과 뜰을, 황제의 旨도 없이 본래 집과

hūwa ci dababume arambi sere, 2/3 dababume araci irgen i baita
뜰보다 초과해서 만들었다고 합니다. 초과해서 만들면 백성의 일을

tookambi, ekiyembume araci jurgan waka, ere be enduringge han seole
그르칩니다. 줄여서 만들면 도리가 아닙니다. 이를 성스러운 황제께서 고려해 주십시오」

seme wesimbuhe, enduringge han tuwafi geren wang de tuwabuha,
라고 상주했다. 성스러운 황제가 보고 여러 王에게 보였다.

geren wang tuwafi, irgen i hūsun be jobobume bilaha ci dabali araha
여러 王이 보고, "백성의 힘을 고생시키며 정한 것보다 초과해서 만든

niyalma be baicafi, yargiyan oci isebuki seme, enduringge han de geli
사람을 조사하고, 사실이면 징계하겠습니다"라고 성스러운 황제에게 다시

gisun wesimbuhe manggi, 3/4 han hese wasimbume, jurgan de afabuha
상언하자, 황제가 旨를 내리기를, 「部에서 일을 맡은

ambasa bahanarakū sarkūngge ambula bi, jing weile araci elemangga
大臣들이 하지 못하거나 모르는 것이 많이 있다. 늘 죄로 삼으면 오히려

ulhirakū ombi, ambasa be isabufi ejebume tacibume hendu, ereci amasi
깨우치지 못하게 된다. 대신들을 모아서 기억하도록 가르쳐 말하라. 이후로

jai geli uttu oci, fafun i gamambi sehe, ere gisun be han i hesei
다시 또 이렇게 되면 법으로 처리한다」고 했다. 이 말을 황제의 旨로

geren wang sa geren ambasa be isabufi tacibume henduhe,, 4/5
여러 왕들과 여러 대신들을 모아서 가르쳐 말했다.

○ ineku ice ilan de, g'ai jeo hoton i duka de hūlhame latubunjiha
같은 초 3일에, 蓋州城의 문에 몰래 와서 붙인

bithe be, g'ai jeo i ambasa kolame gaifi benjihe, tere bithei gisun, sini
글을 蓋州의 大臣들이 뜯어내 취해서 보내왔다. 그 글의 말. 「너의

aisin gurun i hafan ts'ai yung niyan, lakcarakū daiming gurun i emgi
金國의 관원 蔡永年은 끊임없이 대명국과 함께

hebe ofi biyadari daiming gurun de bithe unggime, cooha gaifi lioi šun
한 편이 되어 매월 대명국에 글을 보내서, "병사를 이끌고 旅順口를

keo be dasame saha, mederi 5/6 tun be bekileme dasa, cooha genere
다시 쌓아라. 海島를 굳게 개수하라"하고, 출병하는

mejige be donjifi dobori dulime šen dzung bing guwan de bithe unggifi,
소식을 들으면 밤을 새워 沈 總兵官에게 글을 보내서

si dzu dzung bing guwan be guilefi g'ai jeo, hai jeo, liyoo yang, šen
"너는 祖 총병관과 회합하여 蓋州· 海州· 遼陽· 瀋陽

yang duin hoton be sasa durime gaisu serengge, ts'ai yung niyan si
4성을 함께 빼앗아 취하라"고 한 것은, 蔡永年 네가

meni gurun be yarkiyame dosimbufi hafan cooha irgen be kokirakini,
우리 나라를 유인해 들여서 관원과 軍民을 손상시켜라,

lioi šūn 6/7 keo be dasa sefi tehe irgen be golokini, dorgi tulergi
旅順口를 개수하라고 하여 거주하는 백성을 놀라게 하라, 안팎의

niyalmai mujilen be facakini serengge kai, juwe gurun i weile emgeri
사람들의 마음을 흩어지게 하라고 하는 것이다. 두 나라의 일은 한 번

taifin oho kai, ts'ai yung niyan biyadari bithe unggirengge, iletu aisin
태평하게 되었다. 蔡永年이 매월 글을 보낸 것은 겉으로는 金國을

gurun be elbire, dorgideri nikan gurun be elbirengge, ini beye nikan
위하면서, 비밀리에 명나라를 위하는 것이다. 그 자신은 명나라에서

gurun de banjiha, jušen gurun de mutuha kai, ubašaki ainaki 7/8 sere
태어났고, 주선 구룬에서 자랐다. 배반할까 어쩔까 하는

juwe mujilengge niyalma, meni gurun be nungnerengge, gemu ere ts'ai
두 마음을 가진 사람이고, 우리 나라를 침해하려는 자는 모두 이 蔡永年이다.

yung niyan kai, ts'ai yung niyan si meni gurun i fujiyang hergen be
蔡永年 네가 우리 나라의 副將 직을

alime gaifi, cooha be yarkiyara arga geli waka, sini jalingga beye juwe
받고 병사를 유인하려는 계획은 또한 잘못이다. 너의 간사한 몸으로 두

gurun be efulere arga kai, aisin gurun i funglu hergen be gaici
나라를 훼손시키려는 계획이다. 金國의 봉록과 직을 취하면

tetendere, juwe gurun i kesi be ainu 8/9 gaimbi, ts'ai yung niyan si
됐지, 두 나라의 은혜를 어떻게 취하겠는가? 蔡永年 너는

hešen enteheme be waliyabuhabi, hafan hergen be alici tetendere,
綱常을 잃었다. 官職을 받았으니 됐다.

bucere de niyakūrafi wabuci acambi, ere weile weihuken akū kai, si
죽을 때 무릎 꿇고 죽임을 당해야 마땅하다. 이 죄는 가볍지 않다. 너는

saikan olhošo, ere bithe be enduringge han de wesimbuhe manggi, han
잘 근신하라.」 이 글을 성스러운 황제에게 상주하자, 황제가

tuwafi hese wasimbume, ere urunakū kimungge niyalmai ts'ai yung
보고 旨를 내리기를, 「이것은 분명 원한 있는 사람이 蔡永年을

niyan be belehengge, ere bithe be ts'ai 9/10 beiguwan de tuwabu seme
무고한 것이다. 이 글을 蔡(永年) 備禦官에게 보여라」고 하며

umainahakū,,
문제삼지 않았다.

○ ninggun biyai ice sunja de, giyamcan de tehe gulu fulgiyan i
6월 초 5일에, 鹻場에 주둔하는 正紅旗의

jenggute, kubuhe fulgiyan i tangju gūsin uksin be gaifi, julesi
정구터와 鑲紅旗의 탕주가 30명의 甲士를 이끌고 앞으로

songko faitame genefi, daiming gurun i cooha be ucarafi afahakū
흔적을 찾으러 가서 대명국의 병사와 조우했는데 공격하지 않고

bederehe, julesi karun sindaha kubuhe fulgiyan i asan 10/11 nirui salai
돌아왔다. 앞에 초탐으로 배치한 鑲紅旗의 아산 니루의 살라이가

bata de gaibuhabi, erei giran be baihakū waliyafi jihebi, salai amala
적에게 붙잡혔다. 이 시신을 찾지 않고 버리고 왔다. 살라이가 이후에

aitufi jihe, ere be fafun de duileci, bata be ucarafi bederehe, giran be
구조되어 돌아왔다. 이를 法司에서 심리하니, 적과 조우하고 돌아오고 시신을

waliyafi jihe yargiyan ofi, jenggute, tangju be wame boigon talame
버리고 온 것이 사실이어서, 정구터와 탕주를 죽이고 戶를 적몰하도록

beidefi, enduringge han de wesimbufi, enduringge han i hesei gala
심의하고 성스러운 황제에게 상주하자, 성스러운 황제의 旨로, 팔과

bethe de ilata sele futa 11/12 hūwaitafi, juwe biya eruleme asarafi,
다리를 3군데씩 쇠사슬로 묶어서 2달 형벌에 처하여 유폐시켰고,

jakūn biyai ice ilan de beidere jurgan i ashan i amban ihida, mergen
8월 초 3일에 刑部의 參政 이히다와 머르건

hiya jenggute, tangju i weile be enduringge han de geli wesimbuhe
히야가 정구터와 탕주의 죄를 성스러운 황제에게 다시 상주하자,

manggi, enduringge han hese wasimbume, beye be wara boigon talara
성스러운 황제가 旨를 내려, 본인을 죽이거나 戶를 적몰하거나

oforo šan tokoro be nakabufi, jenggute be tanggū šusiha tantafi nirui
코와 귀를 뚫는 것을 면해주고, 정구터를 100대 채찍으로 때리고 니루

janggin be efulefi susai yan i 12/13 weile, tangju be tanggū šusiha
장긴을 혁직하며 50량의 贖을, 탕주를 100대 채찍으로

tantafi susai yan i weile gaiha,,
때리고 50량의 贖을 취했다.

○ ice duin de, kubuhe fulgiyan i šoto age, ini booi sula hehe be
초 4일에, 鑲紅旗의 쇼토 아거가 그의 집의 여종이

beye de bisire turgunde tantara jakade bucehe seme, i fafun de alafi
임신했기 때문에 때려서 죽었다고 그가 法司에 고하여

duileci, angga butuleme wahabi, erei turgunde 13/14 šoto age de
심리하니, 입을 막아 죽였었다. 이러한 이유로 쇼토 아거에게

tanggū yan i weile, waha hehe i funde fafun de emu hehe gaiha, ilan
100량의 贖과 죽은 여자를 대신해 법에 따라 1명의 여자를 취했다. 3개

nirui manju, delhetu nirui manju be gaifi, hošoi mutebure cin wang de
니루의 만주인· 덜허투 니루[1]의 만주인을 취하여 호쇼이 무터부러 친왕에게

buhe, šoto age be aba cooha de yabucibe, giyai de ocibe, mutebure
주었다. "쇼토 아거를 몰이사냥이나 전투에 가든 거리에 있든, 무터부러

cin wang sinci ume faksalara seme hendume, mutebure 14/15 cin wang
친왕 너로부터 떼어놓지 말라"고 말하고 무터부러 친왕에게

de afabuha,,
맡겼다.

○ ineku ice duin de, hai jeo birai angga de tehe irešen, toktonju,
같은 초 4일에, 海州 강의 어귀에 사는 이러션· 톡톤주·

fudai, nio juwang de tehe uluka, yoo jeo de tehe yenggene, ere sunja
푸다이, 牛莊에 사는 울루카, 耀州에 사는 영거너, 이 5명의

---

1 'delhetu niru'(內府佐領)는 內府에 속한 하층 니루로, booi niru와 같다.

amban emu tanggū susai uksin be gaifi, ming gurun i niyalma cuwan i
대신이 150명의 갑병을 이끌고 명나라의 사람들이 배를 타고

jifi nimaha 15/16 butambi seme donjifi, weihu de tefi liyoha bira be
와서 물고기를 잡는다고 듣고 통나무배에 타고 遼河를

wasime genefi, ilan cuwan i niyalma be ucarafi, ilan cuwan de bihe
내려 가서 3척의 배의 사람들을 조우하여 3척의 배에 있던

gūsin juwe nikan, suje duin tanggū, mocin samsu i etuku susai
32명의 한인· 비단 400필· 毛靑布 의복 50벌을

bahafi benjihe, irešen sei baha aba butanjiha haha be, hife, fan wen
얻어서 보내왔다. 이러션 등이 잡은 사냥과 어로하러 온 남자에 대해 히퍼· 范文程·

ceng, garin, jamba, hūkio, 16/17 enduringge han de gisun wesimbufi,
가린· 잠바· 후키오가 성스러운 황제에게 상주하여

han i hese, šang yang pu i irgen be kadalara hafan sun de gung de
황제의 旨로 「尙陽堡의 백성을 관할하는 관원 孫得功에게

orin juwe haha be afabufi, šang yang pu i bayan irgen, niyalma ujire
22명의 남자를 맡기고 尙陽堡의 부유한 백성과 사람들을 보살피는

sain niyalma de umesi aha bu, sargan bufi gosime uji seme buhe,
좋은 사람에게 아예 노복으로 주어라. 아내로 주어 사랑하여 보살피라」 라며 주었다.

funcehe juwan haha be solon i ergi niyalma alban benjime jihe de
남은 10명의 남자들을 솔론 쪽의 사람들이 공물을 보내 올 때에

bufi unggimbi seme asarabuha, suje 17/18 duin tanggū, susai mocin
주어 보내겠다고 남겨두었다. 비단 400필· 50벌의 毛靑布

samsu i etuku be genehe amban coohai niyalma de buhe,,
의복을 간 대신과 병사에게 주었다.

○ ice ninggun de, gulu šanggiyan i bahi nimeme akū ofi, jui
초 6일에, 正白旗의 바히가 병사하여 아들

sihan be ineku nirui hontoho janggin siraha, gulu lamun i dayangga,
시한을 같은 니루의 半 장긴으로 계승시켰다. 正藍旗의 다양가가

warka de cooha genefi dulbadafi wabuha manggi, sirara gung 18/19
와르카에 출병하여 부주의하여 죽임당한 후에 계승할 공이

bifi, ahūn mardu be ineku ilaci jergi jalan i janggin siraha, dain de
있어 형 마르두를 같은 3등 잘란 장긴으로 계승시켰다. 전쟁에서

buceci sirambi, nimeku de buceci sirarakū, kubuhe suwayan i boihoci
죽으면 계승한다. 병으로 죽으면 계승하지 않는다. 鑲黃旗의 보이호치

ecike, gulu lamun i gisun, ere juwe janggin be efulehe, efulehe
叔父· 正藍旗의 기순, 이 2명의 장긴을 혁직했다. 혁직한

turgun, boihoci ecike nimeme akū ofi, sirara bade akū seme jalan i
이유는 보이호치 叔父가 병사하고 계승할 사람이 없다고 잘란

janggin be efulehe, gisun nimeme akū ofi, sirara bade 19/20 akū seme
장긴을 혁직했다. 기순이 병사하고 계승할 사람이 없다고

nirui janggin be efulehe,,
니루 장긴을 혁직했다.

○ ineku tere inenggi, kungdz i enduri soorin de wecehe gisun,
같은 그 날, 공자의 신위에 제사지낸 말.

wesihun erdemungge i sucungga fulgiyan singgeri aniya bolori jakūn
「숭덕 원년 병자년 가을 8월

biyai ice ninggun fulahūn ihan inenggi, hūwangdi narhūn bithei yamun i
초 6일 정축일 황제가 秘書院의

da hiyo ši fan wen ceng be 20/21 takūrafi, enduringge sefu kungdz i
대학사 范文程을 보내 성스러운 師傅 공자의

enduri soorin i juleri weceme hendurengge, sefu i erdemu abka na de
신위 앞에 제사지내며 말한 것. "師傅의 德이 天地에

acabuhabi, doro julge te de hukšebuhebi, ninggun ging be niyeceme
부합했습니다. 道가 고금에서 받들어졌습니다. 六經을 보충하고

ekiyembume bithe banjibufi, tumen jalan de toktobuhabi, ulha suje
줄여서 글로 편찬하여 만세에 정하셨습니다. 가축·비단·

nure i jergi wecere jaka be dagilafi gingguleme wecembi, fe kooli be
황주 등 제사지낼 물건을 준비해서 공경스럽게 제사지냅니다. 구례를

dahame yan dz, 21/22 dzengdz, dz sy, mengdz be adabufi wecembi,,
따라 顏子· 曾子· 子思· 孟子를 배향하여 제사지냅니다."」

○ juwan de, hošoi mutebure cin wang, sudala be, han de
10일에, 호쇼이 무터부러 친왕이 수달라를 황제에게

takūrame, kūlan morin be minde gaji, mini ama de buki, ama minde
보내 "황색 말을 제게 주십시오. 저의 아버지에게 주겠습니다. 아버지가 제게

ushambi, jai dalingho de gulu lamun i beile, han i baru loho
섭섭해 하십니다"라고 했다. 또 大凌河에서 正藍旗의 버일러가 황제를 향해 腰刀를

tucibuhede, mutebure cin wang hendume, lamun i 22/23 beile emhun
꺼내들었을 때 무터부러 친왕은 말하기를, "藍旗의 버일러가 혼자

un[2] seme songgome tefi jilakan kai, han, si tede ai koro seme henduhe,
엉엉 울면서 앉아있으니 가련합니다. 폐하 당신은 그에게 무엇이 원망스럽습니까?"라고 했다.

jai karun i niyalma de neneme šangnara seme dere gaime hendufi,
또 초탐인들에게 이전에 상 내리겠다고 체면을 차리며 말하고

amala han de fonjime, karun i niyalma de šangnarao seme wesimbuhe,
후에 황제께 묻기를 "초탐인들에게 상 내리시지요" 라고 상주했다.

ujen cin wang ni cotung, morin yalufi feksifi bucehe be, mutebure cin
우전 친왕의 초통이 말을 타고 달리다가 죽었을 때, 무터부러 친왕은

wang feye i turgunde 23/24 buceheo seme fonjifi, ujen cin wang inu
"부상 때문에 죽었는가?" 라고 묻고 "우전 친왕이 그렇다

---

2 [簽註] gingguleme kimcici, ere un sere gisun, ainci u u sere gisun de adali dere,,
삼가 고찰하건대 이 un이라는 말은 아마도 u u(엉엉. 우는 소리)라는 말과 같을 것이다.

seci inu dere sehebi, ere be uthai feye de bucehe de obufi dele
하면 그렇겠지" 라고 했다. 이를 그대로 부상에 의해 죽은 것으로 하여 上께

wesimbuhengge, embici ujen cin wang be ini niyalma be haršaha seme,
상주한 것은 한편으로는 우전 친왕이 그의 사람을 편들었다고

han be gūnikini sehengge, embici han, ujen cin wang be ehe okini
황제에게 생각하라고 한 것이고 한편으로는 황제에게 우전 친왕을 나쁘게 여기라고

seme wesimbuhebi, 24/25 luwan jeo ci burulame jihe weile i turgunde,
상주한 것이다. 灤州로부터 도망쳐 온 죄로

šoto age i aha jušen gaiha bihe, amala šoto age de dere gaime aha
쇼토 아거의 노복과 속민을 취했었다. 후에 쇼토 아거에게 체면을 세우고자 노복과

jušen buki seme, hergen be han de fonjibuha, jai šoto age i hehe be
속민을 주자고 허르건으로 하여금 황제에게 묻게 했다. 또 쇼토 아거가 여자를

butuleme waha de, fafun de duilefi, delhetu nirui juwe mukūn, ilan
입 막아 죽였을 때 法司에서 심리하고 덜허투 니루의 2개의 일족과 3개의

niru be gaiha bihe, ini 25/26 jurgan i mujilen bahabukū mucengge be
니루를 취했었다. 그의 部의 啓心郎 무청거가

han de gisun wesimbume, jusei emete be bureo seme, weile baha šoto
황제에게 말을 올리기를 "아들들의 어머니들을 주시지요"라고, 죄를 얻은 쇼토

age de dere gaime han de wesimbuhebi, burakūci han be ehe sekini
아거에게 체면을 세우고자 황제에게 상주했었다. 주지 않으면 황제가 나쁘다고 하려고

seme fonjihabi, fafungga cin wang be mini aika gisun oci, icengge
물었다. (무터부러 친왕은) "파풍가 친왕이 '나의 어떤 말은 이청거가

giyansi, sini aika gisun oci, mucengge giyansi ofi 26/27 han de
간첩이고 너의 어떤 말은 무청거가 간첩이니 황제께

wesimbumbi seme henduhe seme gūsai ejen namtai de alafi, namtai be
상주하겠다' 라고 말했다"고 구사의 어전 남타이에게 알리고 남타이에게

geli angga jafame, ere gisun be han de ume wesimbure sehe, jai geli
또 입을 막으며 이 말을 황제께 상주하지 말라고 했다. 또 다시

degelei beile, ujen cin wang de fafungga cin wang uttu hendumbi
더걸러이 버일러와 우전 친왕에게 "파풍가 친왕이 이렇게 말한다"

seme alanahabi, degelei beile, han de ume wesimbure sehe, ujen cin
라며 알리러 갔다. 더걸러이 버일러는 "황제께 상주하지 말라"고 했고, 우전 친왕은

wang, han de wesimbu sehebi, fafungga cin wang ni jaburengge 27/28
"황제께 상주하라"고 했다. 파풍가 친왕은 답하기를

tuttu waka, sohon i sargan be mimbe deduhe seme sini sargan de si
"그게 아니다. 소혼의 처와 내가 동침했다고 너(무터부러 친왕)의 처에게 네가

alahabi, sini sargan genšu de alahabi, genšu minde alaha, mini
알렸다. 너의 처는 건슈에게 알렸다. 건슈가 내게 알렸다. 내가

henduhengge, ere emu ucuri icengge eigen sargan minde gūwaliyakabi,
말하기를, '이는 한 때에 이청거 부부가 나에게 변심했었고

icengge eigen sargan aikabade beleme alaha ayoo seme, bi uttu
이청거 부부가 혹여 모함하여 고한 것이리라' 라고 내가 이렇게

henduhe sembi, ere gisun be si uthai fafungga 28/29 cin wang be toore
말했다" 라고 했다. "이 말에 대해 너는 즉시 파풍가 친왕을 욕하거나

becere akū han de wesimburakū, ama juse be oforo acakini, labdu
꾸짖지 않고 황제께 상주하지 않았다. 부자를 이간시키고[3] 크게

badarakini seme alahakūbi kai, ujen cin wang, degelei beile de
확대하려고 고하지 않은 것이다. 우전 친왕과 더걸러이 버일러에게

alahangge, ehe be duwali baime alahabi kai, fafungga cin wang
고한 것은 나쁜 일의 동료를 찾으러 고한 것이다. 파풍가 친왕이

unenggi tere gisun be sinde alaha yargiyan oci, si uthai han de
진심으로 그 말을 너에게 알린 것은 사실이었으나 너는 즉시 황제께

wesimburakū, cohome 29/30 han be ehe gūnime tuleri duwali baime
고하지 않고, 특히 황제를 나쁘게 생각하고 밖에서 무리를 찾아서

gisurehe seme, erei turgunde duin cin wang, emu elehun beile, geren
말했다" 라며 이를 이유로 4명의 친왕과 1명의 얼러훈 버일러와 여러

ambasa dulga mutebure cin wang be wame, dulga horime boigon be
대신들의 절반이 무터부러 친왕을 죽이라 하고, 절반은 감금하고 戶를

3 [簽註] gingguleme kimcici, ere oforo acakini sere gisun, ainci hūwaliyasun akū de isibukini sere gisun dere,,
삼가 고찰하건대 이 'oforo acakini'(이간시키라)라는 말은 아마도 'hūwaliyasun akū de isibukini'(화목하지 못함에 이르게 하라)'라는 말일 것이다.

talame beidefi, enduringge han de wesimbuhe,,
몰수하라고 판결하여 성스러운 황제에게 상주했다.

○ fafungga cin wang, 30/31 enduringge han de hendume, sonom i
「파풍가 친왕은 성스러운 황제에게 말하기를, "소놈의

morin be mutebure cin wang ainci labdu gajiha aise, sonom i cira
말을 무터부러 친왕이 아마도 많이 가져간 것 같습니다. 소놈의 안색이

wasikabi seme alahabi, jai mutebure cin wang ni baru geli hendume,
나빠졌습니다" 라고 고했다. 그리고 무터부러 친왕을 향해 다시 말하기를,

simbe ainci sain morin labdu gajiha be dahame, sonom i cira wasikabi
"네가 아마도 좋은 말을 많이 가져감에 따라 소놈의 안색이 나빠졌다고

seme han hendumbi seme alahabi, han, hooge sini sargan simbe
황제가 말한다" 라고 말했다. 황제는 "호오거 너의 처가 너를

hūlimbuhabi, simbe oktolorahū, sini 31/32 dancan i niyalma de inu ume
현혹했다. 네가 독을 먹을까 염려된다. 너의 처가의 사람도

akdara, saikan seremše seme henduhebi, ere gisun be sonom i sargan
믿지 말고 잘 주의하라"고 말했다. 이 말을 소놈의 처가

donjifi, han i aba genere de, keyen ci okdome han de takūrame, meni
듣고 황제가 사냥에 나갈 때에 開原으로부터 맞이하러 황제에게 사람을 보내 "우리의

buda yali bure, han i buda ulebure niyalma tucibu seme takūrahabi,
밥과 고기를 줄테니 황제의 밥을 하는 사람을 파견하십시오"라며 보냈다.

ere be hooge si sini dancan de alahakūci, sonom i sargan aide bahafi
이를 호오거 네가 너의 처가에 알리지 않았으면 소놈의 처가 어디에서

donjiha, jai mutebure cin wang minde 32/33 fafungga cin wang alame,
들을 수 있었겠는가? 또 무터부러 친왕은 "제게 파풍가 친왕이 말하기를,

mini aika gisun oci icengge giyansi, sini aika gisun oci mucengge
'나의 어떤 말은 이청거가 간첩이고 너의 어떤 말은 무청거가

giyansi ofi wesimbumbi seme alaha sembi, fafungga cin wang ni
간첩이니 상주하겠다'고 말했습니다"라고 한다. 파풍가 친왕은

jaburengge, tuttu waka, sohon i sargan be mimbe deduhe seme si sini
답하기를 "그게 아니다. 소혼의 처와 내가 동침했다고 네가 너의

sargan de alahabi, sini sargan genšu de alafi, genšu minde alaha, ere
처에게 고했었다. 너의 처는 건슈에게 고했고 건슈가 나에게 고했다. 이

gisun de 33/34 mini alahangge, ere emu ucuri icengge eigen sargan
말에 대해 내가 고하기를 '이는 한 때에 이청거 부부가

minde gūwaliyakabi, ere be icengge eigen sargan aikabade beleme
나에게 변심했다. 이는 이청거 부부가 혹여 모함하여

alahabi dere seme henduhe sembi, tuttu oci, hooge si uthai han de
고한 것 같다' 라고 말했다" 라고 한다. 그러면 호오거 너는 즉시 황제께

ainu wesimburakū, si han be ehe gūnime ofi, mutebure cin wang de
어째서 상주하지 않았는가? 너는 황제를 나쁘게 생각하여 무터부러 친왕에게

hebe ofi alahabi kai, jai mutebure cin 34/35 wang ni jui de, si uli efu
작당하여 알린 것이다. 또 무터부러 친왕의 아들에게 시 울리 어푸의

i sargan jui be bufi, ninju haha dahabume buki seme, jurgan i
딸을 주고 "60명의 남자들을 따라가게 주어라" 라며 部의

fafungga cin wang de dantan, tulai juwe jergi alanjihabi, alanjici si
파풍가 친왕에게 단탄과 툴라이가 두 번 고하러 왔었다. 고하러 왔으니 너는

jurgan be aliha wang acarakū babe uthai nakabure giyan kai, same
部를 담당하는 왕이 적절하지 않은 바를 즉시 만류해야 마땅하다. 알고서도

si yarume han de wesimbuhengge, buci si yoto de dere gaiki,
네가 가져다가 황제께 상주한 것은, 주면 네가 요토에게 체면을 세우고자,

burakūci, 35/36 han be ehe gūnikini sehengge wakao, sini ehe be yoto
주지 않으면 황제를 나쁘게 생각하라 한 것이 아닌가? 너의 못된 마음을 요토에게

de serebufi dere gaiha seme, erei turgunde duin cin wang, elehun
알게 하고 체면을 세웠다"」고 하고 이 때문에 4명의 친왕과 얼러훈

beile geren ambasa acafi emu hontoho wame, jai emu hontoho eigen
버일러와 여러 대신들이 합의하여 절반은 죽이라 하고 또 절반은

sargan i beyei teile be horime beidefi, enduringge han de wesimbuhe,
부부의 신체만을 감금하라고 판결하여 성스러운 황제에게 상주했다.

36/37 enduringge han hendume, ce ehe mujilen jafafi mini baru ehe
성스러운 황제가 말하기를, "그들이 못된 마음을 가지고 나를 향해 나쁘게

gūniha seme, bi cembe waci bi geli ehe niyalma kai, ceni ehe be
생각했다고 하여 내가 그들을 죽이면 나도 나쁜 사람인 것이다. 그들의 악함을

alhūdambio, emke mini jui, emke mini eniye i ajigen ci ujihe deo, jui
본받겠느냐? 1명은 나의 아들이고 1명은 나의 어머니가 어릴적부터 기른 동생이다. 자식은

mentuhun budun, deo silhingga ehe, bi jing oncodome gosime ujici,
어리석고 약하며 동생은 시샘하고 악하다. 내가 항상 관대하고 자애하여 기르면

minde elemangga hūturi ombi, ce gosime ujihe be gūnirakū, 37/38 geli
나에게 도리어 복이 될 것이다. 그들이 자애로 기른 것을 생각하지 않고 다시

fudasihūn yabuci, cembe abka na sarkū bio, juwe nofi be wara horire
패역을 행하면 그들을 天地가 모르겠느냐? 2명을 죽이고 감금하는 것을

be gemu naka, cin wang be efulefi, doroi beile obu sehe, jai dasame
모두 그만두어라. 친왕을 삭탈하고 도로이 버일러로 삼는다"라고 했다. 또 다시

beidefi mutebure cin wang de, orin morin de foloho enggemu hadala
판결하여, 무터부러 친왕에게서 20마리의 말에 조각한 안장과 굴레를

tohofi, uksin saca acihai, sula orin morin, emu tumen sunja minggan
매고 갑옷과 투구를 실은 것· 맨등의 20마리 말· 15,000량의

yan i weile, fafungga cin 38/39 wang de, juwan morin de enggemu
贖을, 파풍가 친왕에게서 10마리의 말에 안장과

hadala tohofi, uksin saca acihai, sula juwan morin, emu tumen yan i
굴레를 매고 갑옷과 투구를 실은 것· 맨등의 10마리 말· 1만량의

weile gaime beidefi, enduringge han de wesimbuhe manggi, enduringge
贖을 취하도록 판결해서 성스러운 황제에게 상주한 후에, 성스러운

han geli onco gūnime gaijara weile be gemu nakabufi, fafungga cin
황제는 다시 너그럽게 생각하여 취할 贖을 모두 면해주고 "파풍가 친왕에게

wang de emu minggan yan i weile gaisu, mutebure cin wang de weile
1천 량의 贖을 취하라. 무터부러 친왕에게 죄를

i turgunde 39/40 emu minggan yan i weile gaisu, jai šoto juwe jergi
이유로 1천 량의 贖을 취하라." 또 "쇼토는 두 번

weile arafi, jušen aha be gaifi yoto de buhe bihe, i dere arame
죄를 지어서 속민과 노복을 취하여 요토에게 주었었는데 그가 체면을 세우러

weilengge šoto de amasi buki sehe, i dere araci bi geli emgeri
죄인 쇼토에게 돌려 주자고 했다. 그가 체면을 세우니 나도 한 번

fudarame dere araki, šoto i luwan jeo ci ebsi weile de gaiha jušen
거꾸로 체면을 세우겠다. 쇼토가 灤州로부터 온 이래 죄로 취한 속민과

aha be, gemu šoto de bederebume bu sefi, juwe cin wang de 40/41
노복을 모두 쇼토에게 돌려보내 줘라"라고 하고, 두 친왕에게는

beidesi sebe takūrame, suwembe gemu wara weile tuhebuhe bihe,
심사관들을 보내 "너희를 모두 사형죄에 처했었다.

suwembe wafi bi emhun banjimbio, suwe mimbe wambi seme olhome
너희를 죽이고 내가 혼자 살겠느냐? 너희는 '우리를 죽일 것이다'라며 두려워하고

gūniha kai, te geren suweni fudasihūn ehe be safi wame beidehe
생각했을 것이다. 지금 여럿이 너희의 패역함과 악함을 알고 죽이라고 판결했다.

kai, bi unenggi wara gūnin bici, ere anagan de suwembe warakū
내가 진심으로 죽일 생각이 있으면 이 구실로 너희를 죽이지 않겠는가?

biheo, te abkai arbun be tuwaci, musei gurun be wehiyere be 41/42
지금 하늘의 모습을 보면 우리 나라를 돕는 것을

iletu saci ombi, bi dobori inenggi akū faššame doro be kiceme
명백히 알 수 있다. 내가 밤낮 없이 노력하고 국정을 힘써

dasara, irgen be gosime ujirengge, abka acabume gosifi ba na be
다스리며, 백성을 사랑하고 무양하기를 하늘에 맞도록 사랑하고 강토를

bahafi bayan wesihun de isinaci, deote juse ci fusihūn irgen ci
얻어서 부귀에 이르면, 동생들과 자식들 이하 백성들

wesihun emgi uhe urgunjeki, acan jirgaki seme gūnimbi kai, bi
이상과 함께 모두 즐거워하고 함께 안락하자고 생각한다. 내가

suwembe wafi wei emgi banjimbi, suwe ereci julesi akdun mujilen
너희를 죽이고 누구와 함께 살겠느냐. 너희가 이로부터 앞으로 신실한 마음을

jafafi tondoi hūsun buci, suweni hūsun 42/43 bure hūsun burakū be bi
가지고 올바르게 힘을 다하면 너희의 힘을 다하는지 힘을 다하지 않는지를 내가

inu tuwambi, geren geli endembio seme henduhe manggi, juwe cin
또 볼 것이다. 모두들 다시 실수할 것이냐?"라고 말하니, 두 친왕이

wang jabume, han gosin onco be gūnime, meni bucere beyebe dahūme
대답하기를 "황제께서 인자함과 너그러움을 생각하고 우리의 죽을 몸을 다시

ujihe, be gebu hergen de isinara, jušen irgen be funcebure be gūnire
살렸습니다. 우리는 칭호와 관작을 얻거나 속민과 백성을 남겨줄 것을 생각하기는

anggala, meni beyebe banjimbi seme ereme gūnihakū bihe, be ambula
커녕 우리의 몸이 살 것이라고 바라여 생각하지 않았었습니다. 우리가 감히

aiseme jabure sefi, fafungga cin wang 43/44 gisun wesimbume, bi weile
뭐라고 답하겠습니까?"라고 말하고 파풍가 친왕이 말을 올리기를 "저는 죄를

be dahirengge waka, mucengge, icengge be han de gisun alame
반복하는 것은 아닙니다. '무청거와 이청거가 황제께 말을 고하러

yabumbi sehengge akū, ere ubabe mutebure cin wang ni emgi gashūki
다닌다'라고 한 적이 없습니다. 이것을 무터부러 친왕과 함께 맹세하겠습니다"

sere jakade, han hese wasimbume gashū sehe, juwe cin wang ceng
라고 한 이유로 황제가 旨를 내려 "맹세하라"고 했다. 두 친왕이 城隍廟에

hūwang miyoo de genefi, hiyan dabume bithe deijime gashūha, aliha
가서 향을 피우고 글을 태우며 맹세했다. 承政

amban inggūldai, mafuta, u šeo jin, han dai hiyūn, 44/45 budan be
잉굴다이· 마푸타· 吳守進· 韓大勳· 부단에게

suwe ainu si uli efu i ninju haha bure be nakabuhakū seme, inggūldai,
"너희는 어찌 시 울리 어푸의 60인의 남자를 주는 것을 막지 않았는가?"라며 잉굴다이·

mafuta, u šeo jin be hafan efuleme, tanggūta yan i weile, han dai
마푸타· 吳守進을 혁직하고 100량씩의 贖을, 韓大勳은

hiyūn be ice niyalma seme hafan efulerakū, tanggū yan i weile,
새로운 사람이라 하여 혁직하지 않고 100량의 贖을,

mujilen bahabukū budan be hafan efuleme, susai yan i weile, tulai,
啓心郎 부단은 혁직하고 50량의 贖을, 툴라이와

dantan be juwe 45/46 jergi buki seme fonjiha turgunde, beye de tuhere
단탄은 두 번 "주자"라고 물은 이유로 본인에게 처벌할

an i weile tuhebume beidefi, enduringge han de wesimbuhe manggi,
규정대로 贖을 정하도록 판결하고 성스러운 황제에게 상주한 후에

enduringge han, gūwa i weile be gemu waliyaha, inggūldai, mafuta
성스러운 황제는 다른 이들의 贖을 모두 면해주었다. 잉굴다이· 마푸타만

i teile de beye de tuhere an i weile araha, u šeo jin, mujilen bahabukū
본인에게 처벌할 규정대로 贖을 취했다. 吳守進과 啓心郎

budan be tacibume hendufi weile waliyaha, doroi yoto beile, šoto age
부단을 가르쳐 말하고 贖을 면해주었다. 도로이 요토 버일러가 "쇼토 아거의

i 46/47 jusei emete be amasi bederebuki seme mujilen bahabukū
자식들의 어미들을 되돌려 보내자"고 하여 啓心郎

mucengge, enduringge han de wesimbuhe turgunde, mucengge be si
무청거가 성스러운 황제에게 상주한 이유로 무청거를 "너는

mujilen bahabukū ainu nakabuhakū seme, mucengge de tuhere an i
啓心郞으로서 어찌 막지 않았느냐?"라고 하며 무청거에게 처벌할 규정대로

tofohon yan i weile gaiha,,
15량의 贖을 취했다.

○ sure han i ilaci šanggiyan morin aniya, busan gebungge amban be
天聰 3년[4] 庚午년, 부산 이라는 大臣을

47/48 giyansi halbufi asaraha turgunde, loo de horiha bihe, nadan
간첩을 숨겨준 이유로 감옥에 가두었었다. 7년이

aniya oho manggi, wesihun erdemungge i sucungga fulgiyan singgeri
된 후, 崇德 원년 병자년

aniya jakūn biyai juwan de, enduringge han hese wasimbume, busan,
8월 10일에 성스러운 황제는 旨를 내리기를 「부산은

dergi taidzu i deheme i jui, bi aifini tucibuki sembihe, weile bahafi
上 태조의 이모의 아들이다. 나는 벌써 석방하겠다고 생각했었다. 죄를 지어서

horiha dabala, busan geli duleke aniya minde amba gung bi seme
감금했을 뿐이다. 부산이 또한 작년에 "내게 큰 공이 있습니다"라고

wesimbuhe manggi, bi tuttu 48/49 ofi tucibuhekū bihe, te tucibufi
상주한 후, 나는 그래서 석방하지 않았었다. 지금 내보내서

---

4 'sure han i ilaci'(천총 3년)는 'sure han i duici'(천총 4년)의 誤記이다. 천총 3년은 己巳年이고 천총 4년은 庚午年이다. 『만문노당』 천총 4년 6월 13일조에 busan의 혁직 기사가 있다.

sinda, hošoi mergen cin wang ni duka de yamulara, wecehe yali
석방하라. 호쇼이 머르건 친왕의 門에 登廳하라. 제사지낸 고기를

jekini, hecen i niyaman hūncihin de yabuci yabukini, aba cooha de
먹어도 좋다. 城의 친척에게 가려면 가도 좋다. 몰이사냥이나 전쟁에는

ume genere, tuleri toksorome ume yabure, nenehe adali geli minde
가지 말라. 성밖의 莊園에 가지 말라. 이전처럼 또 "내게

gung bi seme wesimburahū, aba cooha de, mini hese be tuwame yabu
공이 있다"고 상주할까 우려된다. 몰이사냥이나 전쟁에는 나의 旨를 보고 가라」고

sehe,,
했다.

tongki fuka sindaha hergen i dangse

點·圈을 찍은 문자의 檔子

orin sunjaci debtelin

25권

wesihun erdemungge i sucungga aniya jakūn biya

숭덕 원년 8월

25권, 숭덕 원년 8월

tongki fuka sindaha hergen i dangse,,
點· 圈을 찍은 문자의 檔子

○ juwan emu de, dergi taidzu i urihe inenggi seme, bithe coohai
11일에, 上 태조가 붕어한 날이라고 文武

geren hafasa gemu gulu etuku etufi, daicing duka de gala arame
여러 관원들이 모두 소복을 입고 大淸門에서 翼을 지어

faidaha manggi, enduringge han gulu etuku etufi tucifi soorin de
정렬한 후 성스러운 황제는 소복을 입고 나가서 옥좌에

tehe, bithe coohai ujulaha hafasa be takūrafi, 1/2 hūturingga munggan
앉았다. 문무의 수석 관원들을 파견하여 福陵에

de hiyan dengjan dabume, tubihe dobome wecebume unggihe, tereci
香과 등잔에 불붙이고 과일을 올리고 제사지내도록 보냈다. 그 후

enduringge han goidame tefi, genggiyen elhe boo de wesike, wecehe
성스러운 황제는 오래 앉아있다가 淸寧宮에 올랐다. 제사지낸

bithei gisun, abkai hese be alifi forgon be mukdembuhe, gurun i ten
글의 말. 「하늘의 명을 받아 運을 흥성시키고 나라의 기초를

be fukjin ilibuha, ferguwecuke gungge, gosin hiyoošungga horonggo
처음 세우고 신이한 功과 자애로운 효순과 위엄이 있는

enduringge han amai hūturingga munggan i enduri soorin i juleri,
성스러운 황제 아버지의 福陵의 神位 앞에서

soorin be 2/3 siraha hiyoošungga jui gelhun akū wesimburengge,
황위를 계승한 孝子가 감히 올립니다.

enduringge han amai urihe inenggi, kesi erdemu be gūnime tuwame
성스러운 황제 아버지의 붕어한 날, 은덕을 생각해보고

alimbaharakū akame ofi, wecere jaka be dagilafi, ambasa be takūrafi
매우 슬퍼서 제물을 준비해서 대신들을 파견하여

gingguleme wecembi,,
삼가 제사지냅니다.」

enduringge han, geren wang, beile, ambasai baru hendume, ming
성스러운 황제는 여러 王· 버일러· 대신들을 향해 말하기를, "명나라를

gurun be 3/4 dailame genehe doroi baturu giyūn wang ni cooha, te
정벌하러 간 도로이 바투루 군왕의 군대는 지금

jase tucime hamika, muse cooha unggifi šanaha de nikeneki, musei
경계를 나가도록 가까워졌다. 우리 군대를 보내서 산해관에 접근시키자. 우리

cooha šanaha de genehe de, ming gurun i cooha šanaha be gaiburahū
군대가 산해관에 갔을 때 명나라의 군대는 산해관을 취할까 우려된다

seme, urunakū šanaha de dame jimbi, tere šolo de, baturu giyūn wang
하여 반드시 산해관에 원조하러 올 것이다. 그 틈에 바투루 군왕의

ni cooha elhe bahafi tucimbi seme hebešeme toktobufi, juwan juwe de
군대는 여유있게 변경을 나갈 것이다"라고 의논하고 정해서, 12일에

hošoi mergen cin wang, hošoi erke cin wang, doroi yoto 4/5 beile,
호쇼이 머르건 친왕· 호쇼이 어르커 친왕· 도로이 요토 버일러·

doroi hooge beile, gūsai beise se, ambasa be ming gurun be dailame
도로이 호오거 버일러· 구사이 버이서들· 대신들을 명나라를 정벌하도록

unggime, enduringge han cooha genere wang sa, beile se, beise se,
보내려고, 성스러운 황제는 출병하는 王들· 버일러들· 버이서들·

ambasa be gaifi, meihe erinde hanciki be hairandara duka be tucifi,
대신들을 이끌고 巳時에 撫近門[1]을 나가서

yehere buren, monggo buren burdeme, tangse de ilan jergi niyakūrafi
소라 나팔· 몽고 나팔을 불고 堂子에 세 번 무릎 꿇고

uyun jergi hengkilehe, tangse i tule jakūn tu faidafi, ineku buren
아홉 번 고두했다. 堂子의 밖에 8개 纛을 배열하고 같은 나팔을

burdeme emu 5/6 jergi niyakūrafi ilan jergi hengkilehe, tereci
불고 한 번 무릎 꿇고 세 번 고두했다. 그 후

enduringge han cooha genere wang sabe fudeme cooha tuwara yamun
성스러운 황제는 출병하는 王들을 전송하러 연무장에

de genefi soorin de tefi, enduringge han hese wasimbume, cooha
가서 옥좌에 앉아 성스러운 황제의 명을 내리기를 "출병하는

---

1 '撫近門'은 盛京의 大東門을 가리킨다.

genere wang sa, beile se, beise se, ambasa gemu julesi ibe seme
王들· 버일러들· 버이서들· 대신들은 모두 앞으로 나오라"하고

ibebufi, hošoi mergen cin wang, si ici ergi gala i cooha be gaifi,
나오게 하여 "호쇼이 머르건 친왕 너는 右翼의 군대를 이끌고

jung heo šo deri dosi, hošoi erke cin 6/7 wang, si hashū ergi gala i cooha
中後所를 통해 진입하라. 호쇼이 어르커 친왕 너는 左翼의 군대를

be gaifi, ginjeo deri dosi sehe, tuttu enduringge han hese wasimbume
이끌고 錦州를 통해 진입하라"고 했다. 그렇게 성스러운 황제가 명을 내려

giyan giyan i tacibume hendume wajiha manggi, hošoi mergen cin
조목조목 가르치고 말하기를 마친 후, 호쇼이 머르건 친왕은

wang ici ergi galai cooha be gaifi, ilanggeri poo sindame cooha juraka,
右翼의 군대를 이끌고 세 번 포를 쏘고 출병했다.

tereci enduringge han morin erin de na i tukiyehe duka be dosifi, 7/8
그 후 성스러운 황제는 午時에 地戴門[2]을 들어와서

genggiyen elhe boo de wesike, hošoi erke cin wang tere inenggi
淸寧宮에 올랐다. 호쇼이 어르커 친왕은 그 날

bederefi, juwan ilan de hashū ergi gala i cooha be gaifi, ilanggeri poo
돌아와서 13일에 左翼의 군대를 이끌고 세 번 포를

2 '地戴門'은 성경의 팔문 가운데 북편의 서쪽에 있는 문이다. 小北門이라고도 했다. 1950년대 瀋陽市를 확장시키면서 허물었다.

sindame cooha juraka,,
쏘고 출병했다.

○ ineku juwan juwe de, ginggun ijishūn wang, gūnin ijishūn
같은 12일에, 恭順王· 懷順王·

wang, bodohonggo ijishūn wang, cooha 8/9 genembi seme jihe ildun de,
智順王은 출병하겠다고 온 김에

hūwangheo fungnehe urgun i doro, cende faidan i jaka be buhe doroi,
皇后를 봉한 경하의 禮, 그들에게 儀仗을 下賜한 禮로

enduringge han de gisun wesimbume, urgun i doroi emu uyun
성스러운 황제에게 말을 올리고 경하의 禮로 아홉 번

niyakūrafi ilan uyun hengkileki sehe manggi, enduringge han hese
무릎 꿇고 三九(27번) 고두하겠다고 하니 성스러운 황제는 명을

wasimbume, tuttu hengkilere be naka, ilan jergi niyakūrafi uyun jergi
내리기를 "그렇게 고두하는 것을 그만두라. 세 번 무릎 꿇고 아홉 번

hengkile sehe manggi, ilan 9/10 wang ceni hafasa be gaifi, genggiyen
고두하라"라고 한 후에, 세 王은 그들의 관원들을 이끌고 淸寧宮의

elhe booi hūwa de dosifi, jergi bodome faidaha, hūlara hafan hūlame
뜰에 들어가서 등급을 헤아려 배열했다. 贊禮官이 외치고

ilan jergi niyakūrafi uyun jergi hengkilehe,,
세 번 무릎 꿇고 아홉 번 고두했다.

○ juwan duin de, ciyan šan i dai an sy de tehe ho dai fung
14일에, 千山[3]의 大安寺에 거주하는 何大峰

gebungge hūwašan, waliyaha 10/11 dai an sy be dasame wajifi, jakdan
이라는 승려는 황폐해진 大安寺를 수리하기를 마치고 소나무

moo i ilhai efen arafi, ere efen be han niyalma jeke de, jalgan golmin,
꽃의 떡을 만들어서 "이 떡을 황제께서 먹으면 수명이 길고

yasa genggiyen ombi seme, enduringge han de benjihe manggi,
눈이 밝게 됩니다"고 하며 성스러운 황제에게 보내 온 후

enduringge han hese wasimbume, doro be kiceme dasara, irgen be,
성스러운 황제는 旨를 내리기를 "정치를 열심히 다스리고, 백성을

gosime ujire, gurun irgen elhe taifin oci, abka gosifi se jalgan golmin
아껴 기르고, 국민이 안락하고 평안하면 하늘이 아껴서 수명이 길게

ombidere, jakdan moo i ilhai 11/12 efen be jeke turgunde, geli jalgan
될 것이다. 소나무 꽃의 떡을 먹었기 때문에 또한 수명이

golmin yasa genggiyen oho doro bio seme wakalafi, dai an sy be
길고 눈이 밝게 될 리가 있는가"라고 질책하고 大安寺를

dasaha turgunde juwan yan menggun šangnaha,,
수리했다는 이유로 10兩 은을 상내렸다.

○ ineku juwan duin de, enduringge han, ginggun ijishūn wang,
같은 14일에, 성스러운 황제는 恭順王·

---

3 '千山'은 현재 遼寧省 鞍山市의 동남쪽 17km에 있다. 長白山의 지맥이고 주봉의 높이는 708.3m이다.

gūnin ijishūn wang, bodohonggo ijishūn wang be hengkileme jihe
懷順王· 智順王이 고두하러 온

doroi, funghūwang 12/13 leose de wesibufi amba sarin sarilaha,,
禮로 鳳凰樓에 오르게 하여 큰 잔치를 베풀었다.

○ juwan ninggun de, genggiyen elhe boode gurun i gungju
16일에, 淸寧宮에 구룬이 공주가

dosime jidere de, ejei efu, gunding gusi lama ambakilame ilihakū
들어 올 때에 에제이 어푸· 군딩 구시 라마가 거만하게 있으며 서지 않았다고

seme, uheri be baicara jurgan i ambasa, enduringge han de wesimbure
都察院의 대신들이 성스러운 황제에게 상주하자

jakade, 13/14 han, ejei efu be juse niyalma ai sambi seme weile
황제는 "에제이 어푸는 어린 사람이다. 무엇을 알겠는가"라며 죄를

waliyaha, gunding be beidere jurgan de benefi, wara weile tuhebufi
용서했다. 군딩을 刑部에 보내서 사형죄에 처하여

wesimbure jakade, han, lama niyalma be wafi ainambi seme, g'omang
상주하자 황제는 "라마인 사람을 죽여서 어찌하겠는가?"라며 고망

corji lama de dahakini seme buhe,,
초르지 라마를 따르라고 주었다.

○ ineku juwan ninggun de, ginggun ijishūn wang, 14/15 gūnin
같은 16일에, 恭順王· 懷順王·

ijishūn wang, bodohonggo ijishūn wang be genere doroi, enduringge
智順王을 떠나는 예로 성스러운

han genggiyen elhe booi hūwa de dosimbufi, sarin sarilafi, emte
황제는 淸寧宮의 뜰에 들어오게 해서 잔치를 베풀고 1필씩의

gecuheri, juwete suje šangnaha,,
蟒緞과 2필씩의 비단을 상내렸다.

○ juwan nadan de, fakū gebungge alin de fucihi jukteme tehe
17일에, 파쿠 라는 산[4]에서 부처를 제사지내며 거주한

manjusiri kūtuktu lama bederehe be, 15/16 enduringge han donjifi,
만주시리 쿠툭투 라마가 사망한 것을 성스러운 황제가 듣고

cagan lama, biliktu nangsu be tuwanabume unggihe,,
차간 라마· 빌릭투 낭수[5]를 조문하러 가도록 보냈다.

○ juwan uyun de, dergi hanciki amba fujin, dergi ashan i ijishūn
19일에, 東宸 大 푸진· 東側 淑 푸진이

fujin, beye elhe akū ofi, an šan i halhūn muke de genere de,
몸이 편안치 않아서 鞍山의 온천에 갈 때에

---

4 'fakū alin'(法庫山)은 현재 遼寧省 法庫縣에 있다.

5 'biliktu nangsu'(畢力兎朗蘇, ?~1657)는 청 초기에 티베트 불교를 현창한 인물이다. 『舊滿洲檔』에는 biliktu langsu로 기록되어 있으나 nangsu가 맞다. biliktu는 몽고어의 '지혜로운'의 뜻이다. nangsu는 티베트어로서, 본래 의미는 '상황을 정찰하는 사람', '순찰하는 사람'인데 티베트와 몽골에서 승려에게 내려주는 명칭이 되었다. 李勤璞, 「畢力兎朗蘇 : 淸初藏傳佛敎的顯揚者」, 『沈陽故宮博物院院刊』, 2005년 第1輯.

enduringge han fudeme, meihe erinde tondo erdemu de 16/17 wesibuhe
성스러운 황제는 전송하려고 巳時에 德盛門[6]을

duka be tucifi, hunehe birai dalin de genefi, cuwan be tuwame doobume
나가서 渾河의 河岸에 가서 배를 살펴보고 건너게 하기를

wajiha manggi, honin erinde hanciki be hairandara duka be dosime
마친 후, 未時에 撫近門을 들어가서

jihe,,
왔다.

○ ineku juwan uyun de, mafuta, emu gūsai juwete amban, karun i
같은 19일에, 마푸타는 1개 구사에 2명씩의 대신과 哨探의

juwan duin amban, gūsin amban karun be gaifi, tung yuwan pu
14명의 대신 (총) 30명의 대신과 초탐병을 데리고 通遠堡城에

hoton de 17/18 anafu tenehe, esede enduringge han hese wasimbume
주둔하러 갔다. 이들에게 성스러운 황제가 旨를 내려

henduhe gisun, suwe mafuta be isinaha manggi, cooha dendefi wasihūn
말한 말. "너희는 마푸타가 도착한 후 군대를 나누어 서쪽으로

songko faitame sio yan de isitala genefi, amasi mederi bitume songko
흔적을 찾으러 岫巖에 이르도록 갔다가 되돌아 바다 연안을 따라 흔적을

faitame jeng giyang de acanju, wesihun ice hecen aiha de isitala
찾아서 鎭江에서 합류하라. 동쪽으로 이처 城과 靉河에 이르기까지

6 '德盛門'은 盛京의 大南門을 가리킨다.

genefi, amasi giyang be wasime songko faitame, ineku jeng giyang de
갔다가 되돌아 江을 내려오며 흔적을 찾고 그 鎭江에서

acanju, suwe aikabade 18/19 bata be ucaraha de, neneme gidaha bade
합류하라. 너희가 만약 적을 만나면 먼저 격파한 곳에서

oyombume baharakū, juwe ilan inenggi dubede urunakū dahalame
완전히 격파할 수 없으니, 이삼일 끝에 반드시 쫓아서

gene, suwembe bederehe seme bata bargiyafi elheken ceni cisui
가라. 너희가 퇴각했다고 적이 모여서 여유롭게 그들 마음대로

genembi, tubade suwe bata be oyombume bahambi, suweni juwe ba i
갈 것이다. 그곳에서 너희는 적을 거의 격파할 수 있다. 너희 두 곳의

cooha gemu jeng giyang de acafi, amasi bederefi ineku tung yuwan
병사는 모두 鎭江에서 합류하여 되돌아 퇴각하여 그 通遠堡城에서

pu hoton de te, coohai niyalma be 19/20 ilan inenggi dubede emgeri
주둔하라. 병사에게는 3일 끝에 한번

bai gabtabu, sunja inenggi dubede emgeri uksilefi gabtabu sehe,,
맨몸으로 활 쏘게 하라. 5일 끝에 한번 갑옷입고 활 쏘게 하라"라고 했다.

○ orin de, sain inenggi seme gurun i efu ejei, gurun i gungju
20일에, 吉日이라고 구룬이 어푸 에제이와 구룬이 공주가

genere de, enduringge han fudeme, morin erinde na i tukiyehe duka
갈 때에 성스러운 황제는 전송하러 午時에 地載門을

be tucifi, songko tucibume juwan ba i dubede genefi, 20/21 honin erinde
나가서 흔적이 보이도록 10里 끝에 가서 未時에

amasi bederehe,,
되 돌아왔다.

○ orin emu de, gurun i efu ejei, gurun i gungju be genere
21일에, 구룬이 어푸 에제이와 구룬이 공주가 가는

doroi, enduringge han genggiyen elhe boode wesibufi, amba sarin
禮로 성스러운 황제는 淸寧宮에 오르게 하여 큰 잔치를

sarilaha,,
베풀었다.

○ orin juwe de, gurun i efu ejei, gurun i 21/22 gungju be tuktan
22일에, 구룬이 어푸 에제이와 구룬이 공주를 처음

fudere doroi, enduringge han, gurun i ejen fujin, wargi amba fujin,
보내는 禮로 성스러운 황제는 國君 푸진· 西大 푸진·

wargi ashan i fujin, hošoi fujisa, doroi fujisa, doroi beile i sargan
西側 푸진· 호쇼이 푸진들· 도로이 푸진들· 도로이 버일러의 처 푸진들·

fujisa, bithe coohai geren hafasa be gaifi, meihe erinde na i tukiyehe
문무 여러 관원들을 이끌고 巳時에 地載門을

duka be 22/23 tucifi, juwan ba i dubede amba sarin sarilafi, dorolome
나가서 10里 끝에서 큰 잔치를 베풀고 예를 다하여

fudefi bederehe, gurun i efu, gurun i gungju be beneme, hošoi ujen
전송하고 돌아왔다. 구룬이 어푸와 구룬이 공주를 보내도록 호쇼이 우전

cin wang eigen sargan be unggihe, gurun i gungju de fudehengge,
친왕 부부를 보냈다. 구룬이 공주에게 준 것.

gūsin temen, ilan tanggū ihan, sunja minggan honin, juwan boigon i
30마리 낙타· 300마리 소· 5천마리 양· 10戶의

niyalma, dahabuha uyun sargan juse de foloho enggemu tohohoi emte
사람, 시종하게 한 9명의 처녀에게 조각한 안장을 채운 1마리씩의

morin, 23/24 sarin soforo tohohoi emte morin, juwete temen, juwanta
말· 가랑이가죽 안장깔개를 채운 1마리씩의 말· 2마리씩의 낙타· 10마리씩의

ihan, tanggūta honin, jafu i monggo boo emte, menggun i dongmo,
소· 100마리씩의 양· 모직물의 몽고 천막 1개· 은 茶桶·

moro, fila, niyalmai baitalara ai ai jaka yooni buhe,,
그릇· 접시· 사람이 사용하는 각종 물건을 모두 주었다.

○ ineku orin juwe de, dergi taidzu i hūturingga munggan be
같은 22일에, 上 太祖의 福陵을

tuwakiyara mafari, 24/25 enduringge han de acame jihe manggi,
지키는 番人들이 성스러운 황제에게 만나러 온 후에

enduringge han genggiyen elhe boode dosimbufi ulebufi, durdei,
성스러운 황제는 淸寧宮에 들어오게 해서 식사하게 하고 두르더이·

aningga, garhan, suiban, tonsi, menggušen, kece, ere nadan mafa[7] de
아닝가· 가르한· 수이반· 톤시· 멍구션· 커처, 이 7명의 番人에게

emte suje, juwete mocin, jacin, dahabu, šota, buyanju, bahi ere sunja
1필씩의 비단· 2필씩의 毛靑布를, 자친· 다하부· 쇼타· 부얀주· 바히, 이 5명의

mafa de amba mocin juwete šangnaha,, 25/26
番人에게 큰 毛靑布를 2필씩 상내렸다.

○ orin duin de, kubuhe šanggiyan i sun de gung ni kadalara gin
24일에, 鑲白의 孫得功의 管下인 긴잉의

ing ni jui i sargan de, kubuhe suwayan i siowei dai hū latufi, kubuhe
아들의 처와 鑲黃의 薛大湖가 간음했는데, 鑲白의

šanggiyan i dzang tiyoo yuwan i boode gamafi latuha seme, siowei
臧調元의 집에 데려가서 간음했다고 薛大湖의

dai hū i booi yang jeo gio, dzung šang gioi, jang guwan šeo, jao
집의 yang jeo gio· dzung šang gioi· jang guwan šeo· jao

tiyan lu, ere duin niyalma gercileme fafun de alafi, 26/27 duileci latuha
tiyan lu, 이 4명이 고발하고 法司에 고해서 審理하니 간음이

yargiyan ofi, siowei dai hū, dzang tiyoo yuwan latuha hehe be gemu
사실이어서 薛大湖· 臧調元· 간음한 여성을 모두

---

7 'mafa'는 특정업무 하나만을 전담한 관원이다. 예컨대 황실의 능묘 관리직으로 설치된 mafa는 그 일만을 전담했다.

wame beidefi, enduringge han de wesimbuhe manggi, enduringge han
죽이는 것으로 판정하고 성스러운 황제에게 상주한 후, 성스러운 황제는

hese wasimbume, wara be nakabufi, siowei dai hū be jai jergi jalan
旨를 내리기를, 죽이는 것을 멈추게 하고 薛大湖는 2등 잘란

i janggin be efulefi, tanggū šusiha tantara jalin de weile gaifi irgen
장긴을 혁직하고, 100대 채찍으로 때리는 것을 대신해서 贖을 취하고 民으로

obuha, dzang tiyoo yuwan be boode halbufi latubuha seme 27/28 ilaci
삼았다. 臧調元은 집에 숨겨서 간음시켰다고 3등

jergi jalan i janggin be efulefi, tanggū šusiha tantara jalin de weile
잘란 장긴을 혁직하고, 100대 채찍으로 때리는 것을 대신해서 贖을

gaifi irgen obufi, ini gūsai ejen ši ting ju be dahame yabukini sehe,
취하고 民으로 삼고, 그의 구사의 어전 石廷柱를 따르라고 했다.

latuha hehe be tanggū šusiha tantafi, oforo šan tokofi, ini eigen de
간음한 여성은 100대 채찍으로 때리고 코와 귀를 뚫고 그녀의 남편에게

buhe, hehe i amu, gulu šanggiyan i lio janggin i kadalara lio san i
주었다. 여성의 伯母인 正白의 lio 장긴의 管下의 lio san의

sargan, ini jui be yarhūdaha seme, lio san i sargan be 28/29 tanggū
처는 그녀의 조카를 꾀었다고, lio san의 처를 100대

šusiha tantafi šan tokoho, siowei dai hū booi deo mao dzung, dzang
채찍으로 때리고 귀를 뚫었다. 薛大湖의 집의 deo mao dzung과 臧調元의

tiyoo yuwan i booi jao yuwan, ere juwe niyalma be, hehe be ganafi
집의 jao yuwan, 이 2명은 여자를 데려가고

gajifi acabuha seme tanggūta šusiha tantafi šan tokoho, gercilehe duin
데려와서 만나게 했다고 100대씩 채찍으로 때리고 귀를 뚫었다. 고발한 네

niyalma be tucibufi irgen obuha,,
사람을 해방시켜 民으로 삼았다.

○ orin sunja de, daiming gurun i ginjeo i 29/30 golo de cooha
25일에, 대명국의 錦州 지방에 출병한

genehe hošoi erke cin wang ni baci mujilen bahabukū kicungge, juwan
호쇼이 어르커 친왕의 처소로부터 啓心郎 키충거가 10명을

niyalma be gaifi mejige alanjime isinjiha, ese emu nikan be jafafi,
이끌고 소식을 고하러 와서 도착했다. 이들은 1명의 한인을 잡아서

enduringge han be gisun fonjikini seme gajiha,, 30/31
성스러운 황제에게 심문하시라고 데려왔다.

○ orin ninggun de, doroi baturu giyūn wang, doroi bayan beile i
26일에, 도로이 바투루 군왕과 도로이 바얀 버일러의

genehe coohai mejige be gaime, tumet i ombu cūhur i jakade, gulu
출병한 군대의 소식을 취하도록, 투메트의 옴부 추후르의 측에 正黃의

suwayan i baisai, kubuhe suwayan i gajarci, gulu fulgiyan i guje,
바이사이· 鑲黃의 가자르치· 正紅의 구저·

kubuhe fulgiyan i balgasun, gulu šanggiyan i neldei, kubuhe šanggiyan
鑲紅의 발가순· 正白의 널더이· 鑲白의

i manggiya, gulu lamun i mendu, kubuhe lamun i engkesen be
망기야· 正藍의 먼두· 鑲藍의 엉커선을

takūraha,, 31/32
파견했다.

○ orin nadan de, bayarai jalan i janggin emu gūsai emte, emu nirui
27일에, 바야라 잘란의 장긴 1개 구사의 1명씩과 1개 니루의

emte bayara cooha be gūnggadai age gaifi, ming gurun i ginjeo i
1명씩의 바야라 병사를 궁가다이 아거가 이끌고, 명나라의 錦州

golo de cooha genehe hošoi mergen cin wang, hošoi erke cin wang
지역에 출병한 호쇼이 머르건 친왕과 호쇼이 어르커 친왕의

ni jakade cooha nonggime genehe, esei emgi mujilen bahabukū
측으로 증병하러 갔다. 이들과 함께 啓心郎

kicungge, mucengge be unggihe,, 32/33
키충거와 무청거를 보냈다.

○ ineku orin nadan de, daiming gurun de cooha genehe doroi
같은 27일에, 대명국에 출병한 도로이

baturu giyūn wang, doroi bayan beile i coohai mejige alanjime, tumet
바투루 군왕· 도로이 바얀 버일러의 군대의 소식을 보고하러 투메트의

i ombu cūhur i takūraha gilamu, bayan tegus, nacin isinjiha,,
옴부 추후르가 파견한 길라무· 바얀 터구스· 나친이 도착했다.

○ ineku orin nadan de, fakū de tehe kūtuktu 33/34 lama i
같은 27일에, 파쿠에 있는 쿠툭투 라마가

bederehe be tuwanabuha cagan lama, biliktu nangsu isinjiha,,
사망한 것을 조문하러 간 차간 라마· 빌릭투 낭수가 도착했다.

○ ineku orin nadan de, daiming gurun i ginjeo i golo de cooha
같은 27일에, 대명국의 錦州 지역에 출병한

genehe hošoi erke cin wang ni takūraha kubuhe suwayan i sunggeri,
호쇼이 어르커 친왕이 파견한 鑲黃의 숭거리·

gulu suwayan i emu niyalma, gulu šanggiyan i buku, gulu 34/35 lamun
正黃의 1명· 正白의 부쿠· 正藍의

i aktai, ujen coohai emu niyalma, monggo tofohon niyalma, ginjeo
악타이· 重軍의 1명· 몽고인 15명이 錦州城의

hoton i dorgici ts'ui ing ši i takūraha men ši wen gebungge nikan be
내부로부터 崔應時가 파견한 門世文 이라는 한인을

benjime mejige alanjime isinjiha, tere nikan be ts'ui ing ši i takūraha
보내서 소식을 보고하러 와서 도착했다. 그 한인을 崔應時가 파견한

turgun, jakūn biyai orin juwe de, enduringge han i cooha be tulergi
까닭. "8월 22일에 성스러운 황제의 군대는 밖으로부터

deri afa, bi emu tanggū 35/36 niyalma be gaifi dorgici facuhūrara
공격하시오. 나는 100명을 이끌고 안으로부터 교란하겠소'

seme boljoho bihe, boljohon be ufarara jakade, dorgi niyalma serefi
라고 약속했었습니다. 약속이 틀어졌기 때문에 城안의 사람이 깨닫고

membe jafafi loo de horihabi, be buceci ainara, weihun oci da gūnin
우리를 잡아서 감옥에 가두었습니다. 우리가 죽어도 어찌하겠습니까? 살게 되면 본래 뜻을

be onggorakū, enduringge han seoleme sa seme men ši wen be
잊지 않겠습니다. 성스러운 황제는 고려하십시오" 라고 門世文을

takūraha,, 36/37
파견했다.

○ orin uyun de, mafuta, hasitan, fe eden i nadan tanggū gin
29일에, 마푸타· 하시탄을 "이전의 부족분 700斤의

orhoda be i jeo de benefi jio seme unggihe, ese be i jeo i bira be
인삼을 義州로 보내고 오라" 하고 보냈다. 이들에게 義州의 강을

ume doore seme henduhe,,
건너지 말라고 말했다.